D1163189

LA LITTÉRATURE
EN FRANCE
DEPUIS 1968

Toute représentation ou reproduction, intégrale ou partielle, faite sans le consentement de l'auteur, ou de ses ayants-droit ou ayants-cause, est illicite (loi du
11 mars 1957, alinéa 1er de l'article 40). Cette représentation ou reproduction, par
quelque procédé que ce soit, constituerait une contrefaçon sanctionnée par les
articles 425 et suivants du code pénal. La loi du 11 mars 1957 n'autorise, aux termes
des alinéas 2 et 3 de l'article 41, que les copies ou reproductions strictement réservées
à l'usage privé du copiste et non destinées à une utilisation collective d'une part et,
d'autre part, que les analyses et les courtes citations dans un but d'exemple et
d'illustration.

LA LITTÉRATURE EN FRANCE DEPUIS 1968

Bruno Vercier maître-assistant à Paris III (Sorbonne Nouvelle).

Jacques Lecarme maître-assistant à l'Université de Villetaneuse (Paris XIII).

avec la participation de **Jacques Bersani** inspecteur général de l'Éducation nationale.

Bordas

PQ
1141
.L552
c. 1

Ph. © G. Murail.

Ernest Pignon - Ernest, Intervention/Images : Rimbaud, *Paris, 1978.*

Paris, Mai 68 : atelier d'affiches rue Mouffetard.

Préface

Voici douze ans nous proposions une Littérature en France depuis 1945 *(1ʳᵉ édition en 1970). Il nous semblait, au lendemain de la secousse de mai 68, que le temps était venu de faire le point sur une période — 1945-1968 — extrêmement riche où s'étaient bousculées recherches, avant-gardes, ruptures, et même liquidations. Nous avions voulu fournir, pièces à l'appui (les textes des écrivains), un instrument de travail et de réflexion.*

Comme l'indiquait le titre de l'ouvrage, notre entreprise était une entreprise ouverte. Elle appelait la suite que nous lui avons donnée sous forme de suppléments adjoints aux rééditions successives (1974 et 1980) entraînées par le succès de l'ouvrage. Mais il ne pouvait être question de poursuivre très longtemps l'actualisation sous cette même forme. Mieux valait, et c'est ce que nous faisons aujourd'hui, prendre 1968 comme point de départ afin d'étudier comme un ensemble autonome la littérature produite depuis cette date. Le volume antérieur est donc devenu La Littérature en France de 1945 à 1968, *et celui-ci* La Littérature en France depuis 1968.

Ce nouvel ouvrage est organisé selon les mêmes principes que le précédent : il est à la fois une étude critique et une anthologie de textes d'écrivains. Ces textes sont accompagnés d'un appareil pédagogique (encadrés, bibliographies) qui constitue un instrument de réflexion supplémentaire.

Après une introduction qui décrit les Aspects de la vie littéraire durant la période, le livre est divisé en trois parties : Auteurs, Formes, Actualités. La première dresse le bilan de grandes œuvres déjà reconnues, ou enfin reconnues, qui s'achèvent, s'accroissent ou s'affirment (Figures du siècle, Nouveaux Classiques, Inventeurs). La seconde envisage la vie des Formes que sont le Récit, la Poésie, l'Essai et la Critique ; l'extension prise par le Récit (qui comprend la Nouvelle et l'Autobiographie aussi bien que le Roman dans toute sa variété) nous a amenés à lui consacrer deux chapitres. La troisième partie, Actualités, est consacrée à des phénomènes plus spécifiques de notre période, qu'il s'agisse du surgissement des Écritures féminines, de l'essor de la Paralittérature, de l'Écriture fragmentaire où s'abolit une fois encore la distinction des genres littéraires, de deux itinéraires significatifs (Barthes et

816657

Duras), ou des figures de trois romanciers bien représentatifs des recherches et des préoccupations actuelles (Modiano, Le Clézio, Perec). Ce plan, surtout en cette troisième partie, veut laisser la porte ouverte à des développements ultérieurs sur l'actualité encore à venir.

Un mot, pour terminer, sur les rapports pratiques entre nos deux ouvrages. Dans bien des cas, nous traitons d'œuvres dont toute une partie, souvent la plus importante, avait été écrite avant 1968, et donc étudiée par nous dans le précédent volume. Même si nous n'y faisons pas de référence explicite (ce qui à la longue deviendrait lassant...)[1], il va de soi que l'étude actuelle constitue la suite de l'étude précédente, quand notre perspective ne s'est pas sensiblement modifiée (pour Beckett par exemple). Dans d'autres cas, où la perspective est autre (Marguerite Yourcenar par exemple), nous nous efforçons de proposer une lecture de l'ensemble de l'œuvre, ce qui a pu nous amener, dans quelques cas, à citer des textes relativement anciens.

Quelques remarques, enfin, sur l'iconographie à laquelle nous avons fixé un double objectif, documentaire et esthétique. Nous avons voulu donner un tableau visuel ressemblant des années 68-82, c'est-à-dire à la fois les faire revivre (photos d'actualité, extraits de films et d'émissions de télévision) et les évoquer dans les formes artistiques traditionnelles (peinture, gravure, dessin) ou plus nouvelles (bande dessinée, et surtout photographie, dont l'émergence et la reconnaissance comme forme esthétique est bien l'un des faits marquants de la dernière décennie). Que le lecteur ne s'attende pas à trouver une illustration des textes, mais plutôt leur équivalence, dans les œuvres d'artistes français ou étrangers travaillant en France, célèbres ou moins connus, qui ont, comme les écrivains, contribué à transformer notre vision du monde.

B.V., J.L., J.B. (avril 1982).

---

1. Lorsque cette référence s'est avérée indispensable, nous désignons le précédent volume par l'abréviation *Lit. 45.*

Chronologie

1968

Janvier : Dubcek devient secrétaire général du P.C. tchécoslovaque. Début du « Printemps de Prague ».

Mai-Juin : France : agitation étudiante à Nanterre. Barricades au Quartier Latin. Grève générale. Accords de Grenelle entre le Gouvernement et les syndicats. Dissolution de l'Assemblée. Élections législatives : l'U.D.R. gaulliste obtient la majorité absolue. Couve de Murville remplace Georges Pompidou comme premier ministre.

Août : Intervention des troupes du Pacte de Varsovie en Tchécoslovaquie. Fin du « Printemps de Prague ». Début de la normalisation.

Octobre : Vote de la loi d'orientation de l'enseignement supérieur présentée par Edgar Faure.

1969

Avril : Échec du référendum sur la réforme des régions : le Général de Gaulle, président de la République, se démet de ses fonctions.

Juin : Élections présidentielles : Georges Pompidou est élu président, Chaban-Delmas, nommé premier ministre et Giscard d'Estaing, ministre de l'Économie et des Finances.

Juillet : Les Américains Armstrong et Aldrin marchent sur la Lune.

Août : Le Franc est dévalué de 12,5 %.

1970

Avril : L'Assemblée vote la « loi anti-casseurs » contre l'agitation gauchiste.

Mai : Les directeurs de *La Cause du Peuple* sont condamnés à des peines de prison ; Jean-Paul Sartre s'en constitue directeur.

Novembre : Mort du Général de Gaulle.

1971

Mai : 343 femmes connues font paraître dans *Le Nouvel Observateur* un appel en faveur de l'avortement auquel elles déclarent avoir recouru.

Juin : Congrès d'Épinay : Le Parti Socialiste naît de la fusion de la S.F.I.O. et de la C.I.R. François Mitterrand est élu premier secrétaire.

Octobre : L'Europe des Six devient l'Europe des Neuf (Grande-Bretagne, Danemark, Irlande).

Création de *1789* à la Cartoucherie de Vincennes (Théâtre du Soleil).

Le Chagrin et la pitié, réalisé par la T.V., n'y est pas programmé ; succès considérable dans un cinéma du Quartier Latin.

1972

Mars : Obsèques de Pierre Overney, militant maoïste, abattu à la porte des usines Renault. 100 000 jeunes s'y retrouvent.

Mai : Le M.L.F. et le F.H.A.R. (Front homosexuel d'Action Révolutionnaire) défilent le matin du 1er mai, la C.G.T. l'après-midi.

Le Parti Communiste (Georges Marchais), le Parti Socialiste (François Mitterrand), les Radicaux de Gauche (Robert Fabre) signent le programme commun de gouvernement.

Juillet : Pierre Messmer remplace Chaban-Delmas comme premier ministre.

Novembre : Le procès de Bobigny (avortement d'une jeune fille de 17 ans) provoque des témoignages passionnés.

1973

Mars : Élections législatives : progrès de la Gauche (P.C. : 21 %, P.S. : 20 %), la Majorité (34 %) aidée des Réformateurs (12 %) n'est pas inquiétée.

Avril : Mort de Picasso.

Occupation des usines Lip à Besançon par des ouvriers autogestionnaires.

Août : Manifestation au Larzac contre l'extension du camp militaire.

Septembre : Au Chili, putsch militaire contre le gouvernement d'Union populaire. Mort violente de Salvador Allende.

Octobre : Offensive de la Syrie et de l'Égypte contre Israël (Guerre du Kippour). Crise de l'approvisionnement en pétrole de l'Europe.

Décembre : Hausses considérables du prix du pétrole brut.

1974

Janvier : Expulsé d'U.R.S.S., Soljenitsyne est accueilli à Francfort par l'écrivain allemand Heinrich Böll. Publication de L'Archipel du Goulag.

Avril : Mort du président Pompidou.

Mai : V. Giscard d'Estaing élu président de la République (50,81 %), contre François Mitterrand (49,19 %). Jacques Chirac, premier ministre.

Juin : L'âge légal de la majorité est abaissé à dix-huit ans.

Juillet : Mutineries et agitation dans les prisons.

Novembre : Vote de la loi sur l'interruption volontaire de grossesse.

1975

Avril : Chute de Pnom-Penh, puis de Saïgon, qui devient Ho Chi- Minh-ville.

Juin : Des prostituées occupent des églises pour protester contre la brutalité de la police.

Novembre : Mort du Général Franco.

Décembre : Le nombre des chômeurs en France dépasse le million.

1976

Février : 22e Congrès du P.C. qui abandonne le dogme de la dictature du prolétariat.

Avril : Grève générale des Universités contre la réforme du deuxième cycle.

Juillet : Exécution de Christian Ranucci.

Août : Démission de Jacques Chirac ; il est remplacé par Raymond Barre.

Septembre : Mort de Mao Tse-toung, qui suit celle de Chou En-laï.

1977

Janvier : Ouverture du centre Georges Pompidou (Beaubourg).

Mars : Élections municipales : trente-deux villes passent à la Gauche ; J. Chirac maire de Paris.

Avril : R. Barre propose le « Pacte national pour l'emploi ».

Septembre : Rupture de l'Union de la Gauche à propos de l'actualisation du programme commun.

1978

Mars : Élections législatives : la majorité obtient 290 sièges contre 201 à l'opposition de gauche.

Mai : Assassinat d'Aldo Moro, important homme politique italien, enlevé par les Brigades Rouges.

Juin : Attentat d'un groupe breton (F.L.B.) contre le Château de Versailles.

1979

Février : En Iran, après le départ du Chah, retour triomphal de l'ayatollah Khomeiny.

Juin : Élections européennes : recul de la Gauche, succès de la liste de Simone Veil (Majorité présidentielle).

Juillet : Le prix du pétrole augmente de 20 %.

Décembre : Intervention militaire de l'U.R.S.S. en Afghanistan.

1980

Mars : Marée noire en Bretagne.

Avril : Mort de Jean-Paul Sartre dont les obsèques sont l'occasion d'un grand rassemblement de la gauche.

Août : Grève des ouvriers de Gdansk, en Pologne. Formation du syndicat Solidarité.

Octobre : Attentat contre une synagogue, rue Copernic.

1981

Janvier : Entrée de la Grèce dans la C.E.E.

Condamnation de la veuve de Mao Tse-toung.

Mai : Élections présidentielles : Mitterrand élu (51,75 %) contre Giscard d'Estaing (48,24 %). Pierre Mauroy premier ministre. Dissolution de l'Assemblée.

Juin : Élections législatives : victoire du P.S. qui obtient la majorité absolue, recul du P.C. Entrée de ministres communistes au gouvernement.

Septembre : Réforme des régions, abolition de la peine de mort ; nationalisation de grands groupes bancaires ou industriels.

Octobre : Le nombre des chômeurs en France atteint deux millions. Assassinat du président égyptien Anouar el Sadate (venant après les attentats contre le président Reagan et le pape Jean-Paul II, gravement blessés en janvier et en avril).

Décembre : Le gouvernement polonais décrète « l'état de guerre » et réprime l'action de « Solidarité ».

L'Aveu, *film de Costa-Gavras (1969), d'après le récit de L. et A. London avec Y. Montand.*

Ph. © Coll. Cahiers du Cinéma.

Aspects de la vie littéraire

Les **événements de mai 1968** continuent, aujourd'hui encore, à être l'objet des jugements les plus contradictoires, aussi bien pour leurs conséquences directes que pour leur influence souterraine. On a pu y voir une agitation étudiante, une crise de l'Université, une émeute parisienne, une grève de neuf millions de travailleurs aboutissant à une hausse des salaires, une révolte de la jeunesse, un « grand chambardement », l'irruption du gauchisme, le carnaval de l'esprit contestataire... ou enfin la plus belle victoire électorale des gaullistes. Quoiqu'il en soit, vaste secousse ou rupture irréversible, mai 1968 est le seul événement depuis la dernière guerre qui introduise la coupure d'un avant et d'un après : « Rien ne sera plus comme avant » disait alors Georges Pompidou qui s'attacha pourtant à démentir ce propos. Il constitue un point de repère aussi bien qu'une référence obligée, dans l'histoire politique, culturelle, littéraire.

En ce qui concerne la littérature, il est plus difficile encore de distinguer, au-delà du pur spectacle, les effets immédiats mais superficiels des influences durables. L'occupation de la Sorbonne, suivie de celle du Théâtre de l'Odéon, va permettre à la communauté étudiante d'applaudir Sartre, qui se présente en spécialiste de la révolution, de huer Aragon pour sa fidélité au Parti Communiste, d'ignorer Marguerite Duras qui n'a pas encore accédé au « vedettariat ». Les « grands » écrivains

vont s'adapter ou se reconvertir, mais c'est l'image même du grand écrivain réconciliant un peuple entier dans l'admiration qui va aller en disparaissant. Le même phénomène va d'ailleurs affecter les avant-gardes. Celles-ci sont en 1968 conquérantes et sûres d'elles : le groupe *Tel Quel* par exemple réunit une impressionnante constellation de philosophes et d'écrivains dans le volume collectif *Théorie d'ensemble*, et convoque le marxisme, la linguistique, la sémiologie et la psychanalyse. Tout en refusant la notion de « littérature engagée » (pour ne pas dire langagière) cette avant-garde littéraire se présente aussi comme une avant-garde politique, la subversion de l'ordre social devant découler de la subversion du langage. Mais les avant-gardes politiques, fascinées à la même époque par la Chine de Mao, ne vont guère survivre à l'effervescence de 1968, et se désagrègeront après 1972. La révolution culturelle n'a pas eu lieu : l'avant-garde littéraire continuera à fonctionner, mais dans un autre univers que le gros des troupes, sans espoir de le rallier. Son travail de recherches et d'expérimentation n'implique plus la conquête du grand public, ni même la dévalorisation de la littérature dominante.

L'« esprit de mai », si imprécis que soit ce terme, s'est détourné assez vite du livre et de la littérature. Alors que *Tel Quel* ou *Change* se rapprochaient de l'université ou de la recherche, une contre-culture s'éla-

Construction du Centre Georges-Pompidou, « Beaubourg », (1972-1976).

bore dans le journalisme, dans la bande dessinée qui connaît une extraordinaire floraison (ce qui confirmerait cette désaffection à l'égard du livre), dans les grands rassemblements de la musique « pop » ou « rock », les paradis artificiels, la multiplication des communautés, le développement des sectes, l'exode vers l'Extrême-Orient, le retour à la terre et aux identités régionales. Par contre, c'est bien l'esprit de mai qui s'intéresse aux formes nouvelles de théâtre qui rompent totalement avec le théâtre fondé sur un texte littéraire : Jean-Louis Barrault, Jean Vilar ont été contestés brutalement. Le dépérissement du théâtre comme genre littéraire est si net tout au long de la décennie que nous n'avons pas cru devoir lui faire une place dans un ouvrage consacré à la littérature. Rendre compte de la vie théâtrale, récente ou actuelle, ce serait décrire des *mises en scène* (de Vitez à Chéreau, de Bob Wilson à Ariane Mnouchkhine) et non donner à lire des *pièces*. L'auteur de théâtre semble, pour l'instant du moins, une espèce en voie de disparition.

A première vue, pourtant, et en dehors du théâtre, la vie littéraire dans ce qu'elle a d'institutionnel s'est maintenue sans changement apparent ; certes aucun écrivain n'est apparu qui jouirait d'un prestige comparable à celui d'un Sartre ou d'un Camus après 1945 : notre période n'a vu décerner aucun prix Nobel de littérature à un auteur français. On ne verra pas là le signe d'un déclin, mais l'indice d'une transformation plus profonde. L'écrivain ne parle plus au nom de l'universel ; il ne s'adresse plus à un public, en droit, illimité ; il ne s'appuie plus sur ce consensus humaniste qui constituait une culture générale et une hiérarchie reconnue, il ne parle plus au nom de l'humanité, de la France ou du peuple, mais au nom d'une minorité, d'une marginalité, d'une dissidence, quand ce n'est pas en son seul nom propre. On assiste à une parcellarisation du champ littéraire, à une atomisation du public en sous-ensembles relativement clos bien qu'il ne soit pas exclu qu'à long terme ces écritures, qui font d'un groupe à la fois le sujet d'élection et le destinataire privilé-

gié, puissent atteindre, par des voies détournées, l'universel.

La première, et la plus importante, de ces « minorités », celle qui va, à partir de 1971, dominer la décennie en de nombreux domaines, c'est bien sûr la population des femmes, statistiquement majoritaire mais qui prend alors conscience qu'elle est bien, sur le plan des mœurs et des lois, une minorité. Une fusion s'opère entre une minorité agissante, où l'on trouve beaucoup d'intellectuelles et d'écrivains, et la masse des femmes, qui supporte de plus en plus mal son infériorité institutionnalisée. Contre le « sexisme », variante sournoise du racisme, ces femmes prennent la parole et recourent à l'écriture. Ce féminisme, toujours guetté par les récupérations intéressées, animé par une tendance à la radicalisation des thèses, va inspirer bien des recherches d'écriture et constituer peut-être la véritable « avant-garde » littéraire de cette période. Silencieuse, la résistance masculine fonctionne efficacement : l'Académie Goncourt (comme l'Académie Française) tient à recevoir en son sein une femme éminente, mais une seule, et n'a couronné une lauréate qu'une seule fois en quatorze ans.

On a vu parfois (comme au défilé du 1er mai 1972) certains mouvements de femmes rejoints par bien d'autres minorités, et en particulier, la minorité homosexuelle. Inspiration depuis longtemps reconnue en littérature (Proust, Gide), la parole homosexuelle, abandonnant la transposition ou le masque, prend la forme de l'aveu, du plaidoyer, de la profession de foi, cherchant à faire admettre les droits d'un groupe et non plus seulement à exposer les problèmes psychologiques d'un individu. Parole militante à qui se pose la même alternative : fonctionner en circuit fermé ou accéder à l'universalité.

Autres minorités à parler fort et clair : les minorités régionales qui s'opposent au pouvoir centralisateur, réclament l'autonomie des régions, revendiquent une identité culturelle bafouée. Une littérature de l'enracinement — ou du réenracinement — va se déployer pour la Bretagne, l'Occita-

Ph. © Marie-Laure de Decker — Gamma.

*Manifestation
féministe, Paris, 1978.*

nie, l'Alsace, le Pays Basque, tantôt en français, tantôt dans la langue régionale.

D'une manière inverse, hors de l'hexagone, en particulier au Québec, aux Antilles, au Liban, dans certaines îles de l'Océan Indien, où les populations francophones sont souvent minoritaires, se développent des littératures très riches, marquées par l'affirmation de leurs personnalités, et par tout un travail d'élaboration de la langue française qui devient l'arme de la révolte après avoir été l'instrument de l'oppression.

On pourra s'étonner de nous voir poursuivre cette énumération par une influence étrangère, mais c'est que celle-ci, minoritaire en son pays d'origine, va transformer considérablement le panorama intellectuel et littéraire français. Rien de plus minoritaire que le phénomène de la dissidence en U.R.S.S. L'intelligentsia française ne l'a guère prise en considération, jusqu'en 1970 où Alexandre Soljenitsyne reçoit le prix Nobel, lui qui ne s'exprime plus que par la « samizdat » (dactylographie) ou la « tamizdat » (publication étrangère). *L'Archipel du goulag* (1974), dont la publication coïncide avec l'expulsion de Soljenitsyne d'U.R.S.S., apporte dans la vie intellectuelle française un

Manifestation en faveur des travailleurs immigrés : J. Genet, C. Mauriac, M. Foucault. Paris, 1972.

ébranlement considérable. La Russie soviétique, réduite à son système pénitentiaire et ses camps de détention, cesse de figurer comme modèle révolutionnaire (elle sera bientôt rejointe par la Chine et le Vietnam). C'est le marxisme tout entier qui dans les milieux intellectuels semble refluer. De Soljenitsyne (mais aussi de Zinoviev, Boukovski, Plioutch), on retient l'extraordinaire efficacité d'une littérature romanesque ou autobiographique qui défie le plus puissant des empires. Certes les notions de « goulag » et de « dissidence » ne pouvaient être transposées sans indécence dans la France des années 1970. Mais nombre d'essais, de récits, de méditations (de Bernard-Henri Lévy à Jorge Semprun en passant par

André Glucksmann) apparaissent alors autour du totalitarisme, des droits de l'homme et du fait concentrationnaire. « Essai d'investigation littéraire », *L'Archipel du goulag* réhabilite, aussi, les pouvoirs de la littérature.

A peu près à la même époque (et les historiens des mentalités sauraient peut-être éclairer les rapports de la désillusion et de la nostalgie), avec le succès d'un documentaire *Le Chagrin et la pitié* (1971) et surtout du film *Lacombe Lucien* (1973), apparaît, dans le cinéma et dans le roman, ce qu'on appelle « la mode rétro ». La France redécouvre l'existence embarrassante de ces « collaborateurs », qui avaient été occultés du temps du général de Gaulle ; ils reprennent la parole ou le stylo, multiplient leurs témoignages ; la vogue renaissante de Céline et de Drieu La Rochelle, bien qu'ils n'aient pas été au sens strict des « collaborateurs », traduit, d'une certaine manière, cette inquiétante fascination du public pour les traîtres plus que pour les héros. Les partisans de l'Allemagne nazie deviennent, dans l'imaginaire d'un certain roman, une minorité de réprouvés, exilés de leurs propres pays, victimes autant que bourreaux. Peut-être s'agit-il du retour d'un refoulé : la belle histoire d'une France des Années noires tout entière dressée contre l'Occupant ne convainc plus un public qui se jette, non sans délectation morose, dans l'imagerie inverse.

La production littéraire s'inscrit naturellement dans un contexte plus général, celui de l'**édition**, qui connaît, dès avant la crise de 1974, une certaine stagnation. Les maisons d'édition, indépendantes et solides, vont traverser la crise, mais on assiste aussi à de vastes concentrations, et à des prises de contrôle par des groupes déjà implantés dans l'audio-visuel. La librairie va affronter, ainsi que l'édition, difficultés et conflits. La F.N.A.C. ouvre en 1974 à Paris une vaste librairie proposant un rabais de 20 %. En dépit de la protestation des éditeurs, c'est le principe de la libération totale du prix du livre qui prévaut en 1978 : on en reviendra en 1981 au prix imposé. La crise qui touche les librairies n'est guère compensée par un effort pour les bibliothèques publiques. Aussi l'état de la lecture reste-t-il stationnaire en France : malgré l'imprécision des statistiques, on peut admettre qu'un Français sur quatre est un lecteur régulier, un Français sur quatre lit occasionnellement, deux Français sur quatre ne lisent pratiquement pas de livres ; mais la quasi totalité de la production est consommée par 10 % de la population. Malgré la multiplication des livres de poche, la démocratisation de l'enseignement et la hausse modérée du prix du livre, la diffusion de la littérature contemporaine ne s'est pas vraiment élargie. Malraux chiffrait à deux millions le public potentiel de la littérature, celui pour qui il existe une bibliothèque de l'admira-

tion, au-dessus de celle de la distraction ou de l'instruction. Mais les tirages de nos meilleurs poètes se comptent en centaines ou en milliers d'exemplaires, et non pas en millions...

Parmi les organes traditionnels de la « vie littéraire », les **revues** se maintiennent, sans retrouver leur grandeur passée : aucune, après 1968, ne correspond à ce que représentèrent, chacune en leur temps, *Le Mercure de France, La Nouvelle Revue Française* (en qui l'ambassadeur d'Allemagne, en 1941, voyait l'une des trois forces décisives du pays), *Les Temps modernes*. Elles sont souvent liées à une maison d'édition et assument une fonction de prépublication : citons, chez Gallimard, *La Nouvelle Revue Française,* qui a absorbé *Les Cahiers du chemin* (vivier de la littérature nouvelle) ; pour les éditions de Minuit, la revue du même nom ; pour tout un secteur des éditions du Seuil, *Tel Quel.* La plupart des autres revues ont depuis longtemps renoncé à la fonction critique de la revue générale pour la formule du numéro spécial *(Europe, L'Herne, Obliques).* Un autre groupe de revues, mensuelle comme *Critique,* trimestrielles comme *Poétique, Littérature, La Nouvelle Revue de psychanalyse,* sont le lieu de recherches théoriques ou méthodologiques, nées dans l'Université d'après 1968.

Le grand public, ou le simple amateur, ne trouve guère dans son kiosque à journaux de quoi nourrir ou guider son appétit de lectures. Disparus, parmi les hebdomadaires, *Les Lettres françaises* en 1972, comme *Le Figaro littéraire. Les Nouvelles Littéraires* remplissent bien le contrat inclus dans le titre, mais donnent aux nouvelles le pas sur le littéraire auquel se consacre entièrement *La Quinzaine littéraire.* Né en 1968, *Le Magazine littéraire* sait concilier agréablement la formule du numéro spécial avec le compte rendu de l'actualité littéraire. Si les grands hebdomadaires restreignent la part faite à la littérature, le journal *Le Monde* (suivi depuis peu par *Le Matin* et *Le Quotidien de Paris*), rend compte de la production française et étrangère dans l'hebdoma-

« Apostrophes » : V. Giscard d'Estaing, B. Pivot, A. Lanoux (27-7-79).

daire « Monde des livres ». Avec humour ou mauvaise humeur, la presse « underground » manifeste ses enthousiasmes et ses répulsions (*Charlie-Hebdo, Libération, Actuel, Métal Hurlant,* etc.). Le temps des grandes querelles et des polémiques torrentielles semble bien passé : il est rare que la littérature produise l'événement ; encore faut-il que celui-ci soit relayé par la télévision.

C'est le pouvoir croissant de la **télévision** qui, entre 1968 et 1981, vient modifier le plus nettement les conditions de la vie littéraire. Déjà, Pierre Desgraupes, Pierre Dumayet et Max-Pol Fouchet avaient proposé avec « Lectures pour tous » d'excellentes émissions faites de critiques et d'entretiens. Mais c'est Bernard Pivot qui invente la formule souveraine avec « Ouvrez les guillemets », puis « Apostrophes » qui fonctionne depuis 1975, et qui a été souvent imitée sans succès. Le passage à « Apostrophes » est essentiel, certains diront indispensable, à la carrière d'un livre. L'émission, réalisée en direct, invitant divers écrivains entourés de leurs

supporters réduits au silence, revêt nécessairement un caractère compétitif, sinon dramatique, tempéré par la jovialité de l'animateur. La littérature devient ici l'occasion d'un spectacle imprévisible, qui peut prendre la forme d'un salon littéraire désuet, d'une corrida, ou d'une commedia dell'arte. L'écrivain, plus que son livre, y est sur la sellette, ses thèses plus que ses textes : il doit passer l'oral et faire bonne figure. Doit-il chercher ou fuir cette exposition brutale ? Le débat est oiseux, car les objecteurs de conscience sont si rares qu'ils se font ainsi, a contrario, une publicité supplémentaire. En fait, cette émission a permis au grand public de découvrir de vrais écrivains, qui étaient aussi de prodigieux acteurs, rodés et sublimés par le grand âge : Vladimir Nabokov, Albert Cohen, Maurice Genevoix, Marcel Jouhandeau. Parmi les écrivains plus jeunes, Michel Tournier, habité par le génie pédagogique, a pu persuader d'éminents ecclésiastiques qu'aucun livre n'était plus orthodoxe que son *Gaspard, Melchior et Balthazar* ; il reste au lecteur à en décou-

Ph. © Louis Monier — Photeb.

Ph. © Louis Monier — Photeb.

« Apostrophes » : P. Modiano, E. Le Roy Ladurie, F. Mitterrand (15-9-78).

vrir les perverses hérésies ! Patrick Modiano peut fasciner par une aphasie obstinée qui évoque l'amnésie de ses héros. L'inexistant Émile Ajar a intrigué le public par son refus de se montrer à l'écran. Mais il reste un infléchissement propre à cette émission : le roman n'est plus que témoignage ; la poésie et les recherches sur le langage ne « passent » pas ; l'essai, le pamphlet et l'autobiographie triomphent : la littérature se réduit à des idées.

Les rapports entre les nouveaux médias et la littérature n'ont guère été étudiés, sinon par Mc Luhan. Certes sa vision messianique de l'ère Marconi ne s'est guère jusqu'ici vérifiée. « A l'époque des vidéo-cassettes, écrivait-il en 1972, alors qu'il va être possible de téléphoner à un livre aussi facilement qu'à un ami, des formes d'expérience littéraires absolument nouvelles sont à la portée de la main. Notre tâche est d'être prêts à faire face à ces innovations. » Les artistes qui devaient coloniser les nouveaux médias sont encore à naître. Par contre, quand il prévoyait, entre l'ère de la typographie et

l'ère de l'électronique, une crise des valeurs littéraires et de l'identité culturelle, l'auteur de *La Galaxie Gutenberg* (1962) avait bien dessiné l'allure de la décennie écoulée : « Quelles seront les nouvelles configurations du machinisme et de la culture littéraire au moment où le nouvel âge électrique compénètre ces formes anciennes de perception et de jugement ? La nouvelle galaxie électrique d'événements a déjà pénétré profondément la galaxie Gutenberg. Même sans collision, une telle coexistence de technologies et de conscience traumatise toutes les personnes vivantes et les soumet à une tension. Les plus ordinaires et les plus normales de nos attitudes semblent soudainement déformées comme des gargouilles ou des masques grotesques. Les plus familières de nos institutions semblent quelquefois menaçantes et malveillantes. » Paradoxalement Mc Luhan écrit ici, contre les livres, un livre fait de mosaïques et de fragments, éminemment parodique et littéraire ! Régis Debray, dans une perspective tout à fait différente, et fort pessimiste, a analysé les effets des nouveaux médias sur la vie intellectuelle et littéraire (*Le Pouvoir intellectuel en France*, 1979 ; *Le Scribe*, 1980).

Quoiqu'il en soit, la télévision ne nous a, jusqu'ici, proposé rien qui bouleverse les formes esthétiques ou littéraires.

Après le livre, son public, ses médias et les médias rivaux, venons-en aux **auteurs**, bien que peu de notions aient été autant contestées, après 1968, que celles d'« auteur » et d'« œuvre ». Certes une littérature anonyme et collective, sans signature, a été ici ou là expérimentée, en particulier dans la littérature féministe (revue *Sorcières,* chronique « Le sexisme ordinaire » des *Temps modernes*). Mais, en général, les pires adversaires de la notion d'« auteur » et d'« œuvre » ont mis tous leurs soins à organiser leur carrière d'auteur et à promouvoir leurs œuvres. La notion d'auteur (dans la mesure où elle rejoint celle de démiurge) va être pourtant modifiée par cette tendance dominante de la littérature des années 1970, que nous nommions alors « Pastiches et Paraphrases », que d'autres baptisaient du terme plus savant d'« intertextualité », que nous nommerons plus fréquemment **parodie**, en ne donnant pas seulement à ce mot le sens d'une « imitation satirique d'une œuvre sérieuse dans le style burlesque », mais plus généralement celui d'une réécriture ironique qui peut très bien honorer le texte premier, et non pas uniquement le disqualifier. Écriture seconde qui suppose une écriture première, cette tendance à la parodie passe en particulier par la redécouverte de Rabelais : l'ouvrage fondamental de Mikhaïl Bakhtine, *L'œuvre de François Rabelais et la culture populaire au Moyen Age et sous la Renaissance,* traduit seulement en 1970, décrit une « littérature carnavalesque » bien proche de la nôtre. Le formaliste russe Tynianov distingue de la « parodie » proprement dite, qui vise un modèle étroit et bien déterminé, la « stylisation » qui réécrit un style ou un genre dans sa généralité. Ce sont bien les deux pôles d'une littérature qui ne prétend pas créer ou construire à partir de rien, mais va s'inscrire dans la déconstruction, la fragmentation, le collage, la réécriture. Nous retrouverons ce deuxième degré dans tous les domaines de la littérature. Cette intertextualité parodique — ou parodie généralisée — pourrait être considérée comme l'indice d'une décadence littéraire et d'une exténuation de l'esprit créatif. Nous y verrons plutôt la création littéraire restituée à son vrai fonctionnement, étant entendu qu'un grand texte parodique, nécessairement polysémique, peut être lu à tous les niveaux, y compris au premier degré. Les lecteurs les plus nombreux n'ont pas « tort » de lire dans *Les Mots* de Sartre d'émouvants souvenirs d'enfance, dans *La Vie devant soi* d'Émile Ajar une histoire populiste, dans *Le Petit bleu de la côte ouest* de Jean-Patrick Manchette un « thriller » parfait. La vraie littérature parodique sait toujours parvenir à un sens aléatoire ou indécidable.

Dans les thèmes de la marginalité comme dans le ton de la parodie, le nom de Louis-Ferdinand Céline, l'un de nos inventeurs, s'impose tout particulièrement. L'auteur de *Mort à crédit* ou *D'un Château l'autre* règne comme maître du langage sur un très vaste champ de la littérature et de la paralittérature. Capter l'oral au piège de l'écrit selon le secret de Céline, c'est ce que cherchent les romans policiers de San Antonio ou d'A.D.G., les romans de la délinquance d'Alphonse Boudard ou les chroniques de Cavanna. Donner une voix aux marginaux de la société ou aux exclus de la scolarité, c'est aussi recourir à l'écriture mise au point par Céline : on la retrouve dans l'histoire d'une infirmière (*Hosto Blues* de Victoria Thérame), d'un enfant trouvé de la Goutte d'or *(La Vie devant soi)* ou d'une H.L.M. (*Craddock-Band* d'A.D.G.). L'influence de la voix célinienne se retrouve aussi bien dans la littérature d'expérimentation, par exemple dans *Lois* ou *H* de Philippe Sollers. Paralittérature, récit autobiographique, roman parodique, roman textuel, rien n'échappe à cette emprise ou à cet empire, qui ne doit pas faire oublier d'autres tentatives, comme celles de Raymond Queneau ou de Christiane Rochefort (dans *Les Petits enfants du siècle*) pour écrire et transcrire l'oralité. Ce Rabelais du vingtième siècle a des continuateurs bien divers, mais tous, ils se rejoignent dans le triple projet d'abandonner les grâces de la distinction, d'oraliser le récit, de désacraliser la littérature.

« Quelle littérature ? » nous demandions-nous en 1970, au terme du précédent volume. Les indications d'aujourd'hui paraissent concorder avec celles d'alors : nous avons affaire à une **période** plus qu'à une **époque**. Toutes les époques, il est vrai, même les plus glorieuses, se sont lamentées sur la décadence de leur littérature. La nôtre n'y a pas manqué : en 1970, *La Nouvelle Revue française,* conservatoire de la qualité littéraire, publiait un numéro spécial intitulé « Vie ou survie de la littérature ? ». En 1981, une enquête de la revue *Lire* sur les intellectuels les plus influents, mettait en tête Lévi-Strauss, Aron, Foucault, Lacan, qui ne sont pas tout à fait des littérateurs. Aux écrivains n'échoient que les places d'honneur : Simone de Beauvoir (5e, mais c'est la féministe, non la romancière, qui est bien classée), Marguerite Yourcenar (6e), Michel Tournier (8e), Henri Michaux (9e), Samuel Beckett (12e), Aragon (15e). A l'exception de Michel Tournier, il s'agissait là d'écrivains plus que septuagénaires. Les fonctions d'intellectuel et d'écrivain semblent s'être dissociées : au premier, les sciences humaines confèrent le prestige ; le second a perdu son pouvoir. Mais n'est-ce pas la chance de la littérature contemporaine que de se trouver sans-pouvoir et hors-pouvoir, rendue à son libre jeu et à son fonctionnement intrinsèque ? Cette génération littéraire sans pères ni maîtres ni monstres sacrés est peut-être la première qui échappe à la sacralisation de l'écrivain. Elle nous propose une littérature vivante et diversifiée : la lecture de cet ouvrage, nous l'espérons, en donnera la preuve.

Choix bibliographique :

A. Delale, G. Ragache, *La France de 68,* Le Seuil, 1978.

M. Mc Luhan, *D'œil à l'oreille,* Gonthier « Médiations », 1977.

A. Malraux, *L'Homme précaire et la littérature,* Gallimard, 1977.

R. Debray, *Le Pouvoir intellectuel en France,* Ramsay, 1979.

Tel Quel, oct. 71 (« Les Positions du mouvement de juin 1971 ») ; oct. 76 (« Sur la notion de paradis »).

Change, n° 2 (« La Destruction ») ; n° 13 (« Manifestations du collectif Change »).

Nouvelle Revue Française, « Vie ou survie de la littérature », n° 214, oct. 1970.

A. Spire, J. Viala, *La Bataille du livre,* éd. Sociales, 1976.

La Nef, « Brûler tous les livres », n° 61-62, 1976.

Cahiers du 20e siècle, « La Parodie », n° 6, 1976.

C. Bonnefoy, T. Cartano, D. Oster : *Dictionnaire de la littérature française contemporaine,* Delarge, 1977.

Texts de Beckett, Paris, 1981 (Joseph Chaikin dans une mise en scène de Steven Kent) 1981.▶
Ph. © Nicolas Treatt.

I
AUTEURS

Chapitre I

Les grandes figures du siècle

Morand, Malraux, Sartre, Aragon : ils ont déjà, en 1968, leur place dans l'histoire littéraire, et toute leur stature de grand écrivain, même si la reconnaissance du grand public leur est inégalement accordée. Agés de quatre-vingts ans, pour le plus ancien et le plus vert, Paul Morand, ou de soixante-trois, pour le plus jeune et le plus violent, Sartre, tous avaient déjà acquis la célébrité dès avant la Deuxième Guerre mondiale. Malraux, Sartre, Aragon vivent trois vies dans le siècle en écrivains engagés, chacun lié, depuis 1968, à un public spécifique, ou à une sensibilité définie : ils ont l'entrain et la superbe de trois mousquetaires de l'idéologie, gaulliste pour le premier, gauchiste pour le second, communiste pour le troisième. Morand, quant à lui, s'est vu imposer une image et un public de droite, et même d'extrême droite, par les hasards de la carrière et de la biographie. Il y a là malentendu : la maîtrise qu'il exerce appartient en fait à la littérature, non à l'idéologie ; il se trouve que dans son cas les dernières années constituent le sommet de sa courbe littéraire. Au reste, dans les engagements des trois premiers comme dans le dégagement du dernier, c'est la même problématique de la littérature qui persiste, celle d'un temps où l'on attendait tout du grand écrivain, qu'il fût un maître à penser, à voter, à vivre, et bien sûr, à écrire.

Certes, il y eut d'autres maîtres, car la génération née entre 1890 et 1905 a montré autant de fécondité que de longévité : Jouhandeau (1888-1979), François Mauriac (1885-1970), Montherlant (1896-1972) écrivent jusqu'à leur lit de mort. Les quatre figures que nous réunissons ici, un peu arbitrairement, sont celles qui se sont créé un public, un groupe, un prestige (aussi bien auprès de jeunes écrivains que de ceux qui ne se soucient guère de littérature). La littérature, au sens strict, ne confère pas toujours l'ascendant : ce n'est pas par *L'Idiot de la famille* que Sartre a conquis une jeunesse qui s'éloignait au contraire de Malraux ou d'Aragon, c'est par ses attitudes de militant ou d'homme public. Quoiqu'il en soit, au-delà de leur production littéraire, ils ont été les figures de proue de la vie culturelle et du débat idéologique.

« *Le 21 mars chaque année, cet homme apparaît à Central Park et prend un bain dans l'étang* » : Rêves, *texte de Michel Tournier sur des photographies d'Arthur Tress.*

Paul Morand

Paul **Morand**, après 1945, connaît de son vivant même un purgatoire qui va durer un quart de siècle. Sa gloire est si liée à l'imagerie des années 20, des « roaring twenties », qu'elle semble appartenir à un passé révolu et démodé, comme à la même époque celle d'un Scott Fitzgerald. D'autre part l'imprudence de l'ambassadeur du gouvernement de Vichy, à Bucarest et à Berne, qui n'a guère de sympathie pour le général de Gaulle, le faisant passer — injustement, croyons-nous — pour un collaborateur, lui vaut une révocation brutale, et l'image d'un écrivain d'extrême-droite, ce qu'il n'est pas. Certes Céline, tout aussi déconsidéré que lui, et pour plus de raisons, assure qu'on ne lira plus en l'an 2000 que Paul Morand et, bien sûr, lui-même ; certes Roger Nimier, Jacques Laurent, parmi d'autres romanciers dits « hussards », réhabilitent l'écrivain. Mais il reste qu'on le lit peu, et qu'on le néglige injustement : *La Littérature en France depuis 1945* avait péché par omission, et l'on voudrait réparer ici cette lacune. En 1959, ne voit-on pas Morand interdit à l'Académie française par une pétition d'académiciens soudain bien attachés à la Résistance, et par un message formel du général de Gaulle ? Ce septuagénaire, qui avait connu à ses débuts toutes les gloires et tous les succès possibles, orchestrés par la publicité tapageuse, semblait bien alors un écrivain sur le déclin, lié à un parti vaincu et même discrédité.

On mettra beaucoup de temps (grâce à certains esprits libres, comme Jean-Louis Bory) à s'apercevoir que jamais Morand n'a mieux écrit que depuis 1945, que dans son exil de Vevey son œuvre s'est élargie et approfondie, et qu'il écrit comme il conduit : en jeune homme intrépide, invulnérable à toute décrépitude. Œuvre multiple, qui compte plus de cent volumes, et dont la courbe restera ascendante jusqu'à sa mort en 1976. L'écrivain ne cesse de se dépasser lui-même, et on pourrait lui appliquer la remarque qu'il faisait à propos de Jean Giono en 1968 : « Je trouve que ce n'est pas la vieillesse des pères qui les désigne pour le sacrifice rituel, mais bien au contraire leur effrayante jeunesse. Créveront donc pas. » Morand a mis cinquante ans à justifier, et au-delà, la célèbre préface de Proust saluant en lui le « nouvel écrivain » par excellence, celui qui peut, par l'invention d'un style, transformer notre vision du monde.

Le premier Morand, celui de la *Chronique du XXᵉ siècle,* était avant tout l'écrivain du monde moderne, au sens mondain comme au sens mondial, l'inventeur d'une nouvelle manière de s'approprier la planète par le voyage et la vitesse, le conquérant des espaces géographiques et littéraires. Après 1945, pour l'exilé de Vevey, le voyage dans le temps et dans l'histoire remplace les errances luxueuses. Désormais la perspective n'est plus celle des privilégiés insolents, mais celle des réprouvés et des exclus de l'histoire. Dans ses récits comme dans ses biographies historiques, Morand semble fasciné par le cycle de la chute venant après la gloire : c'est son mythe personnel qu'il va formuler dans sa biographie *Fouquet ou le soleil offusqué* (1961). L'éblouissant Fouquet a été écrasé par le terne Colbert : « L'impatient a été bloqué, l'homme qui attendait son heure l'a trouvée ; les biens de ce monde ont glissé des mains du premier dans celles du second. Mais Fouquet a sauvé sa vie profonde, laissant Colbert condamné à ramer sur la galère mondaine, avec des gants parfumés. Les dieux n'aiment pas l'homme heureux. » Paul Morand lui aussi a sauvé sa « vie profonde », c'est-à-dire son travail d'écrivain.

On a souvent remarqué que le génie de Morand s'exprimait mieux dans la nouvelle que dans le roman. Mais il faudrait nuancer cette évaluation : dans le choix des « nouvelles d'une vie » qu'a fait Morand en 1965, il distingue les *Nouvelles des yeux* (la plupart antérieures à 1945) et les *Nouvelles du cœur* (presque toutes postérieures). Or ces dernières ne sont pas des « nouvelles » au sens le plus courant du terme, sur le modèle de celles d'Edgar Poe, de Maupassant, ou de Marcel Arland. Ce sont des romans historiques, abrégés et concentrés, où la tragédie de l'histoire et la tragédie des pulsions croisent leurs feux : Alexandre Dumas a rencontré Sigmund Freud. Le genre historique est vivifié, dans la narration de Morand, par ce génie qui lui est propre du changement de vitesse, des démarrages ultra-rapides, des dérapages contrôlés, et des reprises puissantes. La litote et l'ellipse, le trait lapidaire, la syncope, introduisent dans ces « romans » sous forme de « nouvelles » le rythme du jazz et la vitesse des Bugatti ou des Mercedes. Citons « Parfaite de Saligny » (1946), « La Folle Amoureuse » (1956), « La Clef du souterrain » (1956), « Le Bazar de la charité » (1957), — sans oublier un récit contemporain plus inquiétant « Hécate et ses chiens » (1953) et un chef d'œuvre un peu plus ancien : « Milady » (1935).

« Il y a dans Paul Morand un moraliste, un chroniqueur, un reporter, un poète, un historien, un nouvelliste. Il condamna les six à se fondre en un romancier. Fait pour courir le cent mètres, il s'imposa le quatre mille. » Ce jugement de Jacques Laurent se voit infirmé par les romans historiques, débordants d'invention, de fantaisie, et de raffinement que sont, par exemple, *Montociel* (1947) ou *Le Flagellant de Séville* (1951) : Morand naît au roman à soixante ans, par la grâce de l'histoire, de l'éloignement géographique, et d'un culte évident pour Alexandre Dumas. C'est tout de même dans le cadre de la nouvelle brève que nous retrouvons, en 1974, son génie : *Les Écarts amoureux*. Ils évoquent, en trois récits, la Rome impériale, l'Égypte du XIXe siècle, l'Italie du XIIIe siècle et du XVIIIe siècle. La dernière nouvelle « Le Château aventureux » est sans doute la plus ambitieuse et la plus vertigineuse qu'il ait jamais écrite ; à San Gerfano, deux fois, il naît une naine. Deux fois un père aimant cherchera à la protéger des blessures du monde extérieur en lui façonnant un monde hermétiquement clos. Deux fois, le désir viendra détruire les efforts paternels pour protéger l'exclue, et provoquera une mort violente. Dans deux cultures bien différentes, celle du féodalisme pieux, et celle des Lumières, une même tragédie, née de la peur qu'inspire l'enfant monstrueux, et qui culmine dans le désir d'un partenaire que va éprouver un jour la jeune fille naine : « Dans un désert, le désir dévore, c'est le soleil du vide. »

[Laura]

Laura*, dès le premier jour, fut une poupée* terrible ; énergie effrénée, brutalité d'animal, arrachant les bandages posés pour la redresser ; son berceau était secoué par une tempête ; un ouragan élémentaire tordait sa bouche si fine, agitait ce corpuscule jusqu'à ce qu'il tombe, assommé dans le sommeil ; vers les matrones elle tendait ses griffes ; elle semblait ressentir comme une injure le sort qui faisait d'elle un diminutif phénoménal. La beauté du visage sur un corps difforme se traduisait par cet essai manqué ; belle plante, la création d'un jardinier pervers ou fou ; et la beauté morale de l'ancêtre infirme s'exprimait

Deuxième volet de la nouvelle : à Vicence, vers 1780, une naine est née chez les San Gerfano.

* Le marquis a choisi ce prénom en hommage à Pétrarque et à Sade.
* La marquise, éprise de miniaturisation, souhaitait « une poupée ».

ici en son contraire. Chez Laura, les qualités physiques
d'un être anormal trouvaient leur expression dans le
domaine de l'esprit ; la ténacité lui tenait lieu de force ; un
15 caractère impliable, de résistance à la fatigue ; son agilité
devenait rampement ; ses muscles, c'étaient ses nerfs ;
toutes vertus naturelles qui, loin de s'amoindrir dans leur
apetissement, avaient pris, sous une forme concentrée,
une virulence irréductible. Chez cette naine, les vices
20 étaient gigantesques.

Le marquis, sa perruque sous le bras, s'épongeait, se
promenait de long en large, sous le portique aux colonnes
classiques dont les feuilles d'acanthe se détachaient en
blanc sur le noir des cyprès.

25   — Saturno, mon ancêtre, en épargnant à sa fille la vue
d'êtres normaux, pensait ne rien lui révéler du monde
extérieur, lui ôter le poids d'une déchéance abominable.
C'était une noble idée. Mais, en confinant sa fille dans un
cul-de-basse-fosse, il l'a rendue plus infirme encore ; il lui
30 donna une âme de naine. J'ai réfléchi : pour éduquer
Laura, je ne suivrai pas son exemple ; je procéderai
autrement (j'en fais un cas de conscience) ; je ne retiendrai
que le principe même de l'isolement : mais à partir d'ici, je
diffère : je veux à ma fille une claustration, non médié-
35 vale, mais délicieuse ; j'imagine une solitude qui, de la vie,
ne laissera passer à notre Laura que le bonheur. Une
fortune immense me permet de lui donner tous les plaisirs,
toute la compagnie, tout l'équipage, tout l'entourage de la
joie. Je compenserai sa condition par le nombre, le luxe,
40 la qualité de ses jeux, l'excès des cadeaux que je lui ferai,
le contact quotidien de la beauté, tout ce qu'il faudra pour
lui faire une heureuse fortune, qui, élargissant sa prison,
la rendra digne du siècle des Lumières où nous vivons ;
nous ne sommes plus à l'âge de Dante, mais de Rousseau ;
45 je m'inspirerai de lui ; imaginons un *Émile* pour une
naine !

Paul Morand, *Les Écarts amoureux*, éd. Gallimard.

— **Parodie du portrait classique (1-20), de la description conventionnelle (21-24), de**
l'éloquence du siècle des Lumières (25-46).
— **L'invention stylistique** : oxymores (8, 34-35), dissociation (16-20), néologismes
(18), jeux de la réduction et de l'amplification (5, 8, 18). Traits oratoires soulignés
ironiquement (rythme ternaire ou quaternaire, 30-33, 37-39, prosopopée, 46).
— **Le nain dans la littérature contemporaine** : « Le nain rouge » (dans *Le Coq de*
bruyère de M. Tournier), *Le Tambour* de Gunther Grass, *Le Nain* de Pär
Lagerkvist, les mémoires de l'acteur Piéral, *1 m 34* de Jean Brissé Saint Macary.

C'est une œuvre d'allure autobiographique qui a permis les retrouvailles, en 1971, d'un écrivain plus qu'octogénaire et d'un vaste public. *Venises* (1971), dans une sorte de montage cinématographique, télescope les images, les plans fixes, les instantanés d'une ville sur une durée de trois quarts de siècle. Les séjours du narrateur à Venise se dispersent en séquences brèves reliées par une mémoire rêveuse qui brouille l'ordre chronologique, et nous procure une autobiographie indirecte, allusive, discontinue. La forme du « voyage » littéraire que Morand avait si bien illustrée est ici décomposée et immobilisée comme si l'écrivain rivalisait avec son père, peintre de Venise, avec la photographie, et avec tant d'écrivains. C'est un peu *La Mort à Venise*, mais c'est aussi la mort de Venise dont Morand se fait le récitant, sur le ton du baroque funèbre : « Venise se noie, c'est peut-être ce qui pouvait lui arriver de plus beau... » L'inventaire des mondes disparus, ou en voie de disparition, stimule ce Chateaubriand à l'écriture éminemment moderne. La compétition avec ses devanciers — Thomas Mann, Proust, Henry James, James Hadley Chase, etc. —, lui inspire des prouesses d'écriture, qui n'enlèvent rien au naturel et à l'abandon de ce livre : « Les canaux de Venise sont noirs comme de l'encre ; c'est l'encre de Jean-Jacques, de Chateaubriand, de Barrès, de Proust : y tremper sa plume est plus qu'un devoir de français, un devoir tout court... » Cette Venise, non plus urbaine mais textuelle, devient ainsi un réseau littéraire, le carrefour liquide d'une culture innombrable et fragile.

La discontinuité de cette autobiographie, sa fragmentation permanente, permettent la captation des instantanés, la chasse aux images, le festival du raccourci, de l'ellipse et de l'élision. Elle donne aussi le droit à l'omission, et le narrateur ne se gêne pas pour passer sans transition de 1938 à 1951. La confidence, rare, et souvent oblique, sert surtout à créer chez le lecteur l'illusion d'une complicité avec les secrets du narrateur. L'autobiographie, qui se dérobe autant qu'elle se propose, évite ainsi le risque du plaidoyer ; elle évite aussi l'impression de la clôture d'une vie, arrêtée par le récit même : ce vieillard faustien se découvre d'une jeunesse irrémédiable dans ses désirs et ses fantaisies : « De quoi servirait le grand âge si l'on ne se sentait pas plus proche d'un vagabond mangeant des spaghettis de deux drachmes sur une assiette en carton, en plein vent crétois, que de la classique famille française attablée devant un cuissot de chevreuil braisé au porto ? » L'ancien privilégié retrouve son image — déplacée — dans les trimardeurs et les hippies.

Italie, 1907

Lors de ma première évasion, je me jetai sur l'Italie comme sur un corps de femme, n'ayant pas vingt ans. Ma grand-mère, au Cap-Martin, me faisait de loin admirer son idole l'impératrice Eugénie* en promenade (« Quelles épaules ! ») ; je la suivais à la roulette de Monte-Carlo, n'entrant dans la salle de jeu qu'en passant sous la balustrade, faute d'avoir l'âge légal. Avec quatre ou cinq pièces d'or en poche, mon premier et dernier gain, je profitai d'une réduction de tarif en l'honneur du Simplon, tunnel récemment perforé, et courus à Naples attendre le paquebot italien de Giraudoux*, à son débarquer d'Harvard.

Premières évasions du jeune Morand hors de la grisaille parisienne. Après la vallée du Rhône et la montagne (1906), l'Italie à dix-huit ans.
* L'ex-Impératrice des Français, morte en 1920.

* A peine plus âgé, Giraudoux fut amené à donner des leçons à Morand qui venait d'échouer au baccalauréat. Ils devinrent amis.

A Naples je devais retrouver la même ivresse physique et morale qu'à Caux* ; ce fut au cours d'un déjeuner
15 solitaire sous la treille, au-dessus de Saint-Elme ; la rumeur du travail des hommes montait jusqu'à moi, qui les regardais faire. Il ne se passait rien, je n'espérais rien, je ne donnais rien, je recevais tout. Des millions d'années m'avaient attendu pour m'offrir ce cadeau suprême : une
20 matinée sous une treille. Aucune raison pour' que cela ne continuât pas. Une tradition d'origine très lointaine assurait à toute chose, à moi-même, une place prédestinée. J'entrais dans la vie pour toucher mon dû : Titien, Véronèse n'avaient peint que pour se faire admirer de
25 moi, ils m'attendaient ; l'Italie se préparait depuis des siècles à ma visite.

Il me semblait tout naturel de récolter ce que d'autres avaient semé. Au-dessus du linge pavoisant les rues napolitaines je flottais dans l'irréel d'un ciel qui lampait
30 les fumées du Vésuve. Ce détachement, cet égotisme contemplatif, cette passivité ne m'ont pas épargné les ennuis*, les raccourcis ont singulièrement allongé ma route, même si la paresse allongea ma vie. Je voltigeais autour des gens, je voletais autour des choses, je ricochais
35 sur les surfaces dures, fuyant tout· attachement, peu affermi dans mes sentiments, tout dévoué à moi-même. Pèlerin passionné, tout m'éblouissait. « Il va falloir que je rentre en France, MALHEUREUSEMENT », dit une carte postale retrouvée, alors adressée à ma mère. De tout ceci,
40 plus tard, j'ai eu honte, jusqu'au jour de l'an dernier où, mes yeux tombant sur une interview du nouveau major de Centrale, dans *Le Figaro,* je lus ceci : « Vos projets d'avenir ? — Je pars pour un an aux États-Unis, à l'université de Berkeley*. — Et après ? — Après... La
45 France, MALHEUREUSEMENT. » Blasphème hier, aujourd'hui propos courant. Voici ma progéniture, soixante ans plus tard, qui me rejoint.

Paul Morand, *Venises,* éd. Gallimard.

* Station d'altitude proche de Montreux, en Suisse.

* Allusion à la révocation touchant le diplomate en 1944, diplomate des plus détachés...

* C'est dans cette université californienne qu'apparut l'esprit de contestation qui devait se manifester en 1968.

— **Voyage dans l'espace** (9-11, 13-14, 43-44 : le chant du monde) et voyage dans le siècle (3-5, 10, 19) par le jeu de l'analepse (60 ans de portée), des prolepses multiples (30-32), des extases temporelles.
— **Variété du registre** : lyrisme (33-36), désinvolture (43-45), cynisme (16-26), anxiété, ironie, jeux sur les mots (32-33, 46-47).
— J.-F. Fogel dans *Morand-Express* : « La leçon de sprint est l'enseignement moderne d'un vieil hédoniste. J'ai aimé Morand avec l'intuition que l'on ne peut pas tout rejeter des anciens. Il m'a montré comment voir vite. »

« Venise se noie, c'est peut-être ce qui pouvait lui arriver de plus beau… ».

Grand Prix de l'Automobile-Club de France, 1912.

Cette autobiographie, discontinue et lacunaire, ne satisfait pas la curiosité du lecteur, et elle engendrera d'autres enquêtes biographiques, comme celle de Jean-François Fogel *Morand-Express* (1979), qui semble parfois écrite par un Morand réincarné. Elle témoigne du don qu'avait Morand, et qu'il se déniait, d'écrire ou de parler de soi. Les « archives du XXᵉ siècle » nous montrent un Morand prodigieux, à la veille de sa mort, faisant, pour les caméras de la télévision, le récit et la méditation d'une vie — pratiquant encore le sport, qui lui fit comprendre, adolescent, « qu'on doit passer le ballon ». Et c'est sans doute cette passion pour la biographie, fictive ou référentielle, hétéro- ou autobiographique, qui anime et relie cette œuvre multiple et dispersée : vies de Maupassant et de Fouquet, souvenirs sur Giraudoux, nouvelles, romans, enquêtes historiques, essais critiques, nombreuses préfaces. A cette passion correspond l'invention des formes et des langages, comme en témoigne le livre posthume intitulé *L'Allure de Chanel* (1977). Après une étourdissante préface qui évoque en Gabrielle Chanel « l'ange exterminateur du XIXᵉ siècle », Morand se transforme en simple interviewer, et se borne, prétend-il, à transcrire les propos que lui tenait, après la guerre, cette autre vedette des années 20. Cet effacement donne lieu à la plus remarquable des « autobiographies orales » qu'on ait pu lire, sans qu'on puisse démêler la part de transposition et de réorganisation qui revient à l'écrivain dans cette restitution. On comprend l'admiration de Céline pour Morand : ils résolvent, par des voies différentes, un même problème stylistique.

On pourrait faire de Morand l'un des inventeurs de notre siècle, tant il a transformé des genres comme la nouvelle, le récit de voyage, le roman historique. Mais cet inventeur est aussi un classique. Il n'a pas été un maître à penser, mais assurément un maître à écrire, et peut-être, pour ceux qui l'ont connu, un maître à vivre. Il n'a pas seulement influencé les écrivains liés à la droite ou au régime de Vichy, mais aussi, à la suite de Jean-Louis Bory, des jeunes écrivains de l'après 1968, que l'on qualifierait de gauchistes, qui y trouvent un modèle évident pour une poétique du raccourci et du trait. François Nourissier le juge : « ni à la mode ni démodé, notre seul classique moderne », mais Marcel Proust il y a soixante ans remarquait que la reconnaissance du public serait lente : « Le nouvel écrivain [P.M.] est généralement assez fatigant à lire et difficile à comprendre parce qu'il unit les choses par des rapports nouveaux. On suit bien jusqu'à la première moitié de la phrase, mais là on retombe. Et l'on sent que c'est seulement parce que le nouvel écrivain est plus agile que nous... »

André Malraux

En 1969, **Malraux** abandonne le ministère des Affaires culturelles, son rôle de conseiller du général de Gaulle, et toute responsabilité politique.

Gaulliste, Malraux, bien entendu, le reste, sur le plan de la mystique et non de la politique, mystique qui peut fort bien coïncider avec une attitude gauchiste et anti-colonialiste, quand il se déclare prêt à combattre et à mourir pour la cause du Bangla-Desh, renouant ainsi avec les aventures indochinoises ou espagnoles de sa jeunesse. En 1970, les *Mémoires d'Espoir* du général de Gaulle confèrent au compagnon une image de grand chaman du gaullisme : « A ma droite, j'ai et j'aurai toujours André Malraux. La présence à mes côtés de cet ami génial, fervent des hautes destinées, me donne l'impression que, par là, je suis couvert du terre à terre.

[...] Je sais que dans le débat, quand le sujet est grave, son fulgurant jugement m'aidera à dissiper les ombres. » Après la mort du Général, en guise de tombeau, Malraux compose *Les Chênes qu'on abat* (1971), en principe simple sténographie d'une conversation qui s'était tenue à Colombey entre les deux hommes. En fait ce dialogue, digne de l'antique, mis en scène et transposé par un romancier, placé dans la perspective d'une mort proche, devient le testament littéraire du gaullisme.

« Le plus grand écrivain vivant et à coup sûr le plus singulier », reconnaissait Mauriac en 1969. L'une des plus grandes singularités de Malraux allait être, dans ce court espace de temps, de transformer, réécrire, retisser son œuvre passée, comme la toile de Pénélope, et de mener à terme, in extremis, ses deux projets les plus amples : des mémoires dignes de devenir la légende ou l'opéra du siècle, le vaste triptyque sur l'art de tous les temps et de tous les pays intitulé *La Métamorphose des Dieux,* avec par surcroît, posthume, un essai capital sur la littérature. La mort transforme la vie en destin, elle aura aussi transformé une activité fébrile d'homme de lettres, miraculeusement, en une œuvre aussi achevée, aussi complexe, qu'une cathédrale.

Malraux avait renoncé au roman avec *Les Noyers de l'Altenburg* (1943). Après avoir interdit ce livre de réédition, il va en réutiliser la première partie dans les *Antimémoires* (1967), ainsi que l'épilogue. Le récit romanesque est devenu autobiographique, sans cesser, semble-t-il, de relever de la fiction. Plus tard, dans *Lazare* (1974), sera reproduite la scène la plus forte des *Noyers de l'Altenburg.* Ainsi un roman se trouve-t-il presque tout entier redistribué et réutilisé dans des œuvres qui se présentent comme des témoignages authentiques ! Ce n'est pas, comme on l'a dit, facilité ou complaisance. Tout au contraire, Malraux s'acharne à réécrire et remanier ses textes. Les *Antimémoires,* à l'origine, devaient être suivis de trois volumes, posthumes ; ils deviennent, du vivant de Malraux, le premier volume d'un ensemble intitulé *Le Miroir des limbes* ; le second volume, intitulé *La Corde et les souris* (1976), réunit divers livres publiés séparément : *Les Chênes qu'on abat* (1971), *Lazare* (1974), *La Tête d'obsidienne* (1974), longue méditation sur Picasso, coupée de dialogues avec celui-ci, *Hôtes de passage* (1975), recueil de trois conversations. Réunis, ces livres débaptisés sont aussi réécrits, concentrés ou étendus. Les dialogues, reliés par les associations de la mémoire et les transitions du librettiste, débouchent sur le final, *Lazare,* récit d'un séjour à la Salpêtrière, qui reprend l'un des thèmes les plus obsédants de Malraux : le dialogue avec la mort, le retour à la vie.

[Lazare]

Dans le couloir, les cris ont repris.

J'ai donc fait le tour de la chambre... Le sentiment de la mort s'est toujours lié pour moi à l'agonie, et je suis stupéfié par cette angoisse où je ne distingue que la menace inconnue de me retrouver amputé de la terre.

Ni douleur, ni mémoire, ni amnésie — ni dissolution. Perte de conscience, pas de toute conscience. Je me croyais dans une autre partie de la chambre, mais quelque part ; je ne comprenais pas ce qu'était devenu mon lit, mais je tentais de m'y allonger, de m'installer dans une litière : essayons de dormir, je comprendrai demain matin. Je me souviens de mon effort. Conçoit-on Lazare

Nov. 72 : dans une chambre de la Salpêtrière, Malraux a perdu conscience pendant une demi-heure. Il vient de s'allonger sur la table qu'il a prise pour le lit. Évanouissement ou somnambulisme, le narrateur, retour des limbes, s'interroge.

se souvenant d'efforts pour s'accommoder de son tombeau ?

15 Sans en avoir conscience, sinon par le souvenir, j'ai vécu ce que je pressens depuis mon arrivée à la Salpêtrière : un je-sans-moi. Le fou se prête une identité. Perdre son identité suggère tout perdre ; je ne me dissolvais nullement, parce que ma conscience s'était réfugiée dans mon 20 effort. Une conscience animale ? Un somnambule conscient seulement de sa tension pour atteindre le toit, et qui en eût gardé la mémoire ?

L'homme, ai-je pensé, est ce dont les voix emplissaient la sape et le camp de prisonniers*. On a proclamé : 25 l'homme, ce sont ses fantasmes, ses pulsions, ses désirs cachés*. J'ai envie d'écrire : c'est ce qui se construit sur cette conscience véhémente d'exister, seulement d'exister. Mais n'est-elle pas liée à l'homme comme le socle à la statue ? Pourquoi m'intéresser à cet être d'amibe ? Pour 30 ce qu'il a de commun avec moi, avec le moi du rêve et le fou : la conscience de l'effort.

* Cf. *Les Noyers de l'Altenburg* (*Lit. 45*, p. 131-132).

* Cf. *Lit. 45*, p. 139.

Ce qui me fascine dans mon aventure, c'est la marche sur le mur entre la vie et les grandes profondeurs annonciatrices de la mort. C'est aussi le souvenir de ces profon- 35 deurs. « Les réanimés ne se souviennent de rien » (de rien, mais de conversations entre les médecins !). Avoir frôlé la part de l'homme qui marche, geint ou hurle quand la conscience n'est pas là.

J'ai été conscient de ne plus savoir où j'étais —, d'avoir 40 perdu la terre. Pas d'autre douleur que celle des autres, qui bat confusément cette chambre blanche où veille la petite lampe de la nuit comme, dans ma chambre de Bombay*, la rumeur de l'Océan battait la grève. Je suis lucide, d'une lucidité limitée au ressassement d'une terre 45 de nulle part, à la stupéfaction devant un état ignoré. Ce qui s'est passé n'a rien de commun avec ce que j'appelais mourir.

* Allusion au voyage en Inde, raconté dans *Les Antimémoires*.

D'où vient ce remue-ménage assourdi ? Je ne pressens pas encore le gris de l'aube. Aucun bruit de couverts ; les 50 bruits semblent d'ailleurs venir du sol, et je reconnais le pas alourdi des infirmiers qui emportent les malades à la salle d'électrologie. Ils s'éloignent, et la porte de la chambre contiguë bat sourdement le silence. Je n'entends plus les hautes plaintes. Les infirmiers ne sont pas partis 55 pour la salle d'électrologie : mon voisin est mort.

André Malraux, *Lazare,* éd. Gallimard.
Repris dans *Le Miroir des limbes.*

A. Malraux devant deux portraits attribués à Fujiwara Takanobu, Kyoto, 1974. ▶

— Reportage presque serein sur l'expérience de la mort : de sa propre mort frôlée (1-3) à la mort de l'autre (55) en passant par l'exploration des limbes ou de l'inconscient.

— Un style nouveau chez Malraux : asyndète généralisée, ellipses de la notation (6-7), de l'interrogation (20), recours à la phrase nominale (20-22, 40) ; narration quasi-simultanée par rapport à l'événement (12, 26, 48) : présent de la réflexion ou de la rédaction ?

— Bombay (ou Bénarès dans une autre page) : « Quant à Bénarès [...] ce rien de trop qu'il y a parfois, dans la pensée, dans le style d'A. Malraux, il faut l'accepter et sans doute l'admirer avec le reste, car il n'y aurait pas le reste sans cela. » (Cl. Mauriac, *Comme l'espérance est violente*).

Aucun mémorialiste (et l'auteur des *Antimémoires* en fait bien figure) ne s'est permis comme lui de mêler la fiction au souvenir, l'imaginaire à l'historique. Le lecteur, hésitant entre un pacte romanesque et un pacte autobiographique, finit par s'accrocher à la formule d'un personnage de *La Condition humaine* : « Il entrait dans un monde où la vérité n'existait plus. Ce n'était ni vrai, ni faux, mais vécu... » Malraux n'entend pas donner sa biographie intime, mais il veut transmettre une image, en somme un mythe, procédant moins par assertions que par allusions, ellipses, jeux de clair-obscur, suggestions. La mythification, c'est-à-dire ce que Malraux a appelé « la métamorphose d'une biographie en vie légendaire », ne peut cependant pas être assimilée à une mystification ou une mythomanie, tant sont abolies les frontières entre ce qui fut rêvé et ce qui fut vécu, entre le souvenir retrouvé et l'avenir projeté. Le Malraux mémorialiste retrouve des effets analogues à ceux que produisait le Malraux romancier ; le premier induit du réel à l'imaginaire, le second induisait de la fiction à l'Histoire. Ce qui est mis en question dans les deux cas, c'est l'opposition des deux genres ; ce qui est inventé, c'est un discours qui dépasse cette opposition. Le nouveau titre choisi *Le Miroir des limbes*, marque la préférence donnée à l'énigmatique sur l'intelligible, mais aussi l'exploration d'une zone crépusculaire, entre vie et mort, pour le héros comme pour la civilisation, cette unique forme de survie

concevable pour un agnostique, cette « dérive arbitraire et irremplaçable comme celle des nuées ».

Le principe des écrits de Malraux sur l'art n'a pas été fondamentalement transformé, mais l'ampleur du projet et les dimensions de l'exécution se sont démesurément élargies : *Le Surnaturel* (1974) reprend pratiquement le volume intitulé en 1958 *La Métamorphose des Dieux*. *L'Irréel* (1974), deuxième volume du triptyque qui porte désormais ce titre, évoque l'évolution des formes, de Florence à la mort de Rembrandt : l'irréel se substitue au spirituel et se définit comme un « divin dédivinisé », — accès à un trouble pouvoir qui n'est ni le sacré ni la postérité. C'est seulement avec *L'Intemporel* (1976) que l'art trouve son autonomie : naissance d'une communauté de l'art, dialogues des arts de l'Extrême-Orient et des arts de l'Occident, et enfin et surtout, entrée dans l'ère de l'audio-visuel, que Malraux définit comme l'ère de l'aléatoire.

A cette recherche va se rattacher *L'Homme précaire et la littérature*, où s'appliquent à la littérature les notions fondamentales de l'esthéticien. Mais Malraux ne va pas retrouver pour la Bibliothèque les accents messianiques que lui inspirait *Le Musée imaginaire*. Sur un ton d'amertume désenchantée il propose une histoire de la littérature, avec, en arrière-plan, une histoire de l'imaginaire. C'est une démythification, et peut-être une mise à mort, de la littérature — arrêtée, semble-t-il, à l'âge d'or du roman au XIXᵉ siè cle. Avec Flaubert, par exemple, « la Bibliothèque est sauvée, non victorieuse : au mieux le piège où se prendra peut-être la bêtise » ; mais aujourd'hui l'imaginaire-de-roman cède la place à l'imaginaire-des-images. Cet essai lucide et froid sur la fin du roman, et peut-être sur le renoncement d'un romancier, est aussi un acte de rupture avec le credo littéraire qui animait ses préfaces à Faulkner ou à D.H. Lawrence. Malraux, de bien surprenante façon, analysant les pouvoirs perdus du roman, rejoint le Sartre des *Mots,* et tord le cou à son propre esthétisme.

Malraux a bien été un maître : homme politique, mémorialiste, historien de l'art, théoricien de la littérature, il invente cha-que fois une forme qui lui est propre, un style qui n'est qu'à lui. Mais ce maître n'a pas de disciples : il en est venu à un point extrême de solitude, si prestigieuse soit-elle. Il suscite encore la haine de la gauche, et ne retient plus la jeunesse. N'influençant guère les écrivains récents (sauf peut-être Régis Debray), il doit sans doute plus son rayonnement actuel à ses grands romans des années trente qu'à ses grandes entreprises des années soixante-dix. Mais quand on considérera avec plus de sérénité la carrière politique, la biographie controversée, le choix gaulliste, alors toute cette partie de l'œuvre de Malraux sera estimée à sa juste valeur : elle reste à découvrir.

Jean-Paul Sartre

Dans la biographie mouvementée de **Sartre**, une première conversion, en 1940, avait fait de lui un écrivain irréversiblement engagé dans l'histoire de son siècle ; une seconde, en 1952, l'avait fait adhérer au marxisme, approuver le Parti communiste, proclamer une haine inextinguible de la bourgeoisie ; voici que les événements de 1968 entraînent une troisième conversion : ils parachèvent sa politisation ; tout en l'éloignant radicalement du jeu des grands partis politiques, ils l'amènent à contester et à liquider ce statut d'intellectuel (de gauche) classique dont il avait pourtant été le représentant inégalé. Il ne veut plus être qu'un « compagnon radicalisé des forces populaires », apprenant humblement « le langage des masses », se mettant à l'écoute et au service des jeunes militants.

Cette ultime conversion n'a pas empêché Sartre de publier trois volumes — deux mille sept cents pages — de son étude sur Flaubert, sous le titre provocateur *L'Idiot de la famille* (1971-1972) : seule la cécité, qui le frappe en 1973, le contraint à laisser l'entreprise inachevée. Quoi de plus intellectuel pourtant que cette biographie à visée encyclopédique, qui entend répondre à la question : « que peut-on savoir d'un homme d'aujourd'hui ? », intégrer et dépasser Marx et Freud, sans compter les Sartre antérieurs, et qui n'est accessible qu'à un cercle très restreint de spécialistes bien armés. Mais le discours y est animé par la grande motion vindicative contre la littérature comme idole, contre la bourgeoisie comme classe dominante. C'est toujours le même procès, entamé dans *Les Mots* (1964), qui mobilise cette fois toutes les ressources, sauf celles du style littéraire, auquel Sartre n'entend plus recourir (« Le style, a-t-il dit, c'est Flaubert qui l'a »).

Il n'y a donc pas de véritable contradiction entre l'auteur de cette étude savante sur Flaubert et l'agitateur militant qui procède par conférences de presse, parfois improvisées sur un tonneau, interviews (*Situations IX,* 1972 ; *Situations X,* 1976), livres-dialogues avec de jeunes révolutionnaires (*On a raison de se révolter,* 1975), dialogues filmés (le film « Sartre »), qui lance, anime ou protège divers journaux, dont *Libération,* depuis 1973, représente l'exemple le plus durable et le plus brillant. A partir de 1968, le Parti communiste se voit dénoncé avec violence dans une perspective et un langage « gauchiste », le marxisme même est plus tard explicitement abjuré. A la veille de sa mort, Sartre, tel un Socrate aveugle, prépare avec un jeune militant, un livre-dialogue « Pouvoir et liberté » qui, assurait-il, ne laisserait rien debout de sa philosophie passée et s'inscrirait dans une recherche résolument libertaire. Ainsi Sartre se trouvait-il, dans le grand âge, rajeuni et rendu à sa virulence originelle par sa collaboration avec la génération de 1968. Les dernières interviews publiées avant son décès en avril 1980 n'indiquaient pas au vrai la réalisation d'une œuvre véritable, mais, jusqu'au bout, l'activité inlassable d'un « veilleur de nuit, présent sur tous les fronts de l'intelligence ». Le prestige de Sartre était plus lié à l'action intellectuelle qu'à une œuvre d'écrivain, dont il semblait détaché depuis plusieurs années.

L'ensemble de cette œuvre constitue assurément, dans ses ruptures comme dans sa continuité, l'une des aventures les plus symptomatiques de l'époque. Comme son héros des *Séquestrés d'Altona,* Sartre aurait pu proclamer : « Ici, dans cette chambre, j'ai pris le siècle sur mes épaules, et j'ai dit : j'en répondrai. En ce jour et pour toujours. » Et pourtant les œuvres complètes de notre dernier « grand écrivain », reconnu comme tel en France et dans le monde, ressemblent à un chantier de travaux interrompus ou d'entreprises inachevées : les œuvres passées de Sartre revivent, dépassées, retournées, parodiées, dans les œuvres qui leur succèdent et les renient. *Les Mots* par les voies de l'auto-critique et de l'auto-parodie remettent en cause toute l'œuvre antérieure. *L'Idiot de la famille* représente, comme en abyme, la totalité des écrits de Sartre : l'entreprise philosophique reprend tout à la base, transforme les concepts contenus dans *L'Imaginaire* (1938), *L'Être et le néant* (1944), *La Critique de la raison*

dialectique (1960) ; le projet anthropologique prolonge, dans un mouvement d'expansion presque dément, les biographies passées telles que le *Baudelaire, Les Mots,* le *Saint-Genêt, comédien et martyr* ; les thèmes des romans antérieurs, particulièrement de *La Nausée,* resurgissent. L'affrontement interminable du biographe et de son modèle rappelle l'œuvre dramatique comme la production polémique. Mais, inversement, la démarche de l'écrivain ne cesse de postuler un volume à venir — le quatrième — clef de voûte de l'édifice, celui où on n'envisagerait plus le Flaubert des écrits impubliés de jeunesse, mais l'auteur de *Madame Bovary* et où l'on accéderait à l'œuvre véritable. Or, ce livre, s'il a été ici ou là « parlé », n'a pas été écrit : l'œuvre sartrienne, toujours projetée vers un futur irréalisé, pourra être jugée comme une œuvre inaboutie et manquée, ou au contraire comme une forme ouverte, et par cela même, éminemment moderne.

Le génie de Sartre est d'avoir obtenu très tôt la consécration sans jamais cesser d'engendrer la contestation, et même la haine. La « psychanalyse existentielle » des deux premiers volumes du « Flaubert » est aussi contestée par les psychanalystes que le marxisme du troisième volume est suspecté par les marxistes ; le défi que représentaient des analyses de texte à la fois minutieuses et totalisantes n'a pas été relevé par la critique moderne. Il reste que la dernière entreprise de Sartre, comme la série des *Situations,* met en évidence un génie polygraphe qui couvre à la fois le philosophique, le politique et le littéraire. Dans l'un de ses tout derniers entretiens, voici comment il définissait cette œuvre si diverse : « Ce que j'ai cherché : c'est l'événement qui doit être écrit littérairement et qui, en même temps, doit donner un sens philosophique. La totalité de mon œuvre, ce sera ça : une œuvre littéraire qui a un sens philosophique. »

Mais Sartre, c'est beaucoup plus que l'œuvre de Sartre. Cela l'aura été en tout cas pour une génération. Françoise Sagan l'exprimait joliment dans une « lettre d'amour à Jean-Paul Sartre », publiée en

1979 : « Vous avez été un homme autant qu'un écrivain, vous n'avez jamais prétendu que le talent du second justifiait les faiblesses du premier ni que le besoin de créer seul autorisait à mépriser ou à négliger ses proches, ni les autres, tous les autres. (…) Vous avez préféré souvent être utilisé, être joué, à être indifférent, et aussi, souvent, être déçu à ne pas espérer. Quelle vie exemplaire pour un homme qui n'a jamais voulu être un exemple ! »

De fait, dès avant sa mort, ce héros de notre temps devenait la figure centrale de nombreux récits fictifs ou autobiographiques : citons, entre autres, *Le Dernier Dimanche de Sartre* de Jean-Pierre Enard, *La Cause des peuples* de Jean-Edern Hallier, *Un fils rebelle* d'Olivier Todd, *Mes années Sartre* de Georges Michel, *La Cérémonie des adieux* de Simone de Beauvoir.

Aragon

Aragon, un maître ? En tous les cas, une figure qui dans les années soixante-dix va accéder à une curieuse impopularité. Tout en maintenant une fidélité d'un demi-siècle au Parti communiste, et en ne cessant d'épouser toutes ses variations tactiques, Aragon refuse désormais de se présenter comme un « écrivain communiste ». Il va se livrer à un insistant plaidoyer qui évite toute auto-critique et toute espèce de révélation véritable. Le jeu des masques, des miroirs, des dédoublements, n'est-ce pas, à la longue, un procédé assez commode pour ne plus assumer un itinéraire esthétique et politique ?

En fait, depuis dix ans, Aragon ne cesse de promettre, de refuser, d'éluder cette autobiographie, dans un monologue intarissable qui relève plus de la dénégation comminatoire que de cette confession nue que décidément les lecteurs d'aujourd'hui exigent. Dernière en date de ces autobiographies refusées, la série des « préfaces » qu'il a écrites pour la monumentale édition de son *Œuvre poétique,* enrichie curieusement de toute la production politique : cette rétrospective semble s'être arrêtée à l'année 1938, et on y verra surtout le plaidoyer inépuisable d'un accusé qui n'avoue rien. D'avoir pendant un demi-siècle illustré et défendu un Parti communiste immuable et changeant dessert aujourd'hui Aragon et ne nous permet pas d'apprécier son œuvre en toute équité ; il

serait injuste, en effet, de vouloir faire d'Aragon le bouc émissaire du stalinisme.

A la différence des œuvres de Morand et de Malraux, celle d'Aragon ne connaît pas le renouveau ultime, mais un déclin relatif qui suit l'exceptionnelle floraison qui allait du *Roman inachevé* (1958) à *Blanche ou l'oubli* (1967). Si on écarte des publications qui ne sont que des rééditions déguisées (*Le Mentir-vrai,* publié en 1980, vaut surtout par la nouvelle qui porte ce titre — et qui date de 1964), trois volumes seulement comptent : un commentaire rétrospectif de toute son œuvre, un livre d'art, enfin un roman au statut incertain.

Dans *Je n'ai jamais appris à écrire ou les incipit* (1969), il ressaisit sa vie, ou plutôt son œuvre, par les commencements, revenant sur les phrases initiales de ses romans, déroulant parenthèses, associations et variations avec la fantaisie souveraine mais prévisible d'un écrivain qui ne manque aucun effet. Il revendique et formule une fidélité à l'expérience surréaliste, celle-là même qu'il avait tant reniée. Ainsi sont provisoirement réunis, en un seul parcours, tous les Aragon multiples et contradictoires du demi-siècle. Le narrateur fait du fonctionnement de son propre langage son principal souci, et se rapproche de fort près des recherches formalistes de son ancien ami Jakobson. Pour finir, le monologue d'Aragon s'efface devant le monologue ouvrant *l'Innommable* de

Samuel Beckett : rapprochement émouvant par son humilité, et saisissant par l'esprit de recherche dont il témoigne.

Le même souci inspire le monumental *Henri Matisse, roman* (1972) dont l'auteur justifie ainsi le titre déconcertant : « Ceci est un roman, c'est-à-dire un langage imaginé pour expliquer, croirait-on, l'activité singulière à quoi s'adonne un peintre ou un sculpteur, s'il faut appeler de leur nom commun ces aventuriers de la pierre ou de la toile, dont l'art est précisément ce qui échappe aux explications de texte... » Regroupant des textes étalés sur vingt-sept années, ce livre qui, de l'aveu de l'auteur, ne « ressemble à rien qu'à son propre désordre », prolonge les recherches sur la peinture et le langage des ouvrages antérieurs. Mais, à travers le jeu fébrile des masques et des miroirs, on peut voir aussi, en filigrane de la biographie de Matisse, apparaître, toujours esquissée, toujours exorcisée, l'autobiographie d'Aragon lui-même : « Il demeure, à mesurer l'abîme des autres, le sentiment du nôtre, du mien. C'est par lui que je comprends de toute image qu'elle n'est qu'image. Par moi. C'est à regarder en moi que je vois le relief des gens, ce relief intérieur, qu'ils n'avaient pas. Pas plus que moi. La biographie qui ne se trouve jamais dans les biographies. Ces autres "signes" qui n'ont point de signes. Non griffes, mais blessures, cicatrices prêtes à se rouvrir, cicatrices réveillées par les tempêtes, douleurs brusquement ravivées par une petite pluie au diable, un passage de nuées. On peut se taire de soi, mais cela parle, au fond, là où rien ne s'entend que du dedans. »

Choix bibliographique :

J.-F. Fogel, *Morand-Express*, Grasset.
Magazine littéraire, «Morand», oct. 1977.
M. de Courcel (sous la direction de), *Être et dire*, Plon. (Sur André Malraux).
J.-F. Grover, *Six entretiens avec André Malraux sur des écrivains de son temps*, coll. Idées, Gallimard.
J. Lacouture, *Malraux, une vie dans le siècle*, 1973.

Théâtre/Roman (1974) fait songer au *Fou d'Elsa* (1963) par l'alternance des vers et de la prose, cette fois en proportion inverse : ainsi se trouvent couronnées par un livre unique l'œuvre romanesque et l'œuvre poétique. Le titre même indique la préoccupation de modernité, dans l'usage de la barre oblique, marquant l'alternative. *Théâtre* en ce sens que le héros Romain-Raphaël, double de l'écrivain, est un acteur toujours préoccupé de la scène, mais aussi dans le sens que lui donne l'auteur : « Théâtre est le nom de ce lieu intérieur en moi où je situe mes songes et mes mensonges. » *Roman,* en ce qu'il exploite la veine de *La Mise à mort* et de *Blanche ou l'oubli*, et propose une ombre de récit, d'emblée éclaté, submergé par un commentaire incessant, qui est aussi un « comment taire ? », dévoré par un soliloque incessant, d'attribution incertaine, mais qui passe décidément, aux trois-quarts du livre, de l'acteur à l'auteur, au « cygne à terre », pour mieux écrire...

Le labyrinthe des fictions et des confessions débouche sur des réponses à des interviews imaginaires. Le livre se défait, l'auteur se dérobe dans le théâtre et dans les jeux de l'avant-garde, et la Mort parle d'une voix étrange. On peut être fasciné par cette abolition progressive, cette disparition du genre, du roman, du sujet, du discours. On peut aussi rester de glace devant cette auto-parodie exaspérée d'un acteur qui charge ses tours et ses effets. Le final, d'allure testamentaire, retrouve en revanche les accents mélodieux du deuil et de l'angoisse qui ont fait du *Roman inachevé* un chef-d'œuvre de la poésie lyrique moderne.

Revue des lettres modernes, « André Malraux », I, II, III, 1972-1976.
Raymond Aron, *Histoire et dialectique de la violence*, Gallimard. (Sur Sartre).
Obliques, « Sartre », 1979.
Le Monde des livres, « L'Idiot de la famille », 2-7-79.
Poétique, Ph. Lejeune, « Ça s'est fait comme ça », sept. 78.
B. Lecherbonnier, *Aragon*, Bordas.
L'Arc, « Aragon », 1973.

Chapitre II

Les nouveaux classiques

Jean Giono

Les deux dernières années de la vie de **Giono** voient paraître deux chefs-d'œuvre : *Ennemonde* (1968) et *L'Iris de Suse* (1970). Ayant déjà étudié le premier de ces romans (dans *Lit. 45*, p. 326), nous préférons nous attarder sur cet *Iris de Suse,* et ce d'autant plus que, par un heureux hasard, ce dernier roman de Giono opère une synthèse de l'œuvre qu'elle achève et couronne.

Le roman entremêle, par un mécanisme ingénieux de rencontres, récits et retours en arrière, plusieurs histoires qui vont permettre à l'action de parcourir toute la géographie chère à Giono, depuis la côte méditerranéenne (Toulon) jusqu'aux Hautes-Alpes (l'action se déroule dans la région qui servait de cadre au *Roi sans divertissement*), en passant par la Provence et en faisant un ou deux crochets par l'Italie. L'itinéraire est à la fois celui du troupeau de moutons de la transhumance montant vers les alpages et celui du héros principal, Tringlot, voleur qui fuit ses associés après avoir caché le magot, fruit d'un certain nombre de coups de main. L'association de Tringlot et des bergers fait se rencontrer deux des côtés de Giono : le côté « brigand » (que le lecteur retrouvera en 1972 dans le recueil posthume *Les Récits de la demi-brigade* dont le personnage principal est le Langlois du *Roi sans divertissement,* un Langlois rajeuni, dans ses fonctions de gendarme amateur d'âmes), et c'est alors l'évocation, très romanesque, de grands chemins, d'auberges rouges, d'hôtesses au grand cœur et de cachettes secrètes. Du côté « mouton », quelle évolution depuis un livre comme *Le Serpent d'étoiles* : le berger n'est plus un poète ni un prophète, mais un homme qui exerce un métier, qui est bien heureux de trouver une cabane « en dur » pour y passer la nuit et faire la cuisine, qui connaît les bêtes, leurs habitudes et leurs maladies. Tout le roman est ainsi parcouru d'un plaisir des techniques, que ce soit celle de la cuisine (depuis la préparation jusqu'à la dégustation), du dressage des mulets, du forgeron, ou celle, plus rare, du démontage et du remontage de squelettes d'animaux (le titre du livre fait allusion à un certain petit os, inventé par Giono d'ailleurs, et « qui ne sert à rien »).

La vie du troupeau dans la montagne amène quelques descriptions dont la brièveté renforce l'intense poésie : « L'été s'attarda longtemps ; même dans l'arrière-saison les jours étaient interminables, de plus en plus chauds, clairs, immobiles. Cet excès rendait mélancolique [...]

heureusement, il y eut un coucher de soleil particulièrement effrayant qui ruisselait de sang. Tout de suite après les jours s'arrondirent, avec des matins et des soirs. La lumière de l'après-midi perdit enfin l'éclat pur de la craie ; elle se teinta d'un petit jaune citron. Des pointes de vent apportèrent des bruits oubliés en bas et les lointains apparurent, jusqu'au roulement d'un train. »

L'arrivée dans la montagne — dont il faut redire qu'elle est, bien davantage que la Provence, le pays cher au cœur de Giono — voit l'entrée en scène d'autres personnages qui appartiennent, eux, à un autre côté, celui des « âmes fortes ». De la petite baronne au forgeron qui l'aime d'un amour fou, en passant par sa sœur, colosse féminin qui rappelle Ennemonde par bien des traits, sa femme l'Absente, ou Casagrande, le beau-frère de la baronne, c'est tout un matériel humain qui se tient au paroxysme de la passion et du drame, cherchant sans cesse « midi à quatorze heures » ou « l'amer à boire » ; comme le dit le sage Casagrande, « on nage constamment dans l'Arioste ».

Le romanesque n'est pas l'apanage des seuls aristocrates. L'un des bergers, au nom prédestiné d'Alexandre, n'a qu'une idée en tête : enlever une nonne de son couvent. Tous ces destins s'entrecroisent pour ne laisser, en fin de compte, subsister que le couple, inattendu, d'un Tringlot transformé, touché par la grâce et qui abandonne son magot, et de l'Absente devenue veuve : « Désormais, elle serait protégée contre vents et marées et elle ne savait même pas qu'il était tout pour elle. » Cette transformation infirme la conception de Casagrande selon laquelle les humains ne sont que des mécaniques comparables à celles de ses squelettes ; mais confirme une autre formule du vieil Italien : « De sacrifice en sacrifice, j'ai reconstitué peu à peu une sorte d'Arcadie. »

La note d'espoir qui clôt ainsi le roman résonne au sein d'un concert cependant assez funèbre. Que ce soit la vieillesse et la mort du vieux berger, ou les morts plus spectaculaires du baron qui s'est pendu, de la baronne et de son forgeron qui, dans

leur automobile, descendent littéralement à tombeau ouvert les flancs de la montagne avant de s'envoler « droit en l'air les yeux ouverts », la mort est là qui guette et rôde. La majeure partie du livre se déroule en hiver, parmi le vent et les rafales de neige. Comme dans *Un Roi*, l'ennui guette l'homme, et la grande affaire est d'inventer un remède assez fort pour résister jusqu'au retour du printemps. *Ennemonde* ne se terminait pas autrement : « C'est une vieille femme qui attend le printemps. Il va venir, cela ne fait pas de doute ; il sera là, un jour ou l'autre, bientôt. Elle est sur le lit de sangle. Amorphe comme un mélange de farine et d'eau et de sel, avec un levain toujours d'une grande fraîcheur qu'on pétrit encore un peu ce soir, mais que demain on écrasera au rouleau à pâtisserie pour lui donner forme utile. Oui, le printemps va venir. » Ce remède peut être la lecture (le berger qui lit des livres de « comptes faits », remplis de chiffres), l'amour, la passion qui vaut encore mieux, ou bien le travail de Casagrande sur ses squelettes d'animaux, qui l'occupe et lui permet de faire revivre en hiver les vivantes créatures de l'été.

C'est un étrange assemblage que celui de ces différents univers, celui des brigands, celui des bergers, celui des gens de la montagne, aristocrates et forgerons. La réussite en est due à la fois à l'habileté de la construction où Giono déploie toute la richesse de son inépuisable imagination de conteur et d'inventeur d'histoires, et à la souplesse d'un style qui, lui aussi, semble réunir les contraires : un Stendhal qui saurait manier l'argot, un flot lyrique dont l'arme absolue serait l'ellipse, une rondeur aiguë, une tendresse sèche ; on a du mal à caractériser cette écriture qui échappe à toute définition et qui rassemble, en les transcendant, ce que pouvait avoir de trop systématique (mais il fallait en passer par là) l'écriture argotique des *Grands Chemins* et l'écriture insolente du *Hussard sur le toit*. Avec *L'Iris de Suse* s'achève en apothéose la création d'un artiste qui, dans sa solitude, a su se hisser au niveau des plus grands.

[Le squelette est le fond de l'être]

Les œufs au lard en train de frire répandaient une odeur vivante. Tringlot torcha la poêle avec d'énormes chanteaux* de pain.

— Maintenant, trempez des croûtes et des quignons
5 dans du vin sucré. Radical pour la fatigue. Vous n'êtes pas contre ? A la bonne heure. Un verre, non ! Dans un bol, un grand bol et rasant, avec une dizaine de morceaux de sucre. Allez, allez-y. Il faut que ce soit très sucré. Mon vin n'est pas mal, vous verrez !

10 Rassasié, Tringlot se disait : « Je n'ose pas piper dans cette caserne. » Ils étaient revenus dans la bibliothèque. Il jetait des regards furtifs autour de lui.

— Je vois que mes petits bibelots vous intéressent, dit l'homme.* — Il haussa la lampe. — Ceci est un renard,
15 dit-il, un vrai, plus vrai que s'il courait la gueuse, ne vous y trompez pas ! Je n'empaille pas, jamais. Les animaux empaillés (et les gens) sont ridicules et ils se mitent comme de vulgaires bas de laine. Là au contraire, regardez ! c'est

Casagrande vient d'inviter Tringlot à souper et à passer la nuit, et se présente ainsi : « Je sais très bien tuer, mieux qu'un boucher, sans douleur ; magnifique ! Je parle beaucoup. J'aime parler. N'écoutez pas et reniflez ! » Dans la pièce, pleine de livres, Tringlot a vu un squelette d'oiseau « net, évident et symétrique comme un cristal de givre ».

* Morceaux coupés d'un grand pain.

* Casagrande.

plus qu'un renard : il est réduit à sa plus simple expres-
20 sion : son squelette, son essence, le contraire de son
accident : la chair (chair ou paille, ou crin ou coton) est
toujours l'accident, le squelette est le fond de l'être.
Comme dit l'autre : « La fin et l'essence des êtres reste-
ront impénétrables. » Je l'espère bien. Comment voulez-
25 vous qu'on fasse son compte avec des êtres pénétrés ?
Regardez-le, celui-là : impénétrable. J'ai nettoyé ses os un
à un, du plus gros au plus petit ; je les ai fait tremper dans
cent mille vinaigres ; je les ai brossés, poncés, polis et je
les ai remontés un à un du fond de l'enfer. Impénétrable
30 désormais et imputrescible, un point c'est tout. Et c'est
parfait.

« Je n'ai ici que de petits sujets, mais voici : un rat.
Qu'est-ce qu'un rat ?... Eh bien ! regardez au bout de
mon allumette ce petit os minuscule en forme d'on ne sait
35 pas quoi : une crosse d'évêque, semble-t-il. C'est par cet
os qu'il entendait : l'âme d'un rat, comme on dit : l'âme
d'un violon ; un monde de sons, une Scala tout entière
dans une oreille de rat.

« Un hérisson, un blaireau, une marmotte. Très cu-
40 rieux : l'os Bertrand, comme on dit ; l'os Bertrand singe
miraculeusement les os du crâne en goutte d'huile,
comme les os nobles façonnés par l'aspiration de la
curiosité et de la peur. Si bien que la marmotte, malgré sa
peur incoercible, est incapable de décamper ; son derrière
45 lui-même l'entraîne, l'aspire !

« Ici une fouine, une martre, un furet et d'autres, des
petits carnassiers construits avec précision comme des
pièces d'horlogerie. Le sang, qu'on boit à la veine jugu-
laire des autres, a besoin d'une précision mathématique.
50 Là nous sommes loin de l'essence ; nous serions même en
plein accident sans l'ossature : le Deus ex machina en
personne.

« Et voilà mes merveilles : les oiseaux ! Ici un écor-
cheur, une espèce de pie-grièche qui dévore la cervelle des
55 petits oiseaux. Oui, mais regardez : cette architecture
florale c'est le soleil, c'est le monde, c'est l'univers, c'est
tout, c'est pire !

« Ici, une écoufle, autrement dit un milan si on préfère
(et je ne préfère pas), l'image même du vent sur lequel
60 cette écoufle (le nom est beau) est constamment appuyée :
un cerf-volant, un cœur-cerf.

« Des éperviers, des faucons, des effraies, des émeril-
lons... Un fringillaire*. Saluez ! Il se nourrit de petits
oiseaux frais éclos. C'est l'ogre lui-même. Il est saisi là
65 (j'ai reconstruit son squelette avec amour), en pleine

* Passereau.

opération, quand il terrifie les couvées, les ailes ouvertes.
Regardez-le : c'est un ostensoir. Splendide ! Son bréchet,
regardez : plat, rond, blanc, l'hostie : le diable !
70 « Je n'ai pas que des oiseaux de proie, j'ai aussi de
bons petits diables : alouettes, mésanges, bouvreuils,
pinsons, bergeronnettes, rossignols, et tutti quanti. Tutti
quanti, sauf la coquecigrue*. C'est un oiseau qui donne
des lavements à ses congénères. Oui, oui, avec son bec.
J'aime à croire que c'est pour son plaisir, sinon quoi ?...»

* Oiseau imaginaire d'invention burlesque (on trouve ce mot chez Rabelais).

Jean Giono, *L'Iris de Suse*, éd. Gallimard.

— **Du concret (1-3, 13-18) au métaphysique (Dieu et le diable, 20-68) et à l'esthéti-que (31, 53, 67) : toute une vision du monde : de la vie (2) à la mort (partout).**

— **Monologue pédagogique (33, 55) et poétique (36, 56). Toutes les facettes du style parlé de Giono : jeux de mots (24-25), plaisir des mots, beauté des mots (60). Raccourcis, formules, images en feu d'artifice. Jusqu'à l'invention finale (72-74).**

— **« Giono est un de ceux qui ont réussi à sortir le roman de l'ornière psychologi-que. Il a restitué à l'homme sa véritable dimension, l'univers, et l'a ainsi à la fois humilié et grandi. » (Le Clézio)**

Jacques Prévert

Jacques **Prévert**, mort en 1977, n'aura pas connu ce fameux purgatoire où doivent, dit-on, séjourner les écrivains célèbres avant de devenir de grands écrivains. D'abord parce qu'il aurait de toutes ses forces refusé ce concept emprunté à une religion qu'il a tant combattue, mais surtout parce que, de son vivant, et dès la publication de *Paroles* (1947), il était déjà devenu un écrivain classique, lui dont les poèmes ont peu à peu remplacé dans les écoles les fables de La Fontaine, dont les dialogues de films sont devenus partie intégrante de notre langage et de notre culture, dont les chansons ont rejoint le trésor des chansons populaires dont on ne sait plus très bien qui, ou même si quelqu'un, les a écrites.

Sa disparition est donc plutôt l'occasion de mettre en lumière les derniers livres, passés trop inaperçus, d'un de ceux qui ont su le mieux capter et former la sensibilité des quarante dernières années. Il serait en effet bien difficile de vouloir isoler un

Prévert « d'après 1968 » nettement différent de celui d'avant. De cette période datent : *Imaginaires* (1970), *Hebdromadaires* (1972, avec André Pozner), *Choses et autres* (1972), *Arbres* (1976), et l'on a, depuis sa mort, publié *Soleil de nuit* (1980), recueil de textes s'étendant sur toute la carrière de l'écrivain.

Arbres, avec des gravures de Georges Ribemont-Dessaignes, occupe une place un peu à part dans la mesure où ce livre est tout entier consacré à un même sujet. Mais les thèmes chers à Prévert, l'enfance, la liberté, l'amour, ainsi que les cibles habituelles de ses attaques, sont tous au rendez-vous, et l'on s'aperçoit que Prévert avait de tout temps traité, sous d'autres noms, les thèmes écologiques devenus depuis des thèmes à la mode :

« Bien sûr la fin des arbres
　　ou la fin de la terre
　c'est pas la fin du monde
　mais tout de même on s'était habitué. »

Un élément nouveau dans cette production récente, cependant, est l'aspect autobiographique de certains de ces textes. Ce poète qui parlait si souvent à la première personne n'avait jamais beaucoup parlé de lui-même. Voici qu'il se livre à quelques confidences dans les entretiens écrits avec André Pozner, et qu'il raconte, dans « Enfance », le texte qui ouvre le recueil *Choses et autres,* ses premières années. On ne sait si le monde merveilleux évoqué dans ces quelques pages est le produit d'un regard enfantin très naïf ou d'un art très savant et très caché : « C'était comme ça quelquefois notre vie, comme *Les Mille et une Nuits* ou comme *Les Quatre cents coups du diable,* une féerie que j'avais vue au Châtelet, mais aussi et de plus en plus, comme les *Contes* d'Andersen les plus sombres, les moins plaisants, et mon père, quand on nous emmenait au Bois, faisait en souriant des allusions au Petit Poucet : "Surtout, n'oubliez pas les petits cailloux blancs...".» Prévert n'a malheureusement livré que le début de cette féerie à l'envers qui s'interrompt alors que le futur poète a dix ou onze ans.

Dans *Hebdromadaires,* nous l'entendons parler, lire, répondre à des questions, improviser des textes, exposer ses idées sur la vie, la littérature, la poésie : « La poésie, c'est ce qu'on rêve, ce qu'on imagine, ce qu'on désire et ce qui arrive souvent. La poésie est partout comme Dieu n'est nulle part ; la poésie, c'est un des plus vrais, un des plus utiles surnoms de la vie. » Mais surtout on voit le poète au travail, ce travail qu'il déclare n'aimer guère. Il y apparaît à l'affût de tout ce qui peut servir de matière première à sa création, faits divers, images, informations de toutes sortes ; on assiste à la naissance de textes qui relèvent tous, à un degré ou à un autre, de l'esthétique du collage : « Cette information, lue dans un journal, a été découpée, conservée avec d'autres qui reposent dans des dossiers, à tout hasard, qui ne seront jamais peut-être utilisées, ou seulement à l'état de citations dans un collage verbal. » Prévert ou le surréalisme continué : « Le surréalisme [...] c'était d'abord

une rencontre de gens qui n'avaient pas rendez-vous mais qui sans se ressembler se rassemblaient. Militaires, religieuses, policières, les grandes supercheries sacrées les faisaient rire. Et leur rire, comme leurs peintures et leurs écrits, était un rire agressivement salubre et indéniablement contagieux. Ils aimaient pareil, ils détestaient et méprisaient de même. Ils aimaient la vie. Pour les uns, c'était la poésie, pour les autres l'humour, pour d'autres n'importe quoi, mais pour tous c'était l'amour. » Bel hommage qui, autant que le surréalisme, caractérise Prévert lui-même.

C'est sans doute le concept de liberté qui permet le mieux de cerner l'ensemble de sa création. Liberté à l'égard des hommes et des institutions, à l'égard du langage, à l'égard de l'ordre et de la logique admise, liberté de l'enfant, personnage capital de toute son œuvre, par exemple cet « enfant sage comme une image » du recueil *Imaginaires* (dans lequel Prévert commente une série de ses collages graphiques et picturaux). Tout le poème peut être lu comme un art poétique ; l'enfant « en a assez de cette unique représentation » et veut que le décor change, et toute la pièce avec. L'enfant alors « déchire l'image, lance les morceaux en l'air et attend que ça retombe en désordre. Et il ordonne ce désordre à sa guise, et bientôt découvre une autre image qui représente un enfant turbulent, comme il l'est lui-même souvent, secrètement et qui transforme, en souriant, le langage des images, comme il réforme et reforme les images du langage qu'on lui apprend habituellement, quand elles lui semblent être, et c'est souvent, les messages du mensonge ».

Tout l'art de Prévert est là, dans cette volonté de décomposition et de recomposition selon une logique autre, souriante et redresseuse de torts. L'attention portée aux mots, aux clichés, vise toujours à faire surgir l'imprévu du connu, comme dans ces « graffiti » qui constituent l'une des veines des derniers recueils : « Une foi est coutume » ; « La théologie, c'est simple comme Dieu et dieux font trois » ; « Napoléon Ier : homme de sacre et de code » ;

et « L'amour Éternité étreinte » où l'anagramme vient renforcer en la redoublant l'évidence de la définition.

Choses et autres, dans sa nature et sa composition, obéit au même principe de liberté que les livres qui ont fait la gloire de Prévert, *Paroles, Histoires, Spectacle* et ce *Fatras,* titre qui dit si bien la variété et l'apparente spontanéité de ces recueils dont l'unité ne vient pas d'un quelconque cadre formel mais de la proximité vivante d'une voix où se mêlent humour et poésie, lyrisme et ironie. Entre le texte « Enfance » (qui date en fait de 1959) et « La femme acéphale » (1972) qui le clôt, se déroule un savoureux mélange de poèmes plus ou moins longs, graffiti, dialogues, récits, « écritures saintes », commentaires de films, remarques sur des peintres. C'est le désordre même de la vie, où Prévert épingle les ridicules, les sottises, les cruautés et les lâchetés de son époque, défend les opprimés et les humiliés, appelle au secours pour les prisonniers politiques, chante l'amour et la Seine qui coule à Paris, et rencontre un beau jour les événements de Mai 68. Parmi tous les grands écrivains (Malraux, Leiris, Aragon, Gracq, etc.) qui se sont attaqués à ce sujet obligé (« le poète face à la révolution »), c'est peut-être Prévert qui a, dans ce texte très simple, le mieux rendu compte de l'atmosphère de ces quelques semaines enfiévrées. L'esprit de mai 68, dans ce qu'il avait de plus profond, n'était-il pas déjà tout entier, depuis plus de trente ans, dans son inspiration libertaire et ludique, poétique et révoltée ?

Ph. © André Morain — Photeb.

Benjamin Vautier, dit Ben : Le Magasin de Ben, *1958.*

Mai 1968

I

On ferme !
Cri du cœur des gardiens du musée homme usé
Cri du cœur à greffer
à rafistoler
5   Cri d'un cœur exténué
On ferme !
On ferme la Cinémathèque et la Sorbonne avec
On ferme !
On verrouille l'espoir
10   On cloître les idées
On ferme !
O.R.T.F.* bouclée
Vérités séquestrées
Jeunesse bâillonnée
15   On ferme !
Et si la jeunesse ouvre la bouche
par la force des choses
par les forces de l'ordre
on la lui fait fermer
20   On ferme !
Mais la jeunesse à terre
matraquée piétinée
gazée et aveuglée
se relève pour forcer les grandes portes ouvertes
25   les portes d'un passé mensonger
périmé
On ouvre !
On ouvre sur la vie
la solidarité
30   et sur la liberté de la lucidité.

* Office de la Radio et de la Télévision françaises.

II

35   Des gens s'indignent que l'Odéon soit occupé alors qu'ils trouvent encore tout naturel qu'un acteur occupe, tout seul, la Tragi-Comédie-Française depuis de longues années afin de jouer, en matinée, nuit et soirée, et à bureaux fermés, le rôle de sa vie, l'Homme providentiel, 40 héros d'un très vieux drame du répertoire universel : l'Histoire antienne*.

* Chanter la même antienne : répéter la même chose.

Jacques Prévert, *Choses et autres,* éd. Gallimard.

— **Simplicité de la construction** : répétition et transformation d'une même formule (on ferme). Deux textes complémentaires bâtis sur les mêmes oppositions : fermeture/ouverture, vieillesse/jeunesse.

— **Force du cri, gravité, humour** : jeu sur les clichés (2-3, 19, 24) jusqu'au jeu de mots final ; l'alexandrin du v.30 a la vigueur du slogan.

— « **Pavés lancés, voitures culbutées, palissades brisées, gros tuyaux exhumés, arbres coupés, flammes, gaz à faire pleurer ou suffoquer, grenades tonnantes, matraquages policiers : phrase à grand spectacle qui au printemps dernier bafouait, à Paris, les syntaxes** » : mai 68 vu par Michel Leiris.

L'extraordinaire unité des thèmes et du ton se manifeste une dernière fois dans le recueil posthume *Soleil de nuit* (dans lequel on a rassemblé des textes, souvent inédits, écrits entre 1936 et 1977) : la vigueur reste la même lorsqu'il s'agit d'atteindre ceux que Prévert considère comme ses ennemis personnels, les ennemis de la vie : gouvernants, militaires, hommes de dogmes et de religions, savants, professeurs, urbanistes, tous les empêcheurs de danser en rond. Il fait encore une fois l'éloge de l'enfance et de la jeunesse, de la liberté et de l'amour. Une nouvelle note s'y fait pourtant entendre, discrète, celle de la maladie et de la mort qui se rapproche, et que le poète tente, à sa façon, d'apprivoiser : « Ennemis mortels de la mort, parfois nous rêvons de faire la paix avec elle, une paix éternelle » ou bien « Mourra bien qui rira le dernier ». L'humour de Prévert, macabre et tendre : version française d'une vertu toute anglo-saxonne dont il a su, depuis les fameux dialogues de *Drôle de drame* jusqu'à cette dernière « Ballade », donner un équivalent qui n'exclut jamais la nostalgie pour un univers où les fantômes de l'Histoire, de la Littérature et de la Légende accompagnent à chaque pas les ombres de l'actualité.

Ballade

Les revenants de Pâques ou de la Trinité
traînent leurs chaînes de montre
jusqu'au Mont de Piété
L'Angleterre est une île
entourée d'eau de tous côtés
Les spectres de Banco et du vieux père d'Hamlet
brûlent toujours les planches
les planches à trépasser
Linceuls de l'histoire
rideaux couteaux tirés
rois assassins assassinés

A minuit chaque jour
le couvre-feu follet

Douze mauvais coups comptés
15   douze jolis cous coupés
Dans les brouillards de Londres
les suaires de la City
sur un pur-sang coagulé
galope une reine décapitée
20   L'Angleterre est une île
entourée d'eau de tous côtés
Les morts sont en glaise
les fantômes sont anglais
écossais irlandais
25   et le chat de Lady Macbeth
qui aimait le poisson
mais craignait de se mouiller les pattes
suit toujours la charrette fantôme
la charrette de Molly Malone
30   dans Dublin la belle ville
où les filles sont si jolies

In Dublin fair city, where the girls are so pretty
I first set my eyes on sweet Molly Malone,
As she wheel'd her wheelbarrow thro' streets broad
35   and narrow
Crying cockles and mussels ! alive, alive, O !

Sœurs ennemies
l'Irlande et l'Angleterre
nées de pères inconnus
40   sont battues par les flots les armes les sanglots.

Jacques Prévert, *Soleil de nuit,* éd. Gallimard.

— v. 32-36 : « **Dans Dublin la belle ville, où les filles sont si jolies/J'ai rencontré la douce Molly Malone/Poussant sa brouette au long des rues et des ruelles/Criant Fraîches mes coques et mes moules Fraîches Oh !** »

— **Texte-collage : chansons populaires (1 : Marlborough s'en va-t-en guerre ; 32-36 : ballade irlandaise du** XIXᵉ **siècle) et aussi Shakespeare (***Richard II* **: 4-5 ;** *Hamlet* **: 6-10 ;** *Macbeth* **: 6, 26-29 ; les tétralogies historiques : 11) et... Churchill (le dernier vers, alexandrin parfait, rappelle la formule « Du sang, de la sueur et des larmes »). Tout ce matériau admirablement suturé et collé.**

— **Une histoire de fantômes (1, 6, 23) ; humour très noir ; les mots-valises (13,18) ; jeux de tous ordres (1-3, 22-23) ; et un sujet d'actualité brûlante : indignation de Prévert.**

Julien Gracq

Si le succès public vient tard à Julien **Gracq,** au début de 1981, lors de la parution d'*En lisant en écrivant,* c'est d'abord que cet auteur, qui a refusé le prix Goncourt en 1951 pour *Le Rivage des Syrtes,* a toujours méprisé les jeux consacrés et les règles tacites du monde littéraire, stigmatisés dès 1950 dans un pamphlet toujours actuel *La Littérature à l'estomac* (texte repris dans le volume de *Préférences,* 1961). Fuyant, comme Henri Michaux, toute apparition à la télévision et tout battage publicitaire autour de ses livres, fidèle à l'éditeur José Corti, qui avait accepté de publier son premier livre *Au château d'Argol,* Gracq incarne la figure du pur écrivain tout entier identifié à son œuvre, laquelle finit par imposer, avec une rigueur jamais démentie, la constance de ses thèmes et la beauté de son écriture. Mais le Julien Gracq des années soixante-dix n'est plus le Julien Gracq des années antérieures. Avant 1968, il faisait figure avant tout de romancier. Même s'il avait durant cette période publié des essais (*André Breton* et les textes repris dans *Préférences*), des poèmes en prose *(Liberté grande),* une pièce de théâtre *(Le Roi pêcheur)* et surtout un volume de *Lettrines,* c'est son originalité de romancier qui lui gagne un public peu nombreux mais fervent. Reconnu comme *le* romancier surréaliste, il ne s'est cependant pas laissé aller à répéter son *Château d'Argol* qui, rétrospectivement, apparaît plutôt comme le lieu d'une liquidation littéraire. Gracq y dépasse, souvent par le paroxysme, les clichés (thématiques et stylistiques) du roman noir cher à Breton, et découvre les éléments de son propre merveilleux (la quête, l'attente, la frontière, etc.) qu'il sera plus libre par la suite de faire surgir des situations plus quotidiennes ou plus familières : les vacances sur une plage bretonne *(Un beau ténébreux)* ou la drôle de guerre de 39-40 *(Un Balcon en forêt).* Dans ce roman, l'univers de Gracq trouve une expression quasi-naturelle, débarras-

sée de l'attirail un peu trop littéraire qui encombre parfois les romans précédents. Puisant dans ses souvenirs autant que dans ses lectures, Gracq atteint un équilibre parfait où le quotidien se pare naturellement des couleurs de l'insolite, au cours de cette longue parenthèse qui sépare la mobilisation de la fulgurante attaque de l'armée allemande. La forêt des Ardennes retrouve l'allure légendaire qu'elle avait chez Shakespeare, et l'attente de la catastrophe devient le temps d'une vacance mystérieuse.

Il aurait été difficile de prévoir, en 1958, qu'il s'agissait là du dernier roman de Gracq. Les années suivantes le voient publier soit des récits brefs ou inachevés, soit des textes fragmentaires, soit un court récit autobiographique. A partir de cette production, différente dans sa nature sinon dans son style, on peut d'ailleurs se demander si Gracq a jamais été un romancier. Ses romans, romans de l'attente et du vide, faisaient progressivement une place de plus en plus grande aux descriptions. Sa vision descriptive combine des techniques bien différentes, et en particulier celle du peintre (qu'il n'est pas) ou plutôt de l'amateur de peinture (qu'il est), et celle du géographe (qu'il est demeuré toute sa vie, puisqu'on lui doit, sous son vrai nom de Louis Poirier, quelques remarquables articles de géomorphologie).

On retrouve ces techniques, associées à bien d'autres, dans les textes brefs plus récents. Les considérer dans leur ensemble, c'est déjà constater combien sont incertaines, pour Gracq, les frontières entre le récit et la description. *La Presqu'île* (1970) regroupe trois de ces textes dont le premier « La route » est un fragment d'un roman jamais terminé : ces pages sont tout entières consacrées à la description d'une route et des paysages qu'elle traverse. « La presqu'île » est le récit d'une errance et d'une attente : en attendant l'arrivée d'un train qui doit amener celle qu'il aime, un homme parcourt en voiture les routes d'une presqu'île bretonne. Entre les deux trains, la description de paysages terrestres ou marins occupe tout l'espace du texte. « Le Roi Cophétua » est le plus romanesque de ces trois récits : pendant la guerre de 14-18, le narrateur rend visite à un ami qui ne viendra pas, et il rencontre, dans la demeure de son ami, une femme, servante-maîtresse, avec laquelle il passera la nuit avant de repartir. Dans ces trois textes, l'intrigue est réduite à presque rien, et remplacée par une série de tableaux et de descriptions. Le récit de Gracq est un récit voyageur dont la logique est celle du déplacement. La fascination peut alors être provoquée par un paysage ou par la route elle-même, chargée de tout un passé historique, lieu d'une action suspendue, réduite au jeu du regard et de la rêverie. Gracq est l'anti-Morand : c'est un voyageur qui s'attarde, regarde, veut déchiffrer un paysage, le recharger de toute une valeur intime, magique et mythique.

« Le Roi Cophétua » (une citation de Shakespeare éclaire le titre : « Quand le Roi Cophétua aimait la mendiante ») est un des rares textes de Gracq où l'attente est comblée par un événement ; mais celui-ci la déjoue, puisqu'au lieu de l'ami, inexplicablement absent, c'est une femme qui se présente. Le récit se concentre bien davantage sur les entours de la rencontre que sur celle-ci ; les mystères ne sont pas résolus ni celui qui entoure la venue du narrateur dans cette maison, ni celui du statut exact de cette femme qui le reçoit. Gracq vise avant tout à créer une atmosphère où se combinent l'étrangeté d'une époque (la guerre, la Toussaint), d'un lieu (une maison aux marges de la ville et de la forêt) et de rapports humains jamais éclaircis (l'ami a-t-il voulu cette rencontre ?).

Par tous ces traits, le récit s'inscrit plutôt dans la mouvance d'une « Diabolique » de Barbey d'Aurevilly que dans celle des récits surréalistes, tels que le *Nadja* d'André Breton. Le surréalisme semble s'effacer devant un certain classicisme, la modernité rejoindre la tradition.

[Onze heures sonnèrent]

Vers la fin du récit, après le dîner, le héros attend, fasciné par le silence et le mystère de la « servante-maîtresse ».

Onze heures sonnèrent, et presque aussitôt le reflet de la lumière se mit à bouger au plafond du couloir. De nouveau, je me levai de mon fauteuil d'un bond. Je n'imaginais plus rien : les nerfs tendus, je regardais sur le
5 plafond du couloir bouger cette lueur qui marchait vers moi. Je n'attendais rien : la gorge serrée, je n'étais plus qu'attente ; rien qu'un homme dans une cellule noire qui entend un pas sonner derrière sa porte. La lueur hésita, s'arrêta une seconde sur le seuil, où le battant de la porte
10 ouverte me la cachait encore ; puis la silhouette entra de profil et fit deux pas sans se tourner vers moi, le bras de nouveau élevant le flambeau devant elle sans aucun bruit.

J'ai rarement — je n'ai peut-être jamais, même dans l'amour — attendu avec une impatience et une incertitude
15 aussi intenses — le cœur battant, la gorge nouée — quelqu'un qui pourtant ici ne pouvait être pour moi

qu'« une femme », — c'est-à-dire une question, une énigme pure. Une femme dont je ne savais rien, ni le nom, ni approximativement qui elle pouvait être — ni même le visage qui ne s'était jamais laissé apercevoir qu'à la dérobée, et qui conservait toute l'indécision du *profil perdu* — rien d'autre que cette houle silencieuse et crêtée qui glissait et envahissait par instants les pièces et les couloirs ; entre mille autres, il me semblait que je l'aurais reconnue à la manière dont seulement au long de sa marche ondulait sur le mur la lumière des bougies, comme si elle eût été portée sur un flot. Mais même en cet instant d'attente et de tension pure, où je ne m'appartenais plus qu'à peine, je fus frappé de tout ce que cette silhouette qui n'avait bougé pour moi que sur un fond constamment obscur conservait encore d'extraordinairement *indistinct*. Elle semblait tenir à la ténèbre dont elle était sortie par une attache nourricière qui l'irriguait toute ; le flot répandu des cheveux noirs, l'ombre qui mangeait le contour de la joue, le vêtement sombre en cet instant encore sortaient moins de la nuit qu'ils ne la prolongeaient.

Elle était vêtue d'un ample peignoir de teinte foncée, serré à la taille par une cordelière, et qui laissait apercevoir seulement quand elle marchait la pointe des pieds nus ; les cheveux noirs rejetés en arrière retombaient sur le col en masse sombre, leur flot soulevé par une collerette qui se redressait sur la nuque et venait envelopper le cou très haut ; un manteau de nuit plutôt qu'un peignoir, retombant au-dessous de la taille en plis rigides — hiératique, vaguement solennel, avec ce rien de souligné à plaisir, d'imperceptiblement théâtral, qui rendait si intriguant son accoutrement de servante : dévêtue pour la nuit comme on s'habille pour un bal.

Julien Gracq, *La Presqu'île,* éd. José Corti.

— Au centre de l'œuvre de Gracq, l'attente ; le récit d'angoisse (1-12) fait place à une description rêveuse et hallucinée (les italiques, les tirets). Dans *En lisant en écrivant,* Gracq relève ce début de Stendhal (laissé pour compte) : « Minuit sonnait à l'horloge du château ; le bal allait cesser. »

— Nocturne : texte saturé par les jeux de la lumière (2, 5, 10, 26) et de l'ombre (32-37) et, en mineur, par le thème de la mer (22, 27, 34).

— Gracq et la femme : « Apparaissant ainsi, et disparaissant, en cours de route, les femmes sont, dans l'aventure des héros, un passage et comme un tremplin. Utiles donc, et même nécessaires, elles sont aussi, à partir d'un certain moment, forcément exclues, à exclure ». (M.-Th. Ligot, *Colloque Gracq,* Angers, 1981).

Avec *La Presqu'île,* l'œuvre de fiction de Gracq arrive, pour l'instant, à son terme, remplacée par une œuvre plus directement personnelle : *Lettrines* (1967) et *Lettrines II* (1974), *Les Eaux étroites* (1976), *En lisant en écrivant* (1981). Entre récit et journal, les *Lettrines* tissent avec l'œuvre de fiction des rapports multiples. Chacune de ces impressions, née d'un voyage, d'une lecture, d'un rêve... ou d'une émission de télévision, renferme comme le germe d'un plus long récit. Jouant sur tel ou tel rapprochement ou sur telle ou telle analogie, ces notes si justes sont toujours de « fausses » notes : la perfection de ces esquisses égale celle des romans, comme un dessin de grand peintre peut égaler l'un de ses tableaux, mais d'une autre perfection, d'une autre beauté. Ces fragments peuvent être longs (plusieurs pages) ou brefs (quelques lignes) ; non datés, présentés sans ordre apparent *(Lettrines)* ou regroupés par sujets *(Lettrines II),* ils constituent finalement l'auto-portrait d'un homme ouvert et attentif au monde (musique, voyages, sports, actualités, etc.) et surtout d'un artiste dont la vision et l'écriture transforment peu à peu notre monde en l'univers de Julien Gracq.

[Comme le passage d'une chasse fantôme]

Dans la section « Distances ».

* L'ancien stade du Parc des Princes avait une piste cycliste (l'anneau).

Il suffit que la télévision ait montré une courte séquence du championnat du monde de demi-fond, et ma vieille passion pour ce sport aujourd'hui agonisant remue de nouveau en moi, et je vois encore tourner autour
5 de l'anneau du Parc* dans le fracas de mitrailleuse lourde des motocyclettes énormes — le visage scellé et inhumain sous le heaume de cuir, assis sur leur vitesse comme les dieux d'Homère sur leur nuage — ceux qui étaient bien pour moi les demi-dieux de la piste : Terreau
10 le finisseur, Auguste et Georges Wambst, les deux frères comme il y avait Castor et Pollux, Maréchal le cabochard, et Lacquehay avec son nez busqué, son masque figé d'Indien qui le faisait surnommer *La Longue Carabine.* J'avais l'*aficion.* Chacun des préparatifs me donnait
15 nait un coup au cœur : je ne perdais pas un détail du rituel, j'étais comme les fanatiques de l'arène qui vont voir le débarquement des taureaux, le tirage au sort des bêtes, qui rôdent juste avant cinq heures dans la *cour des chevaux.* Je savais par le menu l'ordonnance du specta-
20 cle ; la première moto débouchant sur la piste comme d'un toril, les ratés bafouillants de son ralenti, les longs mancherons de l'engin au bout des poignets du mannequin de cuir noir, puis la seconde, la troisième, la sixième et dans l'essai à pleine vitesse la cuve du stade enfin
25 habitée de son chapelet inhumain d'explosions. Appa

aissent les stayers*, fragiles et chatoyants sous le maillot de soie, rangés le long de la piste l'un derrière l'autre, la main du soigneur au dos de la selle, jetant un coup d'œil oblique vers le brutal cheval sauvage qu'il va falloir saisir au bond par les crins. Menus, gauches, engourdis, échoués au bord de la piste comme des poissons sur la berge, avant que les soulève le grand courant torrentiel. Le commandement du starter poitrinant : « Messieurs les sta—yers, préparez-vous. » Le peloton emmêlé des motos qui n'arrivent pas à se mettre en ordre, plus sourdes, plus stupides qu'un troupeau de bisons. Le claquement du pistolet, la reptation lente des pantins colorés, écoutant l'énorme grondement déchaîné qui fond sur eux, et derrière eux déjà escalade le virage, guettant chacun de l'oreille le croulement de leur tonnerre particulier, puis la folle plongée oblique dans le virage, et, d'un seul coup, huilé, pacifié, ailé par la vitesse, le miracle des deux moitiés du centaure ressoudées.

Ma place préférée était à l'amorce du virage, où on voyait de face les engins grandir immobiles et attaquer la falaise du virage comme s'ils s'enlevaient sur un tremplin. Les entraîneurs, chevauchant droit debout leur forge du tonnerre, d'une rigidité inhumaine sous le caparaçon funèbre, passaient comme la statue du Commandeur. Ce n'était pas beau ; c'était parfaitement étrange : un peu de chair vive insérée périlleusement dans ce brutal réseau de forces mécaniques inexorables : aspiration, friction, centrifugation, pesanteur. Dès qu'un stayer *décollait,* il semblait brusquement s'éteindre comme si on avait tourné un commutateur, soudain englué sur la piste comme une fourmi, court-circuité par l'influx magique.

Nulle course de longue durée (sauf lorsqu'un coureur domine le lot, tourne autour de lui et réduit la course à une longue promenade fastidieuse) ne garde un intérêt aussi constant. J'ai encore le souvenir d'une bagarre déchaînée de bout en bout, pendant une heure et demie, une lutte au couteau, sans trêve et sans merci, entre cinq hommes qui ce jour-là voulaient le succès avec fureur, du public debout et hurlant, d'une clameur longue et sans interruption aucune, d'une fin de course fantastique de Terreau surgissant de l'arrière, *ramassant les morts,* et balayant soudain la piste tout seul, comme le passage d'une chasse fantôme. Vainqueur, il secouait son bouquet vers le public en trempant de larmes, tout autour de la piste, le maillot tricolore qu'on venait de lui passer : il ressemblait au vers de Nerval : *Un jeune homme inondé des pleurs de la victoire.*

* Coureurs de demi-fond.

Julien Gracq, 1981.

Ph. © Roland Allard — Photeb.

Je parle d'un temps qui sans doute ne reviendra ja
mais. Il est cinq heures ; la piste de l'ancien Parc sous l
75 soleil oblique est déjà plus rose ; les menus hors d'œuvre
l'épreuve de vitesse amateurs, la course par éliminatior

'omnium pour jeunes coureurs « n'ayant pas encore 'emporté de victoire », la ronde démeublée* des poursui-eurs sont terminés. L'anneau sommeille — un début de emue-ménage se fait dans le peloton des officiels — le

* Il n'y a que deux coureurs en piste en même temps.

silence tombe sur le public avec la première fraîcheur : le premier scarabée humain, au bout de son engin long comme une locomotive, cahote et tressaute sans qu'on l'ait vu entrer, hoquète comme sur une route pavée, puis
85 soudain met les gaz ; le Bruit souverain éclate où les cœurs se libèrent, et remplit le stade jusqu'au haut des gradins : on va passer aux choses sérieuses.

Julien Gracq, *Lettrines II,* éd. José Corti

— **Va-et-vient présent (l'actualité)/passé que la mémoire ressuscite : les clichés autobiographiques (4, 18, 60, 73) scandent l'évocation. Références littéraires (11-13, 49, 71) pour un spectacle « populaire ».**

— **Feu d'artifice d'images : la guerre, la corrida, la chasse, le combat. Contrastes avec la douceur (26, 51, 75).**

— **On peut penser à l'essai de Barthes sur les coureurs du Tour de France *(Mythologies)* mais Barthes démythifie alors que Gracq construit un monde magique.**

Certains fragments de *Lettrines* ont un caractère autobiographique plus accusé, notamment un certain nombre de souvenirs d'enfance où Gracq établit des liens vivants entre passé et présent, retrouvant les grands thèmes du récit autobiographique classique : « l'enfant est le père de l'homme », « j'étais déjà alors celui que je suis maintenant ». Dans *Lettrines II,* la section « Distances » est ainsi le lieu d'une exploration et d'une recréation du monde disparu de Saint-Florent-le-Vieil (près d'Angers, au bord de la Loire) où Gracq est né et où il a grandi : décor, maison, famille. Mais le caractère fragmentaire du livre empêche cette évocation de devenir le récit autobiographique que tout laisse attendre et que Gracq donne un peu plus tard avec *Les Eaux étroites.* Ce dernier livre rassemble les techniques du récit romanesque, puisqu'il s'organise autour du récit de voyage (la remontée et la redescente de l'Èvre, petit affluent de la Loire, souvent accomplies durant son enfance), et celles des *Lettrines,* puisqu'il combine impressions, descriptions, souvenirs, allusions littéraires, réflexions générales.

Cette esquisse d'autobiographie est celle d'un écrivain : Gracq, en vrai classique, écarte ce qui appartiendrait à sa vie privée ou affective, et s'attache uniquement à la mise à jour des racines de son univers imaginaire et des sources de sa création littéraire. Le lent voyage en barque sur la rivière ombragée devient une quête, modèle de tous les voyages et de toutes les errances qu'ont connus les personnages des romans de Gracq. Pas plus qu'eux l'objet de leur quête, l'enfant n'atteint les sources de l'Èvre : l'origine est un leurre, elle doit rester l'objet de la quête sans cesse recommencée ; c'est le voyage lui-même qui importe, avec ses spectacles et les rapports que la mémoire tisse entre eux et d'autres spectacles advenus ou à venir. La conclusion des *Eaux étroites* semble apporter une réponse à la question que nous posions implicitement sur l'arrêt de la production romanesque de Gracq : « Mais tout ce qui a la couleur du songe est, de nature, tourné vers l'avenir et les charmes qui autrefois m'ouvraient les routes n'auraient plus ni vertu, ni vigueur : aucune de ces images aujourd'hui ne m'assignerait plus nulle part, et tous les rendez-vous que pourrait me donner encore l'Èvre, il n'est plus de temps maintenant pour moi de les tenir. »

[Les bruits
qui voyagent sur l'eau]

L'oreille, non moins que l'œil, recueille les change-ments qu'apporte presque chaque méandre de la rivière. Maintenant qu'elle s'encaisse dans les collines, les faibles bruits d'eau remuée et de bois heurté qui accompagnent le passage de la barque éveillent des échos, une sonorité de grotte. Les bruits qui voyagent sur l'eau, et qu'elle porte si loin, m'ont été familiers de bonne heure ; aussi loin que remonte ma mémoire, le bateau de mon père, la longue et lourde plate* vert d'eau avec son nez tronqué, avec sa *bascule* à l'arrière qui servait de vivier pour le poisson, son banc du milieu percé d'un trou où on pouvait dresser un mât pour une voile carrée, a tenu dans ma vie une place presque quotidienne : il était amarré au quai de la Loire, à trente mètres devant notre maison ; j'y sautais aussi familièrement, les rames sur l'épaule, les tolets à la main, que plus tard j'enfourchai ma bicyclette. Mais les bruits qui s'entrecroisent sur la Loire aérée — propos intarissables et monocordes, lents et paresseux comme l'écoulement des heures, qu'échangent des pê-cheurs postés sur l'une et l'autre berge, et qui vous suivent au long du courant, froissement des feuilles de saule dans le vent, si pareil à celui de l'écume qui crisse au reflux de la vague, choc de la gaffe qu'on repose sur les planches, clapotement dur des vaguelettes qui se coincent et s'écrasent contre le surplomb du nez camus de la barque — m'éveillaient d'autant mieux à la nouveauté de ceux de l'Èvre, à leur rareté, à leur solennité retentissante, à la résonance creuse que leur prêtait la vallée captivée par son ruban d'eau dormante. La rivière qui traverse la contrée d'Argol*, plus tard, s'est souvenue sans doute de cette eau plombée, brusquement enténébrée par l'ombre portée de ses rives comme par la montée d'un nuage d'orage. Quand je traversais tout seul ces étroits, je soulevais les rames et laissais un moment, l'oreille tendue, la barque courir sur son erre ; il se faisait un silence oppressant, vaguement maléfique, comme si, sous le demi-jour verdâtre qui tombait sur l'eau ensevelie, j'avais soudain dans mon bateau passé des Ombres.

Julien Gracq, *Les Eaux étroites*, éd. José Corti.

Une étape dans la remontée de l'Èvre.

* Barque à fond plat.

* *Au château d'Argol*, le premier roman de Gracq (1938).

— La dimension autobiographique ; le présent éternise le passé en le fixant : la promenade devient mythique (6, 27, 38). Comme souvent chez Gracq deux univers, le familier (paternel) et l'insolite (36).

— Prose poétique qui donne à entendre (les échos, comme « programme » de cette page, bruits divers, jusqu'au silence final) autant qu'à voir (*cf.* Proust évoquant la remontée de la Vivonne).

— La « rivière d'Argol » : « Tantôt la rivière, atteinte par les rayons obliques du soleil dans le plein épanouissement d'une de ses courbes, éclatait à l'œil en larges plages lumineuses et scintillantes, et tantôt elle se resserrait en un étroit couloir entre de hautes murailles végétales, au sein desquelles elle paraissait s'échapper avec la fluidité d'une huile noire et verte, et *s'adapter* à la couleur sombre de ces parois profondes avec la malignité d'un piège naturel, frappant les sens d'une silencieuse horreur comme un serpent glissant dans les herbes. » (*Au château d'Argol,* p. 100.)

Les fervents de Gracq avaient pu craindre que *Les Eaux étroites* ne soient un livre testamentaire. Heureusement il n'en était rien et la publication d'*En lisant en écrivant* venait les rassurer, en même temps qu'elle faisait de son auteur un écrivain presque classique que toute la critique saluait — enfin — comme l'un des plus grands écrivains de ce temps. Ce livre s'inscrit dans la lignée des *Lettrines* mais la matière en est plus homogène puisqu'il s'agit uniquement de notes sur la littérature : celle des autres, les lectures, ou celle que pratique Gracq, l'écriture. Les notes sont regroupées par écrivains ou par thèmes, par problèmes propres à la création littéraire ou à sa consommation. Le va-et-vient entre ses goûts et sa pratique, qui supprime toute distance entre les grands classiques lus et relus (Balzac, Stendhal, Zola, Proust) et sa propre activité d'écrivain, contribue fortement à faire de Gracq l'égal de ces maîtres ; le ton, plus soutenu que celui des *Lettrines,* renforce cette impression. Et l'on comprend que le public et la critique aient accepté d'emblée ce livre, le moins déroutant des livres de Gracq, le plus didactique aussi, celui où l'affirmation prend presque toute la place, aux dépens de l'inquiétude ou du mystère. Mais cette assurance est celle d'un écrivain parvenu au faîte de son art, dont l'intelligence et le sens critique vont de pair avec une justesse et une richesse d'expression extrême ; elle célèbre une conception toute classique de la littérature, en-dehors des modes, mais au fait des transformations du monde et des variations de la sensibilité contemporaine.

Marguerite Yourcenar

L'œuvre de Marguerite **Yourcenar,** depuis *Alexis ou le traité du vain combat* (1929), n'a pas cessé de compter une secte de fervents qui communient en secret dans le culte d'un écrivain infiniment troublant sous des apparences néo-classiques. Le succès des *Mémoires d'Hadrien* (1951) auprès d'un public lettré, le prix Femina donné à *L'Œuvre au noir* (1968), ne lui avaient pas encore donné la célébrité que ses œuvres méritaient. Nous avions signalé *(Lit. 45)* de combien ces deux œuvres dominaient le roman historique en France (elles allaient en assurer le renouveau). La relative obscurité dans laquelle demeurait Marguerite Yourcenar (toujours éloignée de France, et résidant dans une petite île des États-Unis) ravissait la franc-maçonnerie de ses fidèles. Mais le grand public allait arriver à M. Yourcenar dès qu'elle s'avisa de proposer deux livres d'allure autobiographique : *Souvenirs pieux* (1974),

Archives du Nord (1977). Tous les feux de l'actualité, le tintamarre des médias allaient entourer la plus solitaire, la plus étrangère des écrivains du siècle, quand on s'avisa d'en faire, en 1980, la première femme entrée à l'Académie française. On découvrit à cette occasion une personnalité indépendante, rugueuse, et même spectaculaire. Une anthologie commentée de la poésie grecque *La Couronne et la Lyre* (1978) devint même un best-seller. Idole des médias, Marguerite Yourcenar reparaît pour son île américaine. Les jeux vraiment dérisoires de la vogue et de la célébrité ne changent rien à l'évidence : les œuvres de « la grande Marguerite », pour reprendre l'appellation respectueuse de Michel Tournier, appartiennent à une catégorie fort rare, qu'elle a elle-même définie à propos de Thomas Mann, celle « du classique moderne, c'est-à-dire de l'œuvre encore récente et point du tout indiscutée, mais au contraire sans cesse reprise, rejugée, examinée sur toutes ses faces et à tous ses niveaux, digne de servir à la fois de pierre de touche et d'aliment ».

Classique, Marguerite Yourcenar l'est d'abord par sa manière flaubertienne de consacrer toute une vie à réaliser quelques projets conçus dès la vingtième année, par un travail sur ses textes qui accumule des versions successives et profite d'une réédition pour une véritable réécriture. Elle l'est aussi par une grande répugnance à l'énoncé personnel et autobiographique. Elle l'est enfin par une culture très large, — culture classique, qui de *Feux* à *La Couronne et la Lyre,* est celle d'une helléniste de premier ordre, mais aussi par une attention aux formes les plus diverses du langage, chez la traductrice d'Henry James, de Virginia Woolf, de Negro Spirituals, de Constantin Cavafy. La palette de l'écrivain est l'une des plus larges que l'on puisse trouver aujourd'hui : nous ne pourrons qu'évoquer le poète (*Feux,* œuvre inclassable, fondée sur l'alternance des récits mythiques et de cris lyriques, peut être rangée, faute de mieux, dans le poème en prose), le dramaturge (ce théâtre, qui n'a pas connu la vogue, met en forme les mythes antiques, à la suite, mais non à

l'image, de Cocteau et de Giraudoux), l'essayiste, — et même l'orateur, puisqu'elle peut faire d'un discours de réception à l'Académie française, essentiellement hommage à l'œuvre de Roger Caillois, un poème en prose et une méditation sur la mort et le monde : « À notre époque chancelante, nul n'est assuré de siècles de gloire, mais nous le sommes toujours des millénaires d'oubli... » Nous ne retiendrons, arbitrairement, de Marguerite Yourcenar que son œuvre narrative, qu'il est possible de périodiser très grossièrement : l'âge des récits, celui des romans historiques, celui du « Labyrinthe du monde » — inachevé pour le moment, autobiographie pré-natale, ou plutôt roman généalogique.

« Certains sujets sont dans l'air du temps ; ils sont aussi dans la trame d'une vie » remarque, dans une préface de 1963, l'auteur d'*Alexis ou Le Traité du Vain Combat* (1929). Le sujet d'*Alexis,* comme son titre, semble faire écho à divers récits de Gide qui d'une manière directe ou indirecte présentaient le thème jusque-là interdit de l'amour homosexuel. Dans une longue lettre autobiographique adressée à Monique, son épouse qu'il quitte, Alexis relate le « vain combat » de sa volonté, de sa tendresse conjugale contre des désirs dont il découvre qu'ils ne le portent pas vers les femmes. Ce récit cruel et pudique sur l'inaptitude à aimer, n'est-ce pas une sorte d'*Adolphe* des années vingt ? De Gide, Marguerite Yourcenar a sans doute retenu toute une problématique morale et sexuelle, mais surtout une esthétique. Peu de récits poussent plus loin les apparences et les vertus néo-classiques : règne de la litote et de la périphrase, dépouillement et abstraction de l'écriture, subtilité d'une analyse qu'un moraliste du grand siècle semble conduire de maximes en maximes. De Gide encore, ce goût pour le récit à la première personne dont Marguerite Yourcenar utilise tous les ressorts, et dont elle fait, selon ses propres termes, le « portrait d'une voix ». Mais peut-être le modèle gidien *(La Porte étroite...* ou *L'Immoraliste)* est-il ici dépassé, par la maîtrise de l'écriture et par l'analyse cruelle et soupçonneuse que le narrateur retourne autant contre lui-même que contre son épouse : l'écriture de Marguerite Yourcenar est infiniment plus rigoureuse que celle de Gide. Mais on trouve encore, chez elle comme chez son héros, quelque complaisance pour « ce doux français fluide du siècle de Versailles, qui donne aux moindres mots la grâce attardée d'une langue morte ». Car c'est une société déjà passée ou dépassée, morte avec la guerre de 1914, que Yourcenar évoque, avec déjà cette distance subtile qu'elle introduira plus tard dans ses romans historiques.

Scénario presque identique, dix ans plus tard, dans *Le Coup de grâce* (1939) ; à ceci près que le duo a été remplacé par un trio : Éric se refuse à Sophie qui se trouve être la sœur de son meilleur ami Conrad. Même procédé de narration, puisque c'est Éric qui raconte son histoire, vingt ans après, à des camarades de combat, dans une gare italienne. Mais le cadre, et l'insertion dans le siècle, sont bien différents : les trois héros se trouvent engagés dans la guerre civile russe, du côté antibolchevique. Une complicité relie ces hobereaux, futurs vaincus de la guerre, malgré les déchirements de l'amour offert et refusé, de l'amitié trahie. Plus encore que dans *Alexis,* se déploie la cruauté du narrateur pour la femme qu'il ne peut aimer, pris qu'il est par le goût des garçons et de la solitude, mais dont il ne peut non plus se détacher. La guerre civile russe est beaucoup plus qu'un simple cadre, elle donne les ressorts et les nœuds de cette tragédie moderne, qui situe des aristocrates traver-

sant les conflits de l'entre-deux guerre et qui propose un point de vue antithétique à celui de Malraux dans *La Condition humaine,* celui des « blancs » et non des « rouges ». Enfin la technique du récit à la première personne (les poéticiens modernes parleraient de récit méta-homodiégétiques, cf. p. 224) atteint à une perfection transparente qui cache des profondeurs assez vertigineuses. Marguerite Yourcenar a elle-même formulé les effets de lecture procurés par cet usage de la première personne : « Il dépend de l'auteur d'un récit de ce genre d'y mettre tout un être avec ses qualités et ses défauts exprimés par ses propres tics de langage, ses jugements justes ou faux, et les préjugés qu'il ne sait pas qu'il a, ses mensonges qu'il avoue, ou ses aveux qui sont des mensonges, ses réticences et même ses oublis. Mais une telle forme littéraire a le défaut de demander plus que toute autre la collaboration du lecteur ; elle l'oblige à redresser les événements et les êtres vus à travers le personnage qui dit *je* comme des objets vus à travers l'eau. Dans la plupart des cas, ce biais du récit à la première personne favorise l'individu qui est ainsi censé s'exprimer ; dans *Le Coup de grâce,* c'est au contraire au détriment du narrateur que s'exerce cette déformation inévitable quand on parle de soi. » De fait le lecteur se trouve ici en situation d'interprète ou de juge, au terme de cette confession implacable. Ainsi de cette fin du récit, qui est aussi la fin de Sophie, passée aux bolcheviks, faite prisonnière par Éric et ses compagnons survivants de l'armée blanche.

Devant l'avance des Rouges, Éric et Conrad ont dû abandonner le château de Kratovicé, en Courlande. Sophie a rejoint les rangs des Bolcheviks. Après la mort de Conrad, le groupe commandé par Éric réussit à détruire une position bolchevik. Sophie, comme les autres prisonniers de la guerre civile, doit être fusillée.

* Jardinier du château, devenu l'ordonnance d'Éric.

* Sergent de l'armée blanche, subordonné d'Éric.

[Le coup de grâce]

C'était toujours Michel* qui se chargeait dans ces occasions du rôle de bourreau, comme s'il ne faisait que continuer ainsi les fonctions de boucher qu'il avait exercées pour nous à Kratovicé, quand il y avait par
5 hasard du bétail à abattre. Chopin* avait donné l'ordre que Sophie fût exécutée la dernière ; j'ignore encore aujourd'hui si c'était par excès de rigueur, ou pour

Réception de Marguerite Yourcenar à l'Académie Française, le 22 janvier 1981.

donner à l'un de nous une chance de la défendre. Michel
commença par le Petit-Russien que j'avais interrogé la
10 veille. Sophie jeta un rapide et oblique coup d'œil sur ce
qui se passait à sa gauche, puis détourna la tête comme
une femme s'efforçant de ne pas voir un geste obscène
qui se commet à son côté. Quatre ou cinq fois on entendit
ce bruit de détonation et de boîte éclatée dont il me
15 semblait n'avoir pas mesuré jusque-là toute l'horreur.
Soudain, Sophie adressa à Michel le signe discret et
péremptoire d'une maîtresse de maison qui donne un
dernier ordre au domestique en présence de ses invités.
Michel s'avança, courbant le dos, avec la même soumis-
20 sion ahurie qu'il allait mettre à l'abattre, et Sophie
murmura quelques mots que je ne pus deviner au mouvement de ses lèvres.

« Bien, mademoiselle. »

L'ancien jardinier s'approcha de moi et me dit à
25 l'oreille d'un ton bourru et déprécatoire d'un vieux serviteur intimidé, qui n'ignore pas qu'il se fera renvoyer pour
avoir transmis un message pareil :

« Elle ordonne... Mademoiselle demande... Elle veut
que ce soit vous... »

30 Il me tendit un revolver ; je pris le mien, et j'avançai
automatiquement d'un pas. Durant ce trajet si court,
j'eus le temps de me répéter dix fois que Sophie avait
peut-être un dernier appel à m'adresser, et que cet ordre
n'était qu'un prétexte pour le faire à voix basse. Mais elle
35 ne remua pas les lèvres : d'un geste distrait, elle avait
commencé à déboutonner le haut de sa veste, comme si
j'allais appuyer le revolver à même le cœur. Je dois dire
que mes rares pensées allaient à ce corps vivant et chaud
que l'intimité de notre vie commune m'avait rendu à peu
40 près aussi familier que celui d'un ami ; et je me sentis
étreint d'une sorte de regret absurde pour les enfants que
cette femme aurait pu mettre au monde, et qui auraient
hérité de son courage et de ses yeux. Mais ce n'est pas à
nous qu'il appartient de peupler les stades ni les tranchées
45 de l'avenir. Un pas de plus me mit si près de Sophie que
j'aurais pu l'embrasser sur la nuque ou poser la main sur
son épaule agitée de petites secousses presque impercep-
tibles, mais déjà je ne voyais plus d'elle que le contour d'un
profil perdu. Elle respirait un peu trop vite, et je m'accro-
50 chais à l'idée que j'avais désiré achever Conrad*, et que
c'était la même chose. Je tirai en détournant la tête, à peu
près comme un enfant effrayé qui fait détoner un pétard
pendant la nuit de Noël. Le premier coup ne fit qu'emporter une partie du visage, ce qui m'empêchera toujours

* Il vient de mourir d'une balle
dans le ventre, après une agonie
insoutenable pour Éric.

de savoir quelle expression Sophie eût adoptée dans la mort. Au second coup, tout fut accompli. J'ai pensé d'abord qu'en me demandant de remplir cet office, elle avait cru me donner une nouvelle preuve d'amour, et la plus définitive de toutes. J'ai compris depuis qu'elle n'avait voulu que se venger, et me léguer des remords. Elle avait calculé juste : j'en ai quelquefois. On est toujours pris au piège avec ces femmes.

Marguerite Yourcenar, Le Coup de grâce,
éd. Gallimard.

— **Rigoureux parallélisme de la fin d'une histoire et de la fin d'une narration, venant justifier le titre du récit en plusieurs sens.**

— **Narration élégante et implacable à l'image du narrateur, aristocratique aventurier, à la limite de l'ironie (3-5), de l'humour noir (16-20), du cynisme goujat (61-62) ; style abstrait pour la description d'une scène d'horreur.**

— **« Un homme du type d'Éric pense à contre-courant de soi-même ; son horreur d'être dupe le pousse à présenter de ses actes, en cas de doute, l'interprétation qui est la pire. » (M. Yourcenar dans la *Préface* de 1962.)**

Après ces deux récits linéaires et déchirants, Marguerite Yourcenar va édifier un monument ample et complexe : les *Mémoires d'Hadrien,* tentative de reconstitution d'un monde, d'une culture, d'un individu, d'un esprit, mais avant tout et une fois de plus, invention et recréation d'une « voix », celle de l'empereur du deuxième siècle de notre ère, assez proche de sa mort pour pouvoir envisager toute sa vie et en transmettre l'image à son héritier Marc Aurèle. Cette voix, qui se situe à un moment d'équilibre entre le paganisme finissant et le christianisme commençant, entre la grandeur consolidée de Rome et les menaces omniprésentes du ruine ou de la décadence, il fallait, à la fois, un historien, un poète, un romancier — trente années de recherche et de réécriture — pour bien la poser dans ce registre très précis qui est celui des quelques écrits conservés d'Hadrien, et que l'auteur a défini dans ces termes : « Cette catégorie du style soutenu, mi-narratif, mi-méditatif, mais toujours essentiellement *écrit,* d'où l'impression et la sensation immédiates sont à peu près exclues, et d'où tout échange verbal est *ipso facto* banni. »

Le roman (mais le roman n'accède-t-il pas ici à l'authenticité des mémoires véridiques, à force d'érudition et de magie sympathique ?) devient le grand œuvre humaniste du milieu de notre siècle, prodigieusement actuel à force d'inactualité ; réalisation parachevée de ce qu'un Gide avait seulement esquissé dans son *Thésée,* ou de ce que Saint-John Perse avait allusivement dessiné dans *Vents* : un testament prophétique de l'humanité. Hadrien n'est pas seulement l'empereur le plus honnête et le plus moderne, artisan d'un univers équilibré, c'est un homme de guerre qui relate ses campagnes presqu'incessantes, c'est un homme de science et de poésie en quête des vérités naturelles ou surnaturelles, c'est aussi un homme de plaisir ou de passion qui s'interroge sur l'énigmatique suicide de l'être aimé, Antinoüs : civisme, héroïsme, exotisme, ésotérisme, toutes les dimensions sont présentes dans ces *Mémoires* qui procurent au lecteur moderne à la fois les délices romanesques de *Ben-Hur* et les plaisirs raffinés de *Monsieur Teste,* tout en accédant constamment à l'universalité des mythes grecs et romains. Le roman assure ce dialogue des contraires dont Malraux, sur un autre ton, tire à la même époque *Les Voix du silence* : univers de la sagesse stoïcienne et de la tragédie, voix de l'Orient et de l'Occident, héritages du passé et constructions de l'avenir, passion de la vie et obsession du suicide. La dialectique devient romanesque, et la recherche intellectuelle devient un roman d'aventure de l'esprit, comme il apparaît dans la série des « nuits », méditatives ou lyriques, qui voient Hadrien s'interroger sur l'énigme du cosmos ou de la vie. Curieusement, dans ce livre, comme dans la plupart des autres romans de Marguerite Yourcenar, la femme est la grande absente, même s'il arrive à Hadrien, par curiosité ou par conformisme d'avoir une épouse, une amie, des maîtresses. On crierait à la misogynie si Hadrien lui-même n'y répondait à l'avance : « Un homme qui lit, ou qui pense, ou qui calcule, appartient à l'espèce et non au sexe ; dans ses meilleurs moments il échappe même à l'humain. Mais mes amantes semblaient se faire gloire de ne penser qu'en femmes. » Si on peut recourir à des clichés désuets, rien de plus viril, de plus masculin que le style et l'univers de Yourcenar.

[La nuit syrienne]

Hadrien vient de rendre visite à Osroès, empereur des Parthes et de s'initier aux mystères d'Éleusis. Il s'explique sur son goût constant pour l'astronomie.

* Le grand-père d'Hadrien.

* Antinoüs.

Depuis les nuits de mon enfance, où le bras levé de Marullinus* m'indiquait les constellations, la curiosité des choses du ciel ne m'a pas quitté. Durant les veilles forcées des camps, j'ai contemplé la lune courant à
5 travers les nuages des cieux barbares ; plus tard, par de claires nuits attiques, j'ai écouté l'astronome Théron de Rhodes m'expliquer son système du monde ; étendu sur le pont d'un navire, en pleine mer Égée, j'ai regardé la lente oscillation du mât se déplacer parmi les étoiles, aller de
10 l'œil rouge du Taureau au pleur des Pléiades, de Pégase au Cygne : j'ai répondu de mon mieux aux questions naïves et graves du jeune homme* qui contemplait avec moi ce même ciel. Ici, à la Villa, j'ai fait construire un observatoire, dont la maladie m'empêche aujourd'hui de
15 gravir les marches. Une fois dans ma vie, j'ai fait plus : j'ai offert aux constellations le sacrifice d'une nuit tout entière. Ce fut après ma visite à Osroès, durant la traversée du désert syrien. Couché sur le dos, les yeux bien ouverts, abandonnant pour quelques heures tout souci
20 humain, je me suis livré du soir à l'aube à ce monde de flamme et de cristal. Ce fut le plus beau de mes voyages. Le grand astre de la constellation de la Lyre, étoile polaire des hommes qui vivront quand depuis quelques dizaines de milliers d'années nous ne serons plus, resplendissait
25 sur ma tête. Les Gémeaux luisaient faiblement dans les

dernières lueurs du couchant ; le Serpent précédait le
Sagittaire ; l'Aigle montait vers le zénith, toutes ailes
ouvertes, et à ses pieds cette constellation non désignée
encore par les astronomes, et à laquelle j'ai donné depuis
le plus cher des noms*. La nuit, jamais tout à fait aussi
complète que le croient ceux qui vivent et qui dorment
dans les chambres, se fit plus obscure, puis plus claire.
Les feux, qu'on avait laissé brûler pour effrayer les
chacals, s'éteignirent ; ce tas de charbons ardents me
rappela mon grand-père debout dans sa vigne, et ses
prophéties devenues désormais présent, et bientôt passé.
J'ai essayé de m'unir au divin sous bien des formes ; j'ai
connu plus d'une extase ; il en est d'atroces ; et d'autres
d'une bouleversante douceur. Celle de la nuit syrienne fut
étrangement lucide. Elle inscrivit en moi les mouvements
célestes avec une précision à laquelle aucune observation
partielle ne m'aurait jamais permis d'atteindre. Je sais
exactement, à l'heure où je t'écris, quelles étoiles passent
ici, à Tibur, au-dessus de ce plafond orné de stucs et de
peintures précieuses, et ailleurs, là-bas, sur une tombe.
Quelques années plus tard, la mort allait devenir l'objet
de ma contemplation constante, la pensée à laquelle je
donnais toutes celles des forces de mon esprit que n'ab-
sorbait pas l'État. Et qui dit mort dit aussi le monde
mystérieux auquel il se peut qu'on accède par elle. Après
tant de réflexions et d'expériences parfois condamnables,
j'ignore encore ce qui se passe derrière cette tenture noire.
Mais la nuit syrienne représente ma part consciente
d'immortalité.

Marguerite Yourcenar, *Mémoires d'Hadrien,*
éd. Gallimard.

* Celui d'Antinoüs, attribué à la constellation voisine de celle de l'Aigle.

— **Le cours d'une vie inscrit dans les révolutions des astres : jeu des analepses (1-3, 33-36), des prolepses (5-13, 13-15, 42-49), va-et-vient incessant entre le temps de la narration et celui de l'histoire.**
— **Mouvement narratif et lyrique, soutenu par les reprises anaphoriques (passé indéfini : 4, 6, 11-13, présent, passé défini) et par un rythme insistant (vers de dix et surtout de neuf syllabes).**
— **« Le lecteur du chef-d'œuvre de M. Yourcenar est convaincu qu'il est lui-même Hadrien et qu'Hadrien est un surhomme, de telle sorte que ce roman s'analyse comme une manière d'*autohagiographie*. » (M. Tournier.)**

A la Rome impériale du IIe siècle des *Mémoires d'Hadrien,* répond, dans *L'Œuvre au noir,* la Flandre — et l'Europe — du XVIe siècle, autre époque de mutation et d'inquiétude, entre un « moyen âge » et des temps modernes. Le titre, emprunté à l'alchimie, désigne « cet essai de dissolution et de calcination des formes qui est la part la plus difficile du Grand Œuvre », et qui doit aboutir à la séparation de la substance. En lieu et place d'Hadrien, le bâtisseur d'Empire, l'homme aux pleins pouvoirs, voici Zénon, médecin, alchimiste, ingénieur, philosophe : ce personnage fictif ne détient aucun pouvoir ni aucune célébrité. Marginal de toutes les églises, hérésiarque, c'est un aventurier de l'esprit et du siècle, qui ne tombe dans aucune orthodoxie, et que sa quête intellectuelle conduit à un suicide stoïcien. Plus encore que les *Mémoires d'Hadrien,* ce roman est bien celui de la recherche de la vérité par un héros essentiellement intellectuel (si Valéry avait pu écrire un roman, ce serait celui-là), mais c'est aussi la fresque, haute en couleurs, d'une Europe bouleversée par les guerres civiles et religieuses. De la même manière, mais autour d'un personnage qui n'est pas de premier plan, s'opère la résurrection d'une culture européenne, dans ce qu'elle a de plus subtil et de plus ésotérique, dans ce qu'elle a de plus daté (magie, occultisme, sectarisme, astrologie, démonologie) mais aussi peut-être de plus chargé d'avenir. Ce livre qui en 1968, à sa parution, pouvait paraître d'un autre temps, a plutôt anticipé sur la modernité : Zenon n'est-il pas un dissident universel, sodomite de surcroît, dont toute la tâche, contrairement à celle d'Hadrien, aura été celle d'un déconstructeur de formes, d'un véritable inventeur de l'esprit, qui pourrait faire penser à un Rabelais ou à un Céline ? Ce moine réfractaire du XVIe siècle est peut-être le héros tragique des années 1970 : « Le temps et les forces lui manquaient pour aller plus loin, à supposer qu'il y eût une route, et que par cette route un homme pût passer. Ou ce pourrissement des idées, cette mort des instincts, ce broiement des formes presqu'insupporta-

bles à la nature humaine seraient rapidement suivis par la mort véritable, et il serait curieux de voir par quelle voie, ou l'esprit revenu des domaines du vertige reprendrait ses routines habituelles, muni seulement de facultés plus libres et comme nettoyées. Il serait beau d'en voir les effets. » Le roman historique, on le voit, s'écrit ici à la troisième personne, mais il conserve pour modèle littéraire le discours autobiographique, et il a le plus souvent l'allure d'un « monologue intérieur » indirect ou transposé, qui rend plus proche encore l'intériorité, même inconsciente, de Zénon ; l'écriture a cette limpidité apparente qui marque la maîtrise d'un écrivain dédaigneux de tout effet expressionniste, limpidité qui découle cependant d'un jeu savant d'archaïsmes mesurés, d'anachronismes concertés, jeu dont Yourcenar s'est fixé elle-même les règles rigoureuses, et qu'elle a dévoilé dans un essai sur « ton et langage dans le roman historique ». A la place du poème en prose et des vers blancs du récit d'Hadrien, nous avons un langage plus proche de la langue parlée, un récit plus contemporain des événements, une narration en style indirect « tantôt à travers Zénon ou tout autre protagoniste ou comparse, tantôt encore par la ''voix publique'' comme par un sourd et presque toujours imbécile chuchotement choral ».

On peut donc voir dans ces deux livres les deux sommets, complémentaires et inégalés, du roman historique en France. On imitera souvent, mais on n'égalera pas un auteur capable — par l'érudition mais aussi par des méthodes de délire contrôlé — de recréer la bibliothèque et la culture d'un héros comme Hadrien. L'anthologie commentée de la poésie grecque, *La Couronne et la Lyre* (1979), n'est rien d'autre que cette bibliothèque d'Hadrien, détachée des archives du roman historique.

Marguerite Yourcenar aurait-elle cédé au goût du jour en nous livrant comme tant d'autres son autobiographie ? Un vaste public l'a cru et il y était incité par le récit d'une naissance fatale à la mère, qui ouvre *Souvenirs pieux.* Or c'est encore sur la naissance de la narratrice que se termine *Archives du Nord.* Ce diptyque ne constitue donc nullement un récit autobiographique ; il déploie une enquête généalogique menée avec la rigueur d'un historien et la méticulosité d'un archiviste, qui retrace la ligne maternelle dans le premier volet, les ascendants paternels dans le second. La modestie apparente du propos est soulignée par les scrupules de l'historien qui, à tout moment, distingue le vrai du probable, et le probable du possible, s'interroge sur les analogies et les différences, les identités et les métamorphoses entre la vie des siècles passés et la vie du siècle présent. « Tâchons d'évoquer cette maison entre 1856 et 1873, non seulement pour mener à bien l'expérience toujours valable qui consiste à réoccuper pour ainsi dire un coin du passé, mais surtout pour essayer de distinguer dans ce monsieur en redingote et cette dame en crinoline, qui ne sont plus guère à nos yeux que des spécimens de l'humanité en leur temps, ce qui diffère de nous ou ce qui, en dépit des apparences, nous ressemble, le jeu compliqué des causes dont nous ressentons encore les effets. »

Mais la minutie de l'enquête aboutit à une véritable évocation des morts, vision « nécromantique », qui parcourt les siècles, et même, au début des *Archives du Nord,* envisage la préhistoire de l'humanité. En ce sens, Marguerite Yourcenar a pu intituler « Labyrinthe du Monde » ce diptyque, où, à première lecture, on n'aurait pu voir qu'une galerie de portraits ou une flânerie érudite dans les classes privilégiées de la Flandre et du Nord de la France, un tableau subtil de la vie quotidienne et de la vie intérieure au fil des siècles. Dans cet écheveau généalogique qui aboutit à la narratrice, le « labyrinthe » se dévoile peu à peu, avec son éternel Minotaure ; l'impassibilité du ton, la discrétion du style, qui déçoivent d'abord après les accents souverains d'*Hadrien* ou de *L'Œuvre au noir,* servent en fait une vision tragique, implacable, qui énumère les catastrophes majeures : mort de la mère de la narratrice, suicide d'un jeune intellectuel, Octave Pirmez, accident épouvantable du chemin de fer de Saint-Germain, morts d'enfants broyés par des

carrioles ou de jeunes femmes massacrées par un médecin inepte. Qui n'a pas son Minotaure ? peut-on se demander devant cette nouvelle « œuvre au noir ». Le diptyque ne peut être encore évalué, puisque Marguerite Yourcenar promet un troisième volet, sous le titre *Quoi l'éternité ?*

Le lecteur peut être déçu de ne pas retrouver la romancière, entravée dans son rôle de biographe ou de greffière, et de ne pas découvrir une autobiographie, chez celle qui a affirmé par ailleurs avec brutalité : « Le public qui cherche des confidences personnelles dans le livre d'un écrivain est un public qui ne sait pas lire. » Mais le même lecteur cédera à la magie d'une romancière qui se livre, en dépit de ses dénégations, aux sortilèges du « roman familial », ou du roman généalogique, quand apparaît au premier plan Michel Cleenewerke de Crayencour, père de la narratrice, aventurier et homme de culture, qui s'établit de plain-pied au niveau d'Hadrien ou de Zénon. Si Marguerite Yourcenar dédaigne ou refuse tout énoncé autobiographique, c'est qu'elle s'investit totalement dans cette biographie presque mystique d'un père à l'existence tumultueuse et tragique, et que ce mouvement d'identification nourrit ce récit, qui est aussi un hommage passionné « au nom du Père ». Et le montage des biographies, sagement alignées sur l'axe chronologique, séparées par les deux lignes du couple parental, se métamorphose finalement en un roman dostoïevskien, enfiévré et transcendé par une vision tragique. On peut supposer que *Quoi l'éternité ?* racontera moins les enfances de Marguerite Yourcenar — réfractaire à l'écriture personnelle — que le grand âge de Michel de Crayencour, joueur, aventurier, et père fascinant. Dans les deux premiers volumes, seul Michel, nouveau Thésée, vainc le Minotaure, et seul il échappe à cette défaite universelle de l'homme que la narratrice décrit en ces termes : « Ce niveau physiologique, ou plutôt alchimique, où l'être humain assiste comme du dehors, et sans bien le comprendre, à un travail de dissolution qu'il a, sans le savoir, provoqué ».

[Cette chose nouvelle]

Fernande de C. vient d'accoucher chez elle de la petite Marguerite (8 juin 1903). Elle mourra dix jours plus tard d'une fièvre puerpérale.

* « Il n'est pas question que Fernande se déforme les seins. L'enfant sera donc nourrie au biberon. »

Le lait apaise les cris de la petite fille. Elle a vite appris à tirer presque sauvagement sur la mamelle de caoutchouc* ; la sensation du bon liquide coulant en elle est sans doute son premier plaisir. Le riche aliment sort d'une
5 bête nourricière, symbole animal de la terre féconde, qui donne aux hommes non seulement son lait, mais plus tard, quand ses pis se seront définitivement épuisés, sa maigre chair, et finalement son cuir, ses tendons et ses os dont on fera de la colle et du noir animal. Elle mourra
10 d'une mort presque toujours atroce, arrachée aux prés habituels, après le long voyage dans le wagon à bestiaux qui la cahotera vers l'abattoir, souvent meurtrie, privée d'eau, effrayée en tout cas par ces secousses et ces bruits nouveaux pour elle. Ou bien, elle sera poussée en plein
15 soleil, le long d'une route, par des hommes qui la piquent de leurs longs aiguillons, la malmènent si elle est rétive ; elle arrivera pantelante au lieu de l'exécution, la corde au cou, parfois l'œil crevé, remise entre les mains de tueurs que brutalise leur misérable métier, et qui commenceront
20 peut-être à la dépecer pas tout à fait morte. Son nom même, qui devrait être sacré aux hommes qu'elle nourrit, est ridicule en français, et certains lecteurs de ce livre trouveront sans doute cette remarque et celles qui précèdent également ridicules.
25   L'enfant appartient à un temps et à un milieu où la domesticité est une institution ; il est entendu que Monsieur et Madame de C. ont des « inférieurs ». Ce n'est pas

* Deux sœurs, cuisinière et femme de chambre ; la seconde servira de mère à l'enfant jusqu'à l'âge de sept ans.

le lieu de se demander si Aldegonde et Barbara* sont plus satisfaites de leur sort que des esclaves antiques ou des
30 ouvrières d'usine ; signalons pourtant qu'au cours de sa vie à peine commencée, la nouvelle-née verra proliférer des formes de servitude plus dégradantes que le travail domestique. Pour l'instant Barbara et Aldegonde diraient sans doute qu'elles n'ont pas à se plaindre. De

* La garde.

35 temps à autre, l'une d'elles, ou Madame Azélie*, jette un coup d'œil sur le berceau, puis retourne en hâte chez Madame. L'enfant qui ne sait pas encore (ou ne sait déjà plus) ce que c'est qu'un visage humain, voit se pencher vers elle de grands orbes confus qui bougent et dont sort
40 du bruit. Ainsi, bien des années plus tard, brouillés cette fois par la confusion de l'agonie, verra-t-elle peut-être s'incliner sur elle le visage des infirmières et du médecin. J'aime à croire que le chien Trier, qu'on a chassé de sa

bonne place habituelle sur la descente de lit de Fernande,
trouve le moyen de se faufiler jusqu'au berceau, hume
cette chose nouvelle dont on ne connaît pas encore
l'odeur, remue sa longue queue pour montrer qu'il fait
confiance, puis retourne sur ses pattes torses vers la
cuisine où sont les bons morceaux.

Marguerite Yourcenar, *Souvenirs pieux,*
éd. Gallimard.

— **Déplacements et substitutions :** au lieu du récit de la naissance (1, 37-40) et de l'hommage à la mère morte, le martyre de la vache (4-24), le sort des domestiques (25-37), l'agonie anticipée de la narratrice (40-42), les humeurs du chien de la maison (43-49).

— Au lieu de la 1re personne, une 3e personne « autobiographique » : le « elle » de l'énoncé dissocié du « je » de l'énonciation.

— Le « pacte autobiographique » de M. Yourcenar : « Que cet enfant soit moi, je n'en puis douter sans douter de tout. Néanmoins, pour triompher en partie du sentiment d'irréalité que me donne cette identification, je suis forcée, tout comme je le serais pour un personnage historique que j'aurais tenté de recréer, de m'accrocher à des bribes de souvenirs reçus de seconde ou de dixième main. »

Michel Tournier

À première vue, il peut paraître surprenant de situer, à côté des vénérables septuagénaires qui précèdent, le fringant Michel **Tournier,** dont le premier ouvrage remonte à 1967, et qui pour un large public est le plus important des nouveaux écrivains de cette période. Mais dès *Vendredi ou les Limbes du Pacifique* (1967), Michel Tournier s'impose comme un « nouveau classique », un classique immédiat, et remporte tous les suffrages (y compris les nôtres), aussi bien ceux de l'Académie française qui lui donne son Grand Prix du roman que ceux d'un philosophe comme Gilles Deleuze, ou d'un homme de théâtre comme Antoine Vitez. Même succès d'un auteur qui rassure autant qu'il inquiète avec *Le Roi des Aulnes* (1971) qui obtient le Prix Goncourt, et *Les Météores* (1975), somme mythologique romanesque qui intègre et dépasse les deux livres précédents.

Dans un texte postérieur, *Le Vent Paraclet* (1977), Michel Tournier a revendiqué hautement, avec un humour un peu provocant, son attachement à la *tradition* romanesque : « J'entendais écrire comme Paul Bourget, René Bazin ou Delly. Quand je commençais à écrire un roman, c'était toujours avec l'idée de réécrire *Le Comte Kostia* de Victor Cherbuliez qui avait enchanté mon enfance. » Mais ce projet de réécriture est ici invoqué pour mieux proclamer un droit à la parodie, dont voici la défense et l'illustration : « Il y a parodie et parodie. Il y a les exercices "à la manière de" qui pastichent un auteur en reproduisant tous ses tics procédés. Mais il y a aussi Maurice Ravel. La plus grande partie de l'œuvre de Ravel — *Le Boléro, La Valse, Le Tombeau de Couperin, La Pavane pour une infante défunte* — est parodique. Reste à savoir si

La Valse n'est pas plus valse viennoise à elle seule que toute l'œuvre des trois Strauss, Johann-père, Johann-fils et Oskar. » Si la parodie peut tomber dans le pastiche, elle peut aussi transcender et métamorphoser, s'élever à la quintessence. Elle va de pair, chez Tournier, avec l'ambition, issue de sa formation de philosophe, de doter le roman « d'une infrastructure métaphysique invisible, mais douée d'un rayonnement actif ».

S'il affectionne tant les mythes (que l'on retrouve souvent d'un roman à l'autre), tels que Castor et Pollux, Abel et Caïn, saint Christophe ou le roi des Aulnes, l'Ogre et le petit Poucet, Robinson et Vendredi, c'est qu'ils proposent une histoire déjà connue du lecteur, matière première de tout un travail alchimique d'élaboration et de transformation. On est ici plus près d'un Huysmans que de Bourget ou Delly, avec lesquels Tournier n'a de commun que le succès.

Vendredi ou les Limbes du Pacifique se donne pour une variation sur le *Robinson Crusoé* de Daniel Defoe, mais le roman fondateur de l'idéologie puritaine et bourgeoise va se renverser dans une apologie de la vie sauvage, comme l'indique le déplacement qui s'effectue entre les deux titres : le texte original y est à la fois suivi à la lettre, et pris à contre-pied. *Le Roi des Aulnes* se réfère à la ballade de Goethe, mais focalise sur l'Ogre-Ravisseur, non plus du tout sur le couple pitoyable du père et de l'enfant. S'y trouvent aussi mobilisés et détournés la vie de saint Christophe (tirée de *La Légende dorée*), un fragment de Montaigne sur Alphonse d'Albuquerque, le récit biblique de la Genèse, sans oublier les *Contes* de Perrault. *Les Météores* sacrifient moins à cette « inter-textualité », bien que le récit s'ouvre sur l'image de Michel Tournier adolescent lisant *Les Météores* d'Aristote, et que *L'Ancien Testament* soit souvent mis à contribution ; la partie la plus réussie, cependant, le journal d'Alexandre, semble elle aussi parodier des textes antérieurs, par exemple ceux de Barbey d'Aurevilly, Léon Bloy, Barrès, Proust, Sartre et Céline, sans qu'ils soient nommés, et glisser en même temps vers un mouvement vertigineux d'« auto-parodie ». D'autre part, plus encore que dans les romans antérieurs de Tournier où le récit du narrateur à la troisième personne alternait avec le journal intime du protagoniste (le « log-book » de Robinson, les « écrits sinistres » d'Abel Tiffauges...), s'instaure dans *Les Météores* un jeu complexe de reprise et de commentaire entre le récit hétéro-diégétique (cf. p. 224) et les multiples récits homodiégétiques, chaque personnage devenant, à un moment ou à un autre, le narrateur de sa propre histoire. Le roman déploie à différents niveaux les jeux de la paraphrase et implique son propre commentaire.

L'ambition philosophique, quant à elle, semble être à l'origine de ces entreprises, mais Tournier a su, pour le bien du romancier, faire mourir le philosophe. Une problématique à la fois classique et actuelle apparaît au point de départ de chaque fiction : dans *Vendredi*, la solitude et l'(in)existence d'autrui, la vie civilisée et la vie dite sauvage ; dans *Le Roi des Aulnes*, la prédestination et l'interprétation des signes, symboles et paraboles ; dans *Les Météores*, le problème du même et de l'autre, mais aussi celui du temps (dans tous les sens) et de l'espace. Ces questions métaphysiques, loin de donner lieu à des thèses, deviennent les ressorts d'un jeu fascinant, symbolique, herméneutique, mais avant tout romanesque. Les trois grands romans de Tournier (on peut voir, depuis l'île solitaire de *Vendredi* jusqu'à l'espace planétaire des *Météores* en passant par la France et l'Allemagne du *Roi des Aulnes*, un remarquable développement organique qui leur donne l'allure d'une trilogie) n'ont pas de précédents dans la tradition du roman français, même si on reconnaît ici et là l'ironie gidienne, la dialectique sartrienne, la célébration propre à Claudel ou Saint-John Perse : ils ne peuvent être comparés qu'à ces grands romans germaniques, plus ironiques que réalistes, plus symboliques que philosophiques, tels ceux de Robert Musil, Herman Hesse, Thomas Mann. C'est d'ailleurs chez ce dernier que Tournier trouve le modèle de cet *humour blanc* qu'il recherche, synthèse souriante du comique et du cosmique. Ne serait-il pas notre premier romancier allemand de langue française ?

Dans les textes de Tournier, les contraires coexistent heureusement : sens de la tragédie et don d'un humour universel ; fascination pour le rebut, l'ordure, l'anal, et célébration de l'univers cosmique, élémentaire, météorologique. La santé la plus évidente ne cesse de s'allier à la perversion la plus profonde. Le même roman, qu'on a pu lire comme un questionnement sophistiqué de Freud, Lacan ou Lévi-Strauss ou comme une expérimentation ethnologique, peut devenir, légèrement réduit et adapté sous le titre *Vendredi ou la vie sauvage,* un transparent chef-d'œuvre pour enfants « à partir de neuf ans ». *Le Roi des Aulnes* hésite savamment entre le conte pour enfants, pleins d'ogres divers, de petits Poucets et d'animaux symboliques, le roman fabuleux des signes et des présages, initiatique et médiéval, et la chronique épique des grands fauves nazis (tel le Maréchal Goering) contemplés par un prisonnier de guerre français, spectateur fasciné de voir l'Histoire réaliser ses propres fantasmes. *Les Météores,* dans une composition plus ambitieuse, superposent une recherche sur l'unité du météorologique et du psychique à la chronique assez classique d'une saga familiale, celle des Surin, de 1930 à 1961 ; mais cette façade traditionnelle recouvre deux récits parallèles de style bien dissonant : le roman d'Alexandre ou roman de l'homosexualité triomphante et sardonique ; le roman de « Jean-Paul », les deux jumeaux, identiques et opposés, qui forment la cellule gémellaire, présumée structure fondamentale de cet univers. Après la mort d'Alexandre, l'oncle scandaleux, le roman dérive vers le récit, à l'échelle des planètes, des voyages extraordinaires et des aventures exotiques, pour aboutir à la mutilation — presque la division — du jumeau survivant.

Coexistence des contraires, diversité des sujets, variété des registres, la trilogie de Tournier trouve sa cohérence dans un système d'écriture, mais aussi dans la persistance de certains thèmes : ainsi le thème des jumeaux et du double dans le miroir, apparu dans *Vendredi* (sous la forme des Dioscures), repris dans *Le Roi des Aulnes* (où sont évoquées les expérimentations des médecins nazis) ordonnet-il toute la composition des *Météores* où l'homosexualité et l'errance à la recherche de l'ubiquité sont perçues comme les ersatz de la « gémellité dépariée ». La pédagogie de Robinson fait place à la « pédophorie » d'Abel Tiffauges, puis à la pédérastie avouée d'Alexandre Surin. Les personnages de Tournier sont tous des exclus et des marginaux, tel l'ancien garagiste aux allures d'ogre, ou le « dandy des gadoues », Alexandre. C'est ainsi que la guerre de 1940 est vue, dans ces romans, par des personnages réjouis de la catastrophe générale, et plutôt attirés par la puissance des vainqueurs. Le point de vue du narrateur est, dès *Vendredi,* celui des colonisés (Tournier promet un roman sur les travailleurs immigrés, *La Goutte d'or*). Névrosés et pervers, exclus et marginaux, hérésiarques, enfants handicapés, déclassés de toute sorte constituent cette minorité innombrable à laquelle le roman donne la parole, plutôt qu'à l'homme censé universel. Leur point de vue, qui est celui du narrateur, se veut pourtant universel, « ouranien » ; et s'applique alors à toutes ces voix narratives la prière que Robinson adresse au soleil : « Enseigne-moi l'ironie. Apprends-moi la légèreté, l'acceptation souriante des dons immédiats de ce jour, sans calcul, sans gratitude, sans peur [...] Donne-moi le visage de Vendredi, épanoui par le rire, taillé tout entier pour le rire [...] Cet œil toujours allumé par la dérision, fendu par l'ironie, chaviré par la drôlerie de tout ce qu'il voit. »

A travers tous ces détours et ces médiations, Tournier poursuit une ambition presque démesurée : la recherche de l'absolu. Tous ses marginaux font ici ou là, dans les circonstances les plus extravagantes, une expérience de cet absolu. Et le but même de cette écriture paraît être la quête d'un langage absolu, immédiat, édénique, qui serait le langage de la vérité. Ce langage, le romancier l'a figuré dans la « musique vraiment élémentaire » de la harpe éolienne de *Vendredi,* dans le langage éolien (ou cryptophasie) des jumeaux des *Météores,* dans les communications des débiles mentaux entre eux, dans le chant du monde audible pour le seul Paul, le jumeau déparié et mutilé, dans le langage des sphères et des météores. Ce mouvement ascendant vers le ciel et le vent inscrit le roman dans cette poétique des éléments que Gaston Bachelard, initiateur de Tour-

nier, avait si bien retracée : il a pour contrepoids l'exploration du terrestre, du bourbeux, de l'informe, — souille et gadoue. Selon le mot de Deleuze sur *Vendredi* : « Il y a un combat de la terre et du ciel, dont l'enjeu est l'emprisonnement ou la libération de tous les éléments. L'île est la frontière ou le lieu de ce combat [...] Le terme final, c'est Robinson devenu élémentaire dans son île rendue elle-même aux éléments : un Robinson de soleil dans l'île devenue solaire, uranien dans Uranus. »

[L'extase solaire]

Pour la première fois en 28 ans, un navire, le Whitebird, s'est approché de l'île de Speranza. Robinson décide de rester ; Vendredi lui fausse compagnie, mais un mousse du bateau, âgé de 12 ans, s'est réfugié sur l'île. C'est la fin du livre.

L'île qui s'étendait à leurs pieds était en partie noyée dans la brume, mais du côté du levant le ciel gris devenait incandescent. Sur la plage, la yole et la pirogue commençaient à s'émouvoir inégalement des sollicitations de la
5 marée montante. Au nord un point blanc fuyait vers l'horizon.
   Robinson tendit le bras dans sa direction.
   — Regarde-le bien, dit-il. Tu ne verras peut-être plus jamais cela : un navire au large des côtes de Speranza.
10   Le point s'effaçait peu à peu. Enfin le lointain l'absorba. C'est alors que le soleil lança ses premières flèches. Une cigale grinça. Une mouette tournoya dans l'air et se laissa choir sur le miroir d'eau. Elle rebondit à sa surface et s'éleva à grands coups d'ailes, un poisson d'argent en
15 travers du bec. En un instant le ciel devint céruléen. Les fleurs qui inclinaient vers l'ouest leurs corolles closes pivotèrent toutes ensemble sur leurs tiges en écarquillant leurs pétales du côté du levant. Les oiseaux et les insectes emplirent l'espace d'un concert unanime. Robinson avait
20 oublié l'enfant. Redressant sa haute taille, il faisait face à l'extase solaire avec une joie presque douloureuse. Le rayonnement qui l'enveloppait le lavait des souillures mortelles de la journée précédente et de la nuit. Un glaive de feu entrait en lui et transverbérait tout son être.
25 Speranza se dégageait des voiles de la brume, vierge et intacte. En vérité cette longue agonie, ce noir cauchemar n'avaient jamais eu lieu. L'éternité, en reprenant possession de lui, effaçait ce laps de temps sinistre et dérisoire. Une profonde inspiration l'emplit d'un sentiment d'as-
30 souvissement total. Sa poitrine bombait comme un bouclier d'airain. Ses jambes prenaient appui sur le roc,

massives et inébranlables comme des colonnes. La lumière fauve le revêtait d'une armure de jeunesse inaltérable et lui forgeait un masque de cuivre d'une régularité implacable où étincelaient des yeux de diamant. Enfin l'astre-dieu déploya tout entière sa couronne de cheveux rouges dans des explosions de cymbales et des stridences de trompettes. Des reflets métalliques s'allumèrent sur la tête de l'enfant.

— Comment t'appelles-tu ? lui demanda Robinson.

— Je m'appelle Jaan Neljapäev. Je suis né en Estonie, ajouta-t-il comme pour excuser ce nom difficile.

Photographie d'Arthur Tress, extraite de Rêves *de Michel Tournier, éd. Complexe, 1979.*

— Désormais, lui dit Robinson, tu t'appelleras Jeudi.
C'est le jour de Jupiter, dieu du Ciel. C'est aussi le
45 dimanche des enfants.

Michel Tournier, *Vendredi ou les Limbes du Pacifique*,
éd. Gallimard.

— **Daniel Defoe, dans *Robinson Crusoé*, raconte ainsi le baptême de Vendredi :
« Je lui enseignai d'abord qu'il se nommerait *Vendredi*, parce que c'était un
vendredi que je lui avais sauvé la vie. Je lui appris encore à m'appeler *maître*, puis
à dire *oui* et *non* en lui faisant comprendre ce que ces mots signifiaient [...] Je le
menai ensuite au sommet de la colline pour voir si ses ennemis étaient partis. »**
— **Dans *Vendredi ou la vie sauvage* (1971), la première phrase du texte devient :
« Du haut du piton rocheux, on voyait toute l'île qui était encore noyée dans la
brume », et la dernière réplique de Robinson : « Désormais, lui dit Robinson, tu
t'appelleras *Dimanche*. C'est le jour des fêtes, des rires et des jeux. Et pour moi tu
seras toujours l'enfant du dimanche. »**

[Paradoxes de la gadoue]

Juin 1940 : depuis St-Escobille,
le dépôt d'ordures qu'il dirige
et surveille, Alexandre, indifférent à l'issue de la guerre,
constate à sa manière les boule-
versements survenus dans la vie
quotidienne des Français.

* Il s'agit des chiens abandon-
nés par les Parisiens et tués par
les Allemands.

La journée d'hier a été longue, très longue. De l'immense meute morte* composant sous le soleil de juillet un
effrayant tableau de chasse, montait un aboiement silencieux plaintif et unanime qui me vrillait le cerveau.
5   Ce matin point de train, mais survenue d'un bulldozer
suivi d'une équipe de six hommes. La benne du bull était
chargée de sacs de chaux. Ils se sont mis aussitôt au
travail.
En observant le bull creuser une tranchée régulière où
10 les hommes font basculer des grappes de chiens, je son-
geais que l'un des paradoxes de la gadoue, c'est que prise
même à sa plus grande profondeur, elle demeure essentiellement *superficielle*. A trois mètres de fond, comme en
surface, on trouve des bouteilles, des tubes, du carton
15 ondulé, des journaux, des coquilles d'huîtres. La gadoue
est semblable à l'oignon qui est fait de peaux superpo-
sées, et cela jusqu'au cœur. La substance des choses
— pulpe des fruits, chair, pâtes, produits d'entretien ou
de toilette, etc. — s'est évanouie, consommée, absorbée,
20 dissoute par la cité. La gadoue — cette anti-cité —
amoncelle les peaux. La matière ayant fondu, la forme
devient elle-même matière. D'où la richesse incompara-
ble de cette pseudo-matière qui n'est qu'un amas de
formes. Les pâtes et les liquides ayant disparu, il ne reste
25 qu'une accumulation d'un luxe inépuisable de membra-
nes, pellicules, capsules, boîtes, caques, paniers, outres,

sacs, bissacs et havresacs, marmites, dames-jeannes, cages, casiers et cageots, sans parler des guenilles, cadres, toiles, bâches et papiers.

Cet énorme bric-à-brac n'a pas pour seul facteur sa superficialité. Celle-ci est mise au service d'une double fonction. La première s'accomplit dans l'acte de limiter, de délimiter, d'enfermer — assurant ainsi la *possession* de la matière ou de l'objet, et ce comble de la possession, le transport (posséder, c'est emporter). En ce sens la gadoue est un amas de *griffes*. L'autre fonction est de célébration. Car ces griffes sont bavardes, et même prolixes, déclamatoires, exaltantes. Elles proclament les qualités brillantes, les vertus incomparables, les avantages décisifs d'un objet ou d'une matière — pour en détailler ensuite le mode d'emploi. Et comme cet objet, cette matière n'existent plus, cette possession se referme sur le vide, cette déclamation éclate dans le néant, devenant ainsi absolues et dérisoires.

Amas de griffes et de célébrations, vide, dérision et absolu — je reconnais bien là, dans ces traits de mon milieu naturel, les constantes de mon esprit et de mon cœur.

P.S. — Mais que disait donc Thomas Koussek* de l'Esprit-Saint ? Ne définissait-il pas le Sexe et la Parole comme ses deux attributs ? Et le vent, le souffle comme sa seule matière ?

* Ami d'enfance d'Alexandre devenu ecclésiastique.

L'objet, la matière sont sans doute normalement absents des gadoues. Il faut croire qu'il peut en être autrement en période d'exception, car ils viennent de faire une entrée triomphale à Saint-Escobille.

Ce matin, comme la semaine dernière, j'ai été alerté par le souffle haletant de la locomotive de Forcément* dans le gris de l'aube. Comme la semaine dernière, j'attendais le train debout près du heurtoir, et j'ai vu accourir Forcément plus rouge encore et hilare que la première fois.

* Surnom d'un cheminot du train transportant les ordures.

— Ben mon vieux ! Ben mon vieux ! Quand tu vas voir ce que je t'apporte !

Ce qu'il m'apporte ! Avec ses airs mystérieux et enthousiastes, il me ferait penser à un père Noël, un père Noël à la hotte gigantesque et infernale, pleine de surprises énormes et funèbres.

— Forcément ! Les gens reviennent. Les boutiquiers aussi. Alors on rouvre les magasins. Alors les magasins d'alimentation qu'étaient bourrés y a un mois, forcément, c'est pourri, pourri, pourri !

Et ce disant, il débloque les panneaux de tel wagon,
puis de tel autre, faisant vomir sur le remblai le garde-
75 manger faisandé de Gargantua. Chaque wagon contient
le fonds entier d'une boutique. Voulez-vous de la pâtisserie ? Voici des montagnes de meringues à la crème,
d'éclairs au chocolat, de saint-honoré. A côté, c'est le
rayon charcuterie avec ses enroulements de boudin, ses
80 tripes et ses jambons. Les boucheries sont également là,
et les triperies, les épiceries, les fruiteries, mais c'est à
coup sûr les crèmeries qui répandent la puanteur la plus
acidulée, la plus agressive. J'en viens à regretter mes
chiens. Avec la grande meute massacrée, l'horreur gar-
85 dait un certain niveau, et si l'on était choqué, c'était à
hauteur de cœur. Cette fois, c'est à l'estomac qu'on est
atteint, et cette formidable vomissure, ce dégueulis qui
pue jusqu'au ciel est une juste et terrible prophétie de la
bassesse où va tomber Paris, la France sous la poigne de
90 l'occupant.

Michel Tournier, *Les Météores,* éd. Gallimard.

— **Diptyque aux deux parties complémentaires : description et analyse (1-52),
narration d'une scène (53-90),** assurées par un même narrateur souverain.
— **Roman et essai : les jeux du paradoxe et de l'analogie (12, 47). Goût de la
formule (12, 34) et de l'analyse.**
— **Roman et mythe (20, 63, 72). Mais aussi réécriture du texte de Zola *(Le Ventre
de Paris).* Une autre écriture : l'accumulation (25-29) et le goût du concret.**

Après *Les Météores,* Michel Tournier s'écarte du genre romanesque, et propose une autobiographie, un recueil de « contes et récits », un recueil de proses accolées à des photographies. *Le Vent Paraclet* (1977) s'intitule modestement « essai » ; on y voit en effet de classiques souvenirs d'enfance s'enchaîner à un récit de carrière, puis à un traité des œuvres de l'auteur, considérées dans leur genèse et dans leur interprétation. Nous avons là un « art romanesque » de Tournier, proféré toujours avec humour et parfois provocation, et des clefs, trop contraignantes peut-être, pour la lecture de chaque roman. Apparaît ici l'inappétence évidente de l'écrivain à se raconter à la première personne, et à faire œuvre d'autobiographe. La vocation de romancier découle de ce recours nécessaire à des « je » fictifs, ceux des personnages-narrateurs de ses fictions.

Dans la variété des récits, contes et nouvelles qui constituent *Le Coq de bruyère* (1978), se manifeste la souveraineté de Tournier, son efficacité narrative tout particulièrement, et, pour reprendre un terme parfois dévalué, son « métier », un « métier » qui se retourne contre tous les académismes. La plupart de ces « contes » déploient, sur un ton jubilant ou humoristique, des tragédies exemplaires. Ainsi « Tupik », aimable conte pour enfants dans un cadre rassurant de jardin public, met en scène la recherche de l'identité sexuelle chez un petit garçon, et aboutit à une scène de castration. « Tristan Vox » (nouvelle inspirée par la collaboration de Michel Tournier à Europe n° 1 dans les années 1950) voit s'éclater en morceaux l'identité d'un animateur de radio qui n'est plus qu'une voix sans visage. A lire « Le Coq de bruyère », on croit d'abord à un « remake » presque parfait, à une copie presque conforme, des meilleures nouvelles de Maupassant ; mais il s'agit en fait de la découverte du psychosomatique par un colonel de cavalerie, de l'affleurement de l'inconscient sous forme de cécité ou d'apoplexie, des jeux du désir et de la censure. De même « Le Fétichiste », monologue d'un interné, approfondit et justifie la déviance en question, sous la forme d'un théâtre à une voix. Réécrire et détourner les contes les plus classiques et les plus usés, mimer l'oralité (comme dans « L'Aire du muguet ») ou mettre au point l'écriture quasiment acrobatique qui convient au sujet du « Nain Rouge », rajouter une fin dérisoire à *Robinson Crusoé,* il n'est rien que ne réussisse Tournier dans le cadre de la narration brève. On peut se demander si ces textes si divers et si hétéroclites ne sont pas reliés par une interrogation inépuisable sur l'identité (sexuelle en particulier), sur la norme et la déviation, sur l'ordre et la perversion. L'ordre classique de tels écrits véhicule le joyeux désordre d'une inspiration libertaire et subversive.

Des clefs et des serrures (1979), inspiré par le « malin génie qui brouille le peuple nomade des clefs avec la tribu sédentaire des serrures », correspond à une autre vocation de Tournier, celle de photographe, qui, pas plus que celle de philosophe, ne s'est épanouie, mais qui procure à l'écrivain une source de jubilation. Accompagnant, illustrant, examinant soixante chefs-d'œuvre de la photographie mondiale, proposant, à tous les sens du terme, des « légendes », Tournier nous donne pour la photographie l'équivalent des *Voix du silence* de Malraux pour la peinture et la sculpture : un libre jeu de textes et d'images, de la main et de l'œil, de la plume et de l'objectif, — ce musée imaginaire de la photographie mondiale est en somme une exposition, une invention de la culture moderne.

L'un des mérites de Tournier est de renouveler complètement, d'un roman à l'autre, son registre et son univers. Qui aurait prévu que l'auteur d'un *Vendredi* lyrique et païen, d'un *Roi des Aulnes*

sulfureux et quelque peu satanique, des *Météores,* plus rayonnant dans la perversion que dans la sublimation, proposerait avec *Gaspard, Melchior et Balthazar* (1980) une version presque fidèle à l'Évangile, de l'histoire des Rois mages ? La seule continuité avec les livres antérieurs consiste dans le choix d'une réécriture qui prend, ici, comme modèle un texte universellement connu, texte sacré que le (re)scripteur n'a pas l'intention de profaner. Le roman voit se succéder les récits à la première personne de chaque Roi mage, un long discours autobiographique du roi Hérode, un curieux conte pour enfants destiné à divertir le vieil Hérode : « Barbedor » (que Michel Tournier a publié séparément dans une collection pour enfants), — montage un peu sage dans lequel on ne retrouve pas tout à fait la virulence propre à l'auteur, mais parfois, au contraire, les échos de l'*Herodias* de Flaubert ou de l'*Hadrien* de Yourcenar. Par contre, l'invention éclate dans la conception d'un quatrième Roi mage, Taor, venu de l'Inde pour découvrir la recette... du rahat-loukoum à la pistache, et qui passera de la passion gourmande à l'ascèse et à la Passion. Curieux parcours que celui qui mène ce héros — et le livre avec lui — du Bethléem de la Nativité à un Sodome recréé par les voies de la science-fiction, civilisation reconstituée et réhabilitée par le narrateur !

Des diverses déconvenues sentimentales qui ouvrent le roman jusqu'au sacrifice de Taor en passant par la fascination pour les sodomites, à travers une odyssée alimentaire de la confiserie, entre sel et sucre, le roman trace un chemin vers l'*eucharistie* comme *Les Météores* se terminait sur la *sublimation.* Aurions-nous en Tournier un nouveau « romancier chrétien » ? Sans doute, mais les meilleurs des romanciers chrétiens ont toujours fait la part de Satan : piété et perversion s'imbriquent ici un peu trop bien.

Plus que dans ces thèmes ou ces thèses, la marque de Tournier se trouve dans le jeu subtil et souvent discret de l'anachronisme délibéré, assez pour toujours créer une distance ironique, mais point trop, pour éviter tout effet de rupture ou de dérision. Et l'auteur réussit bien ici la gageure, qu'il posait en ces termes, en 1977, dans *Le Vent Paraclet* : « Peut-être le comble de l'art consiste-t-il à créer du nouveau en lui prêtant un air de déjà vu qui rassure et lui donne un retentissement lointain dans l'esprit du lecteur. »

[L'enfer du sel]

Taor, venu des Indes, est arrivé trop tard à Bethléem pour assister à la Nativité. Il a offert aux enfants de plus de deux ans un délicieux goûter tout en sucreries. Pendant le goûter on a entendu les cris des enfants de moins de deux ans, égorgés sur l'ordre d'Hérode : c'est le massacre des Innocents, dont parle l'évangile selon Saint Matthieu.

Lorsque les voyageurs traversèrent le village dans une aube blafarde, un silence brisé par de rares sanglots l'enveloppait. On murmurait que le massacre avait été exécuté par la légion cimmérienne d'Hérode, formation
5 de mercenaires au mufle roux, venus d'un pays de brumes et de neiges, parlant entre eux un idiome indéchiffrable, auxquels le despote réservait ses missions les plus effrayantes. Ils avaient disparu aussi soudainement qu'ils s'étaient abattus sur le village, mais Taor détourna les
10 yeux pour ne pas voir des chiens faméliques laper une flaque de sang qui se coagulait sur le seuil d'une masure.

* Siri, intendant de Taor, pressé de retrouver les bateaux laissés à Eilath.

Siri* insista pour qu'on obliquât vers le sud-est, préférant l'aridité du désert de Juda et des steppes de la mer Morte à la présence des garnisons militaires d'Hébron et de
15 Bersabée par lesquelles passait la voie directe. On ne cessait de descendre, et le terrain était parfois si pentu que les éléphants faisaient crouler des masses de terre grise sous leurs larges pieds. Dès la fin du jour, des roches blanches et granuleuses commencèrent à jalonner la
20 progression des voyageurs. Ils les examinèrent : c'était des blocs de sel. Ils entrèrent dans une maigre forêt d'arbustes blancs, sans feuilles, qui paraissaient couverts de givre. Les branches se cassaient comme de la porcelaine : c'était encore du sel. Enfin le soleil disparaissait
25 derrière eux, quand ils virent dans l'échancrure de deux sommets un fond lointain d'un bleu métallique : la mer Morte. Ils préparaient le camp de la nuit, lorsqu'un brusque coup de vent — comme il s'en produit souvent au crépuscule — rabattit sur eux une puissante odeur de

* Selon la Genèse, Sodome, près de la mer Morte, a été détruite par le soufre et le feu tandis que la femme de Loth était transformée en statue de sel.

* La surface de la mer Morte est à 400 mètres au-dessous de celle de la mer Méditerranée, et à 800 mètres au-dessous de Jérusalem (note de Michel Tournier).

30 soufre et de naphte*.

— A Bethléem, dit sombrement Siri, nous avons franchi la porte de l'Enfer. Depuis, nous ne cessons de nous enfoncer dans l'Empire de Satan*.

Taor n'était ni surpris, ni inquiet. Ou s'il l'était, sa
35 curiosité passionnée l'emportait sur tout sentiment de peur ou d'angoisse. Depuis son départ de Bethléem, il ne cessait de rapprocher et de comparer deux images apparues en même temps, et pourtant violemment opposées :

le massacre des petits enfants et le goûter du jardin des
cèdres. Il avait la conviction qu'une affinité secrète
unissait ces deux scènes, que, dans leur contraste, elles
étaient d'une certaine façon complémentaires, et que, s'il
était parvenu à les superposer, une grande lumière aurait
jailli sur sa propre vie, et même sur le destin du monde.
Des enfants étaient égorgés pendant que d'autres enfants
assis autour d'une table se partageaient des nourritures
succulentes. Il y avait là un paradoxe intolérable, mais
aussi une clef pleine de promesses. Il comprenait bien que
ce qu'il avait vécu cette nuit à Bethléem préparait autre
chose, n'était en somme que la répétition maladroite, et
finalement avortée, d'une autre scène où ces deux extrêmes — repas amical et immolation sanglante — se trou-
veraient confondus. Mais sa méditation ne parvenait pas
à percer l'épaisseur trouble à travers laquelle il entre-
voyait la vérité. Seul un mot surnageait dans son esprit,
un mot mystérieux qu'il avait entendu pour la première
fois depuis peu, mais où il y avait plus d'ombre équivoque
que d'enseignement limpide, le mot *sacrifice**.

* 33 ans plus tard, Taor sera le
premier à recevoir l'eucharistie.

Michel Tournier, *Gaspard, Melchior et Balthazar,*
éd. Gallimard.

— Un récit de « Voyage extraordinaire » (cf. le Tartaret dans *Germinal* ou
J. Verne) suivi du récif d'une quête initiatique, préfiguration de la Passion et de la
Messe (34-58).
— Antinomies : ciel et enfer (1-32), sucre et sel (21-47), végétal et minéral (15-23),
Béthléem et Sodome (31-33) ; le meurtre et la convivialité réconciliés par le mystère
chrétien : en Taor, alternent gourmandise et ascétisme.
— « Faire un roman en ''peplum'' dans lequel on essaie de faire passer tout le
christianisme, c'est une ambition démesurée. » (M. Tournier dans un entretien avec
Gilles Lapouge.)

Choix bibliographique :

J. Giono, *Œuvres romanesques complètes*
(5 vol. parus), Pléiade, Gallimard.
R. Bourneuf, *Giono,* coll. Les critiques de
notre Temps, Garnier.
Revue des Lettres modernes, « Jean
Giono », I, 1974 ; II, 1975.
Magazine littéraire, « Jacques Prévert »,
déc. 1979.
Y. Bridel, *Julien Gracq et la dynamique de
l'imaginaire,* L'Age d'homme.
M. Francis, *L'attente dans l'œuvre roma-
nesque de Julien Gracq,* Nizet.

Julien Gracq, Colloque 1981, Presses de
l'Université d'Angers.
Cahiers de l'Herne, « Julien Gracq »,
1973.
M. Yourcenar, *Les Yeux ouverts* (Entretiens avec Mathieu Galley), Le Centu-
rion.
J. Blot, *Marguerite Yourcenar,* Seghers.
Sur Michel Tournier : G. Deleuze, *Logique du sens,* Minuit.
Magazine littéraire, « Michel Tournier »,
n° 138, 1978.
Sud, « Michel Tournier », 1980.

Jean Dubuffet, Fixer l'instant, *Théâtre de mémoire nº 72, 1978.*

Chapitre III

L'avènement des inventeurs

L'un des traits les plus remarquables des années soixante-dix est sans doute ce que l'on pourrait appeler l'avènement de ceux que nous avions regroupés (*Lit. 45*, chap. 13 à 22) sous le nom d'Inventeurs : la modernité reconnaît et fait reconnaître ses pères. Ces écrivains qui, souvent, n'étaient encore célèbres, dans les années soixante, que dans des cercles restreints, prennent désormais figure de véritables « classiques » dont on édite les œuvres complètes, et les correspondances lorsqu'ils ont disparu, que l'on réédite en éditions de poche, et qui servent de référence presque obligée pour un grand nombre de plus jeunes écrivains. On voit ainsi les recherches sur la poétique s'inspirer de, et rendre hommage à, Jean Paulhan ; divers mouvements d'avant-garde (Tel Quel entre autres) se référer d'abord à Francis Ponge, puis à Artaud et à Bataille ; de jeunes romanciers (Perec, Lainé, Bruckner) vont se placer ouvertement sous le patronage de Raymond Queneau.

La gloire de Céline, on l'a déjà vu, est plus générale, moins liée à un groupe ou à un mouvement. Par les voies conjuguées de l'édition, de la critique et même de l'adaptation théâtrale, l'ex-écrivain maudit a retrouvé progressivement une place de premier plan. Si ses pamphlets antisémites, jamais réédités, conservent un pouvoir de fascination d'autant plus pervers qu'ils sont inaccessibles, il semble qu'on puisse aujourd'hui lire et apprécier les romans de Céline en dehors de toute option idéologique. Ses aberrations, politiques et racistes, ont été replacées dans leur contexte ; ce réexamen du délire célinien est allé de pair avec une diffusion très large de la véritable invention célinienne qu'est son écriture. On n'a pas, depuis 1968, publié de véritable inédit de Céline ; mais une masse de documents (lettres, articles, premiers écrits) permet de mieux cerner la personne et l'art d'un écrivain qui n'a pas encore livré toute sa richesse, puisque, pour trop de lecteurs, il reste l'auteur de ses seuls premiers livres : *Voyage au bout de la nuit* et *Mort à crédit*.

La même mésaventure aurait pu survenir à Raymond **Queneau** avec *Zazie dans le métro*. Mais là aussi, la diffusion de l'œuvre par les éditions de poche et son influence directe sur de nombreux écrivains ont fait que son image ne se réduit pas à celle des bons mots de sa célèbre héroïne. Parce qu'elle se posait les problèmes du roman et du langage, l'œuvre de Queneau demeure et redevient actuelle, et davantage par ses premiers romans que par le dernier, *Le Vol d'Icare* (1968). Ce titre-jeu de mots est celui d'un roman sur les rapports de l'auteur et du personnage ; mais au lieu de traiter sérieusement de ce problème si souvent repris depuis cinquante ans, Queneau s'amuse à composer un roman réduit presque exclusivement aux dialogues. Icare, échappé du manuscrit d'un romancier mondain, devient mécanicien automobile, et finit par découvrir... l'aviation (nous sommes au début de ce siècle) qui lui réservera le destin tragique inscrit dans son trop fameux patronyme. Dans le ton léger de ce roman-bouffe, il y a un côté Apollinaire, l'Apollinaire des *Mamelles de Tirésias* :

> « ICARE
> (chantonnant)
> Sur les fortifs
> Tous les sportifs
> Hommes aux forts tifs
>
> il interrompit son effort, la langue française ne lui fournissant plus comme rime riche qu'abortif et il ne voyait pas le moyen d'insérer ce mot dans sa chansonnette, quoique M. Maîtretout lui ait appris qu'il pouvait fort bien utiliser des rimes moins riches comme rétif, pauvres comme lascif, ou même des assonances comme paraphes ou plus étonnamment encore surprendre avec en fin de vers des mots comme hallebarde et miséricorde. Il s'arrêta pile et se mit à examiner les environs et vit alors des gamins qui jouaient avec un cerf-volant. Cet objet ne figurait pas encore parmi ses expériences ; il s'y intéressa vivement. »

Le Voyage en Grèce (1973) et *Morale élémentaire* (1975), les deux derniers livres publiés par Queneau avant sa mort (1976), confirment que cet inventeur apparaîtra à coup sûr comme l'un des grands classiques de notre siècle. Le premier, recueil d'articles des années trente et quarante, peut être considéré comme un complément à *Bâtons, Chiffres et Lettres.* Queneau s'y révèle un ardent partisan du classicisme, et s'élève contre de nombreux aspects du surréalisme auquel il reproche son goût de l'inachevé, de l'ineffable, son humour noir trop galvaudé, sa poésie réduite à la métaphore et aux « problèmes du langage ». Il ne s'agit pas de refuser la modernité (et Queneau vante Miller, Joyce, Pound) mais de reconnaître l'œuvre véritable parmi les agitations de la mode et des avant-gardes.

Queneau est tout aussi lucide à l'égard de ses propres théories. Dans un article plus récent, il met en doute ses fameuses déclarations (*cf. Lit 45*, p. 385) sur le "troisième français" et constate que le "néo-français" n'a progressé ni dans le langage courant, ni dans l'usage littéraire. Le "français écrit" non seulement s'est

Jean Dubuffet, Hommage à Raymond Queneau, *in « L'Herne », 1975.*

Ph. © L'Herne — Phœb © by A.D.A.G.P. 1982.

maintenu, mais s'est renforcé. On doit en chercher la raison, paradoxalement (ou dialectiquement) dans le développement de la radio et de la TV (des moyens de communication audio-visuels, comme on dit) qui a répandu une certaine manière (plus ou moins) correcte de parler, et qui a appris au locuteur à se surveiller. Ajoutons, de plus, que la naissance ou le progrès de dialectes ou patois locaux peuvent être également étouffés par les moyens audio-visuels et, si les choses persévèrent en l'état où elles sont, il se parlera — du lac Tchad aux rives du Saint-Laurent — une langue française à peu près homogène, un brin écornée, mais ayant, dans l'ensemble, repris, comme on dit, du poil de la bête. »

Face à ces réflexions, on mesurera mieux les réussites de *Morale élémentaire*. Brefs textes où se rejoignent sagesse sereine et méticuleuse expérimentation. Poèmes à la prosodie toute personnelle, proses apparemment plus conventionnelles : toujours l'inattendu des mots vient y éclairer l'épaisseur du vécu. Voici, à titre d'exemple, deux de ces textes :

« Mulet rétif	Papillon voletant	Mouche vitragée
	Destins changeants	
Moucherons hâtifs	Éclairs incisifs	Pollens voyagés
	Destins incertains	
Poussiers vifs	Volcans impulsifs	Rochers convulsifs
	Destins hésitants	
	Les blocs erratiques	
	semés dans la plaine	
	soupirent soupirent	
	bien loin de la chaîne	
	Un mulot qui court	
	ne sait où il va	
	promenant sa peine	
Vents changeants	Nuages incertains	Torrents hésitants
	Lendemains nuageux »	

*

« A onze heures cinquante-neuf minutes comme à vingt-trois heures cinquante-neuf minutes, la fin approche. L'aiguille marche avec précaution vers les ultimes secondes ; à chaque fois, elle fait les mêmes gestes. L'instrument ne comporte pourtant aucun carillon et tout s'effectuera dans le silence. Glissant avec fermeté sur la patinoire gelée du temps, la plus grande atteint son but. Elle ne s'arrête point là et continue sa course, si et seulement si l'animateur a bien remonté le système. On peut alors regarder avec satisfaction le parcours accompli. Pour en arriver là, il aura fallu remuer ciel et terre. »

Après des *Entretiens* (1970) avec Philippe Sollers qui montraient l'intérêt porté par l'avant-garde d'alors à Francis **Ponge**, celui-ci publie l'année suivante *La Fabrique du pré* (1971), dans la collection « Les sentiers de la création », dirigée par l'éditeur Albert Skira et le critique et romancier Gaëtan Picon. Le projet de cette collection, dont les débuts remontent précisément à la fin de 1969, est bien caractéristique d'une façon nouvelle de s'intéresser à la littérature, ou plutôt à l'écriture et aux sources de la création. Obliger l'écrivain à se dévoiler, à se mettre en scène en train d'écrire, lui demander de nous révéler son musée imaginaire, c'est, d'une certaine façon, dénoncer un certain mythe de l'inspiration pour mieux s'attacher au travail de la production. Nul mieux que Ponge ne répondait à cette conception ; comme le dit lui-même dans son prière d'insérer ce « vieux professionnel de la démystification à outrance » : « les sentiers de la création, mes clients en connaissent un bout ». Et il est vrai que pour un lecteur familier de l'œuvre de Ponge, ce nouvel ouvrage n'apporte aucune révélation. Une fois encore, Ponge donne « tous les états » d'un de ses poèmes, ici « le Pré », publié en 1967 dans *Nouveau Recueil*. L'intérêt réside surtout dans le contact visuel, par la photographie, avec l'objet initial, ce pré du Vivarais où le texte du « Pré » commence à s'écrire ; et dans cet autre contact, par le fac-similé, avec les feuilles blanches où s'élabore, retouche après retouche, un texte qui ne sera jamais vraiment définitif.

En 1977, dans *Comment une figue de paroles et pourquoi,* Ponge pousse encore plus loin l'entreprise puisqu'il publie « cette fois, sans la moindre retenue, tout le grand nombre de feuillets qu'il m'avait fallu gâter pour mener à son achèvement (je veux dire à son efficacité) quoi donc ? Quelle espèce d'ouvrage ? ». Peut-on réellement parler des « brouillons » d'un texte ? C'est toute la modernité de Ponge qui se révèle dans ces dossiers (il en a livré d'autres à des revues, par exemple celui de « La Table » en 1981) : en nous faisant participer au travail de l'écriture, il ruine une certaine conception de la littérature comme fruit du hasard et de l'inspiration, il en instaure une autre comme rencontre du sujet et du langage dans un affrontement infini.

La réédition d'un texte ancien longtemps inaccessible peut avoir presque autant d'importance que la publication d'une œuvre nouvelle. C'est ainsi que l'image de Michel **Leiris** s'est trouvée, dans notre période, doublement modifiée : par la réédition, en 1969, sous le titre général de *Mots sans mémoire,* de plusieurs textes rares parus entre 1925 et 1961, presque autant que par la parution de deux livres nouveaux, *Frêle Bruit* (1976), quatrième volume de *La Règle du jeu,* et *Le Ruban au cou d'Olympia* (1981).

Mots sans mémoire est venu rappeler que Leiris est avant tout un poète, un arrangeur de mots. De ce point de vue on retiendra surtout *Glossaire j'y serre mes gloses* qui date de 1939. Le jeu surréaliste de la définition s'y trouve développé sur l'étendue de l'alphabet. La virtuosité de Leiris dans le va-et-vient, aussi drôle qu'il est ingénieux, entre le sens et le son (le signifié et le signifiant) annonce la structure du texte de *La Règle du jeu* en ses meilleurs moments. Voici un passage, emprunté à la lettre D :

« DEMEURE — je meurs de ses murs.
DÉMIURGE — démon rigide, il dirige et rugit ; lucifuge, il délimite les marges.
DÉMOCRATIE — la demi-crotte des assis.
DÉMON — ce qui démonte, et aide à s'émonder.
DÉMORALISÉ — démoli par le sort. Ramolli d'alizés.
DENSITÉ — dents serrées : les pierres de la cité. Dans quel site serons-nous ressuscités ?
DÉPART — je me sépare, dé de hasard.
DÉPRAVÉ — étrave sans entraves, à la dérive, comme une rue dépavée.
DÉSASTRE — satrape terrestre des travaux sans trace, et des arts de détresse.
DESCENDRE — des cendres m'entraînent, vers le centre.
DÉSERT — des haies est-ce heurté ?
DÉSESPOIR — ses spasmes sont le seul douaire auquel a droit l'espèce.
DÉSIR — désert irisé. »

Cette dimension ludique, qui avait peu à peu disparu de *La Règle du jeu* au profit de longues considérations historiques (sur la Chine, sur Cuba), se retrouve dans *Frêle Bruit* qui, s'il renoue par là avec *L'Age d'homme,* apparaît en rupture avec les précédents volumes de *La Règle du jeu.*

Rupture du projet tout d'abord : ce volume marque l'abandon du projet initial de trouver une « règle du jeu » : « L'espoir de trouver ce que je cherche s'est, pour moi, réduit peu à peu à celui de trouver, non pas la chose que je cherche, mais quelle est exactement cette chose que je cherche. A la limite, j'en viendrais presque à me demander si, ne cherchant même plus à savoir quel est l'objet de ma recherche, je ne chercherais pas tout bonnement à chercher, empruntant couloir après couloir, le cœur toujours battant, dans l'attente jamais détendue de la trouvaille... » Que cette règle du jeu n'ait finalement été qu'un alibi, *Le Ruban au cou d'Olympia* le déclare encore plus nettement, où Leiris s'interroge sans fin sur le pourquoi de l'acte d'écrire : « Ce qui me fascine, c'est moins le résultat, le secours qu'en principe j'en attends, que le bricolage même dont le but affiché n'est tout compte fait qu'un prétexte. Au point exact où les choses en sont au-dedans comme au-dehors de moi, quoi d'autre que ce *hobby* pourrait m'empêcher de devenir un Robinson qui, travaux nourriciers expédiés, ne ferait plus que se laisser glisser vers le sommeil, sans même regarder la mer ? » La règle du jeu a servi à lancer l'écriture, celle-ci peut maintenant continuer sur son erre, parole avant de mourir, pour ne pas mourir.

Mais aussi, et surtout, rupture, ou plutôt transformation, de l'écriture elle-même ; à la permanence des thèmes — mal à vivre, érotisme, engagement politique et révolutions manquées, hasards de la vie quotidienne, voyageuse ou casanière, avec ses horreurs et ses merveilles, poésie, modernité, avec un accent mis sur la mort qui n'en finit pas de venir — s'opposent de nouveaux modes d'écriture : Leiris abandonne la longue coulée synthétique des volumes précédents pour les saccades et la variété du fragment. Le tissage serré se défait, l'air circule mieux, le silence reprend ses droits. Poème, notation, récit de rêves ou de rêveries, jeux de mots de tous ordres, dialogue, souvenir, le livre devient une mosaïque correspondant à une nouvelle conception du sujet et à l'image que Leiris entend donner de lui-même. La grande phrase complexe de *Biffures* était encore un masque, un écran protecteur, un de ces « artifices techniques qui, naguère, lui permettaient de se faire — à lui en tout cas — illusion ». A l'ancienne manière "trop léchée", il entend « substituer une manière plus incisive : explosion d'aphorismes, phrases ou petits groupes de phrases qui disent beaucoup en peu de mots ». Il rêve à « la brève phrase inoubliable qui du moins contiendrait — distillé — tout l'essentiel ». Si ce rêve ne sera jamais atteint (il s'en était peut-être approché dans le *Glossaire,* précisément), il prend conscience que le fragment, en ses différents modes, rend mieux compte de l'impossibilité du sujet à se réunifier : « Cet essai pluriel où j'essaie et réessaie, m'armant de multiples clés et secouant de multiples portes. Trier, caresser, marier les mots ; parfois, les dépiauter, les tordre, les casser. Ni coquetterie, ni dérision, mais façon — il va sans dire, illusoire — d'amadouer, tourner ou briser une fatalité. »

Dans *Le Ruban,* l'éparpillement des fragments est équilibré par le retour du

© by éd. Gallimard, 1969 — Photeb.

« *Le roc dans l'urne dans le cercle vicieux dans le mur raviné dans la double ÉCHELLE* », calligramme extrait de Mots sans mémoire *de M. Leiris, éd. Gallimard, 1969.*

refrain que constitue la description du tableau de Manet auquel Leiris revient sans cesse, fasciné qu'il est par ce noir ruban, signe érotique autant que décisif trait d'écriture. Mais ce principe unificateur ne fait qu'accentuer le pathétique de l'entreprise : « Moi qui écris moins pour regarder le mal en face et dessiller les yeux d'autrui que pour me délivrer de mon enfer personnel et, affamé d'euphorie, cherche par-dessus tout à faire flamber quelques allumettes afin d'échapper à ma terreur d'enfant mis au cabinet noir ! » Cette foi de Leiris, même limitée, en l'œuvre d'art qui « continue de signifier quelque chose même quand la mort est là », c'est elle qui le pousse à continuer à écrire :

« Ruban dont le charme s'exerce là où votre gorge se serre.

Ruban qu'il faut rouler et dérouler pour, de fil en aiguille... »

[Le nom de Nietzsche]

Début d'un fragment sans titre. Dans le fragment précédent, il était question de Venise, du musée de la Scala et de Verdi. D'où peut-être cette attaque sur l'*Othello* de Verdi.

« E poi... La Morte è Nulla », chante Iago vers la fin de son fameux *Credo* annoncé, puis relancé, par de rauques et fulminants éclats orchestraux. Deux mots en demi-teinte, la voix comme dans l'expectative, avant
5 l'explosion sarcastique des quatre mots fortement scandés, émis quasi *parlando*.

La Mort et Rien. Tout est nul. Était-ce cela que pensaient les nihilistes dans la Russie du siècle dernier, celle du knout, des cosaques à toque d'astrakan, des exilés

* Roman de Tolstoï.

10 en Sibérie et de *Résurrection* ?*

Nietzsche. Son nom évoque un bruit de tisons qui s'affaissent entre des chenêts, de fagots qu'on entasse pour dresser un bûcher ou de torche qu'on éteint dans l'eau ; peut-être aussi de feuilles sèches sur lesquelles on
15 marche, d'allumette qu'on frotte et qui s'enflamme pour une brève illumination ou encore de jet de vapeur lancé par une locomotive de repos.

* Rien, en russe.

Comme *nitchevo**, le nom de Nietzsche fait songer à une table rase d'un ordre assez particulier : celle, crépus-

* La mort de ce tyran assyrien, légendaire, est le sujet d'un célèbre tableau de Delacroix.

20 culaire, dont Sardanapale* devait rêver en mourant dans son palais incendié, rempli de nourritures éparses et de femmes dont les nudités splendides se convulsaient, tachées, suantes, échevelées, quelques-unes déchaînées, la plupart abruties par le vin ; celle, inverse, à quoi tendait le
25 geste austère des jeteurs de bombes, pour qui (on peut le supputer) faire table rase n'était ni s'engloutir dans la catastrophe avec tout ce qu'on possède, ni faire le vide en soi-même pour que la raison mène librement son jeu, mais procéder à une totale mise à ras, afin qu'il ne reste pas
30 pierre sur pierre et que la place soit nette pour tout recommencer.

Nietzsche. Son nom de feu et d'eau — fléaux conjugués pour la chute de Ninive * comme pour celle du Walhalla* — semble marquer son rang à part, dans cette fin de siècle où s'ébrouaient tant de représentants fins ou grossiers de l'homme sans dieu : les décadents, qu'on est enclin à supposer fragiles, se tenant de guingois, peut-être les yeux mi-clos et la tête légèrement penchée ou renversée ; les blasés, que la norme voulait neurasthéniques ou poitrinaires ; les viveurs, menacés par la syphilis, la congestion cérébrale et le gâtisme.

Nietzsche, et cette nietzschéenne dont j'ignore où, quand, comment, pourquoi je l'ai pêchée, mais qui prend corps dès que j'ai prononcé le mot dont « nietzschéen » — de même coupe que « manichéen » — n'est que le pendant masculin, inapte, lui, à s'épaissir en une figure, même aussi peu définie que celle-ci, insuffisamment remémorée, si ce n'est chaque fois inventée et modelée à l'aveuglette, sur l'injonction du mot.

* Capitale de l'Assyrie ancienne.
* Dans la mythologie germanique c'est le séjour des guerriers morts au combat.

Michel Leiris, *Frêle Bruit,* éd. Gallimard.

— **Jeux de sens et de mots : attention aux mots, à leurs sonorités (11, 18), à leurs sens, à leurs connotations (8, 19, 36).**
— **Comme une anthologie des thèmes chers à Leiris : le recommencement, la mort, la révolution, l'opéra, l'érotisme, le sacré.**
— **« L'autobiographie de Leiris est peut-être la première à être délibérément et entièrement écrite comme un poème, narration et discours étant subordonnés à une construction poétique. » (Ph. Lejeune, *Lire Leiris.*)**

Comme celle de Leiris, l'œuvre de **Michaux** se poursuit en se transformant. Son œuvre graphique est célébrée dans une grande rétrospective au centre Beaubourg en 1978. Toute une partie de son activité tend à abolir la frontière qui sépare l'écrit du peint ou du dessiné. Si *Émergence résurgence* (1972, coll. Les sentiers de la création) est une réflexion assez classique sur son expérience picturale, *Par la voie des rythmes* (1974) constitue une expérience bien plus provocante : l'écrivain et le dessinateur se confondent pour proposer des récits en images, qui ne sont pas sans rappeler la calligraphie orientale avec l'humour en plus, ou les pictogrammes de Queneau (cf. *Lit. 45,* p. 386) avec la poésie et le mystère en plus. Ces dessins vivent d'une vie mystérieuse dont aucune glose ne

saurait rendre compte : ne renvoyant qu'à eux-mêmes, ils ne racontent rien qu'eux-mêmes. Dans *Saisir* (1979), où se mêlent textes et dessins, Michaux assigne à ces derniers valeur, sinon de représentation, du moins de traduction : « Qui n'a voulu saisir plus, saisir mieux, saisir autrement ; et les êtres, et les choses, pas avec des mots, ni avec des phonèmes, ni des onomatopées, mais avec des signes graphiques. » Il rêve d'une écriture autre, outre, à la fois universelle et secrète, mais doit — pour l'instant — se contenter du rapport qui s'établit entre son texte et son dessin, aussi fascinants l'un que l'autre (on souhaiterait que ces livres soient accessibles à un large public, mais on sait que Michaux, comme Gracq, s'oppose à la diffusion de son œuvre en éditions de poche).

Le texte de Michaux peut « saisir » l'œuvre d'un autre que lui-même, que ce soit un peintre célèbre ou un anonyme. Dans *En rêvant à partir de peintures énigmatiques* (1972), il décrit, il écrit, quelques-uns des tableaux de son compatriote — en Belgique et en étrangeté — René Magritte. Dans *Les Ravagés*[1] (1976), des « peintures d'aliénés, hommes et femmes en difficulté qui ne purent surmonter l'insurmontable. Internés la plupart. Avec leur problème secret, diffus, cent fois découvert, caché pourtant, ils livrent avant tout et d'emblée leur énorme, indicible malaise. » Les commentaires de Michaux sont autant de poèmes poignants, encore plus terrifiants d'être publiés (comme c'est aussi le cas, pour le livre sur Magritte) sans les reproductions de ces œuvres : rarement la parenté de l'artiste et du fou aura été évoquée de manière aussi aiguë, aussi troublante que dans ces pages où Michaux s'efforce de reconstituer en toute sympathie le trajet créateur de ces « exclus ».

1. Repris dans *Chemins cherchés Chemins perdus Transgressions* (1981).

[Un de ces êtres du tout ou rien]

En exergue au livre, Michaux a écrit : « Se montrant, ils se cachent/se cachant, ils se montrent. »

Apathique, sans pouvoir sur les dehors, un de ces êtres du tout ou rien. Ce sera le rien. Il aurait quand même dû s'approprier quelques armes, du savoir par exemple, ou un petit savoir-faire. Avec ce peu de cartes qu'il a,
5 d'avance la partie était perdue, ou terriblement difficile. Il refusa donc la partie.

Maintenant paria et paria qui ne peut revenir à la surface. Le tampon qui l'en empêche, qui le plus l'empêche n'est pas montré, ou à peine et aussitôt déguisé.
10   Le dessin qu'il fait, qu'il va faire, n'importe par où il le commence et par où il le reprend, s'achève dans l'inextricable. Si considérables en effet que soient les formes animales ou humaines représentées au début, elles partent en fragments, qui à leur tour, jambes ou pattes ou poitrail
15 ou menton ou mamelles, se prolongent et s'achèvent en rameaux, et ces rameaux en fibres ou fils.

Prises et ficelées par les lassos de lignes sans fin, les représentations premières ont disparu totalement.

Ainsi l'intransmissible ne sera pas trahi.
20   Pourtant le doute, la méfiance reprend. Et le dessin.

Fils et fibres à présent se continuent en écriture, sur laquelle il revient, la faisant plus fine, toujours plus fine, la recouvrant, la traversant de manière qu'elle puisse vraiment échapper à tout déchiffrement. A l'abri donc, lui
25 et ses secrets, qu'enfin il peut exprimer librement, en mots aux lettres diminuées et aplaties où il se terre, et où ses propos s'enfoncent. Une indéchiffrabilité seconde a été ainsi réalisée qui ne manquera pas de lasser la patience des espions qui voudraient le saisir, le « retenir ».

. . . .

Voire. Plus tard le dessin déjà défiguré multiplement sera déchiré en infinis fragments, ensuite dispersés en des lieux éloignés. C'est plus sûr.

Henri Michaux, *Les Ravagés,* éd. Fata Morgana.

— **Compte rendu objectif d'une observation : le personnage, le dessin, l'écriture, la destruction.**

— **Recréation subjective, de l'intérieur, du sentiment d'exclusion et d'angoisse (7-9, 20). La durée (jeu des temps et des formes nominales). Chocs visuels recréés par l'ordre des mots (8, 10) et des rythmes changeants (2, 10-18, 31).**

— **On pense bien sûr à Artaud, utilisant le dessin aussi bien que l'écriture pour crier sa « folie », mais aussi à Michaux lui-même : « Jusqu'au seuil de l'adolescence, il formait une boule hermétique et suffisante, un univers dense et personnel et trouble où n'entrait rien, ni parents, ni affection, ni aucun objet... Il s'en tenait à son minimum. » (H. Michaux.)**

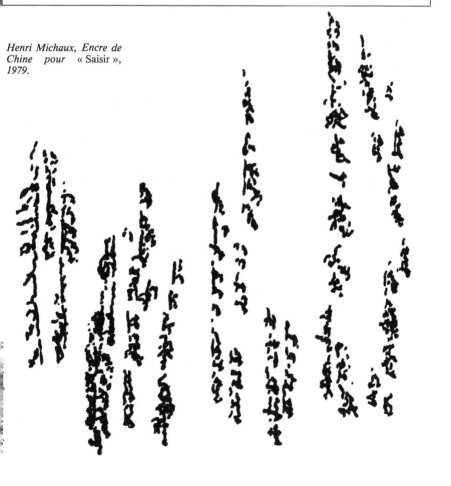

Henri Michaux, Encre de Chine pour « Saisir », 1979.

Sur le versant purement littéraire de l'œuvre de Michaux, on trouve (parmi de nombreuses plaquettes, souvent difficiles d'accès, dont on signalera les plus récentes : *Voie pour l'insubordination,* 1980, et *Affrontements,* 1981, qui frayent des voies toujours nouvelles) trois ouvrages dont chacun aborde une contrée différente. Dans *Façons d'endormi, façons d'éveillé* (1969), c'est le pays du rêve, source inépuisable de contours insolites. Le second, *Face à ce qui se dérobe* (recueil de 1975), rassemble un certain nombre de textes disparates dont le point commun est de rapporter des expériences d'exploration. Que ce soit, comme dans « Bras cassé » la découverte, à l'occasion d'une fracture du bras, d'un nouvel espace, le « gauche » en lui, ou bien de nouvelles expériences de drogues, comme dans « Relations avec les apparitions », Michaux se montre constamment à l'affût de ce qui permet d'échapper à la logique et à l'habitude.

Avec *Poteaux d'angle* (1981), c'est encore un autre Michaux. La voix qui se fait entendre dans ces fragments adopte un ton plus assuré ; ce n'est plus le temps de l'épreuve ou de l'expérience, mais celui de la leçon, presque de la sagesse. Mais rien de rassurant dans cette sagesse, plutôt l'incitation à davantage d'inquiétude et d'efforts, à davantage de lucidité pour approfondir la différence et la marginalité. On a bien sûr envie de rapprocher cette conception de certaines techniques orientales où les maîtres, en guise de réponse aux questions de leurs disciples, leur donnent... des coups de bâton. Que le fragment ait la brièveté de la maxime ou qu'il se développe en récits plus soutenus, jamais Michaux ne continue sur sa lancée : pour secouer son lecteur, il joue de la surprise. L'inventeur Michaux ne cesse de se réinventer, sa recherche est une constante rupture qui l'amène à critiquer la notion même de style :

« Le style, cette commodité à se camper et à camper le monde, serait l'homme ? Cette suspecte acquisition dont, à l'écrivain qui s'en réjouit, on fait compliment ? Son prétendu don va coller à lui, le sclérosant sourdement. Style : signe (mauvais) de la *distance inchangée* (mais qui eût pu, eût dû changer), la distance où à tort il demeure et se maintient vis-à-vis de son être et des choses et des personnes. Bloqué ! Il s'était précipité dans son style (ou l'avait cherché laborieusement). Pour une vie d'emprunt, il a lâché sa totalité, sa possibilité de changement, de mutation. Pas de quoi être fier. Style qui deviendra manque de courage, manque d'ouverture, de réouverture : en somme une infirmité.

Tâche d'en sortir. Va suffisamment loin en toi pour que ton style ne puisse plus suivre. »

[Skieur au fond d'un puits]

Dans le fragment précédent : « Dans un pays sans eau, que faire de la soif ? De la fierté. Si le peuple en est capable. »

Toujours il demeurera quelques faits sur lesquels une intelligence même révoltée saura, pour se tranquilliser elle-même, faire de secrets et sages alignements, petits et rassurants.

5   Cherche donc, cherche et tâche de détecter au moins quelques-uns de ces alignements qui, sous-jacents, à tort t'apaisent.

Quoi qu'il t'arrive, ne te laisse jamais aller — faute suprême — à te croire maître, même pas un maître à mal 10 penser. Il te reste beaucoup à faire, énormément, presque tout. La mort cueillera un fruit encore vert.

Skieur au fond d'un puits.

... Bêtes pour avoir été intelligents trop tôt. Toi, ne te hâte pas vers l'adaptation. Toujours garde en réserve de l'inadaptation.

Les hommes, tu ne les as jamais pénétrés. Tu ne les as pas non plus véritablement observés, ni non plus aimés ou détestés à fond. Tu les as feuilletés. Accepte donc que, par eux semblablement feuilleté, toi aussi tu ne sois que feuillets, quelques feuillets.

Il faut un obstacle nouveau pour un savoir nouveau. Veille périodiquement à te susciter des obstacles, obstacles pour lesquels tu vas devoir trouver une parade... et une nouvelle intelligence.

Pour chaque époque à venir, compte sur une sottise de rechange. Il est rare qu'elle manque et qu'il ne se trouve pas dans l'époque nouvelle une sottise qui lui devienne propre. Tu ne risques pas de te tromper longtemps.

Henri Michaux, *Poteaux d'angle,* éd. Gallimard.

— **L'opposition bêtise/intelligence unifie cette suite de fragments (9, 13, 24, 27).** Pensée par maximes mais surtout par images (6, 12, 18).
— Une « règle du jeu » : la Voix s'adresse au lecteur mais surtout à elle-même, et refuse le statut de Maître (8-11, 15). Malgré des ressemblances formelles, on est loin du Saint-Exupéry de *Citadelle.*
— **Esthétique du manque :** « Des critiques examinent les mots les plus fréquents dans un livre et les comptent ! Cherchez plutôt les mots que l'auteur a évités, dont il était tout près, ou décidément éloigné, étranger, ou dont il avait la pudeur, tandis que les autres en manquent. » (H. Michaux, *Poteaux d'angle.*)

Que **Beckett** écrivain de théâtre soit devenu l'un des classiques de notre temps, la chose est évidente. Ses pièces sont aussi bien jouées à la Comédie-Française que reprises et interprétées par de jeunes troupes qui y découvrent des aspects toujours neufs, tandis que Madeleine Renaud, éternellement, joue *Oh les beaux jours.* Pour fêter les soixante-quinze ans de Beckett, la rentrée théâtrale de l'automne 1981 lui est en grande partie consacrée, consécration des plus officielles.

La prose de Beckett est demeurée, elle, plus méconnue, même si la marque de l'auteur de *L'Innommable* et de *Comment c'est* se laisse clairement reconnaître dans les secteurs les plus vivants des recherches d'écriture (écriture textuelle, écritures féminines). Ces références aux œuvres des années cinquante ou soixante ne doivent pas faire oublier que, dans le silence et presque l'indifférence générale, l'œuvre de Becket continue de s'inventer, prenant parfois des itinéraires surprenants (dus dans certains cas à la parution retardée de textes publiés d'abord en anglais). Le début de notre période voit d'abord paraître deux livres anciens, restés jusque-là inédits en français : *Premier Amour* n'offre pas d'intérêt majeur ; il n'en va pas de même avec *Mercier et Camier,* roman dialogué où se devine déjà *En attendant Godot.*

L'écriture du *Dépeupleur* (1970) peut sembler « en retrait » par rapport à celle de *Comment c'est* et des textes suivants. Le récit est confié à un anachronique narrateur omniscient dont le regard sans chaleur observe l'agitation désordonnée d'animaux étranges : deux cents corps des deux sexes, de tous âges, du bambin au vieillard, occupés à dresser des échelles à l'intérieur d'un cylindre pour trouver une issue qui n'existe pas. Ce narrateur, parce qu'il est « dans le secret des dieux », va dégager peu à peu les lois du désordre. Son rapport procède par approximations successives, par expansion, l'un après l'autre, des éléments qui forment la première phrase du livre : « Séjour où des corps vont cherchant chacun son dépeupleur. »

Comme les précédents, mais peut-être encore plus clairement, ce livre s'offre à une triple lecture : le nouvel enfer qu'il nous décrit est celui de chaque existence, mais c'est aussi celui de notre époque et c'est également celui de l'humanité tout au long de son histoire. Le cylindre creusé de niches, tel un de ces colombiers circulaires de la Renaissance, fait songer en même temps à un columbarium truffé de ses urnes funéraires, mais il dit tout aussi bien les cachots superposés de l'univers concentrationnaire d'où nous contemplent des regards éteints.

S'exprimant par simples notations — « Lumière. Sa faiblesse. Son jaune » — ou bien par phrases complexes, d'analyse ou de démonstration, la voix qui parle connaît tous les trucs, elle est revenue de tout. Voix d'un observateur détaché qui ne développe que quelques-unes de ses notes. L'horreur et l'angoisse en sont comme aseptisées : sur ces murs de caoutchouc, « les coups de tête et les coups de poing » ne laissent pas de traces. Humour

sombre d'un vieux guide blasé qui ferait visiter un camp de concentration désaffecté. La narration à la troisième personne, plus neutre, figure la distance qui, au théâtre, sépare le spectateur de la scène : de la prose au théâtre, puis du théâtre à la prose, l'œuvre de Beckett constitue un organisme autonome qui ne cesse de croître.

Ce *Dépeupleur* avait pu laisser croire que Beckett allait en revenir à des textes plus longs. Mais les années suivantes voient paraître une série de plaquettes qui toutes ont un même caractère de fulgurante brièveté. Fragments plus anciens ou plus récents (*Pour finir encore,* 1976), poèmes (*Poèmes,* 1978), textes pour le théâtre (*Pas moi,* 1975 ; *Pas,* 1977) : c'est de nouveau l'univers figé, mourant de *Têtes mortes* et de *Sans.* Mais l'écriture de Beckett poursuit, elle, son avancée : travail de plus en plus proche du travail du musicien, sur une matière verbale de plus en plus réduite : « Et rêve d'un parcours par un espace sans ici ni ailleurs où jamais n'approcheront ni n'éloigneront de rien tous les pas de la terre. Que non car pour finir encore peu à peu comme au commutateur le noir s'y refait enfin ce certain noir que seule peut certaine cendre. Par elle qui sait une fin encore sous un ciel même noir sans nuages elle terre et ciel d'une fin dernière si jamais il devait y en avoir une s'il le fallait absolument. » *(Pour finir encore)* Ou bien, en plus concis encore, ces poèmes que Beckett nomme des « mirlitonnades » :

> « silence tel que ce qui fut
> avant jamais ne sera plus
> par le murmure déchiré
> d'une parole sans passé
> d'avoir trop dit n'en pouvant plus
> jurant de ne se taire plus »

Les derniers livres de Beckett semblent emprunter une voie différente, surtout *Compagnie* (1980), texte plus long, texte « autobiographique » où l'écrivain reprend à son compte la situation qui était par exemple celle de Molloy : un Je obligé de parler à l'injonction d'un autre, d'un Il. C'est la situation même de l'être et de l'écrivain qui est ainsi mise en scène : le Je est celui-là même qui écrit ce texte, et l'Autre est la Voix, voix du Père et de la Mère, langage avec une Histoire, qui fonde le Je en tant que tel, met en place le système des pronoms personnels, c'est-à-dire tout le rapport au monde à travers la structure d'une langue. Les souvenirs ne sont pas évoqués, bien évidemment, pour leur valeur pittoresque mais parce qu'ils jalonnent l'histoire du Je, histoire d'une gêne et d'un sentiment d'étrangeté toujours croissants, qui répète toute l'évolution de l'œuvre de Beckett : le bébé qui rampe redit les créatures de *Comment c'est,* mais il est aussi le vieillard rampant vers une mort inéluctable, cette mort qui ne viendra jamais.

[Une voix égrène un passé]

Une voix parvient à quelqu'un dans le noir. Imaginer.   Début du livre.

Une voix parvient à quelqu'un sur le dos dans le noir. Le dos pour ne nommer que lui le lui dit et la façon dont change le noir quand il rouvre les yeux et encore quand il les referme. Seule peut se vérifier une infime partie de ce qui se dit. Comme par exemple lorsqu'il entend, Tu es sur le dos dans le noir. Là il ne peut qu'admettre ce qui se dit. Mais de loin la majeure partie de ce qui se dit ne peut se vérifier. Comme par exemple lorsqu'il entend, Tu vis le jour tel et tel jour. Il arrive que les deux se combinent comme par exemple, Tu vis le jour tel et tel jour et maintenant tu es sur le dos dans le noir. Stratagème peut-être visant à faire rejaillir sur l'un l'irréfutabilité de l'autre. Voilà donc la proposition. A quelqu'un sur le dos dans le noir une voix égrène un passé. Question aussi par moments d'un présent et plus rarement d'un avenir. Comme par exemple, Tu finiras tel que tu es. Et dans un autre noir ou dans le même un autre. Imaginant le tout pour se tenir compagnie. Vite motus.

L'emploi de la deuxième personne est le fait de la voix. Celui de la troisième celui de l'autre. Si lui pouvait parler à qui et de qui parle la voix il y aurait une troisième. Mais il ne le peut pas. Il ne le fera pas. Tu ne le peux pas. Tu ne le feras pas.

A part la voix et le faible bruit de son souffle nul bruit. Du moins qu'il puisse entendre. Le faible bruit de son souffle le lui dit.

Quoique maintenant moins que jamais porté sur les questions il ne peut parfois que se poser celle de savoir si c'est bien à lui et de lui que parle la voix. Ne surpren-

drait-il pas une communication destinée à un autre ? S'il est seul sur le dos dans le noir pourquoi la voix ne le dit-elle pas ? Pourquoi ne dit-elle jamais par exemple, Tu vis le jour tel et tel jour et maintenant tu es seul sur le dos dans
35 le noir ? Pourquoi ? Peut-être à seule fin de faire naître dans son esprit ce vague sentiment d'incertitude et de gêne.

Ton esprit de tout temps peu actif l'est maintenant moins que jamais. C'est là le genre d'assertion qu'il admet
40 volontiers. Tu es né tel et tel jour et ton esprit de tout temps peu actif l'est maintenant moins que jamais. Il faut cependant comme contribution à la compagnie une certaine activité d'esprit si faible soit-elle. C'est pourquoi la voix ne dit pas, Tu es sur le dos dans le noir et ton esprit
45 n'a aucune activité d'aucune sorte. La voix à elle seule tient compagnie mais insuffisamment. Son effet sur l'entendeur est un complément nécessaire. Ne serait-ce que sous la forme du vague sentiment d'incertitude et de gêne susmentionné. Mais même mise à part la question de
50 compagnie il est évident qu'un tel effet s'impose. Car s'il devait seulement entendre la voix et qu'elle n'ait pas plus d'effet sur lui qu'une parole en bantou* ou en erse* ne ferait-elle pas aussi bien de se taire ? A moins qu'elle ne vise en tant que bruit à l'état pur à mettre au supplice un
55 affamé de silence. Ou évidemment comme précédemment conjecturé qu'elle ne soit destinée à un autre.

Petit garçon tu sors de la boucherie-charcuterie Connolly en tenant la main de ta mère. Vous prenez à droite et avancez en silence sur la grand-route vers le sud.
60 Au bout d'une centaine de pas vous virez vers l'intérieur et entamez la longue montée menant à la maison. Vous progressez en silence dans l'air tiède et calme de l'été. Il tard dans l'après-midi et au bout d'une centaine de pas le soleil apparaît au-dessus de la crête. Levant les yeux au
65 ciel d'azur et ensuite au visage de ta mère tu romps le silence en lui demandant s'il n'est pas en réalité beaucoup plus éloigné qu'il n'en a l'air. Le ciel s'entend. Le ciel d'azur. Ne recevant pas de réponse tu reformules mentalement ta question et une centaine de pas plus loin lèves à
70 nouveau les yeux à son visage et lui demandes s'il n'a pas l'air beaucoup moins éloigné qu'il ne l'est en réalité. Pour une raison que tu n'as jamais pu t'expliquer cette question dut l'exaspérer. Car elle envoya valser ta petite main et te fit une réponse blessante inoubliable.

Samuel Beckett, *Compagnie,* éd. de Minuit.

* Langue africaine.
* Langage gaélique parlé en Écosse.

— Mise en route du texte par expansion : proposition (§ 1, § 4) et commentaire (§ 2, 3, etc.) jusqu'au souvenir (§ 7). Avancée par reprises, redites, hypothèses : « ça parle » malgré le refus de constitution de la personne (28-56). Vers le texte autobiographique (15-19, 57-74).

— « *Il* peut être une infinité de sujets — ou aucun. C'est pourquoi le ''Je est un autre'' de Rimbaud fournit l'expression typique de ce qui est proprement l'aliénation mentale, où le moi est dépossédé de son identité constitutive ». (E. Benveniste.)

Dans *Compagnie,* Beckett avait repris la manière assez neutre du *Dépeupleur* : écriture sèche, rapide, phrase rarement disloquée. Dans son plus récent livre *Mal vu mal dit* (1981), par contre, il poursuit son travail de désarticulation expressive : le « mal dit » est un dire qui ne se soucie ni de correction ni d'élégance mais qui aboutit à de frappantes formules : « Larmes. Dernier exemple devant sa porte la dalle qu'à force à force son petit poids a creusé. Larmes. » Ce n'est plus la coulée engluée de *Comment c'est* mais une formulation elliptique, comme concassée : sans cesse la phrase semble frappée de paralysie, puis redémarre pour, épuisée, s'immobiliser. Que dit ce texte ? Toujours la même histoire, celle de la fin d'une très ancienne créature ; cette fois, la représentation appelle à la rescousse un paysage très symbolique : « enceinte vaguement circulaire » avec douze hommes (les douze heures ?), et une demeure autour d'un personnage de vieille qui, peu à peu, restreint ses déplacements et s'en va vers l'immobilité. Aucune « surprise » donc pour le lecteur, mais une grande admiration pour cet artiste qui, une fois de plus, s'attaque à son thème d'élection pour en donner une nouvelle version, peut-être encore plus pathétique dans sa retenue et sa vigueur. Comme s'il devait continuer, pour réussir un jour, à bien dire ce qui ne peut que se mal voir : la vie face à la mort.

[Jusqu'à plus trace]

Pleins yeux sur le visage sans cesse présent lors du récent futur*. Tel sans cesse mal vu ni plus ni moins. Moins ! Accolé à son plâtre* il vit sans conteste. Ne fût-ce qu'au vu de ce qu'a d'inachevé sa blancheur. Et de l'insensible frémissement au regard du vrai minéral. Motif d'encouragement en revanche les paupières obstinément closes. Sans doute un record dans cette position. Du moins du pas encore vu. Soudain le regard. Sans que rien ait bougé. Regard ? C'est trop peu dire. Trop mal. Son absence ? Non moins. Indicible globe. Insoutenable.

Largement le temps néanmoins deux trois secondes pour que l'iris manque tout à fait comme englouti par la pupille. Et que la sclérotique pour ne pas dire le blanc se

Fin du livre. Le texte s'est peu à peu concentré sur « l'inscrutable visage » de la vieille femme dans sa cabane, à la fin de son existence : « Elle finira par ne plus être. »

* Juste avant il a été dit « Et s'exhalera le soupir ce ne fut donc que ça ».

* Celui de la cabane.

voie réduite de moitié. Déjà ça en moins au moins mais
15 quel prix. A prévoir très bientôt sauf imprévu deux
gouffres noirs pour toutes lunettes de l'âme ces chiottes.

* Les fenêtres.

Réapparition ici des oculi* inutilement opaques désormais. Vu la nuit noire ou mieux le noir tout court que
translucides ils verseraient. Vrai noir où à la fin ne plus
20 avoir à voir.

Absence meilleur des biens et cependant. Illumination
donc repartir cette fois pour toujours et au retour plus
trace. A la surface. De l'illusion. Et si par malheur encore
repartir pour toujours encore. Ainsi de suite. Jusqu'à plus
25 trace. A la surface. Au lieu de s'acharner sur place. Sur
telle et telle trace. Encore faut-il le pouvoir. Pouvoir
s'arracher aux traces. De l'illusion. Vite des fois que
soudain oui adieu à tout hasard. Au visage tout au moins.
D'elle tenace trace.

30 Parti pas plus tôt pris ou plutôt bien plus tard que
comment dire ? Comment pour en finir enfin une dernière
fois mal dire ? Qu'annulé. Non mais lentement se dissipe
un peu très peu telle une dernière traînée de jour quand le
rideau se referme. Piane-piane tout seul où mû d'une main
35 fantôme millimètre par millimètre se referme. Adieu
adieux. Puis noir parfait avant-glas tout bas adorable son
top départ de l'arrivée. Première dernière seconde. Pourvu
qu'il en reste encore assez pour tout dévorer. Goulûment
seconde par seconde. Ciel terre et tout le bataclan. Plus
40 miette de charogne nulle part. Léchées babines baste.
Non. Encore une seconde. Rien qu'une. Le temps d'aspi-
rer ce vide. Connaître le bonheur.

Samuel Beckett, *Mal vu mal dit,* éd. de Minuit.

— **Vers l'infinitif final, jeu du présent et du futur. La fin comme bonheur (19-20, 31). Plaisir des jeux de mots (17, 29, 40).**

— **Le point comme seule ponctuation. Au lecteur de dire ce texte selon son rythme profond. La reprise, la rature (9, 13) ou la phrase inachevée.**

— **« La lecture d'un tel texte exige une attention constante à la présence maintenue de l'écrivain. Il faut s'astreindre à regarder Beckett écrire comme jadis au cinéma nous avons regardé Picasso peindre. » (J.-J. Mayoux.)**

A ces inventeurs déjà recensés (Maurice Blanchot, autre inventeur, figure dans le chapitre sur « l'écriture fragmentaire », dans la troisième partie), il convient, pensons-nous, d'adjoindre Jean **Genet.** Non pas tant l'écrivain de théâtre qui n'a rien donné pour la scène depuis *Les Paravents* (1966), que le Genet romancier. Entre 1975 et 1981 on réédite en éditions de poche les quatre récits de Jean Genet parus confidentiellement entre 1944 et 1947 et entourés, à l'époque, d'un fort parfum de scandale provoqué autant par les thèmes traités que par la personne de l'auteur. *Notre-Dame-des-Fleurs, Miracle de la rose, Pompes funèbres* et *Querelle de Brest* avaient, en 1951 et 1953, été republiés par un grand éditeur, sous la caution de Sartre (*Saint-Genet comédien et martyr,* premier volume des « Œuvres complètes » de Genet, 1952). Mais cette formule des « Œuvres complètes » n'était pas la meilleure possible pour faire découvrir ces textes. La publication récente en édition beaucoup plus accessible permet à un plus large public de se rendre compte que Genet avait effectivement « inventé » une pratique du récit à la première personne très révolutionnaire.

Sartre, à leur propos, a parlé de « faux romans ». Il vaudrait peut-être mieux les considérer comme des « naissances du roman ». Genet raconte à la fois une histoire, c'est-à-dire un fantasme, et les origines de ce fantasme. Le véritable personnage est le Je du Narrateur qui est aussi celui de l'écrivain. Ainsi, dans *Notre-Dame-des-Fleurs* (le premier et le plus significatif), le prisonnier (le Je de Genet) s'invente un monde romanesque à partir de fragments prélevés sur sa réalité de prisonnier (coupures de journaux, photos de criminels) : « Mes héros, ce sont eux, collés au mur, eux et moi qui suis là, bouclé. Au fur et à mesure que vous lirez, les personnages [...] tomberont du mur sur mes pages comme feuilles mortes pour fumer mon récit. »

Presque naïvement, Genet résout à sa façon la fameuse « crise du roman » en combinant les éléments du roman proustien (une écriture du Je) et ceux du roman

gidien (roman et journal du roman en train de se faire).

Son réalisme sera donc bien particulier qui renvoie au seul désir du créateur : « Ne criez pas à l'invraisemblance. Ce qui va suivre est faux et personne n'est tenu de l'accepter pour argent comptant. La vérité n'est pas mon fait. Mais "il faut mentir pour être vrai". Et même aller au-delà. De quelle vérité veux-je parler ? S'il est bien vrai que je suis un prisonnier, qui joue (qui se joue) des scènes de la vie intérieure, vous n'exigerez rien d'autre qu'un jeu. » Les héros et leurs aventures obéissent donc au seul bon plaisir de Genet, le prisonnier-écrivain. Leur caractère répétitif, loin d'être la marque d'une pauvreté d'invention, vient de la force du fantasme qui leur donne naissance, et leur vérité réside dans leur rapport à l'impression enfantine originelle, repérée dans un récit autobiographique qui court parallèlement au récit premier : « Il ne m'est guère possible de préciser les raisons qui m'ont fait choisir tels ou tels noms : Divine, Première Communion, Mimosa, Notre-Dame-des-Fleurs, Pince-Monseigneur ne sont pas venus au hasard. Il existe entre eux une parenté, une odeur d'encens et de cierge qui fond, et j'ai quelquefois l'impression de les avoir recueillis parmi les fleurs artificielles ou naturelles de la chapelle de la Vierge, au mois de mai et autour de cette statue de plâtre goulu dont Alberto fut amoureux. » (Alberto fait le lien entre l'enfance de Genet et l'action du roman).

Constamment l'auteur s'adresse au lecteur en analysant son texte à mesure que celui-ci prend forme. Et il l'invite à écrire, en partie, selon son propre désir, ce texte naissant : « Ils devinrent amis. Je vous laisse libre d'imaginer le dialogue. Choisissez ce qui peut vous charmer [...] Concevez les plus folles invraisemblances. Faites se pâmer leur être secret à s'aborder en argot. Mêlez-les tout à coup par un soudain embrassement ou par un baiser fraternel. Faites ce qu'il vous plaira. »

Cette participation créatrice du lecteur sera requise encore plus activement dans les passages où Genet interrompt la continuité déjà fragile du récit au profit d'une

Jean Genet, 1981.

écriture par fragments (autre trait de son actualité) : « Voici un "Divinariane"[1] rassemblé à votre intention. Comme je veux lui montrer quelques états pris à l'improviste, c'est au lecteur de se faire à soi-même sentir la durée, le temps qui passe et convenir que durant ce premier chapitre elle aura de vingt à trente ans. »

Le personnage aimable, au sens fort du terme, à la fois projection et substitut, n'est qu'un détour pour atteindre le lecteur, cette relation imaginaire devant remplacer la relation véritable que la prison interdit : « Comment expliquerons-nous que Divine ait maintenant la trentaine et plus ? Car il faut bien qu'elle ait mon âge, pour que je calme enfin mon besoin de parler de moi, simplement, comme j'ai besoin de me plaindre et d'essayer qu'un lecteur m'aime. »

On l'aura compris par ces quelques remarques, les récits de Genet avaient anticipé sur la plupart des développements ultérieurs, c'est-à-dire actuels, du roman, et en particulier sur cette écriture à la

1. Suite de notes fragmentaires sur le personnage de Divine.

première personne qui tend, on le verra, à brouiller les frontières entre roman et autobiographie. Dans le *Journal du voleur* (1948), il renoncera à la médiation des personnages et fera directement « de sa vie une légende ». Son arme absolue sera alors, comme elle l'était dès le départ, la poésie, autre manière de dynamiter les conventions réalistes, une poésie qui utilise, par prédilection, la métaphore la plus riche, la plus baroque qui soit. « Ma victoire est verbale et je la dois à la somptuosité des termes mais qu'elle soit bénie cette misère qui me conseille de tels choix. » La poésie n'est pas fuite devant le réel ni enjolivement de celui-ci, elle est l'expression de la vérité profonde du Je : « Rien ne m'empêchera, ni l'attention aiguë ni le désir d'être exact, d'écrire des mots qui chantent […] Mais que l'on ne parle pas d'invraisemblance en prétendant que j'aie tiré cette phrase d'un arrangement de mots. La scène fut en moi, j'y assistai, et ce n'est qu'en l'écrivant que j'arrive à dire, le moins maladroitement possible, ce qu'était mon culte porté à l'assassin. »

◀ Flowers *de et avec Lindsay Kemp, d'après* Notre-Dame-des-Fleurs *de J. Genet, 1981.*

[C'était l'apothéose]

A la fin du procès de Baillon, dit « Notre-Dame-des-Fleurs », accusé de l'assassinat d'un vieil homme.

L'avocat demandait l'acquittement. Il implorait. On ne l'entendait plus. Enfin, comme avec une promptitude à discerner d'entre mille l'instant de dire le mot capital, Notre-Dame, doucement, comme toujours, fit une moue 5 chagrine et dit sans le penser :

— Ah ! la Corrida, non, pas la peine, j'aime mieux claquer tout de suite.

L'avocat resta stupide, puis vivement, d'un claquement de langue il rassembla ses esprits épars et bégaya :

10 — Mon enfant, voyons, mon enfant ! Laissez-moi vous défendre. Messieurs, dit-il à la cour (il eût pu sans dommage, comme à une reine, lui dire Madame), c'est un enfant.

En même temps que le Président demandait à Notre-15 Dame :

— Voyons, voyons, que dites-vous ? N'anticipons pas.

La cruauté du mot dénuda les juges et les laissa sans autre robe que leur seule splendeur. La foule racla sa 20 gorge. Le Président ne savait pas qu'en argot, la Corrida c'est la maison de correction. Assis, posé, massif, immobile sur son banc de bois, entre ses gardes sanglés de cuir jaune, bottés et coiffés du casque, Notre-Dame-des-Fleurs se sentait danser une légère gigue. Le désespoir 25 l'avait traversé comme une flèche, comme un clown le papier de soie d'un cerceau, le désespoir l'avait dépassé et à lui il ne restait que cette déchirure, qui le mettait ainsi en loques blanches. S'il n'était pas intact, il tenait bon. Le monde n'était plus dans cette salle. C'est bien fait. Il faut 30 que tout finisse. La cour rentrait. Le bruit des crosses du piquet d'honneur donna l'alarme. Debout, tête nue, le monocle lut le verdict. Il prononça pour la première fois, suivant le nom de Baillon : « Dit Notre-Dame-des-Fleurs. » Notre-Dame était condamné à la peine capitale. 35 Le jury était debout. C'était l'apothéose. C'est fini. Notre-Dame-des-Fleurs, quand il fut remis entre les mains des gardiens, leur parut revêtu d'un caractère sacré, voisin de celui qu'avaient autrefois les victimes expiatoires, qu'elles fussent bouc, bœuf, enfant, et 40 qu'ont encore aujourd'hui les rois et les Juifs. Les gardiens lui parlèrent et le servirent, comme si, le sachant chargé du poids des péchés du monde, ils eussent voulu attirer sur eux la bénédiction du Rédempteur. Quarante jours après, une nuit de printemps, on dressa la machine dans le cour de la prison. A l'aube, elle était prête à couper. Notre-Dame-des-Fleurs eut la tête coupée par un vrai couteau. Et rien ne se passa. A quoi bon ? Il ne faut pas que le voile du temple se déchire* de bas en haut parce qu'un dieu rend l'âme. Cela ne peut que prouver la mauvaise qualité de l'étoffe et sa vétusté. Quoique l'indifférence fût de rigueur, j'accepterais encore qu'un garnement irrévérencieux le troue d'un coup de pied et se sauve en criant au miracle. C'est clinquant et très bon pour servir d'armature à la Légende.

* Dans les évangiles, le voile du temple de Jérusalem se déchire au moment de la mort de Jésus.

> Jean Genet, *Notre-Dame des Fleurs*, éd. Gallimard.

— **Rapidité du récit (34-35, 45) ; le discours d'accompagnement du Narrateur transforme les événements (12, 40).**

— **La poésie : par le sacré (Notre-Dame-des-Fleurs comme figure du Christ : 42, 47-49, mais la tradition est moquée, 50) ; par le langage : du familier (7) au solennel (52), emploi constant de la comparaison et de la métaphore, le réel est transformé en légende.**

— **« Le monde moderne, disait G.K Chesterton, est plein d'idées chrétiennes devenues folles ! *Notre-Dame-des-Fleurs* l'eût sûrement confirmé dans son opinion : c'est un "Itinéraire de l'âme vers Dieu" dont l'auteur, devenu fou, se prend pour le créateur de l'univers. » (Sartre, *Saint-Genet*.)**

Choix bibliographique :

Paulhan, Cerisy, coll. 10/18.
Artaud, Cerisy, coll. 10/18.
Bataille, Cerisy, coll. 10/18.
J.-P. Richard, *Nausée de Céline,* Fata Morgana.
Revue des lettres modernes, Série L.-F. Céline, « Pour une poétique célinienne », 1974 ; « Écriture et esthétique », 1976.
Cahiers Céline, Gallimard (5 volumes).
Cahiers de l'Herne, « Queneau », 1976.
Ponge, Cerisy, coll. 10/18.

Th. Aron lit Ponge : *La Chèvre,* Les Éditeurs français réunis.
Ph. Lejeune, *Lire Leiris,* Klincksieck.
R. Bertelé, *Henri Michaux,* Seghers.
G. Bonnefoi, *Henri Michaux peintre,* Abbaye de Beaulieu, 1976.
Henri Michaux, Centre Georges Pompidou, 1978.
D. Nores, *Beckett,* coll. Les Critiques de notre temps, Garnier.
Cahiers de l'Herne, « Beckett », 1976.
J.-P. Sartre, *Saint-Genet comédien et martyr,* Gallimard.
Obliques, « Genet », 1972.

Bernard Moninot, La Grande Serre, *1975.* ▶

Gal. Karl Flinker, Paris.
Ph. Jean Dubout © Gal. Karl Flinker — D.R.

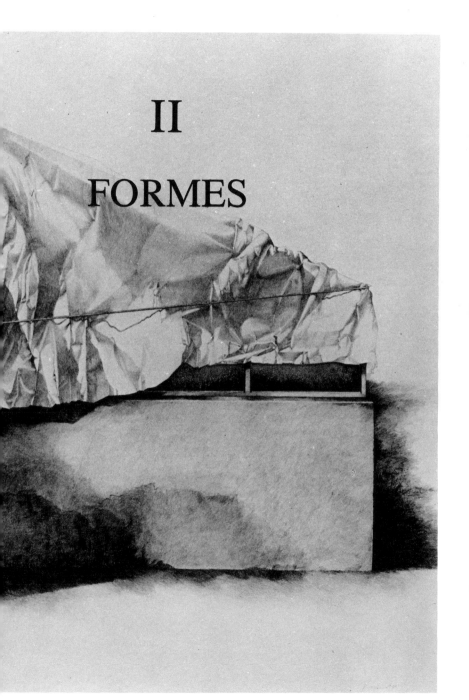

II

FORMES

Gilles Aillaud, Panthères, *1977.*

Chapitre IV

Le récit I : renouvellements

Nous avions noté, vers 1969, une vitalité persistante du roman traditionnel et un essor de l'autobiographie. Ces traits généraux se sont accusés : le roman qu'on n'ose plus dire traditionnel n'a nullement été atteint dans sa production et dans sa consommation par le peu de cas qui en est fait auprès des avant-gardes, des spécialistes ou des maîtres du nouveau roman ou des critiques qui n'ont cessé de dénoncer l'illusion réaliste, l'illusion référentielle, l'illusion biographique, cette hydre qui nourrit le roman classique. Que le roman ait perdu le statut de genre souverain et exclusif, qu'il avait en particulier entre les deux guerres, est cependant peu contestable : à lui seul, il ne confère plus le prestige et l'excellence à l'écrivain. Est-ce tout à fait un hasard si, après 1970, Sartre, Malraux, Aragon, Yourcenar, Gracq, Morand, Simone de Beauvoir, Albert Cohen, Marcel Jouhandeau, Georges Simenon, Marcel Arland, et même Michel Butor ont renoncé au roman, eux qui s'étaient fait connaître essentiellement comme romanciers ? Et nul ne prétendra que se soient révélés en France des romanciers aussi admirés d'emblée que Soljenitsyne, Garcia Marquez, William Styron, Gunther Grass, Heinrich Böll, et surtout Milan Kundera, la grande révélation des années 70. La production romanesque française frapperait plutôt par sa masse, sa constance, son homogénéité : les vingt-deux romans publiés sous son nom par Romain Gary, entre 1945 et 1980, représenteraient bien les qualités, mais aussi les limites d'un tel genre.

Le roman a cependant bien été obligé de se renouveler, concurrencé qu'il était, à l'intérieur même de la forme narrative, par d'autres types de récits qui lui ont emprunté ses techniques et son mode de fonctionnement. C'est toute une littérature « référentielle » qui est venue conquérir la faveur du public. On décrira plus loin l'irrésistible invasion de l'autobiographie, mais il faut déjà noter que le romancier a beaucoup plus de mal que par le passé à imposer sa part de transposition, de fiction ou de création. A peine a-t-il écrit son livre qu'il doit le présenter et le représenter, dans diverses interviews dont l'émission *Apostrophes* est la plus indispensable : il lui est demandé de passer l'oral, de raconter son livre, et de proposer une image de l'écrivain qui soit séduisante ou émouvante. Il vient nécessairement un moment où l'interviewer entend faire avouer à l'écrivain la part de confession, de témoignage ou d'identification qui entre dans le roman : le narrateur ou le protagoniste n'est-il pas tout simplement une image du romancier ? Que celui-ci réagisse par l'aveu ou la dénégation, déjà s'est installée dans l'esprit des futurs lecteurs l'idée d'une écriture autobiographique ; déjà s'est imposée une lecture autobiographique du roman. C'est peut-être l'un des sortilèges du roman qui s'évanouit quand il ne revient plus au lecteur d'imaginer le visage et la personne du romancier. Rien d'étonnant donc à ce que beaucoup de romanciers finissent par donner des romans si autobiographiques qu'ils induisent le lecteur à confondre auteur, narrateur et protagoniste, leurs noms même se rapprochant ou se confondant.

L'Histoire, de son côté, concurrence sérieusement le roman dans l'assouvissement des besoins de fiction. Dans sa partie la plus spécialisée, et la plus rigoureuse, elle en est venue, après les austérités de la statistique et les âpretés du quantitatif, à reconstituer et mettre en scène l'imaginaire d'une époque. De là le succès sans précédent, sous la plume d'Emmanuel Le Roy Ladurie, de *Montaillou, village occitan* (1975) et du *Carnaval de Romans* (1978) (le dernier mot désigne la ville... et non point le genre). A un niveau moins scientifique, jamais on n'a tant produit ni consommé de biographies historiques. Le passé semble valorisé au détriment de l'imaginaire et du vécu. La biographie se donne ingénument pour un roman vrai, qui serait supérieur au roman-en-soi.

Autre rivale du roman : la psychanalyse, qui connaît durant cette période une très large diffusion. Malraux lui-même, dont toute l'œuvre proteste contre la psychanalyse, ne considérait-il pas en 1967 : « De la chasse aux secrets, la névrose ramène davantage, et avec plus d'accent. *La Confession de Stavroguine* [fragment du roman de Dostoïevsky, *Les Possédés*] nous surprend moins que *L'Homme aux rats* de Freud, et ne vaut plus que par le génie. » La psychanalyse, dès ses origines, a pratiqué la biographie comme genre littéraire, et Freud, dans « Le Cas Dora » ou « L'homme aux loups » a créé des héros qui hantent sans doute plus nos imaginaires contemporains que Jacques Thibault ou Thérèse Desqueyroux. Quoi de plus romanesque, de plus poétique et de plus narratif que les *Fictions freudiennes* (1978) d'Octave Mannoni, *On tue un enfant* (1975) de Serge Leclaire, ou *Le Cas Dominique* de Françoise Dolto (1971) ? On se rappellera que Freud, au terme d'*Un souvenir*

Gal. Jean Briance, Paris. Ph. © Jacqueline Hyde © by SPADEM, 1982.

Samuel Buri, Elle pose, il peint, *1981.*

d'enfance de Léonard de Vinci, s'excusait d'avoir procuré un « roman psychanalytique » plus qu'une étude clinique. De nos jours, on ne s'en excuse plus, et la psychanalyse, tout en colonisant la littérature, prétend à la véracité. Comme Sartre présentant son monument para-freudien sur Flaubert, elle prétend atteindre au « roman vrai ». Mais, inversement, Lacan n'accrédite-t-il pas les droits du roman quand il situe « l'instance du moi, dès avant sa détermination sociale, dans une ligne de fiction, à jamais irréductible pour le seul individu » ? Reste en tout cas que le roman a perdu son innocence : tous ses mécanismes reposent sur une conception du sujet dont Freud décidément a fait justice. Pourtant, comme on le verra, le roman a su contre-attaquer et faire, de la

Gal. Jean Briance, Paris. Ph. © Jacqueline Hyde © by SPADEM, 1982.

Samuel Buri, Elle pose, elle peint, *1981.*

cure et de l'analyse, des sujets... de romans, sinon de comédies.

La seule concurrence réellement dangereuse pour le roman traditionnel serait donc finalement celle que lui font télévision et cinéma. Pour la fiction télévisuelle, les années soixante-dix n'ont pas été un âge d'or, tant s'en faut. Aux antipodes d'une véritable écriture télévisuelle, les émissions dramatiques ou les feuilletons maintiennent une esthétique naturaliste et une narration archaïque (le « Zola » écrit par Armand Lanoux et réalisé par Stellio Lorenzi, par exemple). Les plus grands succès de la décennie sont dus à... John Galsworthy, Elisabeth Barbier, Philippe Hériat, Maurice Druon, Jean d'Ormesson, — sans parler évidemment de Balzac, Maupassant, Zola, Flaubert. La grandeur et la décadence des dynasties bourgeoises semblent les inévitables sujets du « télé-roman ». Un peu d'air frais passe quand le scénario est emprunté à un Gaston Leroux, ou à un Gaboriau, et la paralittérature vivifie ce que la littérature officielle dessèche.

Bien que le cinéma français, en tant qu'industrie, ait traversé une crise incontestable après 1968, il a, lui, concurrencé avec plus de succès, et parfois supplanté, le roman dans certaines de ses fonctions. Bernard Pivot n'émettait pas un paradoxe quand il saluait dans *Le Dernier Métro* de François Truffaut le meilleur *roman* de la saison 1980 : « Avec un film sur le théâtre, François Truffaut a écrit un roman comme on n'en lit plus guère aujourd'hui. » Où trouver, en effet, les vertus

B. Blier, Les Valseuses, *1973 : Gérard Depardieu, Miou-Miou, Patrick Dewaere.*

Ph. © Coll. Christophe L.

C. Chabrol tourne Le Cheval d'Orgueil *d'après le livre de P.-J. Hélias, 1980.*

Ph. © Étienne George — Sygma

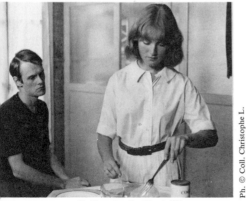

Ph. © Coll. Christophe L.

C. Goretta, La Dentellière, *d'après le roman de P. Lainé, 1977 : I. Huppert, Y. Beneyton.*

traditionnelles du romancier mieux que chez cet auteur de films extrêmement écrits, sinon littéraires ? A travers, et autour de, François Truffaut, reprend vie toute une culture littéraire, marginale et classique à la fois (Ray Bradbury, Henry James, Victor Hugo, William Irish, Balzac, le docteur Itard, Pierre-Henri Roché) où une tradition narrative retrouve toute sa vitalité. Ce n'est pas par hasard que scénarios et dialogues sont souvent dus à la plume de Daniel Boulanger, le meilleur « nouvelliste » de notre période : François Truffaut n'a-t-il pas remarqué que c'est la nouvelle — et non pas le roman — qui donne le plus aisément naissance au film ? Le miroir critique d'une société que l'on ne trouve guère dans le roman français, on le trouverait dans les films de Claude Sautet, auquel le plus souvent Jean-Loup Dabadie, véritable écrivain de cinéma, apporte la justesse du trait et du ton. Citons, dans la tradition d'un Renoir ou d'un Becker, *Les Choses de la vie* (1969) (inspirées de la nouvelle de Paul Guimard), *Max et les ferrailleurs* (1971), *César et Rosalie* (1972), *Vincent, François, Paul et les autres, Mado* (1974), *Une histoire simple* (1978), *Un mauvais fils* (1980), films très sensibles à une actualité mouvante et à la permanence de certains types. Alain Resnais, de son côté, pour *Mon oncle d'Amérique* (1980), recourt à un biologiste comme narrateur, mais rivalise heureusement avec Diderot. Louis Malle réussit son meilleur film *Lacombe Lucien* (1973), grâce au scénario de Patrick Modiano. Un Pascal Jardin doit peut-être à des dizaines de dialogues pour le cinéma la maîtrise dont il fait preuve dans ses premiers livres autobiographiques. Le plus souvent, le cinéma et sa mythologie attirent des écrivains qui, en d'autres temps, se seraient voués au roman : ainsi Bertrand Tavernier, Claude Miller, André Téchiné, Jacques Doillon, Benoît Jacquot, pour citer quelques jeunes cinéastes apparus ces dernières années.

Un romancier aussi doué que Jorge Semprun, dont *La Deuxième Mort de Ramon Mercader* (1969) nous avait paru être un accomplissement, n'a publié aucun roman durant la décennie, mais collabore comme scénariste à des films d'Alain Resnais, de Costa-Gavras *(Z, L'Aveu, État de siège),* de Joseph Losey *(Les Routes du Sud),* tout en écrivant d'autre part des essais autobiographiques. Georges Conchon, jusque-là romancier estimable, trouve pour le cinéma un second souffle et exerce la virulence d'un réalisme critique, que l'on reconnaît de film en film malgré la diversité des réalisateurs *(L'État sauvage, Sept morts sur ordonnance, Le Sucre, La Banquière).* Par contre, certains écrivains sont tour à tour romanciers et réalisateurs, mais la réussite est rarement égale. On retiendra, bien significatif des années 70, le double succès des *Valseuses* (1972), roman et film de Bertrand Blier, qui réunissait le ton de Céline et le thème des « loubards », et introduisait une nouvelle génération d'acteurs issus du café-théâtre : Patrick Dewaere, Gérard Depardieu, Miou-Miou.

Telles nous paraissent être les forces centrifuges qui s'exercent sur le roman et qui mettent en question, non sa fécondité, mais son autonomie et l'espèce de principat qu'il avait exercé sur les autres genres jusque vers 1950. Dans *L'Homme nu* (1971), Claude Lévi-Strauss remarque que le roman s'est produit vers le XVIIIe siècle comme récit libre à partir des « résidus déformalisés du mythe », et que la littérature romanesque se trouve « faite d'un sens tendant vers la pluralité, mais se désagrégeant lui-même par le dedans à mesure qu'il prolifère au-dehors, en raison du manque de plus en plus évident d'une charpente interne à quoi le nouveau roman tente de remédier par un étaiement externe, mais qui n'a plus rien à supporter ». Dans une toute autre optique, J. Laurent termine son *Roman du roman* (1977) en s'identifiant à la « vulnérabilité du roman » ; mais, il exprime le même jugement en termes positifs, et non plus négatifs : il est « presque sûr qu'après la religion qui s'était chargée de la mort, après le mythe qui avait imagé le définitif, la tragédie qui fabriquait la catharsis, le roman continuera de remplir sa fonction, qui est de nous faire les éternels apprentis du changement ».

La Nouvelle

Avant l'inventaire, nécessairement incomplet et subjectif, de la production romanesque, il faut prendre en considération la réhabilitation et l'illustration d'un genre jusque-là peu considéré en France : **La Nouvelle.** Malgré les réussites exemplaires d'un Marcel Arland, dans la rigueur classique, et d'un Paul Morand, dans la modernité du rythme et de la vitesse, le genre restait boudé du grand public, ignoré des jurys littéraires, toujours considéré comme inférieur au genre romanesque, et jugé par rapport à ce dernier. Les temps ont changé, sans que le rapport entre les deux genres se soit bien sûr inversé : la nouvelle n'a que rarement retrouvé son support naturel, c'est-à-dire le journal, le magazine ou la revue. Elle ne parvient à nous que par le livre, — recueil ou ensemble. Mais enfin le « nouvelliste » — le terme est peu usité, reconnaissons-le — a cessé d'être le parent pauvre du romancier. Les recueils de nouvelles se font plus nombreux, et brillent par la qualité : la nouvelle, qui poursuit l'instant et le fugace, qui recourt à l'ellipse et au raccourci, ne convient-elle pas mieux à l'esprit du temps, aux dispositions de lecteurs nécessairement pressés ? Ces lecteurs s'avisent que les nouvelles de Maupassant sont peut-être plus neuves que ses romans, que Mérimée n'est pas un auteur de second rayon, et que la science-fiction, la littérature fantastique, la littérature policière inclinent tout naturellement à la nouvelle ou au conte, à la « short story », au récit bref. Bien que la nouvelle obéisse à certaines contraintes, et ne pardonne pas à son auteur la moindre erreur, elle reste un lieu de liberté et de diversité, autorisant le passage dans un même recueil du réalisme minutieux à l'irréalisme tranquille. C'est ce que Mandiargues, abandonnant le roman pour la nouvelle, exprime en ces termes : « L'une des meilleures raisons que j'ai de préférer le récit bref au long roman est que le premier rend acceptable au lecteur des outrances de sujet et des recherches de langage chargé qu'il supporterait difficilement dans le cas du roman. »

Certes les formalistes russes (cf. p. 221) avaient déjà montré que la « nouvelle » — forme fondamentale, élémentaire — et le roman — forme syncrétique — sont deux formes tout à fait hétérogènes, et même étrangères l'une à l'autre. Si nous insérons pourtant la nouvelle dans les frontières du roman, ce n'est pas par une conception de la nouvelle comme forme réduite ou abrégée du roman, mais en raison du fait que les nouvellistes sont toujours aussi des romanciers, ou vice-versa. Le fait nouveau est que Mandiargues et Gracq, en qui nous avions vu des « romanciers différents », abandonnent le roman pour un usage de la nouvelle qui marque plus nettement encore cette différence. Mandiargues, tout en demeurant fidèle à ses thèmes favoris, développe dans *Mascarets* (1971) des recherches d'écriture — l'emploi, par exemple, de la forme interrogative ou du conditionnel — qui le rapprochent des jeux auxquels s'attachent les romanciers nouveaux entre narration (ou récit) et fiction (ou histoire). Dans *Sous la lame* (1976), contes cruels dédiés à Mishima (mais aussi à Villiers) les fantasmes sexuels et les morts violentes se voient répétés et comme ritualisés dans un registre étrange qui mêle l'humour au tragique.

Antoine Blondin prodigue ses dons dans *Quat'saisons* (1974), retrouvant ce coup d'œil et ce coup d'aile que lui connaissent les lecteurs de *L'Équipe*. Roland **Dubillard**, transfuge du théâtre, excelle, dans *Olga ma vache* (1974), à faire de la nouvelle un composé instable d'humour et de tragique. Geneviève Serreau, dans des recueils très organisés, sait dire et redire la solitude et la mort (*Ricercare,* 1973, *La Lumière sur le mur,* 1979).

La gamme de la nouvelle est très variée, de l'histoire organisée dont tous les éléments convergent vers un trait final, à la manière de Maupassant, jusqu'à la nouvelle sans histoire, telle que la concevait Marcel Arland, « ... faite de rien, — sinon d'un instant, d'un geste, d'une lueur qu'elle isole, dégage et révèle, qu'elle emplit de sens et de pathétique ». N'est-ce pas ainsi, aux confins du poème en prose et de la rêverie, que la pratique un Jean-Loup **Trassard** dans *L'Ancolie,* 1975, ou *Des cours d'eau peu considérables,* 1981 ?

Les influences étrangères jouent très librement dans l'art de la nouvelle. Chez Roger Grenier (*Le Miroir des eaux,* 1975, *Salle de rédaction,* 1979), on entend, nuancés et harmonisés, des échos de Scott Fitzgerald et surtout de Tchekhov : des « processus de démolition » s'y trouvent dessinés en des trajectoires brèves et parfaites. Chez d'autres, ce sont les voix narratives de Kafka ou de Borges que l'on tente, avec un succès inégal, de retrouver. Ainsi se crée une culture internationale de la nouvelle, dont un signe intéressant est la publication en 1981, en neuf pays différents, d'un recueil de neuf nouvelles écrites par des femmes de ces divers pays (Muriel Cerf y représente, si l'on peut dire, la France avec éclat) : le genre y apparaît à la fois comme une forme narrative ouverte à toutes les recherches et comme un instrument parfait pour la communication entre cultures étrangères (*Femmes,* 1981).

[La corde bougeait encore]

C'est par le trou d'une serrure qu'il avait aperçu celle qui plus tard devait le regarder par le trou d'une serrure. Au plus secret d'eux-mêmes, ils nommèrent cela leurs fiançailles.

5 Puis, elle passait derrière de lointains hublots lumineux. Lui s'arrêtait. On le voyait disparaître par des échelles, vers des combles mystérieux d'où il lui rendrait la pareille.

Il occupait ses loisirs à se préparer des lanternes.

10 Souvent, par les cordes de liaison, nous arrivait un fiévreux. Solitaire, toujours. Il venait de quitter un campement dont nous distinguions au loin les lumières. La corde bougeait encore.

Il nous regardait avec des yeux nouveaux, des yeux
15 d'espoir. Là-bas, semblait-il nous dire, ils ne savent pas s'y prendre. Leurs préparatifs n'en finissent pas. Nous, hommes et femmes d'un groupe stable, nous étions heureux de cette confiance que le solitaire nous témoignait. Nous nous remettions à notre ouvrage avec une
20 hâte joyeuse, avec le désir et la certitude de faire mieux que les autres.

Mais le solitaire avait bientôt des gestes d'énervement. Nous n'en finissions pas, nous non plus. Déjà sa main empoignait une corde. Il était parti.
25 Alors nous faisions des signaux aux campeurs qu'il venait à peine de quitter pour nous, et ceux qui l'accueillaient à présent ne tarderaient pas à nous en rendre de semblables. Nous aimions nous sentir ainsi fraternels et, malgré la distance aveuglante qui nous séparait, savoir
30 que nous en étions toujours, ensemble, au même point.

« Par un trou dans la muraille de mon costume, dit-il, je leur ai montré mon premier genou, puis ma main, puis mon œil, puis mon second genou, puis ma fesse droite, puis mon coude, puis mon troisième genou, mon qua-
35 trième et mon cinquième genou, ma fesse gauche, mon pied, mon sixième genou, ma chevelure, mon septième genou, mon sexe, mon œil crevé, mon huitième genou, ma blessure, mes oreilles, mon sein, mon neuvième, mon dixième genou. Je suis l'homme aux genoux nombreux. »

40 Certains trop-pleins de baignoire avaient la propriété de nous transmettre de lointaines paroles. Nous aimions

Extrait de la nouvelle « Les Campements » : « C'était partout un campement fragmenté, pas très proche du ciel [...] Les cadrans des horloges étaient irréguliers. »

converser ainsi de baignoire à baignoire, et des amitiés purement acoustiques en naissaient, à travers une distance que personne ne pensa jamais à réduire.

Roland Dubillard, *Olga ma vache,* éd. Gallimard.

— **Plutôt qu'une nouvelle (comme l'indique la prière d'insérer) un texte de fragments : chacun se suffit à soi-même, mais le thème de la communication (4, 10, 41) assure l'unité. Chaque fragment ajoute à l'insolite et à l'humour : quelque part entre les Shaddoks et Henri Michaux.**
— **« Dans ses récits comme au théâtre, Dubillard déconcerte. Par son humour qui piège l'insolite de la réalité, débusque les incertitudes du langage, ou brise le rire en éclats tragiques. Par sa manière aussi de ne jamais reprendre le chemin. On sait qu'il surprendra, mais on ne sait jamais comment. » (Cl. Bonnefoy, *Panorama critique de la littérature moderne.*)**

[Il faudrait un récit]

C'est le début de « D'un fût gélif », l'un des textes du recueil L'Ancolie.

Il faudrait un récit qui soit comme un sabot. Ce serait, vu de l'extérieur, une ligne précise, assez courbe pour au hasard de ses développements revenir sur elle-même et sans fin décrire une forme d'apparence plutôt arrondie.
5 A l'intérieur : un creux. Un espace dans lequel on habite l'ombre.

Les images rejetées s'enrouleraient sur le sol en co-

* Dégrossir une pièce de bois à coups de hache.

peaux. Vous entendriez bûcher* et le rythme, celui d'une habileté réfléchie, déjà dirait l'intime lien entre les mots et
10 la matière. Ce n'est qu'en approchant, aux carreaux, que vous pourriez voir le manche bulbeux heurter le tablier, y laisser d'habitude une place luisante. Puis, en suivant les lignes entrés, voir à cette fenêtre la nuit encore d'un matin d'hiver. Et toucher, sur le bois comme sur les outils, une
15 très infime poussière. Poussière d'œuvre et non souvenir, poudre qui adoucit l'arête du travail vif.

Peut-être à ces conditions un peu folles pourrais-je vous en parler, mais on ne doit plus, vous savez bien, écrire sur un sabotier. Il y aurait là beaucoup de faiblesse
20 à cause du pittoresque et les lecteurs avec raison pense- raient que le texte est issu des dictées où je faisais tant de fautes à l'école communale quand il pleuvait et que le poêle ronflait (un petit avion de bois construit par un élève qui mourut ensuite à la guerre d'Algérie tournait à
25 la pluie et au vent sur le jardin de l'instituteur).

N'eût été le ridicule — en un sens cela est dommage — j'aurais pu prendre le quart de cœur et commencer à dégrossir pour amener peu à peu l'histoire. Une histoire qui n'en est pas une d'ailleurs, simplement l'aventure des mains sur le bois.

Depuis des années que nous conversons, je suis devenu un peu l'ami du sabotier. Il dit qu'on doit d'abord apprendre à mettre son outil d'accord : mais comment affûter les mots dont tant se sont servis ? Avant que d'écrire sur le sabotier il aurait fallu aiguiser, sans cela les outils d'eux-mêmes glissent à l'ornière que d'autres ont creusée.

Je devrais trouver des mots qui tranchent net et sachant, leur œuvre accomplie, se faire oublier. C'est ce qu'il exprimait sans doute en racontant qu'à l'atelier autrefois on disait à cause des fines stries que laissent dans le bois les irrégularités du fil : « j'ai un outil trop savant, il écrit en travaillant ». Il faut que seul demeure, ouvert et fermé, le sabot.

(L'on découvre une méfiance envers l'écriture, la même sans doute qui veut que certains sujets ne puissent plus être racontés. Il en est aussi pour prétendre que le mieux serait de ne plus écrire du tout, mais l'opinion ne circule guère en dehors du milieu littéraire.)

Jean-Loup Trassard, *L'Ancolie,* éd. Gallimard.

— **Le sabot et le récit** : on pense à Ponge (cf. *Lit. 45,* p. 418) : « L'idéal d'une forme rhétorique par objet [...] la forme même du poème soit en quelque sorte déterminée par son objet. » A cette problématique J.-L. Trassard ajoute une note intime, grave (23-25) ou ironique (47-49), et le désir « par la beauté du verbe » de « proposer une fusion inouïe » avec les éléments.

— **Le monde de l'enfance** : les textes de dictées : le sabotier et ses outils : « Il les fréquentait comme on fréquente des personnes, ayant besoin par elles de se faire pousser dans le monde. Ils s'appelaient un hachoir, un paroir, un asciot, une cuiller, un butoir, une râpe, un vé. Il les connaissait bien. Pour chacun d'eux, il avait l'attitude qu'il faut avoir. » (Ch.-L. Philippe, *Charles Blanchard,* 1910.)

Mais le virtuose de la nouvelle, l'as, l'acrobate, c'est sans nul doute Daniel **Boulanger,** qui n'a pas tout à fait la célébrité qu'il mérite. Peut-être est-il desservi par une production prolifique : dix recueils de nouvelles, quatre recueils de « retouches » ou d'instantanés (la nouvelle se réduit et se transforme en ellipses, notes, quasi-poèmes), plusieurs romans, soixante-dix films. La qualité des nouvelles ne le cède en rien à la quantité : au fil de ses recueils, *Le Jardin d'Armide* (1969), *La Barque amirale* (1972), *Fouette cocher* (1974), *Les Princes du quartier bas* (1977), *Un arbre dans Babylone* (1979), il perfectionne sans cesse son art de chasseur d'images, la saisie de l'insolite dans le quotidien, une écriture sensuelle qui se joue dans la prouesse permanente. Chaque nouvelle apparaît comme un microcosme construit par un magicien : à Boulanger l'enchanteur, on pourrait appliquer cette phrase d'un de ses héros, évoquant « le duvet divin dont (son) désir enveloppe toute chose » : « Je passais mon temps à me faire des contes, à vouloir plus beau qu'il n'est le monde et à laisser plus nette que je ne l'ai trouvée toute place que pour un moment j'occupe ». Mais, dans ce microcosme, le désenchantement survient, une révélation déchirante se produit. Le poète des instants magiques est aussi le peintre d'une humanité marginale, discrète et pourtant bizarre, modeste et pourtant tragique, souvent provinciale et passéiste. Dans cette palette très riche, il y a du Giraudoux et du Morand, mais aussi du Jules Renard et du Simenon. Le titre d'un des meilleurs recueils, *L'Enfant de bohême* (1976), indique la marge dans laquelle Boulanger écrit ses meilleurs récits : de curieux fantoches, des clowns anonymes s'y trouvent, à leur insu, engagés dans des luttes pathétiques qui les font aller, à travers beaucoup de dérision et de compassion, au bout de leurs nuits, ou vers de timides aurores.

Au fur et à mesure des recueils, chacun organisé autour d'une tonalité ou d'un rythme, se constitue peu à peu l'inventaire d'une France profonde et irréaliste, fantaisiste et véridique. Parmi ces « enfants de bohême » (acrobates, musiciens, fonctionnaires, prostituées, mendiants, forains, modistes, balayeurs noirs) détonne un peu, en apparence, Monsieur Raoul, peintre prolifique et prospère, héros de la nouvelle dont nous donnons ici le début.

[Un ciel si tendre]

Début de la nouvelle « Revenante ».

Le midi d'avril sur Paris avait des joues de gamin. M. Raoul sortit du Jeu de Paume où l'on exposait des porcelaines de la Vieille Chine et regarda le ciel sur la place de la Concorde, un gris-bleu qu'on ne retrouve
5 nulle part ailleurs que dans une tasse du cinquième siècle avant le Christ, retrouvée près de Pékin. Un nuage en bandelette s'en allait comme un frais papier d'un cadeau que l'on déballe et M. Raoul qui ne croyait ni à Dieu ni à Diable remercia le ciel de son offrande.
10   Après soixante-dix ans de côtoiement des hommes, vivre avait encore un sens et tenait du miracle, car après tout quoi tout de même enfin, murmura-t-il, heureusement qu'il y a ce bleu léger ! Les salopards ont reconnu mon talent, je vais sonnant sous les médailles, mais
15 qu'ont-ils vu dans mes toiles ? Des pommes, des danseuses, des baigneurs, des soldats, certes bien peints, on les reconnaît, trop ! mais l'intérieur, le pourquoi, moi-même ? Soupçonnent-ils ma tendresse, mon errance profonde ? Ça les arrange de vous bombarder dans les
20 officiels ! Je veux dire quand tu ne déranges pas tu deviens un officiel, c'est la loi. Raoul, mon cher, tu es une potiche depuis un demi-siècle. Du Sèvres, évidemment.

nais une potiche ! Ou si tu préfères l'un de ces masques
le grands notables qui font la gloire des stands de foire et
que l'on s'amuse à abattre à coups de boules de feutre
pour gagner une bouteille de mousseux. Savent-ils seulement qu'il est un ciel si tendre et qui me ferait défaillir ?

Autrefois des larmes lui seraient venues, de reconnaissance, mais il se contenta de lever la main pour saluer la
place dont il venait d'oublier l'effrayant carrousel et
l'odeur d'essence brûlée. Des gamins jouaient à la balle et
M. Raoul tenta un instant de se mettre de la partie,
courant à la traverse et manquant s'étaler, au plaisir des
enfants. Cet entracte l'avait mis en nage et il put s'asseoir
sur une chaise du jardin, près du bassin qu'éclairaient
les bateaux. Il était à ressembler à un penseur depuis
quelque temps lorsqu'une femme d'un grand âge
l'aborda pour le complimenter, simplement, d'exister.

— Vous êtes bien monsieur Raoul, dit-elle, parfois
quand tout se brouille je passe dans mon salon où j'ai
pendu l'une de vos œuvres, je la regarde et chaque chose
reprend sa place.

— Qu'est-ce que ça représente ? demanda-t-il.

— Un violon sur une table de cuisine.

— Juin 1922, précisa le peintre.

— Vous vous le rappelez ? s'exclama la femme avec
admiration.

— Je n'oublie rien, dit-il. Le violon fut brossé à Nice
où je me trouvais en convalescence.

— Mon Dieu, dit-elle, je ne savais pas. Qu'il est
étrange que d'une période de souffrance soit née une
œuvre aussi tranquille ! Mais bien sûr, je me rappelle
cette époque où vous couriez en automobile ! On ne
parlait que de vous. Était-ce un accident ?

— Oui, dit-il, mais d'amour. Les drames ne sont que
de sentiment*.

Daniel Boulanger, *L'Enfant de bohême,* éd. Gallimard.

* M. Raoul rentre dans son appartement, où l'attend son serviteur noir et ami Menelik. Une ancienne maîtresse, Blanche Hussenard, s'est annoncée pour le soir.

— **Embrayage rapide :** une notation (1-9), un monologue intérieur (10-38), un dialogue (39-56), prodiguant les concentrés de sensations (1, 6-8, 27) et les traits ironiques (8-9, 21-22, 54-56).

— **La peinture au second degré :** le tableau parisien fonctionne comme un portrait indirect du peintre.

— « Ces petites phrases qu'il écrivait à la gloire des nuages, des feuilles, des rencontres sur le quai de gare [...] il espérait bien qu'elles descendraient le torrent des jours à venir, aussi fraîches qu'il les avait rêvées, mais qu'il est difficile de prendre au filet de l'écriture ces grâces et ces désirs plus vifs que truites. » (D. Boulanger.)

A. et P. Poirier, A. Gottfried David Neumitz, *Sculpture, 1977-78.*

Roman et Histoire

Après 1968, le roman n'a pas retrouvé le pouvoir, qui fut le sien avant la guerre, de refléter et de formuler les grandes mutations historiques. L'histoire immédiate revient aux journalistes et aux historiens : le reportage et le témoignage paraissent satisfaire la curiosité des lecteurs. La guerre d'Algérie, toute récente, reste après 1968 ignorée des romanciers, sauf de Philippe Labro *(Les Feux mal éteints)*. Les événements de Mai 1968 tenteront davantage de romanciers confirmés, comme Robert Merle *(Derrière la vitre),* Maurice Clavel *(La Perte et le fracas),* Roger Ikor *(Le Tourniquet des innocents),* Jean-Louis Curtis *(L'Horizon dérobé)* : l'échec est flagrant, tant est grande la dissonance entre l'ébranlement général qui constitue le sujet de ces livres, et le caractère imperturbable, immuable, de leur langage. Une chronique picaresque et débraillée, à peine romancée par Jean-François Bizot, *Les Déclassés,* rend finalement bien mieux compte de ce que fut cette période.

Un historien qui n'aurait pour sources que les romans de la décennie resterait dans l'ignorance de la plupart des traits nouveaux de l'époque. Tout au plus trouverait-il la trace de l'irrésistible ascension des multinationales dans *L'Imprécateur* de R.-V. Pilhes, des reflets des changements culturels dans les romans d'apparence sociologique de Pascal Lainé, une narration de la tentative d'autogestion « sauvage » aux usines Lip dans *Les Paroissiens de Palente* de Maurice Clavel. Le butin est maigre : si l'on met à part les romans qui traitent de la place nouvelle de la femme, rien de ce qui a vraiment marqué la décennie ne passe dans le roman français. Le public pourtant se rue sur les romanciers étrangers qui, comme Norman Mailer et Heinrich Böll, construisent des machines romanesques sur l'actualité brûlante.

Les deux romans de Régis Debray, *L'Indésirable* (1975) et *La Neige brûle* (1976), constituent une exception de taille

à cette carence. Certes l'écrivain se trouve avoir une expérience directe du militantisme « tiers-mondiste », à Cuba et au Chili, de la participation à la guerila en Bolivie, aux côtés de Che Guevara, puis d'une longue détention dans la prison de Camiri. Cette matière se voit transposée avec une vigueur de romancier qui évoque celle du premier Malraux, et une âpreté de philosophe qui n'oublie pas la leçon de Sartre. Les apprentissages politiques d'un agitateur français en Amérique latine se mêlent à une difficile éducation sentimentale (on retrouve la même alliance des thèmes dans *L'Herbe à brûler,* 1978, de Conrad Detrez). Par rapport à *L'Indésirable, La Neige brûle* introduit une parodie préventive, comme en témoigne la première phrase : « C'était à Miramar, faubourg de la Havane, dans les jardins d'un grand hôtel », ironique démarcage de *Salammbô.* Ce recours ponctuel à la parodie, et même à la dérision, loin d'exclure l'émotion, permet à Debray d'écrire un « adieu aux armes » de la guerila, mais non à la révolution.

L'effacement du roman devant l'histoire pourrait se réduire à une illusion d'optique. Si le roman en tant que forme institutionnelle s'étiole, il renaît et triomphe, mais camouflé et parfois renié, dans la narration historique. Les historiens français les plus célèbres, après avoir rejeté l'histoire événementielle, en sont venus à un mode de récit, et à des succès de librairie, qui étaient jadis le lot du roman. « Nous avons remplacé les romanciers comme témoins du réel », affirme Paul Veyne, auteur de *Comment on écrit l'histoire.* Georges Duby, historien du Moyen Age, auquel on doit entre autres *Le Dimanche de Bouvines* (1973) et *Le Chevalier, la Femme et le prêtre* (1981), précise cette convergence de la nouvelle histoire et de l'ancien roman : « C'est moins la réalité des faits qui m'intéresse que la manière dont les témoins, les auteurs des grands textes narratifs ont pris conscience des faits qu'ils relatent. Je situe mon observation à un niveau qui est celui de l'imaginaire collectif. » Hormis le fait que la « fiction historique » s'attache à quelque chose de réellement vécu, il ne voit pas de grande différence entre le travail de l'historien et celui du romancier. Pour le lecteur, en fait, ces écrits, fondés sur le document historique, produisent une « illusion réaliste » à laquelle le roman n'ose plus prétendre. On se gardera de confondre les succès de cette discipline rigoureuse, qui ne recourt à la fiction qu'en s'appuyant sur la science, avec l'énorme production de la « littérature historique » qui s'est développée depuis quelques années, mais ces progrès et cette vogue correspondent à un même goût du passé et à ce besoin d'identité qui ont caractérisé les années 1970.

La **biographie**, certes, n'appartient pas à la nouvelle histoire, mais bien à l'ancienne : jadis spécialité anglaise, elle est devenue une production typiquement française, — qui ne remet pas en cause, et n'égale pas toujours le modèle mis au point jadis par André Maurois. Là aussi, « l'illusion biographique » semble fonctionner à merveille, et dans ce genre on peut écrire impunément « La marquise sortit à cinq heures », avec parfois la caution d'une réalité attestée. La fortune du genre est indubitable, mais il est difficile de distinguer les romanciers-biographes — tels que Henri Troyat *(Pierre le Grand, Catherine la Grande, Alexandre Ier)*, Pierre-Jean Rémy *(Callas)*, Françoise Mallet-Joris *(Madame Guyon)*, Armand Lanoux *(Bel-Ami ou la vie de Maupassant)* — des biographes professionnels que sont Alain Decaux, Philippe Erlanger, André Castelot : dans les deux séries, tous styles confondus, la machine fonctionne, à la demande du public ou à la commande de l'éditeur.

Mais le genre peut susciter de plus hautes ambitions, comme par exemple chez Claude Manceron qui, après s'être fait la main sur divers romans historiques concernant l'Empire, s'est engagé dans le cycle des *Hommes de la Liberté* (1972), vaste puzzle de biographies fragmentées et

entrecroisées, ressuscitant des personnages célèbres, mais aussi les hommes anonymes qui ont fait la Révolution française. Cette entreprise d'une ambition démesurée, à laquelle ne manquent ni le souffle ni l'animation, s'inspire évidemment de l'exemple de Michelet. Au journal de ce dernier est empruntée l'épigraphe du premier volume *Les Vingt Ans du roi* (1972) : « Méthode intime : simplifier, biographier l'histoire, comme d'un homme, comme de moi. »

En ce qui concerne notre siècle, Jean Lacouture, journaliste et historien, a donné avec son *André Malraux* (1973) un chef-d'œuvre du genre, et cela du vivant même de son modèle : ironique et compréhensif, le biographe semble relever le défi de son héros qui, à force de mythification ou de mystification, semblait avoir rendu à jamais impossible le récit de sa vie. La biographie entre alors dans l'ère du soupçon, démêle les détours de l'imaginaire, accepte les lacunes de l'information, discerne ces lignes de fiction que comporte toute expérience vécue, mais, plus que toute autre, celle de cet aventurier du siècle. Avec *Léon Blum* (1976), *François Mauriac* (1978), *Pierre Mendès-France* (1981), bien plus proches politiquement de Lacouture, on retrouve cette triple vertu d'investigation, de narration, de composition qui caractérise le biographe. Une même recherche anime Gilles Perrault, dont les succès de librairie ne doivent pas faire oublier les qualités stylistiques et les inventions narratives : *Le Dossier 51* (1969) représente le tour de force d'un roman réduit à un simple dossier d'archives administratives, sans aucune intervention du narrateur. Comme dans *L'Orchestre rouge* (1967), une enquête minutieuse sous-tend *La Longue Traque* (1977) (il s'agit d'un personnage réel, chef de la Résistance française, soupçonné d'avoir livré son réseau aux Allemands) : ces narrations complexes, inspirées par la fascination pour les années de l'Occupation plus que par la simple mode « rétro », débouchent sur d'inquiétantes incertitudes. En revanche, *Le Pull-over rouge* (1978), contre-enquête tendant à disculper l'un des derniers condamnés à mort exécutés en France, renferme à la fois la critique de toute narration possible d'un événement réel et l'analyse du fonctionnement de la justice.

Le **roman historique** implique un intervalle entre le moment de la rédaction et la période de l'histoire représentée, suffisant pour créer un effet de dépaysement. Inversement, il tend toujours à actualiser l'époque par l'anachronisme délibéré. Ce type de romans (dans lequel nous n'incluons pas la littérature abondante sur les années de guerre) a connu une vogue ininterrompue depuis 1970. Le romancier s'y délivre de son moi et de la première personne, la « réalité historique » apparaît alors, par un retournement curieux, comme un réservoir de mythes et un théâtre d'illusions. Le Moyen Age, décidément prisé, inspire, entre autres, *La Chambre des dames* (1979) ou *Le Jeu de la patience* (1981) de Jeanne Bourin, *La Guerre des filles* (1981) de Christiane Singer. La Renaissance française revit dans une savoureuse trilogie de Robert Merle, au prix d'un travail rabelaisien sur le langage (*Fortune de France,* 1977, *En nos vertes années,* 1979, *Paris ma bonne ville,* 1980).

Le centenaire de la Commune vit ou fit paraître en 1971 deux gros romans, l'un venu de droite, *La Communarde* de Cecil Saint-Laurent (qui n'y retrouve pas l'allégresse de *Caroline chérie*), l'autre venu de gauche, *Le Canon fraternité* de Jean-Pierre Chabrol (du titre, le livre conserve les bons sentiments, mais aussi la pesanteur). Presque tout le passé historique de la France se voit ainsi dévoré par un public avide, jusqu'aux fastes de la colonisation (*Les Chevaux du soleil* de Jules Roy, *Fort Saganne* de Louis Gardel) ou aux misères de la vie rurale (*Le Pain noir* de G.-E. Clancier). Mais l'histoire américaine elle-même se voit apprêtée selon les recettes françaises dans la trilogie de Maurice Denuzière *(Louisiane, Fausse rivière, Bagatelle)* : le roman de plantation, sur fond de guerre de sécession, tire de curieux effets de ce qu'il réécrit et transpose le célèbre *Autant en emporte le vent* — réécriture comparable à celle de bien des

romans historiques à sujet français qui constituent autant d'hommages, avoués ou sournois, au père fondateur du genre, Alexandre Dumas.

Le roman historique peut devenir plus « littéraire », plus ambitieux et ne pas se contenter de satisfaire la fuite éperdue dans le passé (comme la science-fiction le fait pour un avenir lointain). On a déjà rappelé les maîtres-livres du genre : *La Semaine sainte, Mémoires d'Hadrien, L'Œuvre au noir, Le flagellant de Séville, Montociel, Gaspard, Melchior et Balthazar.* Même si le « roman historique » est souvent dépassé, déjoué, détourné, il n'en constitue pas moins la forme la plus attractive pour ces écrivains majeurs que sont Aragon, Yourcenar, Morand, Tournier. En marge de ces réussites-là, et parfois dans leur sillage, nombreux sont les romanciers qui s'interrogent, par le biais du roman, non plus tant sur une époque ou sur un événement donnés, mais, à partir de cette époque ou de cet événement, sur les origines et le sens même de notre propre culture, qu'ils optent pour une histoire imaginaire à la limite du pastiche et de la parodie, comme Jean d'Ormesson dans *La Gloire de l'Empire* (1971), ou qu'ils s'en tiennent à un événement réel, comme Pierre-Jean Rémy dans *Le Sac du palais d'été* (1971), non sans recourir lui aussi à la réécriture des textes anciens, ou comme Raymond Jean, exhumant dans *La Fontaine obscure* (1976) un procès de sorcellerie au XVIIᵉ siècle. Ainsi conçue, la recherche aboutit à un dispositif de reprise et de transformation de textes, dans le sens de la parodie, ou, plus généralement, de ce que Tynianov désigne sous le nom de « stylisation ».

Dans cette perspective, les derniers romans de Bertrand **Poirot-Delpech,** s'ils ne sont pas des romans historiques au sens propre du terme, semblent « styliser » au mieux la représentation de l'histoire dans le récit : *Les Grands de ce monde* (1976) évoquaient sur le mode de la fantaisie irréaliste les événements de 1968. *La Légende du siècle* (1980), fidèle à son titre doublement parodique, évoque sur le rythme de la bande dessinée les événements les plus célèbres et les milieux les plus fameux de tout le vingtième siècle. Poirot-Delpech ridiculise aussi les autobiographies de notables, les témoignages des comparses, les interviews radiophoniques ou télévisées, et l'universelle production (auto)biographique. Le siècle est raconté dans le style de la distinction par une aristocratique ganache, Ithiers Saint-Mars de Locquenay, familier de toutes les modes et de tous les snobismes, mais les derniers chapitres donnent la parole à Petit Roger, fils de ferme, coursier cycliste, qui raconte en style célinien comment il est devenu le « nègre » d'Ithiers, le fils du château, son ami d'enfance. L'autobiographie apocryphe et piégée, à double fond, permet ainsi une vaste satire et une démystification dont on se demande avec inquiétude si elle épargne un seul écrivain majeur de notre temps.

[Hautes figures]

Le narrateur vient d'évoquer, non sans malignité, ses rencontres avec les maréchaux Lyautey et de Lattre de Tassigny.

* Raid automobile de Beyrouth à Pékin, accompli en 1931-1932 par des voitures Citroën.

* Les « grands reporters » les plus connus des années trente.

On me demande souvent quel voyage m'a le plus marqué. J'avoue ne pas savoir. Si je réponds : la Chine en 1929, ou la croisière jaune*, on me soupçonnera de pose. On aura raison ! Pas un aventurier n'échappe au
5 cabotinage. Tout en vivant l'instant rare, nous mijotons l'anecdote à en tirer. Albert Londres et Kessel* m'ont avoué qu'ils n'auraient jamais pris autant de risques sans le soutien du public qu'ils se promettaient d'épater. Quand de Lattre, à Saïgon, exposait son ultime plan de
10 bataille, un jeune colosse marmonnait à côté de moi en fermant ses lourdes paupières — n'était-ce pas un certain Bodard ? : « J'ai vu le dernier proconsul de l'empire dessiner du bout de sa canne les rosaces de l'impuissance, tandis que sur les plateaux pelés comme des culs de singe,
15 les Viets sentaient la vengeance cruelle héritée des seigneurs de la guerre gonfler leur poitrine d'osier. J'ai vu... » C'est Malraux me confiant chez Lasserre, à propos d'un exploit qu'il n'était plus certain d'avoir accompli : « Ma plus grande aventure ? Mais la phrase
20 que j'en ai tirée, parbleu ! »
Moi aussi, je me suis surpris à bougonner des mots devant certains spectacles, pour me convaincre de leur rareté. D'écrire me les remémore. C'est le soleil inondant de grenat les îles Grenadines. C'est la mer de Chine se
25 plombant tout à coup tel un cratère, et le cyclone hésitant à l'horizon, dans des roses de coquillage. C'est Einstein se retournant au passage d'une joueuse de hand-ball, sur les gazons de Princeton. C'est la misère asiatique me jetant pour la première fois au visage, à Hong Kong, ses odeurs
30 de sperme et de savate.
Figures et propos fameux défilent au gré de secrètes logiques. Berlin, 1935, à une réception de la Wilhelm-

strasse, le cardinal Pacelli, alors nonce auprès du Reich, agite ses poignets étiques. On l'a questionné sur Staline. « *Il diavolo!* martèle-t-il, *e nella nostra religione, c'è posto solo per un diavolo!* » (C'est le diable, et dans notre religion il n'y a place que pour un diable!) Est-ce à dire qu'Hitler n'incarne pas aussi le mal? Le futur Pie XII est secoué de tics nerveux. Son expression se durcit derrière les lunettes cerclées de fer. Il confirme en allemand : « *Ein Teufel!* »

Il est de bon ton, dans l'intelligentsia molle, de frémir au spectacle du fanatisme. Quant à moi, je préfère aux gestionnaires réalistes la flamme des meneurs qu'inspire l'Absolu. J'ai aperçu cette brûlure chez l'ayatollah Khomeiny, le jour où il m'a reçu à Neauphle-le-Château*. Nous nous croisions souvent quand, du Moulin, j'allais acheter la presse. Un dimanche de 1976, je l'ai raccompagné jusqu'à la tente de mariage qui lui servait de mosquée. « Avec son pétrole, l'Iran peut mettre l'Occident à genoux! Le fera-t-il un jour? » demandai-je. Ses sourcils noirs se sont soulevés à peine.

— Si Dieu le veut !

* L'ayatollah Khomeiny y séjourna avant son retour en Iran, en 1978.

> Bertrand Poirot-Delpech, *La Légende du siècle,*
> éd. Gallimard.

— Il y était, il en était, il l'a vu, il l'a dit : la parade de la notoriété. Après la parodie préventive (1-20), le parodiste parodié par l'auteur : récits de voyages (21-30), formules célèbres réduites à des incohérences (35-41) ou à des platitudes (53).
— Les cibles : Teilhard de Chardin (la Croisière jaune), Lucien Bodard (reporter, auteur de *L'Aventure* sur de Lattre), Malraux (fidèle gourmet du restaurant Lasserre) et surtout toute la littérature des « confidents » des grands de ce monde (ex. : Tournoux : *La Tragédie du général, Pétain et de Gaulle, Le Mois de mai du général*, etc.).

Romans d'éducation

Le territoire du roman, quand il ne prend pas l'histoire pour matière, recoupe à peu près le domaine de l'autobiographie : il y est question du désir, de la passion et, un peu plus qu'avant, du sexe. Si on peut se permettre ce truisme, il n'est guère de roman qui ne parle d'amour : la décennie n'a pas modifié cette loi. On distinguera cependant une production romanesque soumise au code ancien, conforme au modèle flaubertien de *L'Éducation sentimentale,* et un autre roman, soumis celui-ci au code de la confession, et que l'on pourrait nommer « roman de l'Œdipe », à la fois roman familial au sens freudien et roman de l'identité sexuelle. Roland Barthes, en 1971, se demandait si le complexe d'Œdipe ne devait pas être préservé dans l'intérêt des lecteurs de roman : « La mort du Père enlèvera à la littérature beaucoup de ses plaisirs. S'il n'y a plus de Père, à quoi bon raconter des histoires ? Tout récit ne se ramène-t-il pas à l'Œdipe ? Raconter, n'est-ce pas toujours chercher son origine, dire ses démêlés avec la Loi, entrer dans la dialectique de l'attendrissement et de la haine ? Aujourd'hui on balance d'un même coup l'Œdipe et le récit ; on n'aime plus, on ne craint plus, on ne raconte plus. Comme fiction, l'Œdipe servait au moins à quelque chose, à faire de bons romans... » Barthes se trompe sans doute seulement en estimant révolu le temps de l'Œdipe et du roman. L'Œdipe peut, comme le roman, se démoder : il n'a pas le pouvoir de s'annuler.

On admet souvent que le « bildungs roman » ou roman de formation, d'éducation, d'apprentissage, tend à disparaître dès le début du vingtième siècle, en même temps que s'éloigne l'humanisme qui le nourrissait. Pourtant le roman d'éducation politico-sentimentale, illustré naguère par Aragon dans *Aurélien,* ou Drieu la Rochelle dans *Gilles,* paraît être la matière de maints romans actuels. Le retour des « hussards », quelque peu éteints dans les années 1960, correspond à la résurrection de ce genre. Michel Déon, de tous les « hussards » le plus fidèle aux nostalgies de la droite classique, va donner en 1970, avec *Les Poneys sauvages,* un ambitieux roman de génération qui met en scène les aventures de quelques amis au cours des années 1940, une « éducation européenne » qui, s'inspirant de la célèbre affaire d'espionnage Burgess-Mac Lean, évoque la déroute des valeurs occidentales. Le ton propre à Déon apparaît mieux dans *Un taxi mauve* (1973) : un style glacé et rigoureux s'allie à un romanesque échevelé, qui repose sur tous les mythes du roman familial freudien.

On verra le coup de maître de Déon dans *Le Jeune Homme vert* (1975) suivi des *Vingt ans du jeune homme vert* (1976). Le roman d'éducation s'installe aux limites du roman-feuilleton, du roman historique, du roman d'aventures : renchérissant

sur le romanesque, il accorde la force des grands mythes aux charmes du roman populaire, légèrement parodié. On peut y lire plus qu'une simple affabulation : un plaidoyer tenace pour les jeunes gens qui, sous l'Occupation, crurent en Maurras et l'Action française, et se virent mis à l'écart de la communauté française en 1945. Rancune ou sentiment d'injustice, une motion vindicative parcourt le livre et lui communique son tremblement.

Si Michel Déon est de vocation un romancier si contrôlé qu'il semble à la limite de la parodie, Jacques Laurent est beaucoup plus fantaisiste et même plus fou dans ses entreprises romanesques, en particulier dans ces deux romans qui se font pendant : *Les Bêtises* (1971) et *Les Sous-ensembles flous* (1981). Il faudrait ici, en marge de ces deux grands romans d'éducation, évoquer cet ensemble farfelu qu'est l'œuvre de Jacques Laurent. Sous le nom de Cécil Saint-Laurent, il a été l'auteur sous-estimé de *Caroline Chérie* et autres best-seller érotico-historiques *(Clotilde, Hortense 14-18)* : on y trouve tout de même l'imagination d'Alexandre Dumas, la compétence historique, et une liberté sensuelle qui fait paraître bien sinistre la littérature érotique ou pornographique qui prospère après 1968. Il dirigea l'hebdomadaire *Arts,* où apparurent les noms de Truffaut, Chabrol, Godard, Rohmer, critiques de cinéma juvéniles et intransigeants, et la revue *La Parisienne* qui regroupait autour de François Nourissier des écrivains d'opinions politiques très diverses. Le polémiste, qui ne cachait pas son appartenance à la droite, mais qui y mettait une inspiration libertaire, a écrit des pamphlets aussi remarquables qu'injustes, *Paul et Jean-Paul,* dirigé contre Sartre, *Mauriac sous de Gaulle,* dont le titre dit bien ses cibles. L'*Histoire égoïste* (1975) dira plus tard avec une rare netteté quel fut le parcours idéologique et littéraire de ce personnage stendhalien.

Les Bêtises conte les aventures et les mésaventures d'un homme qui, en même temps que sa génération, connaît la défaite de 1940, les errances de l'Occupation, les incertitudes entre le régime de Vichy et la

Résistance, la Libération, la guerre d'Indochine, la société de consommation, les voyages intercontinentaux. Le récit s'engage sur quatre plans différents : le roman écrit par le narrateur (« Les Bêtises de Cambrai ») ; en contrepoint de ce roman et comme pour en narrer les origines, l'autobiographie de son auteur (« L'Examen des bêtises de Cambrai ») ; le journal intime de cet auteur (« Le Vin quotidien ») ; enfin, un essai synthétique et réflexif (« Le Fin fond »), le tout relié et encadré par les présentations d'un éditeur aussi fictif que notre auteur. Certes Laurent annexe ici au roman traditionnel des recherches qui datent déjà, puisque Gide ou Nabokov ont excellé dans ces jeux d'un roman spéculaire, mais il les met en œuvre au bénéfice de l'illusion réaliste. C'est bien le cas de dire, à propos de cette grande machine baroque, que le roman d'aventures peut aussi raconter l'aventure du roman, et le récit d'apprentissage, l'apprentissage du récit.

Dans *Les Sous-ensembles flous* qui seraient plutôt le revers et le complément du roman d'éducation, la découverte de la mort imminente exaspère chez le héros les désirs de l'amour et de la création. Depuis *La Mort à Venise* de Thomas Mann, la mort concurrence l'amour comme sujet de roman, et l'on sait qu'Éros et Thanatos peuvent s'allier. Roman de la désintégration, et non plus de l'intégration, de la quête finale et non plus de l'entrée dans la vie, course de vitesse engagée avec la mort et avec l'échec inhérent à toute existence, *Les Sous-ensembles flous* (le titre désigne une indétermination fondamentale) valent par leur fièvre tragique, une culture en ébullition, et une gaieté fondamentale qui fait de ce testament romanesque un hymne à la vie.

Jacques Laurent n'est pas le seul à illustrer cette situation de l'homme de cinquante ans, en état de crise ou de rétrospective. Kléber Haedens dans *Adios* (1973), avec moins d'éclat mais beaucoup de finesse, retrace l'autobiographie à peine voilée de ce familier des terrains de rugby, éclairée par l'amour exclusif pour une femme disparue, assombrie par la certitude d'une mort imminente : ce sont les jeux de l'humour, de l'amour et de la mort. C'est par contre le thème plus classique de l'homme pris au milieu de sa vie et confronté avec son vieillissement qui va inspirer à François **Nourissier** une somme romanesque dont on semblait avoir perdu le secret, *L'Empire des nuages* (1981). Nourissier, moins âgé que les autres hussards, échappe à cette fixation sur les années 1940, qui les fait sans cesse réorganiser ce passé sur le mode du fantasme. Depuis 1968, date qui lui inspire quelque chagrin, l'œuvre de Nourissier, parfaitement maîtrisée, semblait s'installer dans un roman d'inspiration autobiographique, subtil et séduisant, mais difficile à lire autrement que comme une confidence indirecte (*Le Maître de maison,* 1968, *La Crève,* 1970, *Allemande,* 1973). Inversement, l'autobiographe ne retrouvait pas dans *Le Musée de l'homme* (1978) ce sens de l'autoportrait cruel qui faisait le prix d'*Un petit bourgeois*. Au contraire, avec *L'Empire des nuages,* le romancier impose, sans aucun recours aux jeux de la parodie, son pouvoir de création : cinquante personnages, autour de Burgonde, peintre fêté, puis délaissé, de l'abstraction lyrique, fournissent un microcosme convaincant de la France entre 1962 et 1974. Trois thèmes enlacés — la passion, ruineuse pour sa carrière, d'un peintre pour son œuvre, la passion d'un homme âgé pour une jeune femme, fruit vert des années soixante, la passion d'un père exposé à la vigilante agressivité de sa fille — font de ce livre l'exemple même du roman d'éducation converti en roman de la recherche et de la déchirure.

Félix de Recondo,
Fauteuil sur escalier,
1981.

[Agonies]

Burgonde, après avoir connu son premier échec de peintre à New York, prépare une exposition de dessins, *Agonies,* inspirés par la mort de son père. Il ignore que les directeurs de sa galerie (Ludo, Giorgio) ont décidé de ne pas exposer ces dessins qu'ils trouvent démodés.

Il a crevé l'abcès, cette fois. Il a dégorgé, pressé hor
de lui le pus. Toutes ses peurs et ses superstitions sont là
aux murs, noir sur blanc, prisonnières des dessins que
s'il excepte Ludo, personne encore n'a vus, et qu'il hésite
5 à montrer, comme s'il voulait prolonger son intimité
avec eux, de même qu'il avait tenu — moitié par la force
des choses, moitié par choix — à veiller seul sur son père
longtemps, sans pieuses présences ni café noir.

Un soir, pourtant, il amène Victoire* au Pataud*. « Le voilà, mon été ! » semble-t-il dire au fur et à mesure qu'il allume les spots. Il complète l'explication : « La mort de mon père, il y a douze ans, tu comprends ? » Comment ne comprendrait-elle pas ? Burgonde voit soudain les dessins avec les yeux de Victoire : des rictus, des yeux vides ou fous, de la peau déjà mitée, desquamée comme après un mois de cercueil, effilochée sur l'os comme une vieille soie sur un meuble fracassé. Les mains : des serres, des griffes recroquevillées, aux ongles jaunes et tordus que l'on n'a plus pris le soin de couper. Squelettes à peine vêtus de lambeaux de vie. Restes de chair entamée par la voracité impatiente de la mort. Voilà, il a dessiné cela, qu'il regarde Victoire regarder — accablé. Il s'éveille de son rêve. Il surveille sur le visage de Victoire chaque sentiment qui l'anime, la surprise, l'embarras, le dégoût, et cette espèce de pitié tendre qu'il ne voudrait pas qu'elle exprimât.

Son aveuglement durant, il se trompe sur ce qui roule dans la tête de Victoire. Dès qu'elle est entrée dans l'atelier et que Burgonde a allumé les lampes, elle a compris quelle aventure il venait de vivre, ce qu'elle signifiait, et ce qu'allait signifier le refus de la galerie. Allant d'un dessin à l'autre, tournant sur elle-même pour échapper aux regards de Burgonde, elle s'est remémoré les paroles de Giorgio et les a comprises. Refuser cela, ne pas reconnaître dans ces dessins la plus étrange et la plus grave aventure de Burgonde, essayer de l'en détourner, lui expliquer qu'il *se ferait du tort* en les montrant : autant lui dire qu'il est coupable d'exister. D'un coup, Victoire voit clair. Elle les entend d'ici ! Personne en 1970 ne dessine plus comme ça. Le thème est malsain, il fera peur. Burgonde devrait penser à sa situation, qui est à la fois enviable et précaire, à sa cote, qui est incertaine. Ces dessins ne sont pas vendables et il faut oser le dire, voir les choses en face. Ce mot — vendable — ne viendra qu'assorti de commentaires précautionneux, poudré de sucre. Il éclatera avec une brutalité de bon aloi, loyauté d'amis, rudesse nécessaire, etc. Oui, elle croit les entendre. Il faut absolument amortir le coup et ne pas laisser Burgonde se livrer à eux sans défense. Ils vont le massacrer.

Victoire, les mains moites, allume une cigarette. Elle sent, posé sur elle, l'étonnement de Burgonde. Elle a honte, bien sûr, de s'être tue, mais pouvait-elle savoir ? Ses torts, elle s'en occupera plus tard. Pour l'instant elle réfléchit le plus vite possible. A terme, les choses s'arran-

* La maîtresse de Burgonde.
* L'atelier du peintre.

geront. Huit galeries sur dix sont prêtes à exposer Bur
gonde. Il lui suffira de les solliciter. Et même cela pourr[a]
se faire élégamment : un intermédiaire, des amis. Mais l[e]
mal est ailleurs. Burgonde, trahi *maintenant* par so[n]
60 marchand, verra dans cette trahison une sentence san[s]
appel. Il se trouve à la fois à un sommet et à un défaut d[e]
son œuvre — même elle, Victoire, peut le sentir — et ceu[x]
qui l'abandonnent à cette étape le poignardent. Il ne s'[y]
attend pas, il est désarmé. Il a repris confiance et jamai[s]
65 Victoire ne l'avait vu aussi sûr de soi. Ils vont lui ouvri[r]
une trappe sous les pieds*.

* L'exposition n'aura aucun
succès mais inspirera un reten-
tissant article à... Aragon.

François Nourissier, *L'Empire des nuages,* éd. Grasset.

— **Deux regards (le peintre, sa jeune maîtresse) : jeux de la double focalisation (1-28, 29-66) et du discours indirect libre (39-50, 55-66).**

— **Ambiguïté de l'œuvre d'art et de la carrière d'artiste :** *L'Œuvre* **de Zola,** *La Semaine sainte* **d'Aragon, les** *Mémoires de Dirk Raspe* **de Drieu la Rochelle.**

— **Au-delà du drame personnel, l'histoire de la peinture contemporaine : après la vogue de la peinture abstraite des années 50, le retour, dans les années 70, à la figuration et au sujet ; en liaison, peut-être, avec l'extension de la photographie.**

Il n'est pas question de faire des hussards, ou de leurs cousins, les détenteurs
exclusifs de ce type de roman d'éducation,
de remise en question, ou de décomposition. Ainsi, un Paul Guimard, dans de très
brefs récits, comme *Les Choses de la vie* ou
Le Mauvais Temps, ou Jean-Louis Curtis
dans *Le Roseau pensant* ont contribué à
faire du quadragénaire guetté par l'accident (cardiaque ou automobile) le héros-
type de roman, dont un acteur comme
Michel Piccoli a été le représentant cinématographique par excellence. De même
Roger Grenier, dans *Ciné-roman* (1972)
sait faire renaître une adolescence provinciale dans les années 1930 ; cette histoire
d'un cinéma peu fréquenté, dont le héros
devient le projectionniste, parvient à refléter les illusions perdues de la petite bourgeoisie, et surtout l'apparition d'un merveilleux qui hante les mémoires et les
imaginations. Ce style tout en litote et
discrétion représente un mode subtil du
réalisme.

Du roman d'éducation, le roman du
couple ne constitue qu'une catégorie.

Certes, il y a pour le roman toutes sortes d[e]
spécialisations estimables : l'époque [a]
connu les romans maritimes de l'homm[e]
en tête à tête avec son voilier, les roman[s]
cynégétiques avec leur gibier bourré d[e]
symboles jusqu'à la gueule, les roman[s]
écologiques avec l'homme des bois ré[-]
dempteur d'une humanité civilisée et pol[-]
luée, les romans de la politique, présentan[t]
l'éternel député de l'ancienne majorité pri[s]
d'amour fou pour une vedette du « show-
business », les romans de l'artisanat, di[-]
sant l'infinie patience de nos ancêtres, le[s]
romans sportifs, religieux, médicaux, tau[-]
romachiques, universitaires, coloniaux[,]
décolonisateurs... Nous en passons, et d[e]
plus spécialisés encore : dans cette littéra[-]
ture presque corporative, le stéréotyp[e]
prospère pour le plus grand plaisir d[e]
divers publics catégoriels.

Le sujet privilégié demeure, cependant[,]
le couple, à travers les variations de l[a]
relation amoureuse, les complications de[s]
scénarios, la diversification des mœurs[.]
Peut-être le romancier a-t-il perdu ce qu[i]
était son image de marque, celle du fin[

nnaisseur de l'âme féminine, mais il 'est pas près d'abandonner le récit des ésastres ou des triomphes du couple. On eut ici réunir, sans qu'il y ait malignité, s derniers romans de Simenon (*La Main*, 968, *Il y a encore des noisetiers*, 1969) et s romans à forte teneur autobiographi- ue de Rezvani (*Les Années-Lula*, 1968, *fille aujourd'hui*, 1972), qui alternent épithalame du bon couple avec l'exor- isme du mauvais. Les romancières, elles ussi, elles surtout, traitent ce sujet avec es accents plus tragiques, depuis le récit rès nu de Françoise Lefèvre (*La Première Iabitude*, 1975), jusqu'au roman-gigogne abilement enchâssé de Marie Cardinal *Une vie pour deux*, 1979). Le monument aroque de Muriel Cerf (*Une passion*, 981), qui rivalise ostensiblement avec le hef-d'œuvre du genre, *Belle du Seigneur* l'A. Cohen, se situe de ce fait, une fois de lus, aux confins de la parodie.

A ce domaine, on peut rattacher la najeure partie de l'œuvre romanesque de Pascal **Lainé**, œuvre particulièrement re- résentative de notre période, aussi bien ar ses thèmes que par son écriture. En ffet, ses romans fonctionnent aussi bien ur le modèle du réalisme sociologique que ur celui de la recherche textuelle ou de la arodie généralisée. *L'Irrévolution* 1971), sans doute le meilleur témoignage ur l'après-68, joue sur les apparences du oman sociologique et met en scène les livers échecs de la communication. *La Dentellière* (1974), ou l'impossible liaison de la petite coiffeuse et de l'étudiant imbu de son savoir, n'est pas seulement une *Dame aux camélias* des années 1970, « love-story » qui a fait couler bien des larmes ; c'est aussi la mise en scène des inégalités culturelles qui implique une contestation et un renversement de la hiérarchie admise ; c'est enfin et surtout un jeu parodique qui, de Zola à Robbe- Grillet en passant par Proust ou la presse du cœur, accumule pastiches, possibles narratifs, doubles récits, intrusions du romancier, et qui pourtant procure finale- ment au lecteur l'émotion et l'impression d'authenticité. Après avoir poussé plus loin le jeu sur les textes de Céline et de Queneau dans un curieux démontage de souvenirs d'enfance (*Si on partait*, 1978), *L'Eau du miroir* (1979) propose de manière très limpide, mais non sans les jeux spécu- laires et les références vénitiennes contenues dans le titre, le naufrage implacable d'un couple. L'œuvre de Pascal Lainé, que nous aurions pu aussi bien situer dans le domaine de l'expérimentation, jouant comme elle le fait sur les distances de la réécriture, se révèle l'une des plus perspicaces sur le plan des mœurs et des mutations sociales. Dans ces quatre récits très divers, mais figurant tous l'impossible communication, on se plaît à reconnaître, selon le mot de Bertrand Poirot-Delpech « le miracle de communi- cation songeuse qu'on appelle la littéra- ture ».

[Pomme]

Et puis un jour, environ quatre mois après le début du jeûne, Pomme eut un malaise sur le chemin de la bouti- que, où elle persistait à se rendre (elle le lui avait pour- tant bien dit, la patronne, d'aller voir un médecin et de se reposer un peu ! Mais Pomme « se sentait très bien », au contraire ; elle était même plus affairée que d'habi- tude, et dans les derniers temps elle avait une espèce de gaieté nerveuse).

Elle tomba, au milieu d'un passage clouté, d'un seul coup. Il y eut un embouteillage, quelques instants, car la

Pomme (on ne connaît pas son vrai prénom), après la fin de sa liaison avec Aimery, retourne vivre chez sa mère, mais, at- teinte d'anorexie, elle s'affaiblit de plus en plus.

première voiture (le véhicule A), celle qui venait de freiner juste contre Pomme, ne pouvait pas repartir, bien sûr. fallait attendre que la voie soit dégagée. Les autres conducteurs, derrière (véhicules B, C, etc.), s'impatien-
15 taient. Ils donnaient des coups d'avertisseur. Le type dans le véhicule A, faisait des grands gestes qu'il n'y pouvait rien.

Deux femmes étaient accourues vers Pomme et tâ chaient de la faire se relever. Mais Pomme demeurait
20 inerte. Impossible de la remettre en marche.

Alors le chauffeur du véhicule A descendit pour aider les deux femmes à ramasser Pomme. On la porta sur le trottoir. Le type remonta dans sa voiture, qui était munie de phares antibrouillard à iode et de lève-glaces électri-
25 ques. En redémarrant il alluma sa radio et regarda se déployer son antenne automatique ; il eut une pensée pour la misérable jeune fille étendue sur le pavé, puis aussitôt une autre pour les peaux de mouton dont étaient recouverts ses sièges. Ces peaux faisaient chacune un
30 rectangle d'environ 50 sur 120 centimètres. Elles étaient fixées aux dossiers des sièges par des élastiques de couleur brune. La fourrure qui se trouvait sur le siège avant voisin de celui du conducteur, révélait une certaine usure en deux endroits qui devaient correspondre aux épaules et
35 aux fesses du passager (ou de la passagère).

Le conducteur jeta un coup d'œil sur son tachymètre où l'aiguille blanche se déplaçait en éventail, de gauche à droite, sur les chiffres verts marquant les vitesses de 20 en 20 km/h.
40 Le tableau de bord était en outre pourvu d'un compte-tours et d'une montre électrique. Celle-ci retardait d'envi ron dix minutes. Le compte-tours, qui était de fabrication étrangère comme tout le reste de la voiture, comportait des chiffres en demi-cercle, à la manière du tachymètre, mais
45 en moins grand nombre, de 10 à 80. La zone comprise entre « 60 » et « 80 » était d'une belle couleur rouge contrastant avec le fond uniformément gris de cet appareil de mesure. Au centre du cercle on pouvait lire la mysté rieuse inscription « RPM × 100 », et juste au-dessous, à la
50 manière d'une signature : « Veglia Borletti ».

A travers le pare-brise, qui faisait un angle d'environ 130° avec le capot avant (sous lequel on avait réuni les six cylindres du moteur), le conducteur vit que la chaussée était libre, maintenant, très loin devant lui.
55 Pomme a été conduite à l'hôpital. On n'a pas à savoir si elle va vivre ou si elle va mourir, n'est-ce pas ? De toute façon son destin est accompli. C'est elle-même qui en

Leonardo Cremonini,
Les Tiroirs à jours,
1977-78.

décidé du jour où elle ne voulut plus manger, où elle ne voulut plus rien demander à un monde qui lui avait si peu donné.

Quand elle dut quitter sa mère, car on l'emmenait dans un autre hôpital, loin en province, elle lui demanda de bien vouloir se rendre chez le jeune homme, parce qu'elle se sentait coupable à son égard. Elle sentait bien qu'il s'était ennuyé avec elle, et qu'elle l'avait souvent irrité. Elle ne savait pas pourquoi, mais les choses s'étaient passées ainsi. Elle aurait bien voulu que le jeune homme ne gardât pas un mauvais souvenir d'elle.

La mère de Pomme fit la commission le lundi suivant. Mais l'étudiant n'habitait plus la chambre. La concierge ne savait pas où il était maintenant. La dame pouvait quand même envoyer un mot chez ses parents. La concierge lui donna leur adresse en Normandie : cela parviendrait certainement au jeune homme.

75 Effectivement, Aimery de Béligné reçut la lettre d'excuses de Pomme et de la crémière quelques jours plus tard.

Mais restons encore un moment avec le futur conservateur ; regardons-le lire sa lettre, et puis nous nous éloigne-
80 rons de lui, nous l'abandonnerons à sa solitude. Quoi qu'il arrive elle sera moins morte que lui, Pomme. Et sur les ruines de son corps comme un petit tas de bois sec, le visage de la jeune noyée ne s'altérera pas. Il rayonnera pour ainsi dire de son chagrin, de sa noyade, de son
85 innocence pour l'éternité.

Pascal Lainé, *La Dentellière,* éd. Gallimard.

— **Une histoire tragique : la chute de Pomme destinée à l'internement dans un hôpital psychiatrique.**
— **Une narration ralentie, bigarrée, dédramatisée : parodie du constat d'accident (10-23), du descriptif publicitaire (24-53), et des descriptions du premier Robbe-Grillet.**
— **P. Lainé dans une mise en abyme à l'intérieur du roman : « Il n'y a peut-être pas d'écriture assez fine et déliée pour un être si fragile. C'est dans la transparence même de son ouvrage qu'il fallait faire apparaître la ''Dentellière'' : dans les jours entre les fils. »**

Romans de l'Œdipe

Tout enfant, selon Freud, est à certains âges un petit romancier qui rêve sur ses origines, s'imagine enfant trouvé ou bâtard, et par ces fantasmes, essaie de résoudre la crise œdipienne. De fait, toute une série de romans se présentent comme une remontée aux sources de l'identité sexuelle, comme l'organisation des fantasmes autour du père ou de la mère, ou du couple parental. Souvent le roman se distingue mal d'une autobiographie, sinon par la modification de l'identité des personnages ; souvent il concurrence la démarche psychanalytique, qu'il la conteste en la refusant, ou qu'il l'intègre en la mettant en scène. Le « roman du père » a souvent superposé au roman familial un roman politique, le fantasme de la culpa-

bilité dans les années de la Collaboration. Pour ne nous en tenir qu'aux « romans » (le seul critère, rappelons-le, étant la présentation éditoriale), citons, écrits par des romanciers nés après la guerre, la plupart des livres de Patrick Modiano (cf chap. 12), *Les Lauriers du lac de Constance* (1974) de Marie Chaix. Le roman du père peut aussi prendre la forme de la réparation posthume et de la recherche de soi : Françoise Lefèvre dans *Au bout du compte* (1977) exorcise le suicide d'un père, Olivier Todd dans *L'Année du crabe* (1971) conjure un abandon par la recherche et la capture d'un « père inconnu » qui coïncide avec la crise de la quarantaine. L'image du père castrateur immolant éternellement son fils, à la ma-

Alain Le Yaouanc, Souvenir de famille, *1976.*

nière d'Abraham, domine les romans de Jacques Chessex, en particulier *L'Ogre* (1973), lente marche au suicide d'un fils écrasé par la figure du père, ou le roman le plus « traditionnel » et le plus polyphonique d'Yves Navarre, *Le Jardin d'acclimation* (1980).

L'hommage à la mère ou, ce qui revient à peu près au même, l'acte d'accusation qui lui est rétrospectivement intenté, prend le plus souvent la forme du témoignage autobiographique, mais le roman aussi peut mettre en scène le corps de la mère, adoré ou abhorré. C'est le cas des romans de Lucien Bodard, tous obsédés par une « scène originaire » indépassable, *Monsieur le consul* (1972), *Le Fils du consul* (1975), *Anne-Marie* (1981), du *Têtard* (1976) de Jacques Lanzmann, du *Retour* (1972) de Jacques Borel.

Ce n'est pas seulement le couple parental qui sert de matière à la fiction et à la mémoire, mais aussi le couple fraternel, surtout quand il est déparié par une mort brutale. Il serait injuste de ne pas retenir de l'œuvre souvent tapageuse de Jean-Edern Hallier ce récit lyrique et bouleversant, *Le Premier qui dort réveille l'autre* (1977). Serait-il excessif de mettre à la hauteur des *Météores* de Tournier *A l'autre bout de moi* (1979) de Marie-Thérèse Humbert, récit d'une jeunesse à l'Ile Maurice, lettre d'une jumelle survivante à la jumelle morte, chant de haine et d'amour pour le double perdu ? Le thème de la gémellité antagoniste, comme celui du métissage dans la société coloniale, prend ici les dimensions d'un mythe fondamental.

A des degrés variés d'élaboration littéraire, le thème homosexuel (le terme déplairait aux écrivains en question, mais l'usage n'en a pas imposé d'autre) nourrit ce type de romans. Très démonstratif, mais d'une grande probité, *L'Étoile rose* (1978) de Dominique Fernandez tourne peu à peu à l'essai et au plaidoyer. Avec ténacité, Yves Navarre, dans une douzaine de romans publiés depuis 1970, prend et reprend le chemin des souvenirs d'enfance, les configurations familiales, les amours, mais aussi et surtout les ruptures entre garçons, la quête d'une identité « sensuelle » qui parait coïncider avec un travail ininterrompu, toujours recommencé, de l'écriture (*Les Loukoums,* 1973, *Le Cœur qui cogne,* 1974, *Killer,* 1975, *Le Temps voulu,* 1978). Le ton de Navarre, juste dosage de tendresse et de provocation, parfois guetté par le ressassement, se reconnaît aisément et s'est imposé, faisant sortir le thème de l'amour masculin de la littérature spécialisée.

Moins traditionnels dans la forme, obstinément attachés à la perfection d'une phrase qui rappelle Proust ou Claude Simon, les romans d'Angelo **Rinaldi** affectent, le plus souvent, l'allure du retour d'un narrateur au pays natal, la Corse : par un jeu savant de déplacements, de silences, et d'agressions cinglantes, c'est toujours le progrès d'une narration à la première personne dans l'inextricable de l'enfance et de l'adolescence, le réseau des figures féminines et des objets du désir. Les dernières lignes de *La Dernière Fête de l'Empire* (1980) conviendraient assez bien à l'ensemble de l'œuvre (*La Maison des Atlantes,* 1972, *L'Éducation de l'oubli,* 1974, *Les Dames de France,* 1979) : « C'est ainsi qu'un jour, par hasard, nous nous rappelons tant de visages, tant de choses, mais il n'y a plus personne pour se souvenir de nous, et nous sommes encore vivants. »

[L'Empire]

Le narrateur revient dans son île natale. Il se retrouve, pour la dernière fois, au café de l'Empire, que sa mère, épuisée, vient de vendre.

J'étais assis dans un box — le seul qu'il y eût à l'Empire, et que l'on continuait de désigner comme le coin du Sénateur parce qu'un homme politique, pendant quelques années, une matinée par mois en moyenne, y
5 avait trôné, reçu des quémandeurs, écouté des doléances, son prestige ayant renouvelé le fond de la clientèle et redoré le blason de l'établissement, qu'il sauvait ainsi de la faillite. Les ressorts qui avaient crevé, par endroits, la moleskine de la banquette, piquaient les fesses ; on n'y

avait pas remédié : le Sénateur était mort depuis longtemps.

Sans même bouger, on transpirait, ma bière avait tiédi,
mais du champagne fraîchissait dans la glacière qu'un
électricien avait enfin transformée en réfrigérateur ; ma
mère, qui avait cru qu'elle resterait à son poste jusqu'à
l'été suivant, avait encore déploré ces frais inutiles, dix
minutes plus tôt. Elle qui, contrainte par son métier au
rabâchage, s'était toujours limitée avec moi à dire l'essentiel, maintenant ressassait. Combien de fois aussi avait-
elle répété le prix et le nombre de bouteilles que l'on
s'apprêtait à déboucher ? Des promeneurs ralentissaient
le pas pour jeter un coup d'œil à l'intérieur de la salle,
flairant quelque drame, cherchant l'avis de décès placardé
sur la façade, à côté de l'inscription en creux, « American
piano bar ». On avait déjà rentré les tables et les chaises
de la terrasse, remisé les deux parasols dont un certain
frémissement des franges — à qui savait observer —
annonçait le vent du sud porteur de pluies, et tiré les
grilles pour ne laisser qu'un étroit passage. On s'accordait
une pause en attendant les invités. Pourquoi me trou-
vais-je ici ? Pour assister à la sortie de prison d'une
recluse, fêter sa levée d'écrou ? Tant d'années, je n'étais
pas venu, invoquant à la dernière minute des raisons
professionnelles pour me dérober, quand une lettre, déjà,
m'avait promis mon plat préféré. Un chèque enveloppait
ma dérobade, et il servait à renouveler la tapisserie de ma
chambre d'enfant où je ne dormirais pas davantage la
saison suivante, malgré les serments ; ma mère gobait, en
apparence, toutes les excuses que je lui fournissais avec ce
luxe de détails qui ne trahit le menteur que lorsqu'il n'est
pas aimé par ceux qui l'écoutent. Et pendant que je
voyageais, ne rencontrant jamais que des corps, elle
continuait de se lever à l'aube, sans autre aide, à la
maison, que celle d'une voisine qui la déchargeait des
travaux de lessive. Le soir, un client de bonne volonté lui
prêtait main forte pour replier les parasols ; ensuite, elle
regagnait l'appartement pour somnoler dans le fauteuil
crapaud, une assiette de potage sur les genoux, devant le
téléviseur que je lui avais acheté. Car je ne lésinais pas. En
lui versant de l'argent — pas mal d'argent même, si je
traversais une bonne passe — je me croyais quitte de tout,
absous de lui mesurer chichement ma présence. En vérité,
la vue d'une femme qui, ayant pointé à l'usine à l'âge de
quinze ans, vieillissait en faction derrière un comptoir,
troublait mon confort, me replongeait dans une enfance
d'incertitudes et de peurs et d'envies, compromettait

l'armistice avec des souvenirs dont je me repentais d'avoir eu honte, tel celui de l'élève de philo à l'éternel nœud papillon, le fils du pharmacien de la rue Tortoni, qui, à la
60 récréation, le bras tendu, criait à mon approche, avec un claquement précautionneux des doigts : « Garçon, un demi sans faux col, s'il vous plaît. »

Angelo Rinaldi, *La Dernière Fête de l'Empire,*
éd. Gallimard.

— **Deux niveaux de narration et de rétrospection dans la continuité des imparfaits, singulatifs (17-32) ou itératifs (32-57). Phrase sinueuse, chargée d'incidences (26-28, 50-51), bouclée par des clausules cruelles (1-8, 52-62).**
— **Mère et fils ; de détail en détail, approche indirecte du motif fondamental (inquiétude, humiliation).**
— **« Tout roman tourne sans doute autour d'une petite phrase d'aveu que l'auteur ne connaît pas et qui lui échappe. » (Rinaldi, Interview à *Lire*.)**

Autobiographies

Depuis 1968 — mais l'évolution avait commencé depuis plusieurs années déjà — l'autobiographie a cessé d'être un genre sporadique ou subalterne pour devenir un genre autonome. Mieux, elle exerce une véritable tyrannie et semble contaminer les autres genres (poésie, prose fragmentaire, théâtre, essai) qui recourent de plus en plus souvent à une première personne, qui est celle de l'auteur, et que l'on pourrait dire « référentielle ». L'autobiographie, qui se définit par le refus du fictif, peut aussi, par souci du « vécu », ou de l'authentique, récuser le littéraire et prétendre à la simplicité du document — ce qui ne lui épargne pas, loin de là, les pièges de la mauvaise littérature, mais la fait entrer dans les phénomènes complexes de la consommation de masse. Le phénomène est devenu si universel qu'on s'étonnerait de voir une personnalité de quelque notoriété, homme politique, vedette de la chanson, étoile de cinéma, ou délinquant de quelque envergure, qui n'ait pas écrit, ou signé, le récit de sa vie qu'elle viendra promouvoir sur les ondes et les écrans de la télévision. Le conseil que donnait Paul-han, « devenir célèbre avant de publier un livre », n'a jamais été autant d'actualité. L'autobiographie est devenue un simple rite d'initiation qui consacre l'entrée dans le monde du vedettariat. Le public, lui, assouvit sa soif de « vécu », de communication, dans ces produits interchangeables dont le principe de fabrication repose bien souvent sur un abus de confiance : le héros vit, parle sa vie, signe, — l'écrivain, interviewer ou « nègre », rédige, fabrique, et disparaît de la scène, bientôt sollicité par l'éditeur de travailler anonymement pour d'autres célébrités.

La plupart des « best-sellers » ainsi fabriqués, retombés dans l'oubli après une saison, appartiennent à cette catégorie, et l'on serait bien en peine d'y découvrir la « révélation d'un écrivain », ainsi que le proclame la critique ou la... publicité. A ces autobiographies au magnétophone qui ne parviennent pas à accéder au statut de livres, on préférera les dialogues ou les interviews simplement retranscrits et organisés par un rédacteur (Henri Lefebvre *Le Temps des méprises,* 1973 ; Jean-Paul Sartre : « Autoportrait à 70 ans », 1975

Raymond Aron : *Le Spectateur engagé,* 1981 ; Romain Gary : *La Nuit sera calme,* 1974 . Mais on y trouvera en général peu d'informations inédites, peu de confidences, point de style ni de marques littéraires nettes. C'est le questionnaire qui règne ici, et l'écrivain, dans ses réponses, ne trouve jamais sa voie propre. Christiane Rochefort, dans *Ma vie revue et corrigée par l'auteur* (1978), curieux livre né d'une série d'entretiens, mais retourné contre le genre du livre-interview, se livre à une critique acerbe de ce processus de fabrication : « Le rapport interviewer-interviewé, en instaurant des rôles, stérilise la parole. Moi-interviewé, je suis l'unique existant, vedette, livré au narcissisme et au ressassement du moi-ronron. L'autre n'est rien : supposé ne pas exister et pourtant là, occupant la position irréelle d'objectivité, face à un soi-disant sujet qui n'est en fait que l'objet, la matière de la transaction. L'interviewer n'a aucun pouvoir. Mais l'interviewé non plus : ce sont les questions qui l'ont, je suis au pouvoir des questions, qui coupent toute éventuelle "dérive", auxquelles je dois obéir, et qui me font régresser au stade de l'élève interrogé par le Maître, bien que celui-ci se dénie comme tel et soit traité en serviteur — mais il y en a un, Maître, quelque part : c'est celui qui a ourdi, et exploite, ce dispositif où nous sommes l'un et l'autre ligotés, et frappés d'inexistence. »

Par contre, quand la personne interrogée n'est pas choisie pour sa célébrité, mais précisément pour son anonymat, et que l'écrivain s'efforce au mieux de transcrire le récit oral, des textes révélateurs et captivants apparaissent, qui enrichissent autant l'histoire ou l'anthropologie que la littérature : *Grenadou, paysan français* d'Ephraïm Grenadou et Alain Prevost, *La Vie d'une famille ouvrière* de Jacques Destray, *Louis Lengrand, mineur du Nord,* de Louis Lengrand et Maria Craipeau ; enfin — et c'est peut-être le modèle du genre — *Gaston Lucas, serrurier, chronique de l'anti-héros,* d'Adelaïde Blasquez. On voit que dans les génériques même l'incertitude règne sur la part du héros et celle du rédacteur, en somme sur l'identité de l'auteur. Dans ce même type d'écrits à tendance anthropologique, se range un grand succès de librairie, *Le Cheval d'orgueil* de Pierre-Jakez Hélias : écrite d'abord en breton, publiée en français, cette « auto-ethno-graphie » écarte la situation de l'interview, puisque pour une fois informateur indigène et auteur lettré ne font qu'un. Il s'agit de sauver la mémoire d'une communauté menacée. N'est-ce pas aussi le propos de **Cavanna,** ancien dessinateur, journaliste-fondateur de *Hara-Kiri,* quand il compose, semaine après semaine, sa saga des *Ritals* (1978) et des *Russkoffs* (1979) suivies de *Bête et Méchant* (1980) ? A travers ses souvenirs d'enfance, Cavanna reconstitue et exalte la vie d'une communauté italienne émigrée dans la banlieue Est de Paris, très pauvre et très chaleureuse. Avec un talent qui rappelle celui de Céline, si on pouvait imaginer un Céline tendre et solidaire, Cavanna nous prouve que, pour restituer une culture, l'instrument littéraire est décidément supérieur au magnétophone.

[Le conditionnel présent]

Je me rends bien compte qu'il y a des gens pas comme nous. Les patronnes* de maman, par exemple. Aussi les gens qui disent « je » dans les livres : ils ont une robe de chambre, ils lisent des vieilles éditions très précieuses, ils ont un domestique fidèle qui leur apporte le cognac sur un plateau, quand ils prennent le train il y a un porteur

Nogent-sur-Marne, vers 1936 ; « C'est un gosse qui parle. Il a entre 6 et 16 ans, ça dépend des fois [...] Des fois il parle au présent, et des fois au passé. »

* La mère du narrateur fait des ménages, son père est maçon, quand il n'est pas chômeur.

qui porte leurs valises, ils font des citations latines en conversant avec de vieux amis, ils sont très spirituels et très instruits. Aussi les gens qu'on voit au cinéma, dans
10 des chambres à coucher en satin blanc où il y a des femmes blondes platinées en déshabillé transparent avec du duvet de cygne. Aussi les gens sur les affiches et dans les publicités des journaux, toujours bien habillés, complet-veston, chapeau, ils sont si contents d'avoir acheté
15 une Renault, elle est tellement plus confortable, plus sûre, plus rapide, et quelle économie !... Ces gens-là, comment dire, c'est pas du vrai. Ça existe sur les affiches, sur l'écran, dans les livres, derrière les façades des villas silencieuses où maman va laver. Pas dans la vie. Quand je
20 dis « les gens », je pense pas à eux. Faut que je fasse un effort pour penser à eux comme à du monde. Pas question de les envier, de comparer, de me dire qu'un jour je voudrais être comme eux, pas question, puisqu'ils n'existent pas pour de vrai, que c'est une espèce de monde
25 imaginaire, conventionnel, dont il n'y a pas à tenir compte dans la vraie vie de tous les jours. Peut-être que je suis tout simplement un peu con ?

Je suis pas humilié qu'on soit pauvres, puisque j'y pense pas. Simplement, ça me gêne, des fois, quand il y
30 a des trucs que j'aurais envie d'avoir et que je peux pas parce que c'est des choses qui s'achètent et que c'est même pas la peine d'en parler à la maison, impensable, chez nous on n'achète pas, et ça me choque pas, ça me paraît normal, ces choses qui me font envie sont des
35 choses pour les gens des affiches et du déshabillé à plumes de cygne, comme eux elles sont de l'autre côté, dans ce monde de littérature, de l'autre côté de cette espèce de vitre.

Alors, bon, quand j'ai trop envie des choses, je fais
40 comme si je les avais. Je les ai au conditionnel présent. C'est formidable, le conditionnel présent. T'as tout ce que tu veux, t'es le maître du monde, t'es le Bon Dieu.

Par exemple, je me plante devant la vitrine à Ohresser, le marchand de vélos et de jouets superchics de la
45 Grande-Rue. Les semaines d'avant Noël, il installe une vitrine fantastique, Ohresser. Des circuits de trains électriques très compliqués, cinq ou six trains qui se croisent se doublent, se courent au cul, s'arrêtent tout seuls juste avant de se tamponner, font marche arrière, repartent
50 sifflent, avec des aiguillages automatiques, des sémaphores qui claquent, des signaux qui s'allument de toutes les couleurs, des tunnels, des petites maisons, des montagnes, des vaches sur les montagnes... Je m'écrase le nez

la vitre, des heures je reste, les pieds gelés, je me dis intensément j'aurais (conditionnel présent) ce wagon-là, et celui-là, et le wagon-citerne, là, c'est chouette un wagon-citerne, avec sa petite échelle sur le côté, et le wagon à bestiaux que les portes s'ouvrent pour de vrai, et j'aurais ce signal, là, il est joli, et celui-là, il fait sérieux, et cette passerelle, et, et... C'est terriblement exaltant, le conditionnel présent. J'en arrive à un état d'excitation mentale très intense, je possède vraiment tout ce que je désigne, suffit de dire dans ma tête « j'aurais », c'est fait. Mais avant de le dire, j'hésite, longuement, douloureusement, entre deux wagons qui me plaisent autant, c'est l'un ou l'autre, pas les deux, décide-toi, me demandez pas pourquoi, c'est comme ça, faut que ce soit comme ça, si c'est trop facile y a pas de plaisir.

Cavanna, *Les Ritals,* éd. Belfond.

— Le salut par la grammaire : « Mais les grammaires, quel régal ! — Je sais, c'est très mal porté de dire ça, au jour d'aujourd'hui. L'orthographe est un instrument de torture forgé par la classe dominante pour snober les croquants, la grammaire est un galimatias insultant toute logique et toute cohérence, la langue française dans son ensemble un tas de boue tout juste bon à entraver l'essor de la pensée. Voilà comme on doit causer [...] Si vous saviez, petits cons, ce qu'on peut se marrer avec des virgules et des passés simples (que vous appelez "imparfaits du subjonctif" en vous croyant malins !), si vous saviez ! » (Cavanna.)

Pour une large part, l'expansion du genre autobiographique constitue le dernier avatar de cette « littérature à l'estomac » que dénonçait Gracq dès 1950. Mais, par ailleurs, c'est dans cette expansion que se font jour les tentatives les plus intéressantes de ces dernières années. Comment définir ce champ d'expériences ? Il est de bonne méthode de s'en tenir à la définition proposée par Philippe Lejeune dans son livre fondamental *Le Pacte autobiographique* : « Écrit rétrospectif en prose qu'une personne réelle fait de sa propre existence, lorsqu'elle met l'accent sur sa vie individuelle, en particulier sur l'histoire de sa propre personnalité. » Mais au-delà de l'autobiographie ainsi définie, conforme au modèle narratif des *Confessions* de Rousseau, se déploie un espace autobiographique plus large où coexistent et se mêlent, au gré des recherches d'écriture, l'autoportrait, le journal intime, le genre épistolaire, le journal de voyage, les mémoires historiques, l'essai philosophique narrativisé, l'écriture fragmentaire, le carnet de notes. On considérera donc au sens large comme autobiographique toute écriture référentielle à la première personne comportant une manière de pacte avec le lecteur.

Et d'abord les textes, si divers, des grands anciens de la décennie, qui en viennent au genre autobiographique, mais pour le contourner ou pour le déjouer. Pour Aragon, Malraux, Sartre, Mauriac, il n'est pas question d'avouer ni de se raconter ; ces grands fauves des lettres, dans leurs livres d'interviews ou dans leurs textes d'apparence personnelle, déploient toute leur habileté à se cacher et ne jamais s'exposer : anti-autobiographies, pourrait-on dire, en prenant comme référence positive, pour cette génération, l'œuvre de Michel Leiris. A cette tendance échappe Julien Green qui, après tant de romans tourmentés, de journaux incomplets, de souvenirs allusifs, passe aux aveux dans *Jeunesse* (1974) et donne, cinquante ans après *Si le grain ne meurt* de Gide, un récit classique et mesuré du choix homosexuel. Ce passage aux aveux inspire à Marcel Jouhandeau une prolixité dans la confession et la notation, qui risque de décourager le lecteur avant le vingt-sixième volume des *Journaliers*. Si l'autobiographie au sens strict ne peut donner lieu qu'à un seul ouvrage et se laisse difficilement réexploiter, l'autoportrait, lui, surtout quand il adopte l'allure fragmentaire, se prête aux reprises et aux retouches. Marcel Arland, peut-être le moins tapageur des écrivains de sa génération, a sans doute été celui qui exploite le mieux les ressources de l'autoportrait, de la rêverie rétrospective, des souvenirs littéraires : mais il reste discret et secret dans l'effusion même (*Proche du silence*, 1973, *Avons-nous vécu ?* 1977, *Ce fut ainsi*, 1978). Henry de Montherlant, l'un des plus insincères de ces grands écrivains et des plus réfractaires à toute confidence exacte, devait donner, peu avant son suicide stoïcien, un livre explicitement autobiographique, texte remarquable qui ne brille pas par la sincérité des aveux, mais par une construction savante qui rapproche la jeunesse perdue et la mort imminente autour d'un vide, celui de la confession manquante : *Mais aimons-nous ceux que nous aimons ?* (1972) est né de l'exaspération que provoqua chez son auteur la relecture de son roman *Le Songe* (1922), et se présente donc comme le contrepoint biographique d'une fiction. Et c'est bien l'évocation des années de jeunesse vouées au sport, au plaisir, à la tauromachie, mais aussi la marche lente du narrateur vers le suicide, indiqué dans un récit de rêve, étrange post-scriptum qui tient lieu de la confession éludée. Le suicide de Montherlant, si conforme à une prédication constante, est venu authentifier après coup toute une partie de son œuvre, dont on commençait à douter, et singulièrement ce dernier écrit testamentaire. On peut penser qu'ici, comme dans le « seppuhu » rituel de Mishima, le suicide apparaît comme un dernier acte d'écrivain, la caution ultime conférée à un

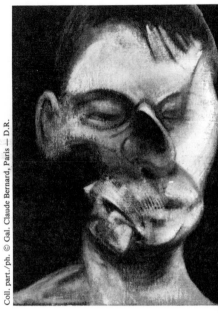

Coll. part./ph. © Gal. Claude Bernard, Paris — D.R.

type de textes qui doivent être crus sur parole et à la lettre.

L'aventure de Georges Simenon, explorateur de toutes les formes du récit, est plus singulière. En 1974, Simenon abandonne le roman pour l'autobiographie, et la machine à écrire pour le magnétophone. Il va inaugurer la série de ces *Dictées* (une dizaine de volumes dont l'allure de « journal parlé » a désarmé les critiques) par une pathétique *Lettre à ma mère* (1974), en fait monologue enregistré au magnétophone, adressé à une mère morte à quatre-vingt-onze ans, recherche ultime d'un accord impossible entre mère et fils. Mais voici que Simenon, à soixante-dix-huit ans, renonce à cette forme de littérature orale, et qu'il revient au stylo pour des *Mémoires intimes* (1981) qui viennent s'articuler sur *Pedigree* (1948), autobiographie abandonnée. Il s'agit en fait d'une énorme « lettre à sa fille », disparue tragiquement, lettre posthume qu'il est malaisé de juger selon des critères littéraires. On voit ce-

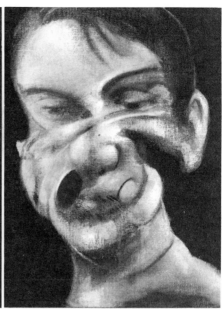

Francis Bacon, Auto-portrait, *1975.*

pendant que le grand âge excelle dans ce type d'écrits, comme en témoigne Maurice Genevoix qui à quatre-vingt-dix ans n'a jamais mieux maîtrisé son écriture aux infinies ressources (*Trente mille jours,* 1980) ou son art de conteur oral, à la radio et à la télévision.

Les œuvres les plus significatives du genre, et les plus révélatrices sur notre période, sont le fait de la génération suivante, celle qui naquit dans les années vingt ou peu s'en faut, qui connut la Seconde Guerre mondiale, ses antécédents et ses conséquences, et qui, littérairement, fut un peu gênée par l'éclat de ses prédécesseurs. En outre, pour Claude Roy, Claude Mauriac ou Jean-Louis Bory, leurs succès et leur talent de journaliste ont fait oublier leurs qualités d'écrivain. Leur point commun se situe dans un double projet d'autobiographe et de mémorialiste qui ne sépare pas l'intérêt pour une histoire individuelle de l'intérêt pour l'Histoire. Ces deux grandes directions de l'en-

treprise autobiographique sont explorées et articulées dans la trilogie de Claude **Roy** : *Moi Je* (1969), *Nous* (1972), *Somme toute* (1975), trilogie qui couronne pour l'instant une œuvre variée et abondante, de poète, romancier et critique. Dans le premier volume, le narrateur, personnage aux multiples talents, tente de ressaisir l'unité d'une personnalité mobile afin d'arriver au point de vue qui permettrait d'affirmer « voici celui que je suis » : « Où est le dernier moi, qui jugera tous les autres, et pourra les absoudre, parce qu'enfin délivré d'être sempiternellement un moi ? » Et Claude Roy d'attaquer les figures imposées de l'autobiographie, l'enfance, l'adolescence, la découverte du sexe, de soi et de l'autre, du temps et de la mort, la formation intellectuelle, les rites d'initiation à l'âge d'homme.

Nous retrace le trajet idéologique d'un jeune homme qui, libéré de l'influence de Maurras, rejoint le Parti communiste à travers la guerre et la Résistance, y demeure jusqu'à l'inévitable exclusion lors des événements de Hongrie (1956), rupture plus que politique qui met en cause la personne tout entière. Ces mémoires politiques, très ouverts, sont aussi des souvenirs littéraires où l'on trouvera d'incisifs portraits des écrivains des années 1940-1960, notamment de Breton, Aragon et Éluard. Le troisième volume, *Somme toute,* multiplie les innovations formelles, jeux de l'énonciation et de l'identité, recourt à toutes les personnes pronominales. Des séquences de poésie, des montages de citations intitulés « Odeurs du temps », alternent avec les chapitres proprement autobiographiques, eux-mêmes entremêlés de pages datées de journal intime. Et le dernier chapitre « La troisième personne d'un singulier » vient faire coïncider le récit d'une vie avec les modalités du récit : « *Il* disait autrefois "moi je" ". *Il* voulut dire : "Nous". Il est maintenant tenté de dire, réduit à dire *Il.* » Claude Roy, dont les recherches formelles font penser à celles du dernier Leiris, a donné ici le miroir d'une personne, d'une époque et d'une culture, mais un miroir, comme il convient, savamment brisé. C'est aussi la saga des intellectuels français de gauche, que l'on pourrait confronter à celle d'un autre exclu d'un Parti communiste, Jorge Semprun, qui dans *L'Autobiographie de Federico Sanchez* (1977, traduit de l'espagnol) a procuré une démonstration convaincante de la possibilité de l'autobiographie à la deuxième personne, et un témoignage politique sans égal.

[Né coupable]

Extrait du chapitre « Le Retour non éternel », où l'auteur fait alterner le récit de ses amours et de ses engagements politiques avec ses souvenirs d'enfance.

La première leçon que me donna mon père, dont j'ai gardé mémoire, cette leçon de silence qui a gravé à jamais dans ma petite anthologie du « par cœur » les vers inégaux de *La Mort du Loup,* ce n'était rien d'autre
5 que la leçon que je croyais tirer de toute son image lorsque je la contemplais — de loin. Il était pour moi la statue et la stature calme du silence. Il était grand, fort, pesant, taciturne, froid par maladresse autant que par horreur du *mouillé.* Il était tout ce que je n'étais pas, je
10 désespérais d'être. Il avait l'involontaire dureté des Dieux austères, qui rabrouent l'effusion du fidèle et découragent l'élan du sacerdoce. Je désespérais de l'égaler. Si j'ai, depuis, entrevu sa faiblesse, deviné sa fissure, et retourné parfois en ressentiment apitoyé la vénération
15 effrayée qu'il m'inspirait, il eut longtemps pour moi cette armure intacte du chevalier vaincu, et désespéré. Un épicurien sentimental admirait un stoïcien silencieux. Le doux mépris lassé qu'il marquait à ma mère m'embrassait dans sa réprobation. J'étais de la race maudite des exubé-
20 rants bavards, soubresautant d'émotions et d'élans, le cœur sur la main, la main sur le cœur, le visage toujours vulnérable et nu de trop exprimer les mouvements de leur cœur. Il y avait de l'autre côté d'un abîme que je ne franchirais jamais les Grands Calmes, les hautaines citer-
25 nes d'amertume et de silence. Je ne me sentais pas devant

mon père faible seulement de ma petitesse en face de sa
stature, de mon agitation en face de sa réserve, de mon
ébullition d'eau vive en face de son poli de bronze. Car
j'étais non seulement désarmé — mais indigne. Né coupable. Il m'a fallu vivre mille ans pour entrevoir enfin la
chance d'être innocent, et de ne m'avouer coupable qu'à
partir de cette innocence première.

L'homme est un loup malin et pénétrant pour
l'homme. J'ai toujours, je ne dis pas : prêté le flanc, mais
tendu la joue, offert le cœur, à qui sut user (abuser) de ce
sentiment premier d'*indignité*. Je suis entré dans la vie en
plaidant coupable. Parfois j'essaie de masquer ma faiblesse, de faire le fanfaron, de croire qu'on ne s'apercevra
de rien, que ça passera à l'as. Je m'illusionne des illusions
que j'essaie d'imposer. Je prends l'air dégagé, faraud,
hâbleur ou séducteur. Mais ils vont bien finir par s'apercevoir que je suis un bagnard en rupture de ban, que j'ai
un casier judiciaire chargé. Ils vont voir la trace de
l'anneau et de la chaîne à mes chevilles. Je serai cuit,
repris. J'ai vécu des années en liberté provisoire. En péril
d'être *fait aux pattes*.

Aussi ai-je longtemps abordé les Grandes Amours et
les Grandes Causes comme l'évadé mal assuré frappe à la
porte d'un refuge. J'ai toujours été étonné devant les
êtres à qui je semblais « en imposer », ou que je paraissais
réchauffer. Émerveillé qu'on puisse m'aimer, moi le
paria, qu'on puisse recevoir de moi, le démuni. Depuis
que j'écris, les lettres de lecteurs inconnus, qui parfois
disent me savoir gré, les confidences de ceux qui me
confient que je les ai tirés d'affaire, ou aidés : je n'en
reviens pas. Qu'on puisse avoir *besoin* de moi me stupé-
fie toujours. M'enchante, me fait chanter. Je ris en me
voyant si beau dans le miroir des autres*.

Pour une femme possessive, pour un parti exigeant, je
suis la recrue rêvée. « Soldat consciencieux et zélé, il
suffit d'une bonne parole et de savoir lui montrer sa
confiance pour qu'il serve avec une efficacité et un allant
dignes de tous les éloges. S'il rechigne ou se fatigue,
mettre habilement l'accent sur le sentiment de culpabilité. » Je suis sûr que cette note confidentielle a circulé
souvent. Elle n'était d'ailleurs pas nécessaire. Un peu
d'instinct suffit, cette sagacité que nous avons tous,
d'appuyer juste là où ça fait mal.

* Allusion au *Faust* de Gou-
nod : « Je ris de me voir si belle en
ce miroir. »

Claude Roy, *Moi je,* éd. Gallimard.

— Fragment organisé autour du thème de la culpabilité ; système très souple des temps et des personnes (présent-passé ; il-je).

— Refus du tragique et même du sérieux : plaisir des mot (7, 34, 57) ; goût des formules (16, 19, 43), des images (le loup, le prisonnier), du langage familier (3, 46, 64), de la parodie (32, 55, etc.) — et pourtant, par moments, un certain pathétique (12, 63-64).

— Autobiographie et psychanalyse existentielle : l'autobiographie contemporaine est forcément « d'après Freud » (la relation père-fils), mais aussi d'après Malraux et Sartre (la liberté, la culpabilité).

On rattachera à ce même espace autobiographique l'entreprise de Claude Mauriac dans les six volumes du *Temps immobile* (1974-1981). Après un certain nombre de romans intéressants qu'on a rattachés au genre du « nouveau roman », Claude Mauriac, qui n'a cessé d'être hanté par le problème philosophique du Temps, a l'idée d'utiliser un journal intime qu'il tient depuis des décennies pour en composer, dans l'esprit du montage cinématographique, une mosaïque de fragments arrangés non selon l'ordre chronologique mais selon des associations et des superpositions très diverses, et en y insérant le journal de l'œuvre en train de se faire ou plutôt de se monter. Certes l'intérêt historique n'est pas mince de ce parcours qui mène un enfant de la bourgeoisie du gaullisme au gauchisme, et de cette prodigieuse attention à tout ce qui a pu être dit par les ténors de plusieurs générations littéraires ou politiques ; mais Claude Mauriac offre beaucoup plus qu'un *Journal des Goncourt* du XXe siècle : l'intrusion du nouveau roman dans le journal intime et dans le journalisme. Collisions, analogies, superpositions aboutissent tantôt à l'impression de « temps immobile », tantôt à celle de « l'éternité parfois », dans un questionnement de l'identité et de la temporalité. Recourant à des textes de son père et de ses aïeux, mais aussi de ses contemporains, le rédacteur monte une étrange machine inter textuelle, qui constitue peut-être l'image la plus exacte de telle ou telle époque. Enfin, si l'auteur ne devient pas, comme il l'ambitionne, le Proust ou le Joyce du journal intime

éclaté, il construit cependant un « roman » du plus haut intérêt : peu de récits de l'Œdipe plus prenants que cette longue lutte d'un écrivain modeste et scrupuleux, avec l'image d'un père dominateur et surdoué, lutte qui se termine par l'incontestable réussite d'une œuvre, pleine de probité et d'ambition.

Comme Claude Roy, Jean-Louis **Bory** a prodigué sa verve et sa générosité dans une œuvre abondante qui témoigne du génie de la communication ou plutôt de la complicité. Romancier, il édifie, à partir de *Mon village à l'heure allemande* (1945), une vaste saga intitulée « Par temps et marées » où s'expriment, entre autres, les aléas de l'amour homosexuel ; il tente l'expérience d'un roman entièrement improvisé au magnétophone (*Le Pied*, 1977). Mais on ne retrouve pas tout à fait dans ce roman les dons éblouissants du journaliste, du critique de cinéma, du militant qui ne cesse de plaider pour la reconnaissance du fait homosexuel, avec une sincérité qui exclut l'apitoiement et la provocation. On peut préférer, dans cette œuvre multiforme, un petit livre de circonstances paru dans la collection « Idée fixe », *Ma moitié d'orange* (1972). Il s'agit d'un autoportrait, à la manière de l'*Essai sur moi-même* de Jouhandeau, plein d'humour, de fantaisie, d'invention verbale. Mais il en va aussi de la recherche des origines, de l'effort de rendre compte d'une identité et d'un destin, de l'angoisse de surmonter la mort et le vieillissement. La mort volontaire du narrateur, en 1980, a ajouté une dimension tragique à ce livre si tonique.

[Jean-Louis Denis]

Mon père se prénommait Louis. Ma mère se pré-nomme Jeanne. Le temps des verbes éclaire : j'ai perdu mon père, ce qui s'appelle perdre, comme on perd un trousseau de clefs, et certaines portes en effet ne s'ou-vrent plus ; j'ai gardé ma mère, je la garde, c'est une de mes chances.

C'est le chapitre 'A' de cet essai autobiographique.

Jeanne, Louis. Logique, non ? si le doux fruit de leur union se prénomme Jean-Louis.

Ma mère espérait une fille. Pour obtenir enfin la poupée idéale dont rêvent les gamines : L'« en chair et en os » qui bat des cils, couine, fait pipi, dit papa-maman, sans recours à une machinerie désenchantante. Cette fille indubitable, on la baptiserait Denise. Ma mère, habitée de ce têtard qui allait devenir moi, rêvait, les doigts dans du ruban rose*.

Il fallut virer soudain du rose au bleu. Changement de dragées, plutôt brutal. Le chiendent, c'est qu'il est resté du rose en moi. Caché profond, au plus obscur, dans cette nuit tiède où l'incertitude entre le bleu et le rose se prépare à jouer les plus vilains tours. Les rubans des robes de baptême s'y font serpents, lianes, lassos, tout un arsenal de lacets, rets et résilles, fils et cordes, bandelet-tes, qui, dans une moiteur complice de jungle intime, embobinent telle ou telle partie de l'être, ligotent ce geste, actionnent cet autre d'une imprévisible momie que son embaumement inachevé, toujours en cours, loin de para-lyser, agite et dont la gesticulation dérange.

* La coutume attribuait le rose aux petites filles, le bleu aux petits garçons.

La découverte dans la topographie de ma toute neuve personne, d'un détail surnuméraire non prévu pour le paysage, ne tua pas Denise. Virilisée in extremis, elle figure dans mon identité sous la forme de ce prénom superfétatoire, l'inusité, pire : l'inutilisable, celui qu'on ne souligne pas dans les passeports. *Jean-Louis* Denis. C'était concéder à la fausse momie ce bas-bout de table où l'on case le cousin pauvre, le parent qu'on a failli oublier, ou dont on rougit et que l'on craint de voir se tenir mal.

N'empêche : Denise est là. Petite bonne femme vit encore. Non plus travesti condamné à l'humilité par le grand jour policier des contrôles d'identité, mais clandes-tine odalisque que j'imagine ivoirine et pourtant spon-gieuse, de cette flaccidité élastique des champignons

proliférant au fond des cavernes. Dans mes pires moments de faiblesse ou de fatigue, je la sens qui se lève,
45 plus moelleuse que molle. Sournoise, elle sort de ma nuit.

Jean-Louis Bory, *Ma moitié d'orange,* éd. Julliard.

— **Masculin-féminin : jeux sur les prénoms, les emblèmes des sexes, les métaphores de la féminité ; volubilité et invention verbales.**
— **Sur la portée du témoignage, cf. R.J. Stoller :** *L'Identité sexuelle* **; sur ce sujet, le roman français, au** XIX· **siècle, a devancé la psychanalyse :** *Mademoiselle de Maupin* **de Th.** Gautier, *Sarrasine* **et** *La Fille aux yeux d'or,* **de Balzac.**
— **« Une œuvre fondamentalement inquiète, et qui transmet euphoriquement une inquiétude tous terrains, un inconfort qui a ses lumières. » (D. Oster.)**

Pascal Jardin (1934-1980) appartient à la génération suivante, mais les hasards de l'histoire ont fait de ce fils d'un haut fonctionnaire malencontreusement chef de cabinet de Pierre Laval à Vichy, le témoin fasciné, à neuf ans, des grandes heures de la Collaboration, de l'Occupation, de l'épuration. Ce qu'il a vu, ou ce qu'il a cru voir — car souvenirs, fantasmes, fabulations sincères se mêlent ici dans un cocktail assez grisant — Pascal Jardin l'a projeté dans une suite autobiographique, vouée manifestement à la réhabilitation de son père authentique, Jean Jardin, et toute imprégnée de la magie de Paul Morand, son père littéraire (*La Guerre à neuf ans,* 1971, *Guerre après guerre,* 1973, *Le Nain jaune,* 1978, *La Bête à bon dieu,* 1981). Mondain et marginal, snob et exclu, Pascal Jardin n'en finit pas de retrouver dans une enfance dorée et tragique les névroses de l'adulte et la vocation de l'écrivain. Ce hussard blessé a moins convaincu dans ses romans ; scénariste et dialoguiste de cinéma ayant contribué à près de cent films, il a au moins une fois écrit une histoire exemplaire, *Le Vieux Fusil* (1973), où l'on retrouve son sens de visionnaire pour les images de l'Occupation en France.

L'autobiographie n'est plus aujourd'hui le privilège du grand âge ou du milieu de la vie, on va donc y retrouver des auteurs plus jeunes qui rendent compte de notre époque. Par son titre, par son projet, par son exécution, *Grand Reportage* de Michèle **Manceaux** nous paraît l'une des autobiographies les plus représentatives de ces dernières années. Comme dans *Les Mots pour le dire* de Marie Cardinal (*cf.* p. 237), la narratrice fait coïncider le récit d'une psychanalyse, la rétrospective d'une vie, la prospective d'un avenir difficile : l'histoire échappe ainsi à la banalité de l'ordre chronologique et prend l'aspect d'une composition éclatée, conforme à l'investigation analytique. Journaliste engagée à gauche, puis dans le gauchisme, Michèle Manceaux connaît les désillusions du militantisme, l'épreuve du chômage, la lutte contre la dépression nerveuse. Du meilleur journalisme l'écriture a les vertus et les limites, mais la composition, concertée et dramatique, a l'efficacité du meilleur montage. Peut-être le pouvoir de communication et d'information s'obtient-il au détriment de la recherche littéraire dont on sent l'auteur capable ; la même remarque vaudrait pour *Un fils rebelle* d'Olivier Todd, *Le Refuge et la source, L'Ère des ruptures* de Jean Daniel, pour citer quelques écrivains rompus au métier du journalisme. Au contraire, Bernard Frank, obsédé par cet univers du journalisme parisien, invente, en marge de l'autobiographie, une forme qui n'appartient qu'à lui, faite de chroniques, de souvenirs d'enfance, de mises en scène de ses névroses et de parodie allègre : le succès de *Solde* (1980) a fait oublier la réussite de *Un siècle déborde* (1971), qui annonçait les thèmes en vogue dans la décennie.

[Vivre malgré tout]

Lundi 28 mars 1977

Plonger, partir, s'évanouir, terminer. Le noir. Panique pour tout. Je dois aller pointer au chômage aujourd'hui. Cela devient question de vie ou de mort. Si j'oublie le pointage auquel, justement, je pense, je vais mourir. La représentation de ma mort me surprend à chaque instant.

Hier soir, Nathalie*, qui sourit toujours, s'est effondrée en me voyant sur mon lit. Elle a dit : « Je n'en peux plus de ta tristesse. » Elle pleurait. J'ai ravalé mes larmes. Itinéraire Avallon*. Elle m'a fait avaler des raviolis en boîte. Je n'aurais pas mangé si elle n'avait pas préparé ce plat. Je n'arriverai plus du tout à manger quand ma dernière enfant aura quitté la maison.

Je lis dans un journal l'interview d'une romancière à succès. Elle dit qu'elle ne supporte plus les femmes pleurnichardes, la mode de l'écriture féminine, le délire féminin. Je me sens encore une fois condamnée. Je suis une femme, je pleure et je délire. Heureusement, elle ajoute qu'Emma Bovary lui semble le personnage le plus ennuyeux de la littérature. Cette romancière a choisi la désinvolture mais n'est-ce pas pour elle le moyen de se cacher ses troubles et ses opacités ? Tous les moyens sont bons. Le cynisme l'aide à surmonter l'absurde. Je n'ai plus la force du cynisme et de l'humour. Je souffre de plein fouet. Je m'empoigne pour rire encore parfois, pour paraître légère aux proches qui ne me supportent plus. Comment être dupe de mes pirouettes ? Je sais maintenant ce que signifie « se taper la tête contre les murs », essayer de percer les murs. Je suffoque. Je prends un somnifère. Je gagne du temps. Infatigable espérance. Mes trois enfants me pressent. Si je les quitte, je les condamne aussi à cet abandon qui vient du fond des âges. Cet abandon, ils l'ont déjà subi mais se consolent comme la plupart des hommes et des femmes. Je crains de les laisser encore plus démunis si je ne leur donne plus l'exemple. Non seulement ils veulent ma vie mais ils veulent mon sourire. Je m'accable de ne pouvoir répondre à leur demande. Je me trouve des alibis. Ils m'oublieront. Ma douleur ne les contaminera plus. Ils affronteront la vie sans le poids de mes peines. Mais de toute manière, présente ou pas, je ne peux être qu'un poids. C'est le rôle immonde des mères, filles éternellement insatisfaites qui prennent des revanches pourries.

Ma grand-mère hurlant de rire à la mort de sa fille, ne

* Fille (en fait belle-fille) de la narratrice.

* Ces mots énigmatiques (association libre ? souvenirs de rêve ?) servent de sous-titre à l'ensemble du récit.

supportant pas la perte et glissant dans la folie, ma mère
45 fuyant dans le mensonge, masque sur masque, forcenée
jalouse et ma tante s'étouffant dignement sous les lieux
communs, ne respirant qu'à travers sa progéniture.

Toutes ces femmes dont je ne suis que le prolonge-
ment, vais-je en transmettre l'horrible héritage à mes
50 pauvres enfants ?

Vivre malgré tout serait peut-être rompre la transmission. A condition de vivre apaisée, mais si cette paix n'est
que feinte, leurre, autre masque, je ne les tranquilliserai
pas. On ne trompe pas ses enfants.

Michèle Manceaux, *Grand Reportage,* éd. du Seuil.

— **Journal de bord d'une dépression :** notations elliptiques (1-13), associations
libres (8, 9), imprécations (41, 50) : narration orale d'un monologue intérieur déjà
marqué par la psychanalyse (32-34).

— **Ambivalences de la mère** (protectrice/destructrice), de la mort (désirée/repous-
sée), des enfants (6, 12, 35, 40, 54).

— **Document brut ou texte travaillé ?** « Mais quel effort je demande au lecteur !
M'écouter, moi, mes petites affaires. Alors que personne n'écoute personne. Mon
style sera-t-il assez coulant, saccadé, imprévisible pour qu'à chaque phrase, le lecteur
ait envie d'aller plus loin, de découvrir avec moi comment je m'en tire ? » (M.
Manceaux.)

On ne quittera pas le domaine de l'autobiographie sans évoquer des témoignages
liés aux idéologies de notre temps. Mais il
est difficile de distinguer dans beaucoup de
cas les textes susceptibles de durer ou de
survivre, quand ils ont perdu leur effet de
surprise ou épuisé leur pouvoir d'information. Au bout de quelques années, on ne se
souvient plus guère de ces autobiographies
qui firent, en leur temps, grand bruit.
Ainsi, les mémoires d'anciens surréalistes
risquent de ne plus susciter que l'intérêt
des historiens, ou la nostalgie des fidèles.
Communisme et gaullisme voient leurs
exclus avides de rendre compte de leurs
itinéraires. On renonce à compter, d'autre
part, les mémoires des anciens Collaborateurs, depuis les volontaires de la L.V.F.
jusqu'aux intellectuels du mouvement
(Raymond Abellio : *Ma dernière mémoire, Un faubourg de Toulouse, Sol
invictus*) : il est vrai que la distance est ici
de mise, et l'auteur de *Ma dernière mémoire* le justifie de la sorte : « Une vie ne
permet de vrai retour sur soi que lorsque

son sens lui est devenu clair, quand sont
tombés les voiles de la naïveté, de l'ignorance, de l'activisme, et qu'elle a ainsi
connu sa *deuxième* naissance, au sens
où l'on dit que le Bouddha est né deux
fois. » Toute conversion comportant l'illusion d'une seconde naissance, on comprend la prolifération des récits de l'adhésion, de l'abjuration et de l'exclusion : du
côté du christianisme, l'exercice autobiographique conserve ses lettres de noblesse
(*Dieu existe, je l'ai rencontré* d'André
Frossard). L'expérience de l'action révolutionnaire a provoqué deux textes remarquables qu'il est tentant d'associer, Les
*Souvenirs obscurs d'un juif polonais né en
France,* témoignage écrit par Pierre Goldmann dans sa prison, *Les Rendez-vous
manqués* de Régis Debray, à la fois autobiographie politique et biographie suppo-
sée de Pierre Goldmann : le cri abrupt et
âpre du premier, le brio rhétorique du
second résonnent étrangement dans un
même espace biographique.

Récits de voyage

Rien de plus traditionnel, de plus français, que le récit de voyage, même si les chefs-d'œuvre du genre, au XXe siècle, *L'Afrique fantôme* (1934) de Michel Leiris, *La Chronique du XXe siècle* de Paul Morand, les *Tristes Tropiques* (1956) de Claude Lévi-Strauss, s'écrivaient déjà en haine du voyage et en dérision d'un type de narration stéréotypée. « Le voyage, écrit le dernier nommé, est une duperie : tout cela paraît vrai à qui n'en a vu que les ombres » : le récit ethnographique dissout les illusions du pittoresque ou de l'exotisme. Voici que dans les années 1970, le voyage intercontinental se démocratise au point de rendre difficile d'écrire, comme Barrès ou Giono (cf. *Lit. 45*, p. 323), les éblouissements d'un voyage en Italie. En réaction à ce tourisme de masse, s'institue un discours élitaire et arrogant, dont Bruckner et Finkielkraut opèrent le démontage et la parodie dans un réjouissant essai, *Au coin de la rue, l'aventure* (1978). Le récit de voyage ne s'est pas tari pour autant, mais il s'est diversifié et sophistiqué ; il renonce le plus souvent à concurrencer le guide touristique pour mettre en scène les visions d'un voyageur. Le « voyage en Chine » fait exception à cette règle : jusqu'en 1976, il donne lieu à des volumes d'autant plus copieux que le séjour a été bref, et devient un inévitable rite d'intégration à la haute intelligentsia. De ces best-sellers vite dévalués, il est charitable d'oublier les titres et les auteurs. Les témoignages de militants français sur de longs séjours en Chine (*L'Écorce des pierres* de Claudie et Jacques Broyelle) ou en U.R.S.S. (*Rue du prolétaire rouge* de Nina et Jean Kehayan) ont beaucoup plus de prix : c'est l'expérience de la vie quotidienne, au ras du sol, qui fait l'intérêt de ces carnets de notes d'un exil volontaire.

Le voyage peut se détacher au contraire du reportage, recourir à un « Je » autobiographique, et parfois traverser des contrées dont le degré de réalité et d'imaginaire est indécis, en particulier quand il s'agit de l'Extrême-Orient devenu, après 1968, le grand pôle d'attraction. En témoigne, parmi d'autres, *L'Inde des grands chemins* de Jack Thieuloy, littérature du vagabondage, où l'on sent l'influence des grands trimardeurs d'Amérique, Miller, Kerouac, Burroughs. On préférera peut-être *L'Antivoyage* (1974) de Muriel **Cerf** qui, avec *Les Rois et les voleurs* (1975), souvenirs d'adolescence à peine romancés, constitue le brillant diptyque d'une jeunesse et l'image crédible d'une génération.

Il est aussi possible de se replier sur notre territoire national et de jouer d'un genre mille fois illustré dans le passé, de confronter les textes et les terres, les lectures et les rencontres. Jacques Lacarrière, quand il n'évoque pas la Grèce d'hier et d'aujourd'hui, retrouve les attraits du voyage pédestre en France et se donne un style érudit, méditatif et poétique qui lui est propre (*Chemin faisant,* 1977). Mais qu'il s'agisse de France ou de Patagonie, c'est assurément Henri Michaux, l'auteur du voyage réel en *Ecuador* ou fictif en *Grande Garabagne,* ou des incursions dans « le lointain intérieur » ou « l'espace du dedans », qui inspire toute une littérature de l'étranger et de l'étrange. Gilles **Lapouge**, dans ses *Équinoxiales* (1977), se situe bien dans cette lignée et à cette hauteur. Le récit de voyage devient autobiographie, mais plus fantaisiste et plus elliptique qu'une autobiographie classique.

[Les déesses cradingues]

> « *Les phénomènes de la vie peuvent être comparés à un*
> *rêve, un phantasme, une bulle d'air, une ombre, la rosée*
> *miroitante, la lueur de l'éclair, et ainsi doivent-ils être*
> *contemplés.* »
>
> Le Bouddha,
> dans le *Sûtra immuable.*

Les déesses cradingues. Les mômes de la route, les
tendres voyageuses au jean blanc à l'endroit des fesses,
des poux et des étoiles dans leurs cheveux rougis au
henné, celles qui traversent le monde avec une cantine
5 militaire et les yeux frappés d'illusion. Et aussi toutes les
enfants de l'Asie, poussées comme des champignons
miraculeux au cœur de cette moisissure géante, les filles-
lotus émergées du marécage, toutes les déesses védiques
dégringolées sur la terre encore flamboyantes du feu du
10 ciel.

J'ai vu Devi l'épouse de Çiva laver sa culotte dans les
fontaines de Katmandou, Kâli la noire s'épouiller avec la
minutie d'une mère babouin, Radhâ la bergère chiquer le
bétel et cracher par terre des jets de salive rouge, les
15 bayadères d'Angkor continuer leur ronde déhanchée à
Bangkok le long de Patpong Road et faire le tapin à
Klong Toï, j'ai filé cent baths à Lakshmî sortie de sa mer
de lait pour me masser le dos au Takara Palace, j'ai croisé
le fatal regard de la princesse Sita parmi les beautés en
20 cage d'un bordel de Bombay, les apsaras de Khajurâho
ont dansé rien que pour moi et j'ai pénétré dans le
gynécée de Siddhârtha avant qu'il ne devienne Bouddha
quand il veillait encore sur le sommeil de ses femmes.

J'ai cru qu'elles étaient à moi toutes les Schéhérazades
25 de mes puantes mille et une nuits, j'ai essayé de les retenir
par le bord de leur sari ourlé de queues de comètes, je les
ai senties palpiter comme des papillons captifs, j'ai ouvert
les mains il n'y restait plus qu'un peu de poudre micacée.
Alors j'ai compris qu'elles étaient insaisissables les apsa-
30 ras les asouras les devatas les dâkinîs et les princesses, que
leurs voiles de soie crissants comme des élytres ne recou-
vraient que l'irréalité, le jeu frivole absurde et funèbre de
la vie et de la mort, qu'elles appartenaient bien au monde
de mâyâ l'Illusion, la chatoyante compagne de voyage
35 qui marchait à mes côtés dans les moments d'extase ou au
milieu des désastres ; à travers les trous de ses fripes
idéales comme le paletot de Rimbaud on pouvait voir
tournoyer les charognards dans le ciel démesuré.

Muriel Cerf, *L'Antivoyage,* éd. Gallimard.

— Tous les panthéons de l'Extrême-Orient convoqués et ramenés au quotidien : du sacré au profane (11-14, 17-23), du sublime au sordide (15-17, 36-38).

— Union constante (1, 3, 7-9) de deux registres opposés : le merveilleux de la religion, le familier (16, 25) de l'errance misérable. Poétique de la dissonance et du dérapage.

— Poème en prose qui se réfère explicitement à « Ma Bohême » de Rimbaud, implicitement au « Bateau ivre » (anaphores, 11, 24, 29) ; les jeux sur les noms propres évoquent plutôt Paul Morand *(Bouddha vivant).*

[Amazonie, Nordeste...]

A Belem do Para, à Manaus, à Santarem, on ne fixe pas l'heure des rendez-vous. On se rencontre avant la pluie ou après la pluie, c'est bien simple. Il faut dire que les pluies de l'Amazonie sont sérieuses. Elles ont rarement du retard. Elles prennent fin à l'heure dite.

Leur maniement requiert pourtant de l'habileté et une longue habitude car la pluie change d'horaires au long des saisons. Il n'y a guère qu'un Amazonien de souche pour se débrouiller dans ces calendriers subtils.

Les autres, les étrangers, se trompent. Ils arrivent au beau milieu de l'averse ou bien ils se trompent d'orage et le rendez-vous est manqué, la jeune fille n'est plus là. Parfois, elle vous attend dans une autre pluie. Ainsi, à Belem, j'ai raté un coup de foudre.

A Koenigsberg, les habitants réglaient leurs oignons sur les allées et venues de Kant qui faisait son entrée sur la place de la ville, chaque jour, à midi juste. Si j'étais philosophe, je vois bien le parti que je tirerais d'une comparaison entre les oignons de Kant et les pluies de Belem.

A mesure de ce voyage, le temps se dispersait. Il s'effilochait comme un vieux tricot et bientôt il n'en resterait rien. Une débandade. Dieu sait si le temps m'intimide, si je suis sensible à ses manœuvres et voilà que je le regardais de haut, je reprenais du poil de la bête et presque je le méprisais. Rien de remarquable en ceci : pour point de départ, São Paulo, pleine de montres, et ensuite, des contrées de plus en plus insoumises aux horloges, Amazonie, Nordeste...

C'est aussi que ce voyage traversait des régions bien solitaires. Dans ses meilleurs moments, il m'a empêché de rencontré le moindre humain pendant plusieurs jours. Ou bien, si je croisais des hommes et des femmes, je m'ingéniais à ne pas leur parler. Je voulais voir un peu ce que

35 devient un pays quand on le débarrasse de la voix des hommes, de tous leurs discours.

Dans la solitude, le temps fondait comme du sucre. J'ai même pensé qu'un homme seul, dans un pays inhabité, et malgré le soleil et la lune, bondit tout d'un 40 coup hors du temps, comme un clown traverse un cercle de papier et il retombe de l'autre côté, en étrange contrée, oui, après huit jours de mutisme, je pensais que *le temps, c'est l'autre.* Maintenant, je ne sais plus trop.

Il est constant qu'un homme du Nordeste vous de-45 mande l'heure. Mais j'ai tout de même été un peu étonné que l'on m'interroge à trois reprises, sur le jour de la semaine ; d'où revenaient-ils, ces paysans, de quels écarts ?

Les petites églises du Nordeste possèdent souvent des 50 horloges, bien visibles, au-dessous du clocher. Les aiguilles sont peintes sur le cadran.

Gilles Lapouge, *Équinoxiales,* éd. Flammarion.

— **Récit de voyage, enquête ethnologique, expérience mystique ?** Au lieu d'une exploration de l'espace, des variations sur le temps : chronologique (2, 5, 45), historique (15-20), météorologique (10-14), métaphysique (22-36).

— **Composition par fragments et ruptures,** provoquant des effets d'étrangeté humoristique (15, 22, 37) renforcés par l'imprévu des comparaisons et des images (19-20, 37, 40).

— **La confusion des genres :** « J'allais dans un pays et dans mon souvenir ensemble. Deux moments de ma vie s'étaient entortillés [...] Le Brésil est mon autobiographie, je l'ai parcouru comme on relit un journal intime. » (G. Lapouge.)

Indécidables ou autofictions

Jusqu'à une date récente, il n'était pas trop difficile de distinguer le roman de l'autobiographie. Le livre de Philippe Lejeune, *Le Pacte autobiographique* (1974) a clairement mis en évidence l'existence de contrats de lectures caractérisant les deux genres. Cependant, et c'est un trait marquant des dernières années, apparaissent une série de textes « indécidables » qui entendent déjouer l'opposition entre roman et autobiographie, et font de cette indécidabilité leur attrait spécifique. Au vrai, avant même que les procédures du pacte autobiographique aient été analysées par les poéticiens, certains écrivains les avaient intuitivement déjouées dans d'étranges « romans » dont le protagoniste porte le même *nom* que le narrateur et l'auteur, identité qui caractérise indubitablement l'autobiographie. De tels textes glissent vers les jeux de la fantaisie, les oscillations de la rêverie suggèrent obstinément, sinon une aliénation véritable, du moins que « je est un autre », selon la formule de Rimbaud. C'est là le charme, au sens fort du mot, des romans de

François-Régis Bastide, tout bruissants des échos de la musique romantique et du romantisme allemand, oniriques et biographiques à la fois (*La Vie rêvée*, 1962, *La Fantaisie du voyageur*, 1976, *L'Enchanteur et nous*, 1981). Dans un registre à la fois plus humoristique et plus désespéré, Antoine **Blondin**, dès l'ouverture de *Monsieur Jadis ou l'école du soir* (1970), annonce une confession et des mensonges, s'abrite derrière la formule du Tout-Un-Chacun « Ma vie est un roman » et, pour décliner l'identité de son héros-narrateur, écrit cette phrase initiale : « Longtemps j'ai cru que je m'appelais Blondin, mon nom véritable est Jadis. » « L'identité, quel fier principe ! » concluera avec dérision le narrateur, qui se résout à ne plus vivre à la troisième personne, dans une vie qui n'était qu'un pastiche de la vie. La détresse de vivre et le bonheur d'écrire se résolvent ici dans des miracles d'équilibre stylistiques, dignes d'un funambule échappant toujours à la chute.

[Un homme de plus tard]

Cependant, derrière moi, l'Institut s'endormait en chien de fusil dans la saignée de la rue Mazarine, sa coupole brodée d'or enfoncée jusqu'aux yeux comme un bonnet de nuit. J'allais doucement, du pas d'un humaniste qui arpente son jardin, flattant aux étalages des marchands d'occasions le pelage des livres, qui peuvent être féroces quand on ne les a pas lus. Une fois de plus, je jouais... ce jeudi-ci, à revenir de la séance académique du dictionnaire. Je me perdais dans le rêve exquis d'un goûter de mots. J'étais serein, j'avais cent ans, ce qui ne m'empêchait pas d'être ébloui par les longues cuisses sous les jupes courtes. Et j'étais persuadé, si le caprice m'en prenait, que je pouvais redevenir un bel étudiant pour me mêler à ces garçons et à ces filles qui tenaient le haut du pavé.

A Paris, vers 1968, le narrateur se retrouve dans un commissariat de police. Il a été interpellé alors qu'il se promenait près du carrefour de Buci à six heures du soir.

Souvent, je me surprends dans une glace ; ce que j'y vois m'intrigue. Voilà que je ne me ressemble plus du tout. A peine ai-je l'air d'un fragment de moi-même et, sur mon visage, on déchiffre mal le résumé des chapitres précédents. Il n'est pas possible que les autres ne voient que cette image en rupture avec ce qu'elle recouvre, qu'ils ne pressentent pas ce qu'il y a derrière. Ces cheveux clairsemés, cette bouche démeublée, ces yeux qui peinent à accommoder sont un déguisement. L'être qu'il cache n'est autre que le jeune homme que j'étais, que je demeure. Entendons-nous : pas question de devenir un de ces vieux messieurs qui ont gardé le cœur jeune, je suis ce jeune homme dont l'enveloppe s'est usée.

Il m'arrive, au détour d'un instant, d'éprouver l'impression aveuglante que je me trouve, au moment même,

Roland Topor,
A travers le miroir, *1979.*

sur une route irisée des Charentes, ou sur les collines brumeuses et lumineuses qui dominent Rouen, cerné par un bombardement dans un baraquement le long du Danube, dînant à Poitiers sur la route d'Espagne, débar-
35 quant à Toulouse pour un match de rugby. Tout concourt à l'hallucination : les parfums, les couleurs, l'écho à peine éteint des paroles qui auraient pu être échangées, le temps qu'il fait et l'heure qu'il est. Il m'apparaît alors que là, et pas ailleurs, devrait s'enraci-
40 ner ma place dans le monde. Ce sentiment qui frôle celui d'avoir gâché ma vie m'autorise au contraire l'espoir, ou l'illusion, d'être encore un homme de plus tard.

   Aux approches de la cinquantaine, je ne porte pas de cravate. Je suis resté mince, mon œuvre aussi. J'envisage
45 la rive droite de loin. Je ne traverse jamais le boulevard Saint-Germain, sauf pour me rendre à Tokyo. Mon univers se borne à deux cents mètres carrés de bitume, une plantation de cafés-tabacs. Je continue d'habiter les ruines d'un palais sur le quai Voltaire où j'ai connu
50 autrefois un bonheur baroque entre mes parents et mes amis. L'âge, à sa façon, a eu raison d'eux qui sont morts dans leurs lits, de vieillesse ou de jeunesse, certains dans

des draps de ferraille atrocement froissés* — si tôt, si vite, comblés de telles promesses au regard du souvenir, qu'il me semble aujourd'hui survivre à des enfants. Des tracas d'huissiers ont condamné les pièces ouvertes sur la Seine, me reléguant en passager clandestin dans une arrière-chambre encombrée de papiers où la poussière s'est accumulée sans que je fasse rien pour la secouer. Dix fortes années se sont dilapidées dans une inertie qui me rapprochait des morts. J'ai entretenu mon deuil frénétique dans les bars environnants, retardant l'instant de regagner une maison qui, en perdant le fleuve, le Louvre, les jardins, a littéralement perdu la vue. Le jour où je tirerai la porte sur mes talons, celui qui quittera le dernier ce navire n'en aura jamais été le capitaine.

Mais tout à l'heure, en pénétrant dans cette cage où je réapprends la liberté à travers ses contraintes, j'ai senti bizarrement qu'une occasion s'offrait de renouer avec une trajectoire si longtemps suspendue. Sans lacets, sans bretelles, je vais peut-être rentrer dans l'existence, dépouillé de tout ce qui attache ou retient.

Antoine Blondin, *Monsieur Jadis*,
éd. de La Table Ronde.

* Allusion à la mort accidentelle de Roger Nimier, en 1962, sur l'autoroute de l'Ouest.

— La phrase de Blondin : glissements imprévus, clausules acrobatiques (4, 15, 46, 47), métaphores filées (43-44, 51-53, 57-66), alliances de mots (53, 61-62).
— « Le désespoir est un des diapasons que je ressens le plus violemment dans mon existence. En même temps, j'ai toujours eu une vocation de rigolade solidement ancrée. Ça alterne, ça se succède et finalement ça va très bien ensemble. » (A. Blondin à J.-L. Ezine.) Sur le second de ces aspects, lire le Blondin chroniqueur du journal *L'Équipe*, auteur de *Sur le Tour de France* (1979).

Yves Navarre, après douze romans, livre une *Biographie* qu'il présente comme un roman de ses romans et comme un récit de leurs genèses : « Toutes ces familles [celles de ses romans] m'échappent, vivent leur vie, et ne sont jamais « la » famille, « ma famille », à laquelle je voudrais une fois pour toutes m'attacher afin de m'en détacher, et brasser ailleurs. Le détachement commence à la juste mesure de l'attachement. Le roman d'origine. » Derrière la complexité du propos, se cache la volonté d'une entreprise qui tiendrait lieu d'une psychanalyse qu'au même moment le narrateur refuse pour son compte : le livre qui en résulte, harassant à force d'exhaustivité, fascine aussi par les jeux complexes de la vie vécue et de la fiction.

Une conception beaucoup plus ambitieuse, et une exécution sans défaut ont présidé à *Fils* (le titre lui-même est amphibologique) de Serge **Doubrovsky**, qui raconte vingt-quatre heures de la vie d'un professeur de français (qui porte le même nom que l'auteur) aux États-Unis, avec en particulier une séance d'analyse, un cours sur le récit de Théramène dans *Phèdre* et les remémorations d'un Juif français exilé. L'expérience de l'analyse passe ici dans le langage, et l'inconscient fait irruption dans le signifiant : c'est par les associations linguistiques, les jeux sur les mots, qui sont souvent des jeux de mots, que le récit progresse, dans la fièvre et la dérision. A vrai dire, l'analyse freudienne est ici subtilement détournée vers l'œuvre à faire, subordonnée à la production d'un texte qui met en jeu tous les fils, les mots et les maux d'une vie. Pour cette œuvre très neuve, l'auteur propose un néologisme : « Si l'on veut, *autofiction,* d'avoir confié le langage d'une aventure à l'aventure du langage, hors sagesse et hors syntaxe du roman, traditionnel ou nou-

veau. » La fiction est ainsi réintroduite dans l'expérience de l'analyse comme dans le témoignage autobiographique, et un mouvement perpétuel de va-et-vient s'institue aux confins des deux genres. Si intéressante que soit cette visée théorique, elle ne suffirait pas à assurer la réussite exceptionnelle de *Fils.* Celle-ci semble due à l'élaboration d'un langage fracturé, fragmenté et pourtant torrentiel, mais aussi à la richesse des thèmes et des expériences : errances du peuple juif, coexistence des langues, confrontation de la France et des États-Unis, recherches de l'avant-garde et enseignement de la tradition, tout cela entre dans cette fatrasie de la culture moderne, et dans un texte qui surmonte les distinctions et les antinomies de rigueur.

[Monture cavalier]

Le narrateur, S. Doubrovsky, fait un cours de littérature à des étudiantes américaines. Il explique le récit de Théramène (*Phèdre* de Racine, Acte V, Scène 6).

soudain   mots me portent   chevauche ma
marotte   Proust enfourche mon dada   me
trouve en selle   moi cavalier   explication ca-
valière   mots ma monture   on se soutient on
5 se guide   mutuellement   vérité un pari mutuel.

* Auteur d'une *Histoire de la Philosophie* qui faisait autorité.
* Dialogue de Platon ; l'âme y est comparée à un conducteur de char ailé, devant guider deux chevaux, l'un blanc, l'autre noir, aux élans divergents.

monture cavalier   QUI MÈNE QUI   cocher pla-
tonicien   me revient   Bréhier* me remonte   le *Phèdre** dans *Phèdre*   cheval blanc et
cheval noir le bon le mauvais   ce dernier quand il
10 s'emballe   *le cocher tire encore plus fort sur la
bouche du cheval emporté*   beau mythe victoire de
la Raison   *ensanglante sa langue insolente et ses
mâchoires*   seulement qu'un mais   le
hic   apologue de la Raison   s'inscrit dans
15 apologie de Déraison   cocher du discours de Socrate   s'insère dans panégyrique du délire   *le
délire l'emporte en noblesse sur la sagesse*   INSEN-
SÉE OÙ SUIS-JE ET QU'AI-JE DIT ?

ah oui   *où en étais-je au juste*   si véri-
20 té   est débridée   *monté sur mes grands chevaux*   critique délirante   *je devais répondre*

à votre question   *je ne sais pas si j'ai répon-*
du   rires   *mais vous commencez à me con-*
naître   re-rires   répondu   pondu réponse   pondre   par où   ça sort
        éclosion d'idées   labyrinthe des bo-
yaux   tropes sort des tripes   un texte à force quand on tripote   Aristote qui l'a dit
tragédie   la catharsis   PURGATION des passions   je FAIS mon cours   dans mon discours   je me soulage

mon coco tu ne dois pas te retenir   je parle
        sans retenue   me débonde   ma lo-
gorrhée   coule de source   crampes soudain
plus mal au ventre   barbotage dans barbituriques
vase matinale toutes les vapes d'après-bouffer évapo-
rées   me sens lucide   translucide

ni mal au ci ni mal au Ça   douleur au Id*   * Équivalent latin du *Ça,* dans
        plus mal au Yid   Juif errant fini erran-   la topique freudienne. Les An-
ces   texte m'accroche   m'accroche au tex-   glo-Saxons utilisent uniquement
te   soudain dans Racine m'enracine   sans   ce terme.
feu ni lieu   soudain prends feu   là mon
lieu   dans mon délirium très mince   fil
du discours   me sens guidé téléguidé

excusez-moi si   *comme Hippolyte*   *je me*
suis ici quelque peu emballé   fil du discours   fille du discours   j'ai toujours un fil
d'Ariane à la patte   à l'épate   sans elle   mort morne   pour briller ses yeux étoi-
lés   lueur de jais jaillie aux commissures amandi-
nes Marion* orient de ses prunelles   *Dans l'orient*   * Une étudiante.
désert quel devint mon ennui   je me repeuple

                    Serge Doubrovsky, *Fils,* éd. Galilée.

— En contre-point du cours (en italique), un monologue intérieur sans ponctuation, dérivant au gré des citations (en italique), des calembours (5, 24, 27, 35) des
assonances (50-52), mais unifié par le travail d'une métaphore fondamentale (1-5,
6-18, 19-21, etc.).
— S. Doubrovsky : « L'expérience du divan est libération des effets de signifiant,
affrontement à une certaine "sauvagerie" du langage, heurt soudain à d'insuppor-
tables ou d'insensées régressions, bousculades impromptues des représentations de
mots et de choses [...] Le bien-dire et le bien-écrire fonctionnent, au contraire,
comme *censure* de l'inconscient, dont Freud nous rappelle que toute irruption dans
le langage vigile provoque un effet d'inconvenance ou d'incongruité. »

Deux monstres sacrés : A. Cohen ; R. Gary, alias E. Ajar

Nous rapprochons ici, pour finir, deux écrivains bien différents qui ont en commun un épanouissement assez tardif du génie romanesque et du talent autobiographique. Nés à l'étranger, diplomates de carrière, passablement polyglottes, ils n'ont cessé d'avoir avec la langue française une relation passionnelle et quasi érotique. C'étaient aussi, dans leurs vies publiques, des vedettes, grands comédiens sûrs d'eux et de leurs effets. Ils se rejoignent encore dans une commune tendance à l'humour, la bouffonnerie, la dérision que ne limite aucun « bon goût » bien français. Chez le Juif de Corfou émigré à Marseille, comme chez le petit Russe exilé à Nice, enfant naturel en butte à la misère et aux vexations, l'expérience de l'exil et des persécutions a été décisive, mais aussi la richesse d'une culture cosmopolite, et l'ardeur des conquérants. L'inspiration picaresque réunit enfin ces deux romanciers, « clowns lyriques », pour reprendre un titre de Romain Gary, « valeureux », aux allures chaplinesques, pour en prendre un autre d'Albert Cohen.

Albert **Cohen** : étrange carrière que celle de ce romancier qui n'a écrit que quatre romans en trente-cinq ans : *Solal* (1934), *Mangeclous* (1938), *Belle du Seigneur* (1968), *Les Valeureux* (1969), ensemble où l'on pourrait voir la saga, épique et comique, des Juifs sépharades dans l'Europe des années 30. Et il est bien vrai que la confrontation des Juifs avec les Gentils est le thème central de cette œuvre, dominée par l'unique fidélité à la communauté juive. *Belle du Seigneur* (1968) se déroule à Genève et en France, en 1936, alors que monte la marée de l'antisémitisme : prophète et témoin, son auteur est d'abord un grand écrivain juif de langue française. Mais ce roman est avant tout le roman de la passion : la coexistence du lyrisme romantique et d'une ironie féroce règne sur les amours de Solal, sous-direc-

teur de la société des Nations, avec Ariane, aristocratique aryenne, enlevée à son mari, le pitoyable bureaucrate Adrien Deume. C'est une même coulée torrentielle qui produit l'exaltation du mythe, puis sa démolition sauvage, qui élève au sublime et fait retomber dans le grotesque comme s'il s'agissait des deux faces de la même réalité. La danse macabre et l'hymne des amants résonnent presque simultanément dans la plupart des scènes : le paradis à la Saint-John Perse côtoie l'enfer à la Strindberg, et un commun suicide délivrera les condamnés à la réclusion perpétuelle de l'amour. Rien de plus significatif de la manière d'Albert Cohen que cette scène initiale où le beau Solal se déguise en vieillard édenté et hideux pour séduire Ariane : sarcasmes et dérisions alimentent la fièvre, au lieu de la refroidir. Albert Cohen ne serait-il pas le metteur en scène de l'ambivalence, celle de l'amour et de la haine, celle d'Éros et Thanatos, celle de la tendresse et de la violence ? Son registre stylistique, très varié, va des gentillesses de Marcel Pagnol, son ami d'enfance, à d'acrobatiques monologues intérieurs, proches de ceux de Joyce. Plutôt qu'à Proust ou à Charlie Chaplin, dont on l'a rapproché, c'est à Céline qu'il fait penser, s'il est permis de rapprocher dans un même génie langagier l'antisémite enragé et le vengeur meurtri du peuple juif, sioniste enthousiaste : Cohen, comme Céline, a su en effet capter les ressources du langage oral, à tous les niveaux possibles de la distinction et de la familiarité, de l'emphase et de la crudité. Il n'est peut-être pas indifférent que le romancier n'ait jamais *écrit* ses livres, mais les ait chaque fois *dictés* à « la femme de sa vie », — pas toujours la même. La parole d'Albert Cohen, c'est aussi la voix du peuple juif qui s'adresse, avec amitié et colère, aux non-Juifs, dans la recherche d'une fraternité.

L'autre versant de l'œuvre d'Albert Cohen, inséparable du premier, nous mène vers une autobiographie aux accents variés. *Le Livre de ma mère* (1954), à juste titre classique, n'est pas seulement un hommage de piété filiale, mais un chant d'amour fou. C'est dans un même système d'apostrophes, de litanies, de reprises et de paraphrases lyriques, que se déploie (à partir du célèbre texte de Villon) *Ô Vous Frères humains* (1971), tragique récit d'enfance retrouvant le traumatisme initial que toute une vie et toute une œuvre chercheront à surmonter : ce jour d'août 1905 où un petit garçon de dix ans, fasciné par un camelot marseillais, se voit brusquement désigné par lui comme « petit youpin » et chassé du cercle des auditeurs. La narration multiple de l'incident se mêle à la méditation du narrateur qui parle, plus de soixante ans après, « du haut de sa mort prochaine ». Enfin, dans ses *Carnets* (1978), à quatre-vingt-trois ans, Albert Cohen recourt à l'autobiographie fragmentaire et à un type de textes plus lyriques ou plus religieux ; mais on retrouve l'accent du romancier, dans ce fragment claudélien ou biblique : « O mes anciens morts, ô vous qui par votre Sainte Loi et vos Dix Commandements avez déclaré la guerre à la nature et à ses animales lois de meurtre et de rapine, lois d'impureté et d'injustice, ô mes Saints Prophètes, sublimes bègues et immenses naïfs embrasés, ressasseurs de menaces et de promesses, jaloux d'Israël, sans cesse fustigeant le peuple qu'ils voulaient saint et hors de nature, le fustigeant d'aimante colère, et tel est l'amour, notre amour. »

[Aimez-vous Bach ?]

Debout devant la glace de la cheminée, il ôta son monocle noir, examina la cicatrice de la paupière, se demanda s'il brûlerait ses trente mille dollars devant l'Amalécite* pour lui apprendre à vivre. Non, préférable de les brûler tout seul, un de ces soirs, pour le plaisir, après avoir couvert ses épaules de la longue soie rituelle, ennoblie de franges et barrée de bleu, sa tente et sa patrie. Il virevolta, s'approcha de la fille des Gentils, belle aux longs cils recourbés, qui le regardait, muette, tenant parole*.

— Comme elles ont pu me faire souffrir depuis vingt ans avec leurs babouineries ! Babouineries, répéta-t-il, envoûté par le mot, soudain hébété devant la cage d'un zoo. Regardez le babouin dans sa cage, regardez-le qui fait de la virilité pour plaire à sa babouine, regardez-le qui se tape de grands coups sur la poitrine, qui fait des bruits de tam-tam et marche la tête haute, en colonel parachutiste*. (Il arpenta le salon, martela sa poitrine pour faire babouin. Tête haute, il était élégant et naïf, jeune et gai.) Ensuite, il secoue les barreaux de la cage et la babouine fondue et charmée trouve que c'est un fort, un affirmatif, qu'il a du caractère, qu'on peut compter sur lui. Et plus il secoue les barreaux et plus elle sent qu'il

Solal attire Ariane en son hôtel, après s'être débarrassé de son mari. Il démonte devant elle les pièges de la séduction.

* Les descendants d'Esaü, ennemis héréditaires d'Israël.

* Ariane s'est juré de garder le silence pendant les trois heures que Solal s'est données pour la séduire.

* Anachronique pour la date de l'action (1938).

a une belle âme, qu'il est propre moralement, chevaleres-
25 que, loyal, un babouin d'honneur. Bref, l'intuition féminine. Alors, la babouine émerveillée s'approche en remuant le derrière, elles tiennent toutes, même les vertueu-
ses, à beaucoup le montrer, d'où jupes étroites, et elle
demande timidement au babouin, les yeux chastement
30 baissés Aimez-vous Bach ? Naturellement, il déteste
Bach, ce robot sans cœur et géomètre mécanique à
développements, mais pour se faire bien voir et montrer
qu'il a une belle âme et qu'il est d'un milieu babouin
distingué, le malheureux est bien obligé de dire qu'il adore
35 cet embêteur et sa musique pour scieurs de long. Vous
êtes choquée ? Moi aussi. Alors, les yeux toujours baissés, la babouine dit d'une voix douce et pénétrée Bach
nous rapproche de Dieu, n'est-ce-pas ? Comme je suis
heureuse que nous ayons les mêmes goûts. Ça commence
40 toujours par les goûts communs. Oui, Bach, Mozart,
Dieu, elles commencent toujours par ça. Ça fait conversation honnête, alibi moral. Et quinze jours plus tard,
trapèze volant dans le lit.

« Donc la babouine continue sa conversation élevée
45 avec son sympathique babouin, ravie de constater qu'en
tout il pense comme elle, sculpture, peinture, littérature,
nature, culture. J'aime beaucoup aussi les danses populaires, dit-elle ensuite en lui décochant une œillade. Et
qu'est-ce que c'est, danses populaires, et pourquoi les
50 aiment-elles tant ? (Il était si pressé de dire et de convaincre que ses phrases s'entrechoquaient, incorrectes.) Danses populaires, c'est gaillards remuant fort et montrant
ainsi qu'ils sont infatigables et sauront creuser dur et
longtemps. Bien sûr, elles n'avoueront pas le motif de
55 leur délectation, et une fois de plus elles recouvriront avec
des mots distingués, et elles te raconteront que ce qui leur
plaît dans ces danses, c'est le folklore, les traditions, la
patrie, les maréchaux de France, la chère paysannerie, la
joie de vivre, la vitalité. Vitalité dans l'œil de leur sœur !
60 On sait ce que signifie vitalité en fin de compte, et
Michaël* expliquerait cela mieux que moi.

« Mais voilà qu'un babouin plus long est introduit
dans la cage et frappe plus gaillardement sa poitrine, un
vrai tonnerre. Alors, l'admiré de tout à l'heure ne pipe
65 mot car il est moins long et moins frappeur. Il abdique et
en hommage au grand babouin il prend à quatre pattes la
posture femelle en signe de vassalité, ce qui dégoûte la
babouine qui le hait aussitôt d'une haine mortelle. Tout
à l'heure, votre mari* pendant les silences, son continuel
70 sourire séduit, sa salive aspirée avec distinction et humi-

* Un des « Valeureux », parents de Solal.

* Adrien est le subordonné
obséquieux de Solal, « sous-
bouffon général » de la S.D.N.

lité. Ou, pendant que je parlais, son dos plié en deux pour plus d'attention. Tout cela c'était aussi un hommage de féminité au pouvoir de nuire, dont la capacité de meurtre est l'ultime racine, répété-je une fois de plus. Idem, les sourires virginaux et attendris, quasiment amoureux, lorsque le roi pose la première pierre ! Idem, les rires adorants qui saluent un mot d'esprit, pas drôle du tout, d'un important ! Idem, le respect ignoble de l'attaché de cabinet buvardant avec délicatesse et scrupule la signature de son ministre au bas du traité de paix ! Oh, ce duo continuel parmi les humains, cet écœurant refrain babouin. Je suis plus que toi. Je sais que je suis moins que vous. Je suis plus que toi. Je sais que je suis moins que vous. Je suis plus que toi. Je sais que je suis moins que vous. Et ainsi de suite, toujours, partout. Babouins, tous ! Oui, j'ai déjà dit cela tout à l'heure, votre mari, les rires adorants, les attachés de cabinet. Excusez-moi, tous ces petits babouins me rendent fou, j'en trouve à tous les coins, en posture d'amour !

Albert Cohen, *Belle du Seigneur,* éd. Gallimard.

— **Tirade vengeresse et burlesque, boniment au deuxième degré : renchérissement** (12, 14, 25), trivialités (42-43), démystifications (35-41), outrances du mime (2, 8, 17-18).
— **Les babouins : au-delà de la dérision de l'amour, dénonciation du culte de la force et de la puissance (nazi), apologue pour la spiritualité judaïque.**
— « Ce qui est admirable dans *Belle du Seigneur* c'est la force égale du voleur d'étincelles et du bouffon qui éteint malicieusement les flammèches à peine capturées [...] on n'est surpris et glacé par le nihiliste burlesque qu'après s'être laissé prendre, à bride et défenses abattues, par le Grand Laudateur éperdu du bonheur d'exister. » (Cl. Roy.)

Romain **Gary** - Émile **Ajar** : de 1968 jusqu'à décembre 1980, date de sa mort, Romain Gary, Prix Goncourt 1956, avait écrit dix romans de bonnes dimensions : le grand public lui était fidèle ; la critique se bornait à reconnaître les mérites professionnels du conteur, son savoir-faire, la générosité de l'inspiration. Mais nul ne songe à mettre ce bon romancier de tradition parmi les écrivains de pointe. En 1974, d'autre part, le livre d'un inconnu nommé Émile Ajar, *Gros-Câlin,* obtient, sans aucune publicité préalable, un succès immédiat. En 1975, *La Vie devant soi* du même Ajar obtient le Prix Goncourt (un sondage de 1981 désignait d'ailleurs ce livre comme le « Goncourt » le plus marquant des vingt dernières années). L'auteur est identifié : il s'agit d'un certain Paul Pawlowitch, qui a Romain Gary pour parent éloigné. Émile Ajar existe, des journalistes l'interviewent. Certes des bruits courent, mais l'un des critiques les plus compétents estime : « Une chose est sûre : un nouvel écrivain est né. » Dans *Pseudo* (1976), Ajar livre une sorte d'autobiographie « indécidable » où on le voit se débattre avec son encombrant parent, le redoutable Tonton Macoute, surnom de Romain Gary. *Les Angoisses du Roi*

Salomon (1978) portent le style Ajar à la perfection. Romain Gary disparu, on attend le nouvel Ajar ; ce sera la révélation, par Paul Pawlowitch, de la vérité : les quatre livres signés Ajar ont été écrits par Romain Gary. Un écrit posthume de celui-ci (*Vie et mort d'Émile Ajar,* 1981) confirme le fait, désormais indubitable. Romain Gary est ravi d'avoir abusé critiques et jurés, mais surtout de s'être montré capable d'une nouvelle naissance. Plus que d'un deuxième souffle, il s'agit là d'une création romanesque au deuxième degré. La mystification concernant l'identité de l'auteur n'altère en rien la valeur de ces textes, tout au plus modifie-t-elle le mode de lecture de *Pseudo.* Le « coup » le plus étonnant de Gary est d'avoir, à soixante ans, créé un écrivain totalement nouveau, au moment même où il publiait un roman parfaitement traditionnel sur le déclin de l'homme de soixante ans, *Au-delà de cette limite votre ticket n'est plus valable* (1975), dont les implications autobiographiques paraissaient évidentes. L'énigme subsiste d'ailleurs : comment le valeureux « écrivant » Gary a-t-il pu coexister avec le nouvel « écrivain » Ajar ? Le suicide de Romain Gary indique les difficultés d'un dédoublement sans précédent dans l'histoire des lettres.

On peut relire, une fois la lumière faite, l'œuvre romanesque de Gary : une certaine identité de thèmes et de sujets avec celle d'Ajar s'y laisse percevoir, mais aucune des recherches d'écriture, des inventions verbales, des réussites de langage qui sont la marque de *Gros-Câlin.* Les *Racines du ciel* (1958) ne trahissent pas le moindre effort vers le style, mais la facilité d'un excellent professionnel qui a trouvé un beau sujet vingt ans avant ses confrères : le sauvetage des éléphants d'Afrique, symbolisant la protection de la nature. Un seul ouvrage de Gary peut, par sa qualité stylistique, expliquer la métamorphose en Ajar, c'est son autobiographie vouée à la figure de sa mère, *La Promesse de l'aube* (1960). Ce récit d'une adolescence très pauvre, puis d'une brillante guerre dans l'aviation de la France libre, provoque l'émotion du lecteur, mais n'est-il pas régi par cet humour particulier que Gary lui-même érigeait en principe : « Seuls le manque de respect, l'ironie, la moquerie, la provocation même, peuvent mettre les valeurs à l'épreuve, les décrasser, et dégager celles qui méritent d'être respectées […] La vraie valeur n'a jamais rien à craindre de ces mises à l'épreuve par le sarcasme et la parodie, par le défi et par l'acide. » Que la préoccupation humaniste cède ici le pas au libre jeu de la littérature, et Gary fait place à Ajar.

[La dernière balle]

La mère et l'enfant vivent dans la pauvreté à Wilno, puis à Varsovie. Le petit Romain Kacew ne peut faire, faute d'argent, ses études au Lycée français.

* Celles de sa mère.

* Jongleur légendaire des années 1920.

Qu'on ne s'imagine pas, cependant, que j'assistais à ses* luttes sans tenter de venir à son secours. Après avoir failli dans tant de domaines, je croyais enfin avoir découvert ma véritable vocation. J'avais commencé à
5 jongler à Wilno, au temps de Valentine, et pour ses beaux yeux. J'avais continué depuis, en pensant surtout à ma mère, et pour me faire pardonner mon manque d'autres talents. Dans les couloirs de l'école, sous le regard de mes camarades éblouis, je jonglais à présent avec cinq et six
10 oranges et, quelque part, au fond de moi, vivait la folle ambition de parvenir à la septième et peut-être à la huitième, comme le grand Rastelli*, et même, qui sait, à

la neuvième, pour devenir enfin le plus grand jongleur de tous les temps. Ma mère méritait cela et je passais tous mes loisirs à m'entraîner.

Je jonglais avec les oranges, avec les assiettes, avec les bouteilles, avec les balais, avec tout ce qui me tombait sous la main ; mon besoin d'art, de perfection, mon goût de l'exploit merveilleux et unique, bref, ma soif de maîtrise, trouvait là un humble mais fervent moyen d'expression. Je me sentais aux abords d'un domaine prodigieux, et où j'aspirais de tout mon être à parvenir : celui de l'impossible atteint et réalisé. Ce fut mon premier moyen conscient d'expression artistique, mon premier pressentiment d'une perfection possible et je m'y jetai à corps perdu. Je jonglais à l'école, dans les rues, en montant l'escalier, j'entrais dans notre chambre en jonglant et je me plantais devant ma mère, les six oranges volant dans les airs, toujours relancées, toujours rattrapées. Malheureusement, là encore, alors que je me voyais déjà promis au plus brillant destin, faisant vivre ma mère dans le luxe grâce à mon talent, un fait brutal s'imposa peu à peu à moi : je n'arrivais pas à dépasser la sixième balle. J'ai essayé, pourtant, Dieu sait que j'ai essayé. Il m'arrivait à cette époque de jongler sept, huit heures par jour. Je sentais confusément que l'enjeu était important, capital même, que je jouais là toute ma vie, tout mon rêve, toute ma nature profonde, que c'était bien de toute la perfection possible ou impossible qu'il s'agissait. Mais j'avais beau faire, la septième balle se dérobait toujours à mes efforts. Le chef-d'œuvre demeurait inaccessible, éternellement latent, éternellement pressenti, mais toujours hors de portée. La maîtrise se refusait toujours. Je tendais toute ma volonté, je faisais appel à toute mon agilité, à toute ma rapidité, les balles, lancées en l'air, se succédaient avec précision, mais la septième balle à peine lancée, tout l'édifice s'écroulait et je restais là, consterné, incapable de me résigner, incapable de renoncer. Je recommençais. Mais la dernière balle est restée à jamais hors d'atteinte. Jamais, jamais ma main n'est parvenue à la saisir. J'ai essayé toute ma vie. Ce fut seulement aux abords de ma quarantième année, après avoir longuement erré parmi les chefs-d'œuvre, que peu à peu la vérité se fit en moi, et que je compris que la dernière balle n'existait pas.

C'est une vérité triste et il ne faut pas la dévoiler aux enfants. Voilà pourquoi ce livre ne peut être mis entre toutes les mains.

Je ne m'étonne plus aujourd'hui qu'il arrivât à Paga-

60 nini de jeter son violon et de rester de longues années sans y toucher, gisant là, le regard vide. Je ne m'étonne pas, *il savait.*

Romain Gary, *La Promesse de l'aube,* éd. Gallimard.

— **La jonglerie : un souvenir d'enfance devenu l'emblème d'une vie ; une longue métaphore de la jonglerie comme écriture, soutenue par la virtuosité (26-30, 43-50) et l'humour du narrateur : la narration (signifiant) proteste contre l'histoire (signifié).**

— **Ajar ultime exploit de Gary : « Je recommençais. Tout m'était donné encore une fois. J'avais l'illusion parfaite d'une nouvelle création de moi-même, par moi-même [...] Je triomphais de ma vieille horreur des limites. » (R. Gary, *Vie et mort d'Émile Ajar*, 1981.)**

Émile **Ajar** (1974-1981)[1] : « Je savais que j'étais fictif et j'ai donc pensé que j'étais peut-être doué pour la fiction », écrit Ajar dans *Pseudo.* Des fictions à la fois émouvantes et burlesques comme *Gros-Câlin,* histoire d'amour d'un employé de bureau et d'un python ; *La Vie devant soi,* autre roman d'amour, filial celui-là, du petit arabe Mohamed, recueilli par Madame Rosa, ancienne prostituée, rescapée d'Auschwitz ; *L'Angoisse du Roi Salomon,* idylle du troisième âge, ménagée par l'ingénieux Jeannot, chauffeur de taxi au grand cœur, qui fera se rejoindre deux septuagénaires, Salomon, l'ancien roi du prêt-à-porter, et Cora Lamenaire, chanteuse de café-concert, tondue à la Libération. Émotion facile et ironie diabolique sont inextricablement mêlées chez Ajar, et le lecteur, à la fin de l'histoire, réagira comme le chauffeur de taxi-narrateur : « Là, on s'est vraiment marré, comme des baleines qu'on extermine. »

Ces trois romans ont en commun un certain décor populiste, dans un Paris proche de celui des films de Carné ou des romans de Queneau, avec ses petites gens pleins de gentillesse, ses « bonnes putes », ses chanteuses réalistes, ses minorités raciales (juive, arabe, antillaise) reliées par une fraternité profonde, ses asociaux philanthropes, et ses bistrots réconfortants.

D'un récit à l'autre, le narrateur se laisse reconnaître par sa simplicité, sa marginalité, sa fragilité : « J'étais une erreur humaine que d'affreux salauds essayaient de corriger, un point, c'est tout », affirme l'un deux. Si l'on considère de préférence le premier roman, on peut d'abord croire à un traité de zoologie, ou à une histoire de bête dont le narrateur aurait poussé très loin le mimétisme : « Je fais des nœuds tout le temps, à cause de ma démarche intellectuelle, pour colle simplement à mon sujet... » On peut aussi à bon droit y lire un émouvant mélodrame sur la solitude irréductible de l'employé de bureau dans la grande ville : le timide Cousin aime la jeune secrétaire, Irène Dreyfus, retardant indéfiniment le moment de la déclaration. Elle disparaîtra le jour même où il allait se déclarer, mais... il la retrouvera, prostituée, dans une maison de rendez-vous où il allait chercher de maternelles consolations. La jeune fille, comme le python, ne sont peut-être que fantasmes. L'extrême naïveté du narrateur, néophyte du langage, dévorant lieux communs, formules figées, slogans publicitaires, leitmotive de bistrots, a comme envers son extrême roublardise : idées reçues et formules tou-

---

1. Nous reproduisons ici, pour l'essentiel et à quelques ajouts près, le texte publié en 1979 dans un supplément du précédent volume (*Lit. 45,* pp. 882-885, éd. 1980).

tes faites glissent et dérivent, à travers des jeux phonétiques et syntaxiques aussi divers que tenaces, vers le jamais-vu ou le jamais-entendu.

Ajar réussit ainsi une étrange opération : il prend les genres, les types, les expressions les plus usées, les plus exténuées par un usage trop ancien ou trop intensif, et, par de savantes perturbations, par de menus dérèglements, il les réactive, en tire une charge comique qui est aussi une charge d'angoisse. *Gros-Câlin* pourrait ainsi illustrer de manière éclatante le célèbre essai de Freud « Le Mot d'esprit et ses rapports avec l'inconscient » : n'est-ce pas, après tout, un seul et long calembour, un lapsus généralisé ?

Comme ses contemporains — fictifs —, Ajar recourt à une autobiographie insidieusement envahie par la fiction, puisqu'il l'intitule *Pseudo*. Blessé par les critiques qui lui ont dénié la paternité de ses premiers romans, livré à un redoutable psychiatre, le narrateur cherche une identité introuvable et une impossible authenticité. Parti d'une situation paradoxale (« Tous les journaux bien informés continuaient à dire que je n'étais pas moi »), jeté dans les pièges et les tourniquets des noms et des pseudonymes, le narrateur ne trouve qu'un moyen de dominer les forces centrifuges qui le traversent et le mènent à un point de rupture : « ... je me suis dit : autant pousser pour me fuir jusqu'à la caricature. M'autodafer. Me bouffonner jusqu'à l'ivresse d'une parodie où il ne reste de la rancune, du désespoir et de l'angoisse que le rire lointain de la futilité. » Avec la révélation de la paternité de Romain Gary, l'énonciation se décale encore d'un cran, l'autobiographie et la biographie s'inversent, et le livre peut être pris pour une tentative satanique de possession et de dépossession d'Ajar-Pawlovitch par Romain Gary. Le témoignage de Paul Pawlowitch (*L'Homme que l'on croyait,* 1981) donne à *Pseudo* des résonances plus inquiétantes encore.

[Quelqu'un à aimer]

D'ailleurs, mon problème principal n'est pas tellement mon chez-moi mais mon chez-les-autres. La rue. Ainsi qu'on l'a remarqué sans cesse dans ce texte, il y a dix millions d'usagés dans la région parisienne et on les sent bien, qui ne sont pas là, mais moi, j'ai parfois l'impression qu'ils sont cent millions qui ne sont pas là, et c'est l'angoisse, une telle quantité d'absence. J'en attrape des sueurs d'inexistence mais mon médecin me dit que ce n'est rien, la peur du vide, ça fait partie des grands nombres, c'est pour ça qu'on cherche à y habituer les petits, c'est les maths modernes. Mlle Dreyfus* doit en souffrir particulièrement, en tant que Noire. Nous sommes faits l'un pour l'autre mais elle hésite, à cause de mon amitié avec Gros-Câlin. Elle doit se dire qu'un homme qui s'entoure d'un python recherche des êtres exceptionnels. Elle manque de confiance en elle-même. Pourtant, peu de temps après notre rencontre sur les Champs-Élysées*, je tentai de lui venir en aide. Je me suis rendu au bureau un peu plus tôt que d'habitude et j'ai attendu Mlle Dreyfus devant l'ascenseur pour voyager avec elle.

* Collègue de bureau du Narrateur, à la STAT. C'est une « Noire, de la Guyane française comme son nom l'indique ».

* Mlle D. lui a simplement dit l'avoir aperçu un dimanche sur les Champs-Élysées.

Il fallait quand même nous connaître un peu mieux, avant de nous décider. Lorsqu'on voyage ensemble, on apprend des tas de choses les uns sur les autres, on se découvre. Il est vrai que la plupart des gens restent
25 debout dans l'ascenseur, sans se regarder, verticalement et raides, pour ne pas avoir l'air d'envahir le territoire des autres. C'est des clubs anglais, les ascenseurs, sauf que c'est debout, avec les arrêts aux étages. Celui de la STAT met une bonne minute dix pour arriver chez nous et si on
30 fait ça tous les jours, même sans se parler, on finit malgré tout par faire une petite bande d'amis, d'habitués de l'ascenseur. Les lieux de rencontres, c'est capital.

J'ai voyagé avec Mlle Dreyfus quatorze fois et ça n'a pas raté. Heureusement, ce n'est pas un grand ascenseur,
35 juste ce qu'il faut pour que huit personnes puissent se sentir bien ensemble. Je garde pendant le parcours un silence expressif, pour ne pas faire le boute-en-train ou Gentil Organisateur des clubs de voyages, et parce que cinquante secondes n'est pas assez pour me faire com-
40 prendre. Lorsque nous sommes sortis au neuvième, devant la STAT, Mlle Dreyfus m'a adressé la parole et elle est tout de suite entrée dans le vif du sujet.

— Et votre python, vous l'avez toujours ?

Comme ça, en plein dedans. En me regardant droit
45 dans les yeux. Les femmes, quand elles veulent quelque chose...

J'en ai eu le souffle coupé. Personne ne m'a jamais fait des avances. Je n'étais pas du tout préparé à cette jalousie, à cette invitation à choisir, « c'est lui ou c'est
50 moi ».

J'ai été à ce point secoué que j'ai fait une gaffe. Une gaffe terrible.

— Oui, il vit toujours avec moi. Vous savez, dans l'agglomération parisienne, il faut quelqu'un à aimer...
55 *Quelqu'un à aimer...* Il faut être con, quand même, pour dire ça à une jeune femme. Car ce qu'elle en a compris, à cause de l'incompréhension naturelle, c'est que j'avais déjà quelqu'un, merci beaucoup.

Je me souviens très bien. Elle portait des bottes à
60 mi-cuisses et une mini-jupe en quelque chose. Une blouse orange.

Elle est très jolie. Je pourrais la rendre plus belle encore, dans mon imagination, mais je ne le fais pas, pour ne pas augmenter les distances.
65 Le nombre de femmes que j'aurais eues si je n'avais pas un python chez moi, c'est fou. L'embarras du choix, c'est l'angoisse. Je ne veux pas qu'on s'imagine pourtant

que j'ai pris un reptile universellement réprouvé et rejeté
pour me protéger. Je l'ai fait pour avoir quelqu'un à... Je
vous demande pardon. Cela sort de mon propos, ici, qui
st l'histoire naturelle.

Émile Ajar, *Gros-Câlin*, éd. Mercure de France.

— **Monologue en zigzag qui se nourrit du langage de l'époque (1, 6, 11, 22, 64).
Logique très personnelle aux accélérations foudroyantes (49-50).**
— **L'humour comme pudeur (4, 56-57, 70-71). Projection de ses propres problèmes
sur l'autre (13, 67). Ajar cite d'ailleurs Chaplin un peu plus haut. On peut aussi
penser à Woody Allen.**
— **Ajar et la réécriture :** « **De temps en temps, j'allais rendre visite à mon python
[...] je m'installais, les jambes croisées, en face de lui et nous nous regardions
longuement avec un étonnement, une stupéfaction sans bornes, incapables chacun
de donner la moindre explication sur ce qui nous arrivait et de faire bénéficier l'autre
de quelque éclair de compréhension tiré de nos expériences respectives. Se trouver
dans la peau d'un python ou dans celle d'un homme était un avatar tellement
ahurissant que cet effarement partagé devenait une véritable fraternité.** » **(Ces lignes
sont extraites de** *Chien blanc* **de Romain Gary, 1970.)**

Choix bibliographique :

Sur le Roman :
. Brenner, *La Littérature française de
1940 à nos jours,* Fayard.
.-L. Ezine, *Les Écrivains sur la sellette,*
Seuil.
Magazine littéraire, n° 62, 1972 : « Com-
ment on écrit l'Histoire » ; n° 164,
1980 : « L'Histoire aujourd'hui ».
. Dubois (sous la direction de), *Lire
Simenon : Réalité/Fiction/Écriture,*
Nathan-Labor.
Nouvelle Revue Française, « Le roman
historique », oct. 1972.
Sur la Nouvelle :
. Gadenne, *La Nouvelle française,*
P.U.F.
Europe, « Nouvelles françaises », sept-
oct. 1981.
Le Monde des livres, 19-11-1976, « La
nouvelle : un genre dédaigné ».
Sur l'Autobiographie :
M. Beaujour, *Miroirs d'encre,* Seuil.
Ph. Lejeune, *Le Pacte autobiographique,*
Seuil.
Ph. Lejeune, *Je est un autre,* Seuil.
. Doubrovsky, « Autobiographie/vé-
rité/Psychanalyse », *L'Esprit créateur,*
1980.
Nouvelle Revue Française, « Journaux
intimes et carnets », oct. 1975 ; « Récits
de voyage », oct. 1974.

G. Valbert, *Albert Cohen,* L'Age
d'homme.
Magazine littéraire, « Albert Cohen »,
avril 1979.
Sur Gary-Ajar :
R. Gary, *Vie et mort d'Émile Ajar,* Galli-
mard.
P. Pawlowitch, *L'Homme que l'on
croyait,* Fayard.
Michel Tournier, *Le Vol du vampire,*
Mercure de France.

*Folon, couverture de la première
édition de* Gros-Câlin *de Romain Gary
(Émile Ajar), 1974.*

© by éd. Mercure de France, 1974.

GROS-CÂLIN

ROMAN

ÉMILE AJAR

MERCURE DE FRANCE

Robert Rauschenberg, Canyon, *1959 (œuvre reproduite dans* Orion aveugle *de Claud* Simon).

Chapitre V

Le récit II : expérimentations

En 1968, l'opposition entre le roman traditionnel et le roman nouveau (« Nouveau Roman », « roman différent », « écriture textuelle ») avait valeur méthodologique et correspondait à des clivages nettement marqués. En 1981, il est plus difficile de s'en tenir à une telle division ; d'une part, en effet, les techniques d'expérimentation ont été peu à peu assimilées par un plus grand nombre d'écrivains, et, d'autre part, la généralisation de la parodie est venue brouiller les cartes que le reflux des avant-gardes avait déjà passablement emmêlées. La parodie, concept ancien, a tendu à périmer un concept moderne comme celui d'« intertextualité », chère à l'avant-garde textuelle de la fin des années soixante ; comme l'écrivait Barthes en 1967 : « L'écriture d'une œuvre définie [...] comporte, sous les apparences d'une ligne de mots, des reprises, des parodies, des échos d'autres écritures, de sorte que l'on peut parler, pour la littérature, non plus d'intersubjectivité, mais d'intertextualité. » La parodie se fait omniprésente et tend à unifier le champ romanesque. Selon qu'on se place au début ou à la fin de la décennie, 1970 ou 1980, le tableau se modifie. Nous adopterons de ce fait un double point de vue, et serons amenés à considérer à la fois des ensembles et des mouvements.

Le Nouveau Roman

Le premier de ces ensembles serait celui que la critique s'obstine, d'une manière peut-être inévitable, à nommer le Nouveau Roman. En présentant les œuvres de Nathalie Sarraute, Alain Robbe-Grillet, Michel Butor et Claude Simon, nous avions tenté de montrer que leurs points de contact étaient bien davantage des refus que des affirmations. Pas plus en 1980 qu'en 1955, ces quatre écrivains ne forment l'école ou le groupe qu'ils n'ont jamais constitué. Pourtant les livres qu'ils ont publiés depuis 1968 — et nous leur adjoindrons ici Robert Pinget — révèlent certaines préoccupations comparables, en particulier dans l'organisation de textes qu'ils persistent à nommer des *romans :* on verra que la figure musicale de la variation, associée à la technique picturale du collage, pourrait servir de repères communs à des œuvres qui, par ailleurs, s'affirment de plus en plus chacune dans sa singularité.

Dans *Vous les entendez ?* (1972), Nathalie **Sarraute** en revient aux situations de conflit et d'agression qu'elle avait traitées dans ses premiers romans : ici conflit de générations doublé d'un conflit de cultures. L'opposition larvée des pères et fils se cristallise autour d'un objet d'art qui joue un rôle semblable à celui de la fameuse porte du *Planetarium*. Le livre se développe en une série de situations vécues, mais surtout imaginées par les personnages, souhaitées ou redoutées par les antagonistes devenus à eux-mêmes leurs propres romanciers. Chaque situation est traitée plusieurs fois, chaque fois sur un mode différent, le roman repassant par un certain nombre de points fixes à part desquels s'ouvre (et c'est là qu'intervient principe de la variation) une nouvel possibilité de disposer les éléments initiau et d'envisager leurs rapports.

On retrouve ce même jeu de reprises p glissements dans *Disent les imbécil* (1976). Mais le propos devient plus gén ral : l'enquête s'élargit, au-delà d'un anecdote et de personnages insignifiant au langage lui-même et à la façon dont l autres, par lui, nous façonnent. Entre l mots des doctes et le bavardage des imb ciles, où est la vérité ? Chacune de nos vi n'est qu'une coulée de mots, à plus o moins grande distance du stéréotype et d

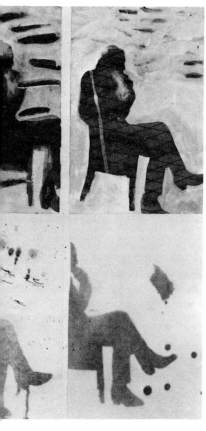

Gal. Le Dessin, Paris. Ph. F. Faujour © Gal. Le Dessin. — D.R.

François Martin,
Papier peint-papier teint, *1978.*

, si rassurante bêtise. Chacun de nous ▪ue un rôle, ou plutôt le récite croyant inventer, tente d'y échapper, et sans cesse revient. Constat à la fois tragique et odeste — mais l'œuvre d'art est là pour moigner d'une possible liberté, celle de artiste.

Sarraute prolonge cette recherche dans 'Usage de la parole (1980) en revenant à forme de son tout premier livre *Tropis-* *es.* Elle abandonne la continuité du ▪man pour une succession de textes dont ▪acun met en scène un mot ou une ▪pression du langage courant : « mon ▪tit », « esthétique » ou « je ne com- ends pas ». Textes brefs qui se rappro- chent de la nouvelle dans la mesure où le travail sur ces mots et leur utilisation crée des situations concrètes qui sont autant d'embryons de fictions (ou de pièces de théâtre : dans *Isma,* 1970, et *C'est beau,* 1973, Sarraute avait démontré que ses sous-conversations pouvaient constituer un langage théâtral de choix) avec person- nages, drame en réduction, crise et dé- nouement. Ces écoutes microscopiques du langage, ou de ses virtualités, se tissent dans les métaphores liquides ou animales qui sont la marque de Sarraute et qui dessinent un univers fluide, sensible, dans lequel s'agitent des silhouettes qui ne sont plus que des porte-paroles.

[D'où viennent ces mots ?]

A partir d'un mot de la phrase qui précède cet extrait « regarde ce que nous faisons... c'est si facile... », le personnage, Il, imagine.

« Facile »... voyez comme il se rétracte, le mot lui a fait peur... un de leurs mots garde-fous, un de leurs mots chien de berger qui les font aussitôt déguerpir, courir se réfugier serrés les uns contre les autres dans l'enclos..
5 Facile. Oui. Mais ça ne doit plus t'effrayer. Facile, et pourquoi pas ? Et tant mieux, c'est délicieux, il n'est plus nécessaire de subir les épreuves, les échecs, les désespoirs les renoncements, les recommencements tremblants, les sueurs mortelles, les flagellations, les prosternations, les
10 longues heures passées dans l'attente d'un signe, si faible soit-il, prouvant l'élection... Tous sont élus. Tous sont appelés. Il n'y aura plus jamais d'éliminations, d'exclu sions... lève-toi, étire tes membres ankylosés, n'aie donc pas peur...
15   Il jette vers l'ami immobile au fond de son fauteuil un regard d'enfant intimidé à qui on demande de réciter sa poésie devant le cercle de famille... Ne le regarde donc pas, oublie-le, oublie tout... viens... débarrasse-toi de ces vêtements encombrants... fais comme nous... on s'amuse
20 tous ensemble... Il se soulève lourdement... Mais qu'est-ce que c'est ? Qu'est-ce que vous voulez faire ? Est-ce une pièce de théâtre ? Est-ce un ballet ? Comment voulez-vous que moi... Oh que veut-il encore ? Il y a vraiment de quoi se décourager... Non, il faut encore un
25 peu de patience... Ça ne porte pas de nom, comprends-tu... Plus de noms, plus d'étiquettes, de défini tions... c'est ce que ça deviendra, personne n'en sait rien, personne ne veut le savoir... lance-toi à corps perdu.. Perdu, c'est ça, perdu sans retour, oublié, inconnu, hors
30 des regards, hors des souvenirs... dans un espace vide sans pesanteur... il sent comme son gros corps lourd.. Qui a dit cela ? Qui a dit gros ? Qui a dit corps ? Ils sont sur moi. Ils sont plaqués sur moi... les mots me recou vrent... arrachez-les... Ils l'entraînent, ils le font tourner
35 ils le font se coucher, se relever, la grosse masse lourde, le pachyderme, l'éléphant se met à danser...
    Il regarde ces vieux mots qui se sont détachés de lui, il les piétine en riant... Voilà ce qui a collé à moi toute ma vie... gros corps lourd... je n'ai plus peur... regardez ce
40 que j'en fais... mais tandis que le mouvement l'emporte toujours plus fort cela aussi se détache de lui, squames qui tombent de la peau des scarlatineux en voie de guérison... Il n'y a plus de « regardez », plus de « je », plus de « fais »...

Plus rien que ce qui maintenant en lui, à travers lui, entre eux et lui se propulse, circule, ils ne font qu'un, ils sont comme les anneaux d'un serpent qui se dresse, oscille, rampe, grimpe sur les meubles, sur l'escalier, se roule en boule, se laisse tomber, se déroule, s'étire, s'élance d'un côté et de l'autre... l'eau coule des vases renversés... une fleur toute droite se balance comme un cierge dans sa main... Retombé tout essoufflé dans son fauteuil il lève la tête et voit penchés sur lui leurs visages souriants... Vous voyez ce que vous me faites faire... Vous me faites faire des folies...

Nathalie Sarraute, *Vous les entendez,* éd. Gallimard.

— Un seul repère descriptif (15) dans ce flux verbal que les images relancent (3-4, 22, 35).

— Qui parle ? Le jeu des pronoms émiette le discours entre un Je, un Tu, un Il. Fascination pour ce Ils qui invite à la libération.

— « Si j'avais pensé c'est un timide : c'était fini, ça ne m'intéressait plus. Ce qui était intéressant, c'était justement d'arriver à rendre ça autrement par le rythme, l'image, quelque chose. » (N. Sarraute, *Le Nouveau Roman,* Colloque Cerisy.)

Dans l'œuvre de **Robbe-Grillet,** *La Maison de rendez-vous* avait en 1965 marqué une étape essentielle, celle où l'écrivain adoptait franchement le parti de l'irréalisme, la fiction étant exposée comme telle au sein même du roman. Les romans suivants, *Projet pour une révolution à New York* (1970), *Topologie d'une cité fantôme* (1976), *Souvenirs du triangle d'or* (1978), *Djinn* (1981), accentuent et développent ce parti pris.

Dans ses romans mais aussi dans ses films (les deux films « complémentaires » — que l'on fasse bien attention aux titres — *L'Eden et après* et *N a pris les dés,* et *Glissements progressifs du plaisir,* 1974) Robbe-Grillet utilise comme matériau de départ pour de rocambolesques aventures tout un arsenal de violence, de sadisme et d'érotisme qu'il puise dans les images qui nous entourent : bandes dessinées, publicités, affiches. A partir de là, il déroule les variations innombrables que lui suggèrent, au gré d'associations visuelles, sonores ou purement verbales, ces « embrayeurs » du texte que sont une rue de New-York, le chiffre 5, la lettre V ou les multiples acceptions du « triangle d'or ». Par cette exploration des infinies possibilités de l'écriture qui, dans *Djinn* par exemple, se modèle sur le système grammatical des modes et des temps, que cherche-t-il donc ?

Même si l'on peut déceler une certaine lassitude dans ce jeu — « répéter tous les jours les mêmes vieilles histoires... perdues » — Robbe-Grillet veut nous persuader que la liberté d'organiser ces images imposées par la société est celle-là même du créateur, ce que souligne l'humour de plus en plus visible qui anime ces « structures variables en mouvement ». Le rôle du créateur serait d'accomplir une œuvre de salubrité : « Ces images de viols, de supplices, de femme-objet ou de sang répandu, notre société les a dans la tête : ce que je fais, c'est les renvoyer, au grand jour, à leur platitude d'images de mode. » Quant à la révolution qui figure dans le premier titre (signalons la parution en 1978 d'*Un régicide,* son premier roman jusque-là inédit), elle semble bien n'être qu'un mythe parmi les autres, peut-être le plus subtil de ceux que secrète notre société. Révolution mythique, désamorcée, à l'état de projet, de sujet d'article ou de conversation... Donnant un autre sens (astral) à cette révolution, le romancier, lui, nous ramène à la notion de jeu : « L'amour est un jeu, la poésie est un jeu, la vie doit devenir un jeu (c'est le seul espoir de nos luttes politiques) et la "révolution elle-même est un jeu", comme disaient les plus conscients des révolutionnaires de mai. La rapide récupération de leur geste par les valeurs morales, humanistes et en définitive chrétiennes, a montré que, là aussi, notre société n'était pas encore tout à fait prête à entendre une telle parole... »

Tout en obéissant aux mêmes principes généraux, *Topologie d'une cité fantôme* occupe une place un peu particulière dans cette production : c'est un texte composite dans lequel Robbe-Grillet a inclus des textes plus anciens consacrés aux peintres surréalistes belges Magritte et Delvaux, ainsi qu'au photographe britannique David Hamilton. Mais ces évocations sont intégrées au fil d'un récit continu qui retient surtout par la fascination pour le vertige fixé — « la pierre qui tombe, immobile » — ainsi que par l'ironie du regard que l'auteur jette rétrospectivement sur toute son œuvre antérieure en une suite de pastiches qui permettent finalement de mieux caractériser son style.

[Le mannequin assassiné]

Extrait du « Cinquième espace : le criminel déjà sur mes propres traces ».

Mais je reprends : dans la chambre voisine, exactement en face de l'embrasure béante que l'axe du corps étendu, si on le prolongeait, couperait en son juste milieu, le mannequin assassiné gît à présent sur la longue table en
5 bois laqué de blanc — déjà décrite — qui constitue, avec une chaise assortie, tout le mobilier de cette pièce nue. Rappelons aussi, rapidement, le cadre ovale (sans tableau) accroché au mur de droite et les raies du plancher en perspective fuyante, qui semblent se continuer, tout là-bas
10 vers la fenêtre, par les barres verticales du garde-fou se découpant en noir sur le bleu de la mer, étincelante.

Sur le plancher, au premier plan, est posé un antique phonographe à large pavillon, qui doit être à peu près
15 contemporain de la machine à coudre mentionnée plus haut et qui, à cause de son cornet horizontal, présente en outre avec celle-ci une vague ressemblance formelle. Le corps transpercé du mannequin a été trouvé sur la plage à la limite des vaguelettes mourantes, entièrement dévêtu,
20 écartelé par des chaînes aux barreaux d'un lit de fortune (d'infortune) : le squelette en fer à demi ensablé, rongé par la rouille, d'une embarcation naufragée probablement très ancienne, selon ce qui a été dit, aussi ancienne en tout cas que la machine à coudre et le phonographe.
25   A proximité immédiate de ce dernier (c'est-à-dire vers

le fond de la chambre) et touchant presque la tête blonde,
à demi renversée, de la jeune fille couchée sur le dos dont
la chevelure défaite pend jusqu'au sol en algues onduleu-
ses, un homme à peine plus âgé (n'ayant pas atteint la
30 trentaine, sans aucun doute) s'appuie d'une main distraite
au dossier de la chaise en bois laqué ; tout vêtu de noir
— chaussures vernies, complet croisé très strict et cravate
de soirée —, ganté, portant sur la tête un chapeau melon,
il a l'air de rêver debout. Sa taille est élancée, ses traits
35 sont réguliers et fins. Il s'agit peut-être de l'assassin, bien
que le personnage ressemble à s'y méprendre, par son
visage comme par son costume, aux deux policiers en
civil qui l'attendent derrière la porte, dans le couloir.

Immobilisés tous les trois dans une posture analogue,
40 l'oreille tendue de la même manière, ils écoutent le cri de
la victime, enregistré sur le cylindre de cire qui en reproduit parfaitement toutes les modulations. Si le présumé
criminel penche un peu plus la tête de côté, c'est pour
mieux percevoir les dernières vibrations de la voix qui
45 sortent du cornet au pavillon épanoui, juste à ses pieds.

René Magritte,
L'assassin menacé, *1926.*

Comme il tourne le dos à la fenêtre, il n'a pas encore découvert la figure féminine qui vient d'apparaître dans l'embrasure, derrière le balcon. Souriante, vêtue d'une vaporeuse robe de plage en tulle blanc, comme on en 50 portait à l'époque, et coiffée d'une capeline translucide, c'est donc elle qui tient dans sa main gauche, par l'extrémité de la tige épineuse, une rose rouge dont la corolle entrouverte pend la tête en bas, un peu plus haut que le genou.

Alain Robbe-Grillet, *Topologie d'une cité fantôme,* éd. de Minuit.

— **Un tableau transformé : ajouts (7-12), déplacements, suppressions. Robbe-Grillet mêle plusieurs tableaux de Magritte (7, 10-11, 46-53).**

— **Du tableau au récit : les marques de l'énonciation (1, 5, 21), le jeu des temps (12-33, 37, 46), les métaphores qui redoublent les thèmes (3, 28, 33) (cf. Michaux, p. 88).**

— **Ambiguïté de Robbe-Grillet :** « Il y a deux positions différentes de l'artiste en face du monde : celui qui arrive dans un monde qui existe déjà et dont il parle, et celui qui arrive dans un monde qui n'existe pas et qu'il va créer par son propre langage. Pour moi l'écrivain c'est quelqu'un qui a choisi sa propre parole comme étant la seule vérité et c'est cette vérité qu'il apporte au monde. »

Assez proche en cela de Robbe-Grillet, Claude **Simon** semble ne pas imposer à ses livres une structure rigide. Le même texte peut ainsi donner, au prix d'infimes modifications, *Orion aveugle* (1970, coll. Les sentiers de la création) ou le début et la fin du roman *Les Corps conducteurs* (1971). Ce qui intéresse Simon est le mouvement même de l'écriture, indissociable d'un travail thématique, de reprises et de variations, comme il l'explique dans la préface d'*Orion* : « Je ne connais pour ma part d'autres sentiers de la création que ceux ouverts pas à pas, c'est-à-dire mot après mot, par le cheminement même de l'écriture [...].

Les mots possèdent [...] ce prodigieux pouvoir de rapprocher et de confronter ce qui, sans eux, resterait épars. [...] Une épingle, un cortège, une ligne d'autobus, un complot, un clown, un État, un chapitre n'ont que (c'est-à-dire ont) ceci de commun : une tête. L'un après l'autre les mots éclatent comme autant de chandelles romaines, déployant leurs gerbes dans toutes les directions. Ils sont autant de carrefours où plusieurs routes s'entrecroi-

sent. Et si, plutôt que de vouloir contenir, domestiquer chacune de ces explosions, ou traverser rapidement ces carrefours en ayant déjà décidé du chemin à suivre, on s'arrête et on examine ce qui apparaît à leur lueur ou dans les perspectives ouvertes, des ensembles insoupçonnés de résonances et d'échos se succèdent.

Chaque mot en suscite (ou en commande) plusieurs autres, non seulement par la force des images qu'il attire à lui comme un aimant, mais aussi parfois par sa seule morphologie, de simples assonances qui, de même que les nécessités formelles de la syntaxe, du rythme et de la composition, se révèlent souvent aussi fécondes que ses multiples significations. »

Tel son géant Orion, l'écrivain, « tâtonnant dans le vide », ne se fie qu'aux mots, ces « corps conducteurs » qui donnent son titre à l'ouvrage qui suit et qui prolonge *Orion.* Dans *Les Corps conducteurs,* mais aussi dans *Triptyque* (1973) et dans *Leçons de choses* (1975), Claude Simon combine, au gré d'associations toujours renouvelées, un petit nombre d'images ou de scènes. L'absence, dans ces trois romans, des illustrations qui, dans *Orion,* proposaient certaines des sources visuelles où s'alimentait la rêverie de l'écrivain (le tableau de Poussin « Orion aveugle », ou un tableau-collage de Rauschenberg que l'on peut bien considérer comme une sorte de manifeste de la manière de Simon) fait mieux saisir ce qu'elles étaient, de simples points de départ : ce sont leurs combinaisons qui font le livre, combinaisons dont les mots eux-mêmes sont porteurs.

Ces trois romans avaient pu laisser penser que Simon s'enfermait dans la manière mise au point et analysée dans *Orion aveugle.* À ces architectures ingénieuses manquait peut-être la nécessité vitale qui avait fait la force d'un livre plus ancien tel que *La Route des Flandres* (1960), même si la volonté de dire les soubresauts et les contradictions de notre monde apparaissait dans ces collages verbaux qui faisaient voler un avion dans le ciel mythologique du tableau de Poussin.

La publication des *Géorgiques* (1981) vient affirmer à nouveau la maîtrise d'un auteur qui, sans rien abandonner de ses modes d'écriture et de composition, renoue avec la veine de *La Route des Flandres.* Serait-ce le retour à l'Histoire et aux personnages qui vient lester d'un tel poids un livre dont la structure cette fois apparaît lumineusement nécessaire ? Immense collage, *Les Géorgiques* rassemblent trois personnages, trois époques, trois lieux principaux autour du thème central de la guerre : la guerre d'Espagne et la débâcle de 1940 (déjà souvent traitées par Simon, dans *La Route des Flandres, Le Palace, Histoire*) accompagnent le motif dominant, l'existence tumultueuse d'un général de la Révolution et de l'Empire. Tantôt les thèmes se croisent et se mêlent étroitement (la typographie cependant les distingue), tantôt l'un d'eux impose sa tonalité pour une durée plus longue ; le texte se constitue en une polyphonie de voix extraordinairement riche. À celle du général, présentée directement dans ses lettres et ses ordres de mission (et dont Simon affirme qu'il s'agit de documents familiaux authentiques), se superposent les voix des autres narrateurs, et en particulier une phrase — mais le terme ne convient plus très bien — qui n'en finit pas, au fil de parenthèses, de reprises, de corrections et d'interrogations, de se disloquer de façon hallucinante, englobant la guerre et la paix, la vie et la mort, l'Histoire et la nature dont les rapports forment le vrai sujet du livre. Longtemps le lecteur se souviendra de ces deux oiseaux qui se poursuivent de branche en branche tandis que le vieillard agonise, ou de ces libellules qui traversent, indifférentes, les champs des batailles.

[Il écrit]

Il écrit : A mesure que j'ai approché des environs de Rome j'ai été péniblement affecté par l'inculture des campagnes qui l'avoisinent, cette nature aride, délaissée, annoncerait-elle l'approche de tombeaux, annoncerait-
5 elle qu'il y régna trop longtemps un pape, un vice-dieu d'une religion absurde et indigne ? Qu'attendre d'hommes imbus des principes habominables qu'il faut étouffer les passions les plus naturelles, qu'il ne faut penser qu'à. Dans la division bleue où se trouve la tombe* il com-
10 mande de faire planter des peupliers d'Italie, des hêtres,

Le Narrateur feuillette les registres laissés par son ancêtre.

* Celle de sa première femme, la cantatrice.

des frênes et surtout des robiniers. Il barre de traits obliques dans le registre le signalement du cheval Le Superbe (le 15 prairial an 7 est né à Saint-M...* un poulain bai, venu de Mlle de Ferjus, jument normande, poil noir
15 en tête de 4 pieds 9 pouces, neuf ans et du Magnifique, étalon de normandie, taille de 4 pieds onze pouces, ayant en l'an 6 12 ans, poil bai). Il écrit au-dessous : S'est estropié en descendent le mont genèvre en l'an 13, a été vendu pour rien à turin. La dernière année. Ce qu'il a
20 appelé à plusieurs reprises dans ses lettres « l'intervalle qui sépare la vie de la mort ». Cette dernière suite des quatre saisons, des douze mois aux noms de glaces, de fleurs ou de brouillards, qu'il passe en solitaire à Saint-M..., soigné par la vieille intendante, en tête à tête
25 avec ses fantômes, ses secrets. Un dessin à la mine de plomb de l'architecte Ledoux* représente un œil démesurément agrandi, au globe soigneusement ombré en dégradé, surmonté par l'arc du sourcil dont les poils ondulés sont tracés un à un par la pointe effilée du crayon.
30 Dans l'iris de l'œil, balayé en partie par un pinceau divergent de lumière, se reflète l'intérieur de l'opéra* de Besançon dont les gradins et la galerie s'infléchissent en courbes inverses de part et d'autre d'une ligne horizontale médiane. L'ensemble est conçu dans un style sévère,
35 inspiré de l'antique. La galerie ornée de colonnes est séparée des gradins de l'amphithéâtre par une frise où sont figurés en bas-relief des personnages vêtus de péplums. Il écrit que l'année a été fatale à sa famille, que Monsieur de Pruyne relève d'une maladie grave, que
40 Monsieur de Loumet est mort, que le de Pruyne de Strasbourg est mort à trente-cinq ans et que lui-même sort des portes du trépas. Lorsque l'on tourne les pages des registres en les tenant inclinés de fines particules couleur rouille aux facettes scintillantes et dorées comme
45 du mica se détachent des lettres et glissent sur les feuilles. On dirait que les mots assemblés, les phrases, les traces laissées sur le papier par les mouvements de troupes, les combats, les intrigues, les discours, s'écaillent, s'effritent et tombent en poussière, ne laissant plus sur les mains que
50 cette poudre impalpable, couleur de sang séché. Il écrit que me font à moi une fortune et des honneurs dont le plus grand prix eût été de les partager avec cette femme adorée ensevelie dans le néant depuis si longtemps et dont le souvenir après vingt ans me déchire le cœur.

Claude Simon, *Les Géorgiques,* éd. de Minuit.

* Le nom de sa propriété, et le sien.

* Architecte utopiste du XVIIIᵉ siècle (Les Salines de Chaux).

* La représentation d'*Orphée* à la Scala de Milan est l'un des fils qui tissent le texte depuis le début.

— Dialogue de deux écritures, toujours au présent : celle de l'Ancêtre est tantôt citée (7, 13-19), tantôt recréée. Un Narrateur sensible à la matérialité du texte (42-50). L'œil est/et le spectacle.

— La mort, thème unificateur (4, 21, 40) : on pense à Chateaubriand que Simon semble parodier (1-5, 51-54) et au style de l'opéra : « Che faro senza Euridice ? Dove andro senza il mio ben ? »

— « *Les Géorgiques* est aussi une réflexion sur le problème de la citation [..] Il s'agit de sauver ces lettres, ces pages, ces traces, non comme des documents passés ; mais de montrer que cette voix s'entend parmi les nôtres, entre en accord avec elles. Quelqu'un d'autre parle par ma voix, dans ma voix. » (J. Roudaut.)

Chez Michel **Butor**, la structure est de l'ordre de l'architecture musicale : le travail des thèmes et de leurs variations organise un itinéraire vers une conclusion qui constitue un véritable dénouement. Ses livres – et nous quittons là le domaine du roman — complexes et d'accès souvent difficile, ressemblent de plus en plus à des partitions invitant l'œil du lecteur à explorer dans tous les sens l'espace de la page.

Qu'il explore le territoire de ses nuits (*Matières de rêves* I, II, III en 1975, 1976, 1977) ou qu'il regroupe sous les titres *Où* (1971) et *Boomerang* (1979) ses « Génie du lieu II et III », c'est un même travail sur l'espace du livre organisé selon des lois complexes. La comparaison de ces « Génie du lieu » avec le premier ouvrage paru sous ce titre en 1958, dont chaque chapitre correspondait bien sagement à une ville ou à une rue, permet de mesurer le chemin parcouru par Butor, cet écrivain toujours en mouvement. *Où* et *Boomerang* s'inscrivent dans la ligne de la recherche entreprise depuis *Mobile* : c'est la même présentation kaléidoscopique de notes de voyage, de cris lyriques, de dialogues sténographiés, d'emplois du temps, de pages de guide, et surtout de citations, car l'écriture selon Butor est aussi un itinéraire à travers littérature et textes antérieurs.

Dans *Dialogue avec 33 variations de Ludwig van Beethoven sur une valse de Diabelli* (1971), Butor prend comme sujet de son livre la forme musicale elle-même, et c'est, bien sûr, la forme de la variation. Les divisions du texte sont empruntées à la musique : Exposé, Exécution, Reprise. Mêlant l'analyse technique, l'information historique, les comparaisons musicales et littéraires avec les citations, Butor réalise là l'ouvrage qui incarne sans doute le mieux son dessein profond de toujours, mais qui, de nouveau, force à poser la question : pour quel lecteur ? L'écrivain a beau illustrer ces variations de multiples associations, il n'est pas certain qu'un livre puisse rivaliser ainsi avec une partition.

Avec *Intervalle* (1973), Butor, tout en poursuivant ses recherches typographiques, retrouve la richesse de ses plus grands livres, à laquelle vient s'ajouter une autre dimension, celle de la réflexion critique du créateur au travail. Le livre, qui s'organise par colonnes, tel le scénario qu'il fut effectivement à l'origine, se présente comme un état intermédiaire : celui du moment où l'écrivain corrige son brouillon afin de le préparer pour la publication. Le lecteur voit surgir devant ses yeux le nouveau texte dont lui sont révélés peu à peu les secrets de fabrication.

Tout récemment, Butor s'intéresse aux possibilités qu'offre l'audio-visuel : « Si l'on utilise à fond l'enregistrement des textes sur bandes vidéo, on peut obtenir des livres dans lesquels existe une liberté absolument inouïe par rapport à l'ancienne page. On peut avoir des livres dans lesquels la taille des caractères varie et ne pose plus aucune espèce de difficulté, on peut changer de caractère, accomplir toutes sortes d'anamorphoses. » C'est ainsi qu'il publie *Le Rêve d'Irénée* (1979), texte suivi d'une cassette enregistrée par l'auteur. Les nouvelles possibilités techniques provoquent son imagination créatrice qui peut à nouveau rêver du Livre, avec un L majuscule, combinant les richesses de l'écriture, de la parole et de la musique.

Hantise intervalle hantise

* Date du premier recopiage
du texte d'*Intervalle*.

6 juillet*, sept heures quarante.

Try your own way to find my ways.
Et pendant ce temps, dans la salle
d'attente de Lyon-Perrache ou dans
une autre, un jeune homme à transistor regarde une affiche qui lui fait
l'éloge de Londres ou d'une autre
ville, un soldat lit *Le Monde,* un autre
France-Soir, un homme de 40 ans s'ef
force de résoudre bien autre chose
qu'un problème de mots croisés, une
femme de 30 se lève, pose son livre et
va se peser. Et dans une autre salle
d'attente dans une heure un autre
jeune homme regardera une autre affi
che ou la même, d'autres soldats liron
les mêmes journaux ou d'autres, de
hommes et des femmes ne parviendron
pas à se rencontrer. Quand je suis dan
une salle d'attente, d'aéroport, de gar
ferroviaire ou routière, je suis toujour
en train de transformer ce que je vois
ce que je lis, ce que j'entends en quel
que livre, par l'intermédiaire souven
de fantasmes photographiques, cinéma
tographiques ou picturaux ; ainsi, se
lon son degré de littérarité, le lecteu
pourra mettre la dernière main au pro
tagoniste en le rendant plus ou moin
écrivain lui-même, prélevant dans l
réserve décalée un plus ou moins gran
nombre   de   passages   d'autocritiqu
pour les insérer dans son monologue
Je deviens alors le rêve de cette fiction.

Se lève, pose son livre. Le campeur joue de l'harmo
nica. Le jeune homme à transistor regarde l'affich
« LONDRES ». Nord-Africain endormi. Soldat consul
sa montre et se remet à lire : « ... *l'émotion provoquée p*
l'éviction du basket français... » Autre soldat lit : « ...
vous êtes né un 31 janvier, défiez-vous... » Gendarme
son compagnon :

« Non, mon vieux, non, c'est impossible, c'est absolument impossible. »

Plusieurs petits dessins dans les marges des mots croisés. Marche lentement, monte sur la balance. Vendeuse met dans sa bouche une pastille de menthe.

VOUS Cinéma intime avec modulation : *appartement parisien épouse la Place de l'Hôtel-de-Ville appartement parisien épouse fille de 16 ans fils de 13* les réponses passent par le nerf saphène interne *(« il faut absolument que je lui — on s'assit autour d'elle »)*

« Elle surveille sa ligne. Qu'est-ce que ça peut bien être Venise pour une femme comme elle ? Des gondoles. » Gondole souvenir acajou, puis toute une flotille de petites gondoles dans une baignoire.

POURREZ *(« et aussitôt — Gérard* était avec vous »)* pages brouillées passées des feuilles à réclames vertes le sang descend par l'artère mésentérique inférieure

* Dernière page de *France-Soir* : en bande dessinée « Les Amours célèbres : Gérard de Nerval ».

« Je serais curieux de regarder son livre. Et puis le soleil ; elle ne sait pas à quel point cela peut être brumeux en cette saison. »

VOYAGER pariétal memento VOYAGER *ça nous aurait bien changés ça nous aurait bien changés tous les deux mais impossible* V O Y A-G E R *sous la peau le grand oblique* V O Y A G E R (l'écran principal serait resté toujours rempli, mais parfois quelque peu brouillé pour attirer l'attention des spectateurs sur un autre) en Italie

Michel Butor, *Intervalle,* éd. Gallimard.

Quelques indications pour tenter d'éclairer la complexité de cet extrait : la colonne de droite est celle du journal de l'écriture ou du recopiage ; la colonne de gauche celle de « l'action » dans la salle d'attente : le texte décalé vers le centre est une réserve pour les monologues des personnages. Les citations viennent en particulier du *Sylvie* de Nerval ou de la *Description de San Marco* de Butor. *Intervalle* est sous-titré « anecdote en expansion » : chaque élément de cette page est la reprise d'éléments déjà lus : « La mélodie passe de voix en voix, les rôles se transforment les uns dans les autres. »

La voix qui résonne dans les romans de Robert **Pinget** peut sembler mince par rapport aux polyphonies de Butor, mais ses romans *Passacaille* (1969), *Fable* (1971), *Cette voix* (1976), *L'Apocryphe* (1980), correspondent assez bien, de par leur construction selon le principe de la reprise et de la variation, à l'univers esthétique du Nouveau Roman, auquel on l'a d'ailleurs souvent associé. Cependant cette technique correspond sans doute chez lui à un autre propos, plus proche d'une certaine forme de réalisme : au travers des reprises, redites et contradictions qui font avancer le discours, Pinget vise moins la contestation du récit linéaire ou l'édification d'une forme autonome que la volonté de capter la voix d'un personnage, un ton particulier qui constitue le sujet réel du livre. Cette parole peut, par moments, dans une certaine alliance d'humour et de pathétique, faire penser à celle de Beckett, d'autant plus que les derniers romans de Pinget se déroulent, eux aussi, aux confins de la vie et de la mort, dans les territoires incertains d'une mémoire en lambeaux.

[Cette voix]

C'est le début du roman.

Cette voix.

Coupure de la nuit des temps.

Ou cette lettre adressée on ne sait plus à qui dont on trouve des brouillons disséminés partout.

5 Demander Théodore classer papiers.

Son nom chuchoté il hurle il se réveille en sueur dans cette chambre où tout recommence cette table la nuit il est sorti et refaisait le trajet de la cour jusqu'aux champs suivait un étroit sentier.

10 Manque un accord.

Les jours poisseux l'horreur de la mémoire.

Quelque bruit venant du fond un murmure un chuchotement serment ou prière ou long discours non-lieu définitif la Parque bredouillante.

15 Tout s'est figé dans le cataclysme.

Quelle voix quelle foi.

Une ardoise d'écolier ici mais surtout l'éponge.

Deux ou trois mots.

Traces d'effacement.

20 Deux ou trois mots on entend mal le reste imprononçable rien zéro nom âge lieu zéro.

Émerger de moins que rien sous zéro en fait poussé par on ne sait quoi le mercure soudain nostalgique en quête de tiédeur gageons maternelle vague relent de symbole mais

25 qu'importe plus personne à ménager deux ou trois mots dont celui pchlllpchlll.

Manque un raccord.

Enjamber un mur ou un soubassement un ouvrage de brique ou de béton souvenir de contact rugueux et fro

o ce pouvait être de la pierre pour ensuite enjamber d'autres ouvrages contact plus ou moins froid fouler du gravier de l'herbe par intermittences et buter dans du feuillage tout aussi approximatif or disant fouler enjamber on exagère vu l'équilibre instable qui était le sien très
5 faible sur ses jambes plus souvent par terre que debout ramper autant que marcher tomber se relever tâtonner.

Un doute aussi au sujet des contacts son épiderme ne devait pas être en bon état bref tout cela dans la nuit les ténèbres épaisses et les odeurs de glèbe de terre d'humus
o comment dire pour oublier un peu le terme de pourriture car en effet autant que de se souvenir il s'agit d'oublier ce qui pendant des années.

Robert Pinget, Cette voix, éd. de Minuit.

— **Difficile mise en route : plusieurs débuts possibles (1, 3, 22). Notations, phrases nominales, indéfinis, infinitifs : le sujet ne se fixe que par éclipses (6, 37) ; doute (13, 37) ; difficulté à dire (13, 30).**

— **Surtout le rythme : brève/longue ; les échos (10-27, 1-16, 18-20) ; les ruptures, de syntaxe et de tons.**

— **« Que j'emploie le présent grammatical ou l'imparfait ou le passé, je suis dans le futur. Je ne sais rien de ce qui fut avant. » (R. Pinget, *Le Nouveau Roman*, Cerisy.)**

Après le Nouveau Roman

A partir de l'entreprise du Nouveau Roman, le terrain est largement déblayé pour d'autres formes d'expérimentation. Celles-ci vont prendre trois directions, parallèles ou convergentes, successives ou simultanées, qui vont donner des « romans » fort divers — le mot roman reste utilisé dans la plupart des cas même si les livres en question ont souvent bien peu de rapports avec ce que l'on entend habituellement par cette désignation.

La première direction, que l'on pourrait qualifier de mécaniste ou de scientiste, va consister en une volonté de *formalisation* du roman. Puisque celui-ci ne prétend plus être un miroir du réel, mais qu'il devient à lui-même son propre réel, puisque les aventures d'un personnage n'assurent plus sa continuité, il faut trouver ailleurs les principes de cet objet, machine dont le fonctionnement assurera l'unité. À la « fermeture » du roman, à son « indépendance par rapport au monde réel » (ces expressions sont de Michel Butor), répondra une armature rigoureuse, l'obéissance à un *modèle*. C'est ainsi que *Nombres* (1968) de Philippe Sollers repose, s'il faut en croire l'auteur, sur une « matrice carrée » dont les trois premières séquences sont à l'imparfait et la dernière au présent. Les pages sont scandées d'indications chiffrées — « 2.38 », « 3.39 » — et de schémas géométriques qui instaurent une lecture non-linéaire. Le cycle romanesque de Claude Ollier (depuis *La Mise en scène*, 1958, jusqu'à *Ourou, Vingt ans après*, 1974) entend appliquer, en huit romans, et en passant par la science-fiction et d'autres modèles d'écriture, les théories de Jakobson sur les fonctions du langage. Ces structures empruntées à la linguistique et aux mathématiques s'accompagnent d'une recherche sur les éléments du langage devenus les véritables personnages de ces romans. Recherche qui peut prendre l'allure d'un travail de brouillage sur les personnes grammaticales et les temps verbaux, au risque de mettre en péril la lisibilité au sens usuel du terme.

Le roman devient alors, puisque tout sujet référentiel en est exclu, le roman du roman, du langage et du fait romanesques. Et l'on peut avoir l'impression d'être, étrangement, ramené à l'idéal du « roman pur » qui resurgit périodiquement (comme en 1880 au temps du Symbolisme, ou en 1920 avec Gide et ses *Faux-Monnayeurs*) lors des crises qui jalonnent toute l'histoire du genre. Par une mise en abyme généralisée, le roman devient, selon la formule souvent reprise de Jean Ricardou, non plus « l'écriture d'une aventure », mais « l'aventure d'une écriture » ; romancier, Ricardou sous-titre *Les Lieux-dits* (1969) : « petit guide d'un voyage dans le livre ». L'exergue, emprunté à Antonin Artaud, traduit cette volonté aiguë de formalisation : « Une sorte de mathématique réfléchie qui mène tout et par laquelle tout passe. » Le roman ainsi conçu — qu'il utilise ou non des personnages qui ne sont plus en fait, comme les pronoms personnels évoqués plus haut, que des fonctions narratives — radicalise, on le voit, l'entreprise du Nouveau Roman.

Cette direction aurait immanquablement conduit à répéter d'ingénieux jeux de miroirs de plus en plus abstraits. Mais dès 1968, la notion de *texte* ou d'*écriture textuelle* va déplacer le lieu de la recherche. L'écriture textuelle refuse l'œuvre, la clôture, l'organisation, les principes de prévision et de totalisation. Définie par **Sollers** comme « réseau littéral à plusieurs dimensions, chaînes de générations et de transformations réciproques, sommes vides de consumation du langage par son articulation », elle se situe dans la langue elle-même. Ce qui demeure alors de roma-

nesque sera l'aventure dans le langage ; comme l'écrit Jean Thibaudeau (« Le roman comme autobiographie » dans *Théorie d'ensemble,* 1968, ouvrage collectif que l'on peut considérer comme le manifeste de cette avant-garde, placée sous le triple patronage de Foucault, Barthes et Derrida) : « Signifiant et signifié, syntagme et paradigme, métonymie et métaphore, ou encore qualités graphiques et phonétiques, dialectales et culturelles, biographiques et étymologiques, etc. : rien de la langue n'est indifférent ; rien n'est à l'avance privilégié ; et ce travail est *romanesque* en ce sens que tout ce qui composera le livre — texte et support du texte — entre en ligne de compte, est constitutif de la fiction, acteur de la narration. »

Si l'on veut s'en tenir aux filiations strictement littéraires, c'est à une autre trilogie que l'on songe face à la liberté de l'écriture textuelle. Alors que Borges et Roussel avaient été les patrons du roman « formalisé », les tenants de l'écriture textuelle se réclament eux, plus ou moins explicitement, de trois écrivains qui furent de prodigieux expérimentateurs des formes et du langage : Rabelais, Joyce et Céline, inspirateurs essentiels.

Chacun à sa manière, les tenants de l'écriture textuelle veulent se forger leur propre langue. Les jeux sur les mots, qui constituent comme la marque de fabrique de ce mouvement (il faudrait là aussi évoquer le modèle lacanien), réintroduisent l'humour mais aussi la vie dans une recherche qu'avait menacée la pure rhétorique. En effet, la langue n'est pas un outil neutre ; le mot, le signe, convoque avec lui tout un savoir, toute une culture qui vont être moqués, révoqués ; d'injures en néologismes, de calembours en citations (l'intertextualité qui, on l'a dit, constitue un autre axe de la théorie du texte) c'est un jeu de massacre généralisé, comme par exemple dans *Lois* (1972), ou *H* (1973) de Sollers qui tente de se fabriquer, par des recherches de prosodie autant que de vocabulaire, une langue à écouter autant qu'à lire. Par là, l'écriture textuelle peut sembler rejoindre les préoccupations qui sont celles de la poésie ; c'est ainsi que, dans un registre bien différent, celui de la gravité et de la souffrance, Danièle Collobert, dans *Dire I-II* (1971), passe de la prose à une disposition typographique très proche de celle d'une certaine poésie. Où situer la frontière ? L'écriture textuelle traverse bien la distinction académique des genres littéraires.

La tentative de Sollers se poursuit jusque dans *Paradis* (1981). Le livre a surpris par l'absence de toute ponctuation, de toute division en paragraphes, mais son intérêt est ailleurs que dans la provocation, toute relative si on replace ce trait dans une lignée déjà longue. On peut y voir le désir de retrouver, par la suppression de la syntaxe traditionnelle, le rythme de la respiration. Sollers veut accomplir, autre thème constant de l'écriture textuelle, une « écriture du corps », faire de la langue une musique qui puisse dire à la fois le Je, son histoire, ses désirs, et le monde, ses cultures, ses vocables, avec ces « cent mille histoires » où se tressent, dans une gamme de tons très large, du lyrisme à la bouffonnerie, les grands thèmes de la vie et de la mort, du sexe et de l'argent.

[Voix fleur lumière]

voix fleur lumière écho des lumières cascade jetée dans le noir chanvre écorcé filet dès le début c'est perdu plus bas je serrais ses mains fermées de sommeil et le courant s'engorgea redevint starter le fleuve la cité des saules soie d'argent sortie du papier juste lin roseau riz plume coton dans l'écume 325 lumen de lumine en 900 remplacement des monnaies 1294 extension persane après c'est tout droit jusqu'à nos deltas ma fantaisie pour l'instant est de tout arrêter de passer les lignes à la nage brise matin feu lacs miroirs brouillant les feuillages calme d'eau marée on ne sait jamais l'aborder pourtant j'ai commencé je commence je prends la sphère commencée j'en viens j'y revais j'y vais commencement commencé tendu affalé sur elle et tenant ses poings dans mes mains elle dormait sec comme un caillou débranché piqué dans son rêve et moi pensant xanadu voûte caverne mer sans soleil vagin sans retour et jamais atteint jardins ruisseaux sinueux arbres d'encens à clairières quel ravin pour s'y détendre au milieu de la nuit couverte dancing rocks and mazy motion voilà la fontaine limite génitale de l'homme flos florum dôme ensoleillé près des caves de glace comment se nourrir de rosée lactée il est rare de saisir ainsi le saisissement dans l'insaisissable on dirait qu'un muscle s'avertit de laisser filer traînée brune gazeuse fissurée dorée allons allons puisque je vous dis que ça veut pas s'inscrire ils ont cru un moment l'isoler sous forme de poches halo bleuté d'atmosphère énergie éponge de l'anti-cancer yeux gris-bleu matière des matières impossible donc d'arriver comme une fleur et de dire j'y fus j'y étais j'y est je m'y fus j'y

C'est le début du « roman ».

30 serai j'irai bien avant abraham lui-même raconté coupé
décompté or c'est pas pour rien cependant que j'ai eu ce
rêve en collier touches dentées piochées en faisceau de
pinces me sautant au cou pour percer fouiller dégrafer
une lutte à mort je vous dis pour me l'enlever la mâchoire
35 c'est sanglant partout ça coule partout c'est drôlement
gardé la contrée quant aux autres je les vois brûler non
non je ne les vois pas je les pense non je ne les pense pas
ça se passe de moi contre moi poussière légère cendreuse
légère poussière impalpable détour de poussière et tou-
40 jours encore et toujours tenus avec ce rictus ils se dressent
flammes poussières et flammes poussières faut-il manger
ce temps qui s'ébrèche qui s'ampute à brèche faut-il le
longer le crever s'y plonger ou s'en détourner

Philippe Sollers, *Paradis,* éd. du Seuil.

— **Le commencement :** du texte (2, 11-13) et la naissance du Je et du langage
(13-30).

— **Une écriture du flux :** les images liquides (1, 4, 35), un glissement perpétuel : le
« texte » n'a ni origine, ni centre, ni fin. Il prend en écharpe trop d'autres textes
(**Beckett, Coleridge, etc.**) pour que ceux-ci puissent être repérés ; là n'est d'ailleurs
pas l'intérêt.

— **« Le texte de jouissance doit être du côté d'une certaine illisibilité. Il doit vous
ébranler, pas seulement dans notre registre d'images et d'imagination, mais au
niveau de la langue même. » (R. Barthes.)**

Tous ces textes sont à écouter autant qu'à lire, mieux : à déchiffrer comme une partition musicale. Par là Sollers retrouve Butor, mais aussi un Maurice Roche qui, par des moyens différents (en particulier un travail sur la typographie et les textes les plus divers de notre culture), vise à des fins semblables dans *Circus* (1972), *Codex* (1974), *Opéra Bouffe* (1975) et *Testament* (1979). S'inspirant de la musique, mais de la musique telle qu'on l'écrit, Maurice Roche joue de la page comme d'une partition (*cf.* p. 230). Plus près cependant de Jarry ou de Lautréamont que de Mallarmé, il utilise, avec une éclatante virtuosité, fantaisies verbales et variations typographiques pour mettre en cause et en pièces ce que dissimule et véhicule à la fois un certain usage convenu des mots : « Prendre le lieu commun (obsolète), la sagesse des nations, les mythologies routi-nières et approximatives, les bourrages de crâne et autres clowneries aux racines — et arracher. *Provoquer* le rire. »

Les tenants de l'écriture textuelle rejoignent ainsi les romanciers de la *parodie*. On peut se demander si l'une des évolutions les plus importantes qu'ait connues le roman nouveau dans la deuxième moitié de la décennie (1974-1979) ne consiste pas précisément dans ce regroupement, dans cette convergence vers une écriture du cocasse et du collage, du baroque et du bric-à-brac. Où l'on retrouverait Boris Vian et Raymond Queneau, l'un des Inventeurs les plus soigneusement relus par les écrivains actuels. Il s'agit là d'ailleurs, comme A. Roger et A. Marraud l'ont bien montré dans leur anthologie (*Le Roman contemporain*, P.U.F.), d'une des tendances majeures de tout le roman occidental contemporain : « Le récit romanesque ne peut plus se prendre au sérieux. La manipulation à laquelle les individus sont quotidiennement soumis ne peut être efficacement combattue que par un irréalisme agressif qui institue entre le lecteur et l'œuvre une complicité désinvolte : la lecture romanesque devient alors une sorte de soliloque critique, et le plaisir naît de la participation à un jeu libérateur. »

Complicité désinvolte, celle que François Coupry (*Les Autocoincés*, 1971) ou Raphaël Pividal (*La Maison de l'écriture*, 1976, *Pays sages*, 1977) requièrent de leur lecteur. Irréalisme agressif, celui qui donne à la voix de Jacques Serguine toute sa violence haletante et dérisoire (*Les Abois*, 1971). Révolte et désinvolture mêlées chez Jean-Luc Benoziglio (*Béno s'en va-t-en guerre*, 1976, *Cabinet-portrait*, 1980). On retrouve chez tous ces écrivains une lisibilité qui fait souvent défaut dans l'écriture textuelle.

Et chez des écrivains plus jeunes, l'ironie, la légèreté, l'impertinence viennent masquer toute la pesanteur de la théorie. C'est pourtant bien elle qui est à l'œuvre dans tous ces jeux de collages, de citations, d'intertextualité, qu'il devient bien difficile de distinguer de la simple parodie « à l'ancienne ». Lorsqu'un Pascal **Bruckner** fait, dans *Monsieur Tac* (1976), un sort à la profusion de jeux de mots et de calembours et à tout le « travail sur le signifiant » des années soixante-dix, est-il encore dans l'écriture textuelle dont il adopte les modes, ou déjà dans la parodie de cette même écriture ? Lorsqu'un **Pividal**, dans *La Maison de l'écriture*, moque à la fois les institutions littéraires, les modes contemporaines de l'écriture et de la critique, le lien qui le rattache à celles-ci est des plus ambigus : la parodie est devenue, elle aussi, indécidable.

[Qu'est-ce que le J ?]

Profitant de la tempête et de sa nouvelle liberté, Tac allait à la pêche. Au bout de sa canne, un bel hameçon d'acier à trident, un beau J que les spécialistes lui ont recommandé pour l'anguille, les squales et les turbots.
5 Un hameçon en forme de J. Quelle coïncidence ! La lettre où il devrait se trouver actuellement s'il n'avait pas désobéi ! Tac n'aimait pas cette coïncidence. L'AeUTEURnel semait sa route de signes et multipliait les avertissements. Mais Tac se moquait des mauvais présa-
10 ges. Car les soirs de tempête, les gros poissons s'approchent des côtes et, profitant de l'écran de pluie et de brouillard qui les cache, se frottent contre les pierres et les rochers pour se lisser les écailles.

Maintenant, comme la température est descendue à
15 cinq degrés et que le môle se trouve absolument désert, Tac fait un faux pas et vient d'être avalé par une baleine.

Tac tombe, tourne, vacille ; le mammifère l'attend, mâchoires écartées, la langue sortie des trois quarts ; Tac échoue sur un énorme tapis mou et fait une entrée triom-
20 phale dans la gueule de la Baleine. Tous, petits et grands, molaires, épiglottes, canines, larynx, paupiettes, amygdales, fanons, palais, luette, gencives, tous les habitants de l'orifice buccal s'inclinent au passage du héros biblique.

Tac parcourt l'alphabet en héros de roman d'aventures.

Car dès son entrée dans le poisson, et en moins de temps
25 qu'il ne faut pour le dire, le vacancier de Concombre, le
voyageur en rupture d'alphabet, le client hargneux du

* Allusions à de précédents
épisodes.
magasin de sport* devint fils d'Amittai, émissaire de
l'Éternel, fuyard de Tarsis, héros de la Bible, en un mot

JONAS   Tac devint Jonas. Ou plutôt Jonas et Tac, mêlant leurs
30 patronymes l'un à l'autre, ne font plus qu'un en la
personne de Jtacnos ou plutôt de Tjonacs (prononcer
Djonak's avec un J légèrement tétanisé et une finale en
K). Voici donc l'artifice : par l'intermédiaire de la lettre
J, de l'hameçon en forme de J, Tac entre en contact avec
35 Jonas et la Baleine. Qu'est-ce que Jonas, sinon le mythe
de l'homme-hameçon jeté à l'eau par l'humanité pour
sonder les mers profondes et recenser les espèces mons-
trueuses ? Qu'est-ce que Jonas, sinon un hameçon, intermédiaire entre l'homme et le poisson, ambassadeur mixte
40 participant des deux natures, homme couvert d'écailles et
de nageoires, poisson muni de jambes, doué de la parole ?
Qu'est-ce que le J, sinon dans l'alphabet la lettre biblique, celle qui ouvre à tous les noms des prophètes (Jo-
JUIF   suhé, Joseph, Juda, Job, Jacob), lettre juive par excel-
45 lence, lettre du peuple élu, signe de l'errance et de la
diaspora ? Mais aussi par sa forme une lettre sous-ma-
rine, l'hippocampe, le cheval et le poisson, jonction de
deux substances, réunion de deux ordres, le vertical et
l'horizontal. Qu'est-ce que le J, sinon la lettre judéo-
50 céane, le dessin qui marie indissolublement la Bible et la
Mer, un texte et une substance, l'ordre humain et les
espèces bestiales dans un mouvement simultané de perte
et de résurrection ? Et Tac sur le port en posture de
désobéissance, Tac sur le môle en costume de marin, Tac
55 dans la Baleine, Tac introduit dans le texte biblique grâce
au J de son hameçon, c'est Djonak's, l'homme-çon,
personnage inconnu, imprésario de phrases inédites,
metteur en scène d'un nouvel ordre verbal, c'est Tac et
c'est Jonas, l'innommable et le Juif, deux êtres réunis par
60 l'entremise d'une lettre.

Pascal Bruckner, *Monsieur Tac,* éd. du Sagittaire.

— Du récit banal (1-5) au délire interprétatif (35-60) en passant par une fantaisie
biblique (8-35), le tout hautement parodique.
— Jeu des mots (7, 31, 56) et des citations (Flaubert 15, la Bible, Barthes 35-41,
Leiris 42-49, entre autres).
— Bruckner et Borges (« La Bibliothèque de Babel ») : « Notre seule liberté est de
choisir le ou les livres que nous recopions, l'année, l'heure, le jour où nous
répéterons mot pour mot ce qui a été inscrit dans un des innombrables romans qui
composent l'univers. »

[La mère, le capital, l'écrivain]

Il faudrait examiner plus en détail la relation de la mère au capital. Par prudence et par anxiété, la mère transmet le respect et la crainte du système. Le capital est une réserve monstrueuse, une accumulation maniaque du surplus, une production de surplus. L'anxiété maternelle trouve dans cette économie quelque chose de rassurant. Le capitalisme a en outre poussé au plus haut point l'art de domestiquer les hommes, de les élever comme des salades. Il est normal que l'angoisse maternelle se satisfasse d'un tel système, l'enfant parqué pousse bien.

On comprend qu'à l'anxiété de la mère, à sa prudence, l'enfant réponde par une angoisse qui le pousse à fermer ses oreilles à toute parole maternelle et à dire la même chose que la mère, mais dans un langage transcrit. Les traits les plus frappants de la littérature sont là : angoisse, surdité et transcription.

Parfois l'écrivain poussait si loin le déguisement que sa traduction devenait incompréhensible.

L'écriture était capitalisation. Faire des livres participe de la fonction bancaire. L'écrivain place ses émotions, économise ses actions, fait fructifier ses désirs. L'écrivain épargne la douleur, il la met de côté. Cette douleur a son intérêt. De là dérive peut-être l'allure si prudente du fabricateur de phrases. Accumuler son âme en livres et les vendre. Tirer de l'argent ou de la notoriété de cet entassement de souvenirs enregistrés.

La mère, le capital, l'écrivain forment une trinité qui donne le livre. Nul doute que l'écrivain s'identifie à sa mère. Elle, fabrique des enfants, lui, des livres. L'écriture est vaginale depuis le XIXᵉ siècle, époque du capitalisme florissant.

Chacun s'adapte au capitalisme comme il peut. Ce n'est pas sans péril qu'on pousse dans ce fumier. Personne ne peut ignorer qu'il est une carotte produite dans le jardin du capital. L'écrivain étant, par définition, un traducteur menteur, fait du potager une bibliothèque et de la banque une mémoire.

Les écrivains, parmi les habitants du capitalisme, sont ceux qui en ignorent le plus fortement le sens. Tout comme les prêtres catholiques (avec qui ils ont une grande parenté, l'écrivain, c'est un curé), ils feignent de mésestimer l'argent, en décrivent les dangers mais n'aperçoivent jamais les grosses pièces d'or qui tombent dans leur poche.

« Nous recevions parfois à la maison de l'écriture la visite de notre mère. »

45 Il n'existe pas de littérature honnête. Partout mensonge fait le mot. C'est cela qui se vend. D'ailleurs chaque jour la vente de ce mensonge diminue. L'écrivain s'écrie : « On n'aime plus l'art, le public est sot, il ne comprend pas. » Pourquoi payer une rente à ces men-
50 teurs. La comédie a duré.

Un écrivain devient immortel par les livres de classe. L'élève de seconde est le cobaye de l'immortalité. Dans le manuel est publiée une page du grand homme. Page souvent ridicule que l'élève analyse, description insipide
55 d'un paysan ou d'un braconnier (voyez Giono ou Genevoix). Écrivain clown qui pour se faire maman singe le soldat (combien de livres de guerre, de prisonniers).

Ainsi s'accumulent de petites gloires, des noms dispersés dans les journaux, les revues, les manuels. Une
60 population savante et laborieuse étudie le texte de Le Clézio ou de Modiano. Le critique porte son papier au rédacteur, le rédacteur publie, le public regarde, le nom se fait, l'élève apprend, la dame parle. Alors ici ou là, un nom apparaît, une photographie se répète.

Rafaël Pividal, *La Maison de l'écriture,* éd. du Seuil.

— **Une démonstration apparemment sérieuse, mais les images (la banque et le potager, 6, 21, 34) signalent la dérision de cette analyse freudo-marxiste. Dans la tradition sartrienne** *(Les Mots),* **un écrivain qui dénonce les mécanismes de l'écriture.**

— **Le rôle des manuels de littérature (51-64) : notre propre mise en abyme... Que Giono, Le Clézio et Modiano (notez la rime...) nous pardonnent !**

La parodie : Christian Zeimert, Ordre chromo-logique : Bonnard, *1976.*

En guise de conclusion, toute provisoire, nous aimerions suivre un itinéraire représentatif de ces retrouvailles de l'expérimentation et de la lisibilité, propices à retrouver un plus large public (Barthes aurait dit : à le « draguer »). C'est celui, un parmi d'autres (Danièle Sallenave, Jacques Almira, Michel Chaillou, etc.), de Renaud Camus. Après un premier livre, *Passages* (1975), qui sacrifie docilement à l'intertextualité (la logique de la syntaxe narrative est constamment battue en brèche par le caractère hétéroclite des emprunts), il donne avec *Échange* (1976), qu'il signe du nom de Denis Duparc, emprunté lui-même au livre précédent, un livre plus accessible, qui reprend en grande partie l'ouvrage précédent : jeux d'inter et d'intra-textualité qui pervertissent le processus de la représentation — la bibliothèque semble bien être devenue la seule réalité. Ces jeux sont repris autrement dans *Travers* (1978 ; signé, cette fois, Renaud Camus et... Tony Duparc). Ce journal d'un Je éclaté en plusieurs personnages, très libre de ton, mêle visites d'expositions de peinture, rencontres et commentaires littéraires (les notes en bas de page finissent par envahir la page en une série de renvois de note à note tout à fait vertigineux). La « science » de ces commentaires n'a rien de pesant : elle joue irrespectueusement de tous les concepts mis à la mode par le Nouveau Roman, Tel Quel et les diverses écoles de poétique comme d'un simple matériau, et installe le plaisir du texte ».

Après *Tricks* (1979) et *Buena Vista Park* (1980), deux livres qui réduisent le champ de l'écriture (le premier aux rencontres homosexuelles, le second à la théorie barthésienne), Camus publie en 1981 un *Voyage en France* où tout son travail antérieur aboutit, avec davantage de simplicité mais aussi d'efficacité, à un texte qui renoue avec la représentation, celle d'un voyage de quelques mois dans le Centre et le Sud de la France. Mais rien de naïf dans ce retour au réel : le voyageur est un lecteur, voyager consiste à relire autant qu'à découvrir, et le jeu intertextuel se poursuit avec Stendhal, le Guide bleu et toute la bibliothèque que R. Camus transporte dans sa voiture comme dans sa mémoire. Dans ce voyage, le Je peut se dire tout entier, dans la diversité de ses goûts et de ses désirs, et ce d'autant plus qu'une maladie le force à séjourner dans sa ville natale : le journal prend alors les dimensions d'une autobiographie.

Dans ses rapprochements insolites et savoureux, ce livre, qui suppose et permet plusieurs niveaux de lecture selon, précisément, la mémoire et l'activité de son lecteur, rassemble bien des traits qui nous paraissent caractériser l'état actuel du *récit* (ne parlons plus de roman) en ce qu'il a de plus vivant : fin de l'avant-garde agressivement théorique, prise de parole des minorités (ici, par exemple, la parole homosexuelle est naturelle, non revendicatrice), retour au lisible et à la représentation, attention à la matérialité du langage, jeux de la parodie et de la réécriture, écriture du Je qui rend caduque la distinction du roman et de l'autobiographie. Tel nous semble être — pour combien de temps ? — le terrain sur lequel pourraient se développer les expériences à venir.

Choix bibliographique :

M. Tison-Braun, *Nathalie Sarraute ou la recherche de l'authenticité,* Gallimard.

. Leenhardt, *Lecture politique du roman,* Gallimard (sur Robbe-Grillet).

. van Rossum-Guyon, *Critique du roman,* Gallimard (sur Butor).

. Ricardou, *Pour une théorie du nouveau roman,* Seuil.

J. Ricardou, *Le Nouveau Roman,* coll. Écrivains de toujours, Seuil.

Nouveau Roman : hier, aujourd'hui, Cerisy, coll. 10/18 (2 vol.).

Butor, Cerisy, coll. 10/18.

Robbe-Grillet, Cerisy, coll. 10/18.

Claude Simon, Cerisy, coll. 10/18.

Obliques, « Robbe-Grillet », 1978.

R. Barthes, *Sollers écrivain,* Seuil.

Zao Wou Ki, Lavis, 1972

Chapitre VI

La poésie

Paradoxale est la situation de la poésie. Toujours vivante et bien vivante, malgré l'indifférence du public. Toujours en effervescence : les revues naissent, les revues meurent et renaissent, les recueils s'éditent, le plus souvent à compte d'auteur, mais qu'importe. La foi des poètes en la poésie est intacte, il en est même qui publient des Manifestes ; en 1971, c'est le « Manifeste électrique aux paupières de jupes » de seize auteurs dont plusieurs (notamment Bulteau et Messagier) confirmeront ces débuts provocants ; en 1973, le « Manifeste froid » de Sautreau, Velter, Bailly et Buin.

Sans cesse on proclame la mort de la poésie, pour s'apercevoir un peu plus tard qu'elle est toujours de ce monde, présente au monde. Quand Georges Brassens disparaît, à l'automne de 1981, les journaux titrent « le dernier poète », et s'il est vrai que la chanson est bien l'un des refuges de la poésie (cf. *Lit. 45*, chap. 28), il serait faux de vouloir en faire son unique bastion. Elle est certes une poésie populaire et parfois le mode d'accès à la poésie tout court, elle n'est pas toute la poésie. Et rien ne permet d'affirmer que le relatif effacement de celle-ci auprès du public (ou des médias ?) soit la marque d'un déclin définitif. Il s'agit, en tout cas, beaucoup plus d'un phénomène de consommation que d'un phénomène de production, et la qualité des textes poétiques de cette période ne le cède en rien à celle des époques précédentes.

Après avoir examiné quatres œuvres essentielles, déjà classiques, nous indiquerons les tendances qui semblent se dessiner dans l'ensemble de la production poétique. Et puis viendront les poèmes, en une trop brève anthologie.

Quatre œuvres majeures

A Saint-John Perse († 1975), René Char, Pierre Emmanuel, en qui nous avions vu, à des titres divers, des « Accomplissements de la poésie », nous joindrons ici Léopold Sedar Senghor. Cette haute figure, à la fois française et africaine, comptait dès 1968 parmi les grands poètes francophones, — de cette francophonie poétique dont la poésie de l'hexagone ne constitue qu'une partie.

Saint-John **Perse** (né en 1887, rappelons-le) traverse ce grand âge qu'il avait salué, dès 1960, dans *Chronique* : « Grand âge, vois nos prises : vaines sont-elles, et nos mains libres. La course est faite, et n'est point faite ; la chose est dite et n'est point dite. Et nous rentrons chargés de nuit, sachant de naissance et de mort plus que n'enseigne le songe d'homme. » Il rassemble et organise, avec un soin jaloux, toute son œuvre en un volume de « La Pléiade », faisant découvrir d'admirables lettres de jeunesse, qui par le jeu des coupures, deviennent autant de poèmes en prose. Peut-être rompt-il le charme qui fascinait ses dévots, en accolant les poèmes de Saint-John Perse aux textes diplomatiques d'Alexis Léger, lui qui avait jusque-là pratiqué un rigoureux dédoublement ? En revanche, dans ses derniers textes poétiques, de plus en plus brefs, on retrouve la magie de l'auteur d'*Amers,* désormais inscrite dans la page, et non

plus déployée dans le vaste poème polyphonique. Les thèmes de la mort et de la naissance, mais aussi les tons de la louange et de la dérision, se conjuguent dans « Chanté par celle qui fut là » (1968), « Chant pour un équinoxe » (1971), « Nocturne » (1972), « Sécheresse » (1974) ; le dernier vers de ce dernier poème témoigne de cette ambivalence fondamentale : « Par les sept os soudés du front et de la face, que l'homme en Dieu s'entête et s'use jusqu'à l'os, ah ! jusqu'à l'éclatement de l'os ! Songe de Dieu, sois-nous complice... — Singe de Dieu, trêve à tes ruses. » Si l'œuvre de la dernière période tient en trente pages, elles condensent l'œuvre antérieure et suffiraient à faire de Perse le poète le moins contesté du siècle.

Chant pour un équinoxe

L'AUTRE soir il tonnait, et sur la terre aux tombes j'écoutais retentir
cette réponse à l'homme, qui fut brève, et ne fut que fracas.

5   Amie, l'averse du ciel fut avec nous, la nuit de Dieu fut notre intempérie,
et l'amour, en tous lieux, remontait vers ses sources.

Je sais, j'ai vu : la vie remonte vers ses sources, la foudre ramasse ses outils dans les carrières désertées,
10   le pollen jaune des pins s'assemble aux angles de terrasses,

et la semence de Dieu s'en va rejoindre en mer les nappes mauves du plancton.
Dieu l'épars nous rejoint dans la diversité.

*

15   Sire, Maître du sol, voyez qu'il neige, et le ciel est sans heurt, la terre franche de tout bât :
terre de Seth et de Saül, de Che Houang-ti et de Chéops.

La voix des hommes est dans les hommes, la voix du
bronze dans le bronze, et quelque part au monde
    où le ciel fut sans voix et le siècle n'eut garde,

    un enfant naît au monde dont nul ne sait la race ni le
rang, et le génie frappe à coup sûrs aux lobes d'un front
pur.

    Ô Terre, notre Mère, n'ayez souci de cette engeance :
le siècle est prompt, le siècle est foule, et la vie va son
cours.
    Un chant se lève en nous qui n'a connu sa source et qui
n'aura d'estuaire dans la mort :

    équinoxe d'une heure entre la Terre et l'homme.
                Saint-John Perse, *Chanté par celle qui fut là*,
                        éd. Gallimard.

Claude Garanjoud,
Gouache pour Neiges *de*
Saint-John Perse, 1978.

> — Laconisme nouveau dans une poétique fidèle à ses principes : allitérations (1, 19), rythme binaire (3, 8-9), invocations (5, 15, 25), répétitions (12-14, 19-20).
>
> — Entre orage (1-14) et ciel rasséréné (15-30), équilibre équinoxial des images de mort (1, 29) et de naissance (12, 22), de divinité (5, 14) et d'humanité (20, 30).
>
> — « Porté par nature à rechercher l'attrait de toute région terrestre où l'attache son sort, Saint-John Perse continue d'interroger cette Provence maritime dont le visage lui est devenu cher : il ne parvient pourtant pas à s'intégrer pleinement dans le complexe méditerranéen. » (« Biographie », rédigée par le poète lui-même.)

La poésie de Léopold Sedar **Senghor** s'est faite plus rare durant notre période : comme Saint-John Perse - Alexis Léger, il a mené une double vie, poétique et politique. La carrière politique n'a pas manqué de style ni de grandeur, puisque pendant vingt ans le président de la République du Sénégal s'est montré l'un des sages les plus respectés de l'Afrique, et qu'il a renoncé au pouvoir en 1980, d'une manière toute spontanée — peut-être par amour de la poésie ? Le poète a su, dans *Les Lettres d'hivernage* (1972) et *L'Élégie des alizés* (1973), réaliser ce « métissage culturel » dont il est le tenant : le français, nourri des termes et des images de l'Afrique, devient l'instrument de l'identité africaine, et aussi langue universelle. *L'Élégie des alizés* évoque le climat de Dakar, avec sa saison des pluies — « l'hivernage » de septembre — qui précède une longue période de sécheresse.

[Élégie des alizés]

L'Hivernage m'occupe. Il a pris possession de ma poitrine, sentinelles debout aux portes de l'aorte

Et le vert despotique à devenir ténèbre ; et les stériles graminées, de ma tête champ d'arachides.

5   Les reptiles mous ont rampé sous mes genoux.

Il pleut à cataractes sur Dakar sur les pylones du cap Vert ; je suis gorgé d'eau fade comme papaye d'hivernage.

La crue est annoncée aux Échelles de Bakel : rouge,
10 toutes digues tendues et les calculs des ingénieurs.

Je suis gorgé d'eau trouble, qui inonde mon maëstrichtien.

Insomnie insomnie ! et tu n'es plus balsamine de Ngasobil, tu n'es pas cri au mitan d'Août.

15   Sous les geysers du sang, qu'éclate donc l'écorce

Qu'il éclate l'oryx de ses ailes feux de brousse, et monte, comète d'or, et

Tombe la veuve à queue de foudre. Et flottent les essences séminales, vaines.

20   Non !...

Moi le Maître-de-langue, j'ai en exécration : ce sang chaud monotone et ce pullulement fétide

Ces miasmes mouches moustiques et fièvres, ces délires
d'hiver en hivernage
Lorsqu'on pense doucement à sa mère et à ses amours
de jadis
Avant de s'abîmer dans le néant béant.
J'ai en exécration : le poto-poto où s'enfoncent lente-
ment toutes patiences
Ces pourritures spongieuses du cœur, qui vous aspi-
rent, énergie ! de leurs ventouses insondables.
Elles chantent bas sous les forêts de silence, et il faut
allumer la lampe de l'esprit
Pour que ne pourrisse le bois ne moisisse la chair, ah !
surtout que ne se rouille le soc.
A l'aurore soudain, jaillisse la pintade aboie le chien.
C'est en l'honneur des hommes rassemblés.

Léopold Sedar Senghor, *Élégies majeures,* éd. du Seuil.

— Une « saison en enfer » avant le retour des alizés : la forme claudélienne du
verset mobilise les signifiants (7, 14, 25) et les signifiés (3-4, 6-10, 16) de l'Afrique,
et particulièrement de la presqu'île du Cap Vert.
— « Senghor est aujourd'hui un grand Africain et tous ces ricanements au sujet du
"blanc à peau noire" me révoltent. Senghor est le lieu de rencontre de l'humanisme
gréco-latin et de l'humanisme négro-africain. Il a transcendé l'antinomie apparente
entre deux univers culturels différents et en a fait la synthèse vivante. » (Aimé
Césaire, interview de 1981.)

René **Char** s'est montré lui aussi éco-
nome de sa production : *Le Nu perdu*
(1971) intègre deux recueils déjà publiés
(*cf. Lit. 45,* p. 269), mais ces textes que
nous pensions connaître, voici que l'ensemble du livre, son articulation même,
nous obligent à les réinterpréter. Car il
s'agit bien d'un livre, et non pas d'un
recueil. *Le Nu perdu* s'organise à la
manière d'une tragédie dont la mort ne
serait pas la fin mais le centre — la mort ou
plutôt la rencontre, vécue, datée, que René
Char en a faite : « Dans la nuit du 3 ou
4 mai 1968 la foudre que j'avais si souvent
regardée avec envie dans le ciel éclata dans
ma tête, m'offrant sur un fond de ténèbres
propres à moi le visage aérien de l'éclair
emprunté à l'orage le plus matériel qui fût.
Je crus que la mort venait, mais une mort
où, comblé par une compréhension sans
exemple, j'aurais encore un pas à faire

avant de m'endormir, d'être rendu épar-
pillé à l'univers pour toujours. » C'est vers
cette page, inscrite au cœur du livre, que
tout converge, c'est d'elle que tout
rayonne.

Après cette crise, non pas spirituelle,
mais charnelle, le poète a su reprendre en
effet sa marche, dans une lumière nouvelle, avec des mots plus dépouillés encore : « Tout ce que nous accomplirons
d'essentiel à partir d'aujourd'hui, nous
l'accomplirons faute de mieux. Sans
contentement ni désespoir. Pour seul soleil : le bœuf écorché de Rembrandt. Mais
comment se résigner à la date et à l'odeur
sur le gîte affichées, nous qui, sur l'heure,
sommes intelligents jusqu'aux conséquences ? Une simplicité s'ébauche : le feu
monte, la terre emprunte, la neige vole, la
rixe éclate. Les dieux-dits nous délèguent
un court temps leur loisir, puis nous

prennent en haine de l'avoir accepté. Je vois un tigre. Il voit. Salut. Qui, là, parmi les menthes, est parvenu à naître dont toute chose, demain, se prévaudra. » Dans un de ses livres (ou livrets) les plus structurés, *Aromates chasseurs* (1976), voici qu'il se choisit, comme Claude Simon, Orion pour intercesseur. Orion, chasseur aveugle, chasseur géant, mais aussi fugitif qui prend ses distances avec un siècle défiguré : l'éloquence d'Orion fait entendre une fois de plus « les chants matinaux de la rébellion ».

Aromates chasseurs

Ce texte s'inscrit dans une série : Orion au Taureau, Orion à la Licorne, Orion s'éprend de la Polaire... Autant de « chuchotements parmi les étoiles ».

Orion
à la Licorne

Je voudrais que mon chagrin si vieux soit comme le gravier dans la rivière : tout au fond. Mes courants n'en auraient pas souci.

Maison mentale. Il faut en occuper toutes les pièces,
5 les salubres comme les malsaines, et les belles aérées, avec la connaissance prismatique de leurs différences.

C'est quand on ne s'y reconnaît plus, ô toi qui m'abordas, qu'on y est. Souviens-t'en.

La foudre libère l'orage et lui permet de satisfaire nos
10 plaisirs et nos soifs. Foudre sensuelle ! (Hisser, de jour, le seau du puits où l'eau n'en finit pas de danser l'éclat de sa naissance.)

Il y eut le vol silencieux du Temps durant des millénaires, tandis que l'homme se composait. Vint la pluie, à
15 l'infini ; puis l'homme marcha et agit. Naquirent les déserts ; le feu s'éleva pour la deuxième fois. L'homme alors, fort d'une alchimie qui se renouvelait, gâcha ses richesses et massacra les siens. Eau, terre, mer, air suivirent, cependant qu'un atome résistait. Ceci se passait il y
20 a quelques minutes.

Détesté du tyran quel qu'en soit le poids. Et pour tout alpage, l'étincelle entre deux flammes.

Il arrive que des actions légères se déploient en événements inouïs. Qu'est-ce que l'inepte loi des séries comparée à cette crue nocturne ?

Hors de nous comme au-delà de nous, tout n'est que

mise en demeure et croissance menacée. C'est notre désespoir insurgé, intensément vécu, qui le constate, notre lucidité, notre besoin d'amour. Et tant de conscience finit par tapisser l'éphémère. Chère roulotte !

Le présent-passé, le présent-futur. Rien qui précède et rien qui succède, seulement les offrandes de l'imagination.

Nous ne sommes plus dans l'incurvé. Ce qui nous écartera de l'usage est déjà en chemin. Puis nous deviendrons terre, nous deviendrons soif.

René Char, *Le Nu perdu, et autres poèmes,* éd. Gallimard.

« **Voici Orion près du Taureau, Orion devant la Licorne [...] chaque fois a lieu quelque chose comme un repos, une halte, une étape, dans un livre construit à la manière d'une suite de "stations" (au sens quasi liturgique du terme), mais où pourtant la continuité est donnée par cette pression incessante des "aromates" qui tracent, ouvrent, élargissent jusqu'aux étoiles le chemin du poète, du chasseur... »** (Raymond Jean.)

Les Chants de la Balandrane (1977), dans un registre plus détendu, chantent l'enfance et la Provence, avec des mélodies si ravissantes qu'on peut les prendre pour des chansons émouvantes : chez René Char, le lyrisme familier alterne avec l'exploration de la « vie inexprimable » et l'extraction de ses « fragments décharnés ». Les deux inspirations se retrouvent réunies, avec autant de vigueur, mais plus de fantaisie, dans *Fenêtres dormantes et porte sur le toit* (1979) : poésie et prose ne sont plus distinguées, mais rassemblées dans un mouvement qui est plus que jamais celui de la fragmentation. Le recueil mêle en effet les écrits sur la peinture ou les peintres à des poèmes, fragments isolés ou réunis en libre séquence. Ainsi trouvera-t-on dans des réflexions sur l'art de Sima, ceci qui pourrait bien être la dynamique de ces derniers textes : « L'existence des rêves fut de rappeler la présence du chaos encore en nous, métal bouillonnant et lointain. Ils s'écrivent au fusain et s'effacent à la craie. On rebondit de fragment en fragment au-dessus des possibilités mortes. » A ce mouvement ascendant, Char peut, dans tel autre poème, opposer le vertige de la chute, de la décomposition, qui sont comme l'envers de l'écriture fragmentaire, ou dans tel autre, il peut aussi dessiner, en un mouvement plus euphorique, celui de la pulvérulence ou de la dissémination.

LA POUDRIÈRE DES SIÈCLES

Sur une terre d'étrangleurs, nous n'utilisons, nous, que des bâtons sifflants. Notre gain de jeu, on sait, est irrationnel. Quel souffleur pour nous aider ? Par le bec d'une huppe coléreuse, nous entendons la montagne se plaindre du soi-disant abandon où nous la laisserions. C'est mensonge. Les nuages, en archipel précipité, ne sont pas affilés par nos tournures sombres mais bien par notre amour. Nous rions. Nous divaguons. Une miette frileuse tombe de ma poche et trouve à l'instant preneur. On ne pend personne aujourd'hui.

Dans une enclave inachevée
Tout l'art sur l'épaule chargé,
Creuse son trou le soleil.
Est épongé le peu de sang.

LÉGÈRETÉ DE LA TERRE

Le repos, la planche de vivre ? Nous tombons. Je vous écris en cours de chute. C'est ainsi que j'éprouve l'état d'être au monde. L'homme se défait aussi sûrement qu'il fut jadis composé. La roue du destin tourne à l'envers et ses dents nous déchiquettent. Nous prendrons feu bientôt du fait de l'accélération de la chute. L'amour, ce frein sublime, est rompu, hors d'usage.

Rien de cela n'est écrit sur le ciel assigné, ni dans le livre convoité qui se hâte au rythme des battements de notre cœur, puis se brise alors que notre cœur continue à battre.

Pierre Emmanuel, malgré une œuvre abondante, n'a pas conquis tout à fait l'audience qui est celle des figures précédentes : son itinéraire est plus irrégulier. *Sophia* (1973), vaste poème de plus de quatre cents pages, construit à la manière d'une cathédrale, est tout entier consacré à la femme : à la femme par-delà les femmes, à celle en qui et par qui s'accomplissent les desseins de Dieu, en qui et par qui Dieu lui-même s'accomplit. Pierre Emmanuel fait ainsi se rejoindre, à travers le christianisme, les traditions mystiques les plus anciennes et les mythes poétiques les plus récents. Tout au long de *Sophia,* science et naïveté, rhétorique et nudité, loin de s'exclure, s'accordent et se confondent, la paraphrase des Écritures se mêlant à des collages plus modernes, comme si toutes les époques de la poésie se voyaient convoquées par une voix qui se veut universelle.

C'est toujours de la femme, et du couple, qu'il s'agit dans *Una ou la mort la vie* (1978) suivi de *Duel* (1979). Mais la femme, perdue, et le couple, déchiré, semblent appartenir à l'expérience vécue du narrateur, épreuve orphique ou saison en enfer. Pour cet ensemble autobiographique, et métaphysique, qui fait alterner les soliloques de « Lui » et « Elle », Pierre Emmanuel recourt dans *Duel* à cent soixante douzains, composés de sept décasyllabes suivis de cinq alexandrins, moins rimés qu'assonancés. Cette poésie narrative et dramatique évoque parfois Péguy aussi bien que Jouve. L'architecture massive du livre n'exclut pas une simplicité déchirante.

Poésie actuelle

Les tendances sont trop variées, les mouvements trop contradictoires, les évolutions trop rapides, pour qu'il soit possible de reconstituer, avec si peu de recul, une histoire de la poésie de ces dernières années. Mieux vaut tenter de suivre quelques lignes de force avant de donner à lire quelques textes, choisis autant pour leur valeur d'exemple que pour leur qualité intrinsèque.

Et d'abord, une question s'impose : y a-t-il eu une poésie de mai 68, ou issue de mai 68 ? Cette explosion mentale, que prônaient Dada et Breton, a-t-elle vu surgir une poésie spécifique ? Si la poésie « à chaud » n'a guère laissé de traces durables (c'est encore la force de percussion de certains slogans qui rend le mieux l'air du temps : « Sous les pavés la plage » ou « Soyez réaliste demandez l'impossible »), l'ébranlement va ouvrir la voie à une poésie directe, spontanée, « électrique », éloignée aussi bien de la poésie du silence et du mystère que des recherches langagières qui constituaient les deux pôles de la nouvelle poésie d'avant 68 (par exemple, pour situer les choses : Bonnefoy et Deguy). Cette poésie-cri, poésie-tract va se combiner avec l'influence majeure, celle d'un langage venu des États-Unis, où se retrouvent pêle-mêle les rythmes de la « beat-generation », le style « cut » de Burroughs qui monte des citations en supprimant toute liaison syntaxique, les chansons de Bob Dylan, etc. Groupés autour de revues comme *Chorus* ou *Exit,* les Daniel Biga, Franck Venaille, Lucien Francœur, Patrice Delbourg font entendre un son différent, préoccupés qu'ils sont de dire le quotidien dans une langue brutale, provocante souvent, sur des rythmes syncopés. On a parlé d'un « nouveau réalisme », volontiers amer et contestataire, mêlant l'américain au français dans un langage de nomade qui abolit les frontières (on peut songer ici au chanteur québécois Robert Charlebois, leur contemporain, qui mêle le français, l'américain et le joual). De New York leur répond Claude Pélieu, encore plus proche des poètes américains, dans ses *Jukeboxes* et son *Coca-Néon.* Verheggen lui aussi tente de trouver une langue et un rythme qui collent à cette vision du monde différente, d'une génération de la moto et de la pop-music.

« Hourra ! Hourra ! Bleus d'bassine, Bowling, couperose de grimace. Vert fuchsia Nénets Cervelle Kleenex mouché de rides et panse pie de Dada. Hourra ! Hourra ! »

(Verheggen, *La Grande Mitraque,* 1969)

« Roses errant sur les toits de Frisco-roses lumineuses caressant le ciel-tiges de chewing-gum vacillantes, au-dessus de la lampe le gant de crin du rêve exaspère. Gommes gammes et thunes-viscères-œufs coloriés-les choses bougent à deux heures du matin. »

(Pélieu, *Jukeboxes,* 1972)

« j'aurai 32 ans en mars prochain
mon enfant a 22 mois-pas sorti de l'auberge !
j'ai mangé seul à midi des moules à la provençale
dans un petit bistro du quartier
seul dans un ovale et parmi 3 milliards d'autres
pas plus psychanalysé que Moncul monte là
d'ssus et tu verras
le trou de mon pantalon qu'est décousu
si ça continue tu verras le trou de mon pantalon
qu'est décousu
si ça continue tu verras. (à développer). »

(Biga, in *Zone,* 1976)

Cette poésie de la violence du quotidien n'est pas à proprement parler une poésie politique : après 1968, politique ne veut plus dire engagée ni militante, et les poètes ont cessé de prêcher naïvement pour une cause ou pour un parti. C'est plutôt *contre* que *au nom de* que s'élèvent des voix comme celles de Jean Rousselot, Maurice Regnault, Jean Breton ou Charles Dobzynski. Jean **Cayrol,** lui, parallèlement à son œuvre romanesque, poursuit l'entreprise de sa *Poésie-Journal* (tomes II, 1977, et III, 1978) qui raconte, en mots très simples, l'impact des événements sur une sensibilité aux aguets. Pour oser élever la voix, il faut que les mots aient gardé tout leur poids et tout leur prix, et ce sera souvent le cas de poètes francophones d'autres continents à qui le français sert d'arme ou de drapeau (en Afrique du Nord : Tahar Ben Jelloun, Mohammed Khaïr-Eddine ; au Québec : **Miron,** Pilon, Brault, etc.).

À l'opposé de ces éclats, les poètes de l'affirmation ou de la méditation (Frénaud, Grosjean, J.-C. Renard, du Bouchet, Tortel, Bonnefoy, **Jaccottet,** Torreilles, etc.) élaborent, à plus ou moins grande distance du silence ou de l'épanchement, aux confins de la parole et du taire, des œuvres où ne se laisse guère percevoir l'écho du monde et de ses convulsions, mais sensibles par contre à la permanence des choses, aux rythmes naturels, aux aspirations profondes de l'être.

« Tramé.

C'est un beau jour.

A trembler.

Un peu rouge.
Certain vert mélangé
A l'orange au rose
Atteste que c'est calme et que
Le soleil couche sans hâte
Ses rayons dilués.

Ce qui demeure

Longtemps
(ou ce que nous sommes ici)
Bleuit profondément. »

Jean Tortel.

Tous ceux-là, qu'ils le creusent, le fouillent ou le fouaillent, font confiance au langage. D'autres (mais parfois ce sont les mêmes, tant il est vrai que tous ces poètes contemporains sont, comme l'affirme l'un d'eux, Jean Pérol, « rompus à toutes les tentatives d'écriture ») le soupçonnent, le questionnent et en jouent, de manière simplement ironique (comme Jean **Tardieu**) ou plus profondément radicale. S'interroger, comme le font un Pleynet, un Deguy, un Denis Roche, sur le langage poétique, c'est s'interroger, en fait, sur la poésie elle-même et sa spécificité. Par rapport à toutes les recherches sur le Texte (*cf.* chapitre 5), y a-t-il encore une place qui soit celle, propre, de la poésie ? Contestant tour à tour ou simultanément les différentes conventions qui sont/font la poésie, qui la fondent comme langage différent de la prose (*Éros Énergumène,* 1968), D. Roche en arrive, dans *Le Mécrit* (1972), annoncé comme « son dernier livre de poèmes », à une série de textes intitulée « La poésie est inadmissible, d'ailleurs elle n'existe pas ». Cette mise en cause, pleine d'humour, du langage poétique va conduire, après un réexamen du plus évident (les mots, la rime, la typographie), à une réflexion sur la prosodie qui, paradoxalement, ramène toute une partie de l'avant-garde poétique à considérer que le temps de la liberté totale, héritée du Surréalisme, est révolu. Se développe, principalement autour des revues *Change* et *Action poétique,* une réflexion sur la métrique, dont *Le Roman d'Alexandre* de Jacques Roubaud porte témoignage, qui parcourt, depuis ses origines, tout le champ de la poésie française et de ses règles. Il ne faudra donc pas s'étonner, au temps de la prosodie généralisée, de voir publier des sonnets (Alain Bosquet), des odes (Marc Cholodenko), des élégies (Emmanuel **Hocquard**), ou même... des épopées ! Cholodenko, par exemple, qui dans son premier recueil *Parcs* (1972), se situait « off Dylan », publie récemment *2 Odes* (1981) qui semblent, en apparence, retrouver « le vieux style. Les élégances puissantes des bâtisseurs de cathédrales ». Ce que l'on pourrait appeler avec Michel Butor « le retour à avant-hier » ne saurait être considéré comme l'abandon pur et simple de toute modernité, mais comme une tentative pour se situer dans une tradition plus longue et plus fructueuse, tentative qui entrerait aussi, à certains égards, dans le champ déjà vaste de la parodie qui touche la poésie comme elle affectait la prose romanesque.

La poésie ne veut plus être cantonnée, réduite à un seul canton. Elle entend retrouver, ne serait-ce que sous le signe de l'ironie et de la citation généralisée, le domaine qui fut le sien aux grandes époques : la narration épique, le récit didactique ou la description cosmogonique. Et l'on voit mieux alors qu'il n'y a pas de rupture entre les quatre œuvres qui ouvraient ce chapitre (Perse, Senghor, Char, Emmanuel) et ces dizaines de poètes que nous ne pouvons malheureusement pas nommer, encore moins citer. Cette ambition renouvelée se manifeste selon diverses modalités dont nous voudrions décrire les plus marquantes.

La première est ce que l'on pourrait nommer, toujours avec Michel Butor (avec ses *Illustrations II, III* et *IV,* mais aussi avec presque toute son œuvre récente, sa place serait ici autant que chez les romanciers), la « volonté de prose » qui, selon lui, anime toute la poésie contemporaine, depuis Ponge et Michaux. Elle peut prendre, chez Yves Bonnefoy (*Rue traversière,* 1977), comme chez Jacques **Réda,** la forme assez traditionnelle du « poème en prose ». Après les grandes réussites des recueils *Amen* (1968), *Récitatif* (1970) et *La Tourne* (1975), qui ont imposé la voix de Réda comme l'une des plus sensibles et des plus graves, *Les Ruines de Paris* (1977) mêle la double typographie de la prose et des vers. Le Je qui parcourt les rues et les sites insolites de la capitale et de sa banlieue, faisant ses courses à bicyclette, est-il le même exactement que le Je des grands poèmes méditatifs ? Une comparaison de deux textes sur des thèmes voisins permettra de mieux formuler cette question à défaut d'y apporter une impossible réponse.

Cette volonté de prose se combine le plus souvent avec une autre modalité importante : le « désir du livre ». Le poète ne publie plus de recueil, il compose des livres. La poésie, qui n'est plus limitée à un ton ou à un registre, retrouve les vertus de la composition d'ensemble. Les « modèles » de composition sont évidemment aussi divers que les poètes, et bien souvent un livre constituera la traversée de différentes voix.

Le modèle le plus simple est la série : par exemple les livres de James **Sacré,** *Cœur élégie rouge* (1973) ou *Figures qui bougent un peu* (1978), dont l'unité réside principalement dans l'inspiration et le projet. Le plus complexe : par exemple l'architecture quasi-ésotérique de l'œuvre d'Edmond Jabès (les sept volumes du *Livre des questions* jusqu'en 1973, les deux volumes du *Livre des ressemblances,* 1978). Entre les deux, toutes les possibilités s'offrent au poète, qui peut, comme Venaille (*Pourquoi tu pleures,* 1972, *La Guerre d'Algérie,* 1978) ou Biga (*Esquisses pour un aménagement du rivage de l'amour total,* 1975), déboucher sur le récit, ou, comme Denis Roche, abandonnant les poèmes, donner avec *Louve basse* (1976) un

EN CE TEMPS-LÀ en   ce temps-là : qu'est-ce qui   n'a pas commencé   par ces mots, de l'intérieur   du temps, jetés là devant
nous, posés (et inaccessibles) *en ce temps-là*   *le charbon était*   *devenu aussi précieux*   *et rare que des pépites*
d'or et j'écrivais   (début de *la lucarne ovale*) quelle neige   jamais verrons-nous plus bleue   *(bianca neve)*, en tombant
(senza venti) devenue bleue ; d'un mouvement   achevé-couleur   en ce temps-là pénétrant   *dans un grenier où la neige*
devenait bleue. en   ce temps-là, commencement   partout, le temps qui   *ici commence* n'est rien   que ce que, venant du blanc,

du rien, j'écris, *bleu.*   « tard dans la nuit il restait   assis près du lit,   devant la lampe faible,   gémissant doucement des
poèmes, tard dans   la nuit, courbé sur le froid »   en ce temps-là, une   lampe sous ses mains, pas pour   le chaud ni la lumière, une
lampe pour voir des   mains la nuit gémissante et   décimer les heures ;   *(les bambous de Fushimi*   *craquent sous la neige* dit
Ariie et   Teïka : « rêve-pont brisé   les nuages s'éloignent »)   dans un vieux vêtement, sous   le froid de la nuit, la lampe
très faible, il restait,   parlant des poèmes dans   la nuit (« la couleur   de la fleur des mots est oubliée »). l'intérieur du temps,
le noyau intense   du temps, *ce temps-là*, la moindre   lampe de la nuit   l'atteint, dans le mouvement   des lèvres sur des poèmes
la neige descend   sans vent, devenue ovale,   devenue l'attente   de ce temps-là. rien jamais   ne commence sans qu'un temps ne

devienne « ce », « -là ».   (Autrefois sous la musique   *mosaïque d'air*   encablures de violoncelles, le soir accablé
d'une sarabande)   à quatre-vingt-cinq ans Telemann écrivait :   (« avec une lampe trop forte,   avec des plumes boueuses,
avec de mauvais   yeux, par un temps brumeux, sous   une lampe pâle »)   « je serais, peut-être, devenu un bon violoniste
si je n'avais mêlé la jacinthe au hautbois   le chalumeau à   la tulipe et l'anémone   au-dessus de violes, dans
mon cœur sinon dans   ma musique » cependant   de chaque morceau   (rare) de charbon naissait   une goutte de lumière

rouge ou bleue, chaude, à   travers la vitre de mica du poêle, à travers la musique gelée   de l'hiver. en ce temps-là.
(un peu de chaleur :   jasmin des intempéries   du violon, la lampe   ouverte sur la nuit du   froid, doigts plaçant les syllabes)
j'imagine le   temps où ces jours auront pris   leur statut de champ   de mémoire : condensés   sur une corde *(l'aria*
sebaldina le   *lamento della ninfa*   « *amor, dicea...* »)   sur une voix, introduits   dans la solitude hiver
nale, poussés sur   les traverses d'une basse   en « *douce mémoire* »   j'imagine le temps où   ces jours tiendront entre des
mains sur une lampe   entre les vieux vêtements   un vin salée   apportés par les gouvernements de chaconnes par
les échos, précieux   et rares comme la neige   descendue ovale   bleue *par les fentes du toit* :   jours de l'intérieur du temps,

commencements,   jours immensément lointains.   cependant le ciel   s'épaississait. en ouvrant   la fenêtre, la musique
franchissait la rue   hésitant en elle-même   revenait chargée   de commencements incapable de choisir et dé-
bordée de partout   bourdon dans une haie de   fusains tilleul noir   dans la grêle ses fruits rotors s'éparpillant la musique revenait   se rencontrait elle-même   dans l'intérieur du   temps, danse du noyau intense   du temps se divisait pre
nait sans le vouloir   du bruit à ces jours du feu   à leur charbon s'éteignait soudainement cessait soudainement submer
gée engloutie dans   les vagues de ce temps-là où   dans le froid j'étais   seul, des doigts plaçant ces syllabes de toi, te susci
tant, de vieux hivers   brûlant la lampe, de vieilles   douleurs achevant   de se défaire, de vieilles   neiges atteignant le sol.

Jacques Roubaud, Trente et un au cube, *n° 23.*

auto-portrait composite. Les livres de Guillevic, *Paroi* (1971), *Inclus* (1973) ou *Du Domaine* (1977), obéissent, comme certains « nouveaux romans », au principe de la variation, variation sur l'objet, l'idée ou le mot. Dans *Paroi* par exemple, c'est bien une seule et même méditation qui se développe, au long de deux cents poèmes d'une extrême brièveté, jusqu'à la vision de la paroi comme réalité indispensable au sentiment même de notre existence : le jeu finit par se justifier.

Les deux livres de Jacques **Roubaud** *Trente et un au cube* (1973) et *Autobiographie chapitre dix* (1977), en même temps qu'ils confirmaient l'importance de ce poète apparu à la fin des années soixante, sont peut-être les meilleurs exemples de toutes les tendances qui traversent le champ de la poésie. Le titre du premier livre décrit très précisément sa composition et son organisation : trente et un poèmes, chacun de trente et un vers de trente et un pieds. Mais il ne saurait rendre compte de la surprise du lecteur qui ne découvre d'abord que pages blanches avec, çà et là, un numéro, ou bien, sur la page de gauche, quelques mots ou une phrase brève. C'est que chacun des trente et un poèmes se cache au recto d'une double feuille repliée. Le titre ne dit rien non plus des autres contraintes que s'impose Roubaud : chacun des vers est découpé selon un modèle emprunté à la forme japonaise du *tanka* (5, 7 ou 5, 7 et 7 pieds) et qui ne tient compte ni de l'articulation logique ou syntaxique de la phrase ni de la longueur des mots impitoyablement sectionnés selon ce rythme inhabituel. Bien vite le lecteur s'accoutume à suivre ce texte, il adopte cette respiration autre. Il oublie les jeux de construction raffinés pour ne plus être sensible qu'à l'unité de ce poème de l'amour et du temps, long dialogue où se mêlent sous forme de citations, de traductions et d'échos les voix de poètes, de peintres et de musiciens de toutes les époques et de tous les pays[1].

Autobiographie chapitre dix ajoute une dimension supplémentaire à toutes ces recherches, et c'est celle du récit. Le sous-titre du livre, « poèmes avec des moments de repos en prose », souligne l'imbrication des deux langages et indique que la poésie entend fonctionner aussi comme mode narratif. Mais ce récit, qui ne mime qu'en apparence la poésie à la première per-

sonne, est un récit piégé ; le livre qui se présente comme un immense catalogue de toutes les expérimentations de la poésie contemporaine, est en fait composé presque uniquement de citations : « De tous ces poèmes, composés dans les dix-huit années qui précédèrent ma naissance, j'ai fait ce livre, chapitre dixième d'une autobiographie : *La Vie est unique,* mais les paroles d'avant la mémoire font ce qu'on en dit. » Ce grand « collage » nous ramène à la problématique centrale de la littérature actuelle, celle de l'écrivain-lecteur, citant, parodiant, réécrivant.

Faut-il encore, en conclusion, déplorer qu'une poésie si riche, si multiple, si ambitieuse, ne touche qu'un public aussi restreint ? Cette relative solitude n'est-elle pas à la hauteur de son exigence ? Constamment « en quête », elle ne peut-être qu'une avant-garde secrète, pierre de touche d'une littérature vraiment vivante.

---

1. Nous reproduisons, à titre d'échantillon, le poème n° 23 qui porte en exergue ces vers : « en ce temps-là, le charbon/était devenu aussi précieux/et rare que des pépites d'or » dans lesquels on aura reconnu une citation de Reverdy (cf. *Lit. 45,* p. 257).

Gérard Fromanger, série « Hommage à F. Topino Lebrun », La Vie et la Mort du peuple, 1975-77.

Col. Jeanne Bucher, Paris

6 décembre

C'est un moment du temps qui passe
que je prends,
on solde les étés, on solde les palaces,
Bayonne a le regard endormi d'un enfant.
Ça sent le jambon frais, ça sent la pipérade,
les volets ont repris le charme des lingères,
les mouettes se mêlent aux pigeons de la promenade,
sous les pavés, c'est ma terre

Je n'ai plus la même ambition qu'autrefois,
les nuits de barricade ;
nous sommes de ceux qui portons la cuillère de bois*,
il ne faut pas que le plus grand jour se dégrade.

On ne coud plus à la main les journaux
dans les campagnes,
chaque fermier se souvient de sa faux
mais il s'arrête à la caisse d'Épargne.

Ça se ferme partout du côté de l'Espagne,
on attend la sortie des prisons,
des bagnes que la Loi érigeait en donjons,
on attend que la liberté regagne
ses foyers où nul ne connaît plus le désir des amants.
L'actualité me prend à la gorge, c'est facile
dans les hebdos ;
jamais nous n'arrivons à dénouer le fil
plein de nœuds et parfois si fragile sous l'étau,
ce fil qui ne passe plus par le trou de l'aiguille,
qui se casse, qui se dédouble ;
pourra-t-il repriser nos troubles ?
Les faits divers se changent en anguilles.

Un moment qui serait le vol plané de la colombe,
le trait de l'ongle sur une pomme lisse,
un moment qui ne jouerait pas avec les osselets
des tombes,
un moment endormant le plus noir des calices...

Jean Cayrol, *Poésie-Journal,* t. II, éd. du Seuil.

A l'automne 1975. Franco est mort au mois de novembre.

* Attribuée à l'équipe qui termine à la dernière place du tournoi de rugby des Cinq Nations.

— **Tradition, évolution (3, 13-16) et révolution (v. 8 « sous les pavés la plage », 10) : rêve d'éternité (30-34).**
— **« Dans les temps lyriques que nous vivons où le mouvement naît sans inspiration, nous ne devrions pas rougir d'une rime naïve, d'une cadence et prendre feu dans un mot : un livre relie la fable à la mémoire. » (J. Cayrol.)**

Séquences

La première moitié du poème d'un des grands poètes québécois. *L'Homme rapaillé* (rassemblé) a été publié au Québec en 1970.

Parmi les hommes dépareillés de ces temps
je marche à grands coups de tête à fusée chercheuse
avec de pleins moulins de bras sémaphore
du vide de tambour dans les jambes
5 et le corps emmanché d'un mal de démanche
reçois-moi orphelin bel amour de quelqu'un
monde miroir de l'inconnu qui m'habite
je traverse des jours de miettes de pain
la nuit couleur de vin dans les caves
10 je traverse le cercle de l'ennui perroquet
dans la ville
il fait les yeux des chiens malades

* Mauvaise humeur, malchance (déformation de « baptême », juron courant).

La batèche* ma mère c'est notre vie de vie
batèche au cœur fier à tout rompre
15 batèche à la main inusable
batèche à la tête de braconnage dans nos montagnes
batèche de mon grand-père dans le noir analphabète
batèche de mon père rongé de vieilles
batèche dans mes yeux d'enfant

20 Les bulles du délire les couleurs débraillées
le mutisme des bêtes dans les nœuds du bois
du chiendent d'histoire depuis deux siècles
et me voici
sortant des craques des fentes des soupiraux
25 ma face de suaire quitte ses traits inertes
je me dresse dans l'appel d'une mémoire osseuse
j'ai mal à la mémoire car je n'ai pas de mémoire
dans la pâleur de vivre et la moire des neiges
je radote à l'envers je chambranle dans les portes
30 je fais peur avec ma voix les moignons de ma voix

Dam canuck de dam canuck de pea soup
sainte bénite de sainte bénite de batèche
sainte bénite de vie magannée de batèche
belle grégousse de vieille réguine de batèche[1].

Gaston Miron, *L'Homme rapaillé*,
éd. François Maspéro.

---

1. Cette séquence accumule les jurons à propos du Canadien (Dam canuck) et du Québécois (pea soup). Pour le reste, *magannée*, équivaut à peu près à usée, mal traitée ; *grégousse* à vieille fille ou putain ; *réguine* à bagage, chargement (de l'anglais rigging).

> — La vie « démanchée (1, 4, 5, 27) : les souffrances du Dam canuck sont rattachées à l'Histoire (22) et à ses crimes (22-30).
>
> — Poésie « patchwork » : double culture : inspiration autant américaine (on pense à Whitman et à ses *Feuilles d'herbe*) (1-12) que française ; les langues se mêlent, les styles aussi : l'affirmation lyrique (1-12), la litanie (13-19, 31-34), la vision délirante (20-30), l'imprécation (31-34).
>
> — « Certains poètes de là-bas n'y vont pas de main morte, et préconisent un langage nouveau, artificiel ou exagérément local : un *néo-joual* assorti d'expressions ou *pop* ou *beatnik*. G. Miron, à cet égard, est un modéré : son « québécois » garde au français ce qu'aucun autre poète ne maintient comme lui : une dimension chantante. » (A. Bosquet.)

[Aide-moi maintenant]

Aide-moi maintenant, air noir et frais, cristal
noir. Les légères feuilles bougent à peine,
comme pensées d'enfants endormis. Je traverse
la distance transparente, et c'est le temps
même qui marche ainsi dans ce jardin,
comme il marche plus haut de toit en toit, d'étoile
en étoile, c'est la nuit même qui passe.

Je fais ces quelques pas avant de remonter
là où je ne sais plus ce qui m'attend, compagne
tendre ou détournée, servantes si dociles
de nos rêves ou vieux visage suppliant...
la lumière du jour, en se retirant
                        — comme un voile
tombe et reste un instant visible autour
des beaux pieds nus —
                        découvre la femme d'ébène
et de cristal, la grande femme de soie noire
dont les regards brillent encore pour moi
de tous ses yeux peut-être éteints depuis longtemps.

La lumière du jour s'est retirée, elle révèle,
à mesure que le temps passe et que j'avance
en ce jardin, conduit par le temps,
                        autre chose
— au-delà de la belle sans relâche poursuivie,
de la reine du bal où nul ne fut jamais convié,
avec ses fermoirs d'or qui n'agrafent plus nulle robe —
autre chose de plus caché, mais de plus proche...

Ombres calmes, buissons tremblant à peine, et les
couleurs,

Joerg Ortner, Rien ne se rabat sur I, *1975-77.*

30   elles aussi, ferment les yeux. L'obscurité
lave la terre.

              C'est comme si l'immense
porte peinte du jour avait tourné
sur ses gonds invisibles, et je sors dans la nuit,

35   je sors enfin, je passe, et le temps passe
aussi la porte sur mes pas.

              Le noir n'est plus ce mur
encrassé par la suie du jour éteint,
je le franchis, c'est l'air limpide, taciturne,

40   j'avance enfin parmi les feuilles apaisées,
je puis enfin faire ces quelques pas, léger
comme l'ombre de l'air,

l'aiguille du temps brille et court dans la soie noire,
mais je n'ai plus de mètre dans les mains,

45   rien que de la fraîcheur, une fraîcheur obscure
dont on recueille le parfum rapide avant le jour.

(Chose brève, le temps de quelques pas dehors,
mais plus étrange encore que les mages et les dieux.)

    Philippe Jaccottet, *A la lumière d'hiver,* éd. Gallimard.

— Un nocturne : le noir (1, 17, 37) modulé (7, 16, 28) et en combinaison avec la lumière. Transparence paradoxale de la nuit.

— Promenade méditative : le rêve (3-19) s'efface devant la beauté du quotidien (32-46) ; l'angoisse (en liaison avec les figures féminines) fait place à la sérénité.

— « Je ne cesse pas d'entendre quelque chose qui respire en avant de moi dans la nuit. Je n'en puis dire plus. » (Jaccottet) — C'est ce qui tient le langage de Jaccottet dans cet éternel passage, cette saisie laissant glisser les couleurs, les accords, donnant aux périodes les vertiges de l'imprécision. » (J.-P. Amette.)

Conjugaisons et interrogations

J'irai je n'irai pas j'irai je n'irai pas
Je reviendrai Est-ce que je reviendrai ?
Je reviendrai je ne reviendrai pas

Pourtant je partirai (serais-je déjà parti ?)
Parti reviendrai-je ?
Et si je partais ? Et si je ne partais pas ? Et si je ne
revenais pas ?

Elle est partie, elle ! Elle est bien partie Elle ne revient
pas.
Est-ce qu'elle reviendra ? Je ne crois pas Je ne crois pas
qu'elle revienne
Toi, tu es là Est-ce que tu es là ? Quelquefois tu n'es
pas là.

Ils s'en vont, eux. Ils vont ils viennent
Ils partent ils ne partent pas ils reviennent ils ne
reviennent plus

Si je partais, est-ce qu'ils reviendraient ?
Si je restais, est-ce qu'ils partiraient ?
Si je pars, est-ce que tu pars ?
Est-ce que nous allons partir ?
Est-ce que nous allons rester ?
Est-ce que nous allons partir ?

Jean Tardieu, Formeries, éd. Gallimard.

— Monologue moins abstrait qu'il n'y paraît : il y a du drame dans l'air (abandon, solitude). Les charmes de la grammaire, thème et variations.

— « Je suis un fervent de Jean-Sébastien Bach. [...] La fugue : comme si cette grille très serrée permettait de saisir énormément de choses qui nous échappent et qui se trouvent prises, sublimées par la rigueur elle-même. [...] Le poète est une sorte de détecteur qui doit trouver ce qui est déjà dans le langage [...] En somme, c'est le langage qui écrit plutôt que nous. » (J. Tardieu.)

[Si quelque chose]

Quatrième section d'« Une élégie » dont le thème principal est le souvenir, à l'occasion d'un retour au pays de l'enfance, un port.

Si quelque chose a jamais mérité de laisser
Après tant d'allées et venues
Une trace aussi persistante,
Comment se fait-il que vous ne sachiez plus
     du tout
Ce qui vous déroutait ainsi ?

Au croisement de quelle rue et de quelle autre rue
Reste-t-il quelque chose d'assez précis pour justifier
Après tant d'allées et venues cette investigation
     hasardeuse,

Mélange étourdissant d'éden et de peine réelle
(pensée pour la pierre sur laquelle le savetier
redressait de vieux clous).

Personne ne se méprendrait à ces symptômes alar-
mants,
Mais cette fois-ci il faudra résolument passer outre
Aux conseils raisonnables des professionnels de l'art,
et hiverner là sans savoir,
— Même avec l'idée de forcer un matin le passage —
Et patienter encore jusqu'à la saison
des grandes pluies.

En attendant cette nouvelle tranche des travaux
Je resterai avec les canons de bronze
pointés vers le large,
Et peut-être la gêne d'être resté ainsi
Étranger si longtemps à toute chose.

Très loin du port et de tout,
A l'heure où les cafés commencent à se peupler
d'hommes sans âge
Mais rendus confiants par une dent en or
dans leur bouche,
Entre le marbre gris des tables et les miroirs
lavés au blanc d'Espagne,

Ceux du café, les hommes de la pénombre
sans famille apparente,
N'existent que par le bruit de leurs voix
et le bruit de leurs verres
Et jamais aucun d'eux ne mourait
— manière librement exemplaire de n'avoir pas
à penser à demain.

Emmanuel Hocquard, *Les Dernières Nouvelles de
l'expédition sont datées du 15 février 17..*, éd. Hachette.

— **Deux univers opposés : celui du guetteur anxieux (souvenir 3, attente 22) et celui
des hommes des cafés (le présent, le futile 30).**
— **Poésie de l'hétéroclite : méditation proche de la dissertation (articulations
syntaxiques et rhétoriques, 1-4, 7-11), brisée d'éclats fulgurants (12-13, 19, 39-40).**
— **« Puisqu'il n'est pas de chant inaugural, pourquoi ne pas "hiverner" là, dans
cette "langue pas tout à fait morte, pas exactement vivante", et chanter la proximité
des choses périmées ? E. Hocquard nomme un tel chant élégie. » (F. de Laroque,
Critique, 1970.)**

[Il y avait sans doute]

Il y avait sans doute un remblai sur la droite :
La rue en contrebas, des lanternes de fer,
Un désarroi de rails sur les maisons étroites
Et le ciel plus immense et bousculé que si la mer
5 Battait dessous — la mer, l'égarement, l'angoisse
Quand le jour est définitif à quatre heures l'hiver
Et range doucement tout l'espace dans une boîte
Où l'on n'aura plus peur du ciel ni de la mer
Cassés comme les toits entre les distances qui boitent
10 Par les remblais et les couloirs et les rues de travers ;
Où l'éclat sombre alors du sang dans la clarté si froide,
Sur la face des gens sortis en grand silence avec
De vrais gestes de fous qui voudraient encore se battre,
Perce (et l'instant d'après la nuit tombe, tout est couvert).

Jacques Réda, *La Tourne,* éd. Gallimard.

[Finira-t-on par abattre]

Finira-t-on par abattre cette frange de masures qui
s'incruste, le long du boulevard extérieur, signalant
qu'on rentre d'un seul coup dans l'infini malade, avec
ces collines sous un ciel fort, américain, réjoui du rugis-
5 sement des citernes à seize roues vers l'échangeur, mais
d'un bleu d'une époque ancienne encore sous le bouquet
d'arbres où, malgré le vacarme, je pourrais lire un très
petit volume en chagrin*, plein de propos fervents sur
l'égalité des hommes et la Nature ? Derrière les abattoirs
10 se redressent les minarets du Sacré-Cœur, en plâtre au
fond d'une étendue que la lumière violente bouleverse. Je
ne parle pas de bonheur ou de malheur. Cette clarté
frappe exactement comme l'annonce d'une nouvelle.
Nouvelle d'amour, nouvelle de mort, mais qui fait lever
15 des émotions brillant dans l'effroi de l'herbe, des ferrail-
les, du ciment. Et les bâtisses d'habitation assistent
comme une foule, quand les rangs qui s'écrasent et se
hissent les uns sur les autres, autour d'un énorme accident, entonnent le chant de l'horreur ou de la fête. Je
20 connais mal Pantin. Entre les deux cimetières doit y
fonctionner un hospice, car les rues paisibles et très
propres sont bordées de bancs, où n'essayent même plus
de bavarder des groupes de trois, quatre vieilles dames
qui attendent le soir et se souviennent peut-être, ou

* Une sorte de cuir.

peut-être pas. La rue des Pommiers coupe la longue rue de Candale, qui se continue en escalier jusqu'à la commune des Lilas. La rue de Bel-Air suit la base de cette butte et, soit par la rue de Bellevue, soit par celle des Panoramas, en ne cessant pas de monter dur on atteint, au bout de la rue du Garde-Chasse, une sorte de belvédère sur l'espace en poussière de craie du nord. Un trimardeur mange accoudé par terre, des jeunes discutent devant une grosse moto. Je redescends par la rue Marcelle. Entre le 46 et le 52 il manque deux numéros, parce qu'un verger à l'abandon rompt le défilé des villas disparates. A moitié engloutis par l'herbe jaune et bleue qui dévale, des poiriers combinent une figure de vieille science sur l'horizon. L'enclos même réalise le diagramme d'une mémoire aussi transparente et perdue que celle des dames de

40 Pantin. De mon mieux j'interprète, je déchiffre, cet
ésotérisme de piquets, de branches et de cailloux. Mais ce
qui compte est la voix qui répète en moi *tu vois* et rien
d'autre : *tu vois,* sur le même ton de persuasion que ce
verger tendre et triste.

Jacques Réda, *Les Ruines de Paris,* éd. Gallimard.

— **Une poésie bousculée :** à partir du v. 4 la prosodie classique se détraque. La
prose : « rêverie du cycliste solitaire » (8-9 : une allusion à Rousseau ?) attentif aux
noms, aux gens, aux signes (2, 13, 40).

— **Thèmes voisins dans les deux textes :** l'entre-deux : le vieillot et le moderne, le
crépuscule, l'intervalle. De la sensation à l'émotion la plus violente.

— **Réda est aussi un critique (poète) de jazz ;** voici, extrait du « Dialogue de Billie
Holiday et de Lester Young » (*L'Improviste,* 1980) : « Rauques rôdeurs contre le
ciel trop tendre qui s'éraille/Alors que l'aube arrive avec son grand bruit de
ferraille/Et que du jour obscur dans la nuit blanche tu bondis/Leste, bondis-viens-je
suis là-je sais-mais dis-moi-dis. »

Figure 18

Des fois il est tard le silence est quand même là après le
        travail alors
on comprend soudain combien c'est dérisoire et presque
        rien d'aimer
5 ça va passer quelqu'un s'en va comme toujours en marge
le vrai bonheur on sait pas trop quoi vraiment
un geste un visage on n'a pas le temps même
quand c'est présent moment de désespoir anodin petit
        détail
10 vif qu'on a vu feuillage dans un jardin parisien le travail
        c'est pas fini
peut-être pas bien fait ça continue le vrai bonheur est là.

C'est comme un peu on sait pas trop quel paysage traversé
longtemps j'y reviens cette espèce de pâtis clos dans les
15   buissons
par exemple au fond d'un lieu provincial avec des herbes
        grandes
un mauvais pré mais je sais plus quel arbrisseau fruitier
        pris dans ses ronces
20 j'ai l'impression que c'est lui plus tard dans la transpa-
        rence à peine ensoleillée
jardins du Luxembourg à la fois la mélancolie la lumière
le temps qui s'en va la désuétude d'un palais sagement
        baroque

₅ ça ressemble à un village oublié c'est comme un peu le
temps traversé
la solitude rustique avec un silence en toits d'ardoise des
chevreuils imaginaires l'étonnement.

Dans cette autre ville tellement musicale en marge de sa
vie quotidienne
à cause de ses fontaines ses arbres la pierre des hôtels
particuliers
ce dont je me souviens surtout c'est la forme défaite tous
les jours
en fin de matinée grands arrosages lumière les papiers les
fruits perdus
la forme défaite d'un marché qui sentait bon les gens sont
partis maintenant
ça fait que la musique a bougé c'est comme un geste
qui mêle dans la lumière un raisin écrasé avec la façade
souriante d'une demeure du dix-huitième siècle
en même temps c'est triste parce qu'en fait ça ne veut sans
doute rien dire.

James Sacré, *Figures qui bougent un peu,* éd. Gallimard.

— **Le mouvement d'une quête : du bonheur (6), du sens (42), à travers la sensation (10) et le souvenir (18, 25) ; les images se succèdent en se transformant (le jardin, le palais).**

— **Surtout la conquête d'un style, avec les marques du langage oral (1, 6, 13), une syntaxe comme défaite, un travail du rythme essentiel ; une voix à la fois très ancienne (des échos de Francis Jammes) et très contemporaine (Perros, Tortel, Réda.)**

— **« Retourner au mélange de la grammaire qu'en a déjà un coup dans l'aile/avec mon ignorance attelée à mon savoir et mon goût de conduire des phrases/à travers n'importe quoi. » (Figure 38.)**

Choix bibliographique :

Saint-John Perse, *Œuvres complètes,* Pléiade, Gallimard.

Cahiers Saint-John Perse, I et II, Gallimard.

L.S. Senghor, *Élégies majeures* (suivi d'études de J.C. Renard, P. Emmanuel, A. Bosquet), Seuil.

Cahiers de l'Herne, « René Char », 1971.

L'Année poétique, Seghers (anthologie annuelle de poètes, connus ou peu connus).

Poésie 1, Éditions Saint-Germain des Prés (anthologies thématiques, en collection de poche).

La Nouvelle Poésie française, Anthologie par B. Delvaille, Seghers, 1977.

La Poésie française depuis 1950, une anthologie par Alain Bosquet, éd. de la Différence, 1979.

Anthologie 1980, « Bilan de dix années de poésie franco-belge-québécoise », éd. Le Castor astral, Belgique, 1981.

Action poétique, n° 62, « 1975 Poésie en France ».

Magazine littéraire, n° 140, « 68-78 Dix ans de poésie ».

Critique n° 385-386, « Trente ans de poésie française », juin-juillet 1979.

Roland Cat, Le Captif, *1981.*

Chapitre VII

L'essai et la critique

Nous donnons à **l'essai,** selon l'exemple de Montaigne et la coutume des éditeurs modernes, un sens assez large : il s'agit d'une forme ouverte dont la manière n'est ni poétique, ni narrative, ni dramaturgique, ni scientifique. C'est un type de discours d'où nous excluons le fragment[1], mais aussi la somme didactique ou la thèse scientifique ; il inclut le polémique, le parodique, le ludique, le démonstratif même, bien que son ton préféré soit l'incitatif ou le suggestif. Il n'assure pas la transmission d'un savoir, mais sa mise en scène ou sa mise en question par le pouvoir d'un style ou d'une écriture. Rien de nouveau d'ailleurs, si l'on songe à Montaigne, mais aussi à Pascal, Diderot, Voltaire, Valéry : l'essai est le genre protéiforme cher entre tous aux polygraphes, et c'est peut-être là qu'un Sartre par exemple a véritablement inventé une forme, un ton, un instrument, dans ses *Situations.*

Si nous n'avions pas fait figurer l'essai comme genre autonome dans notre étude de la période précédente, c'est qu'il était le plus souvent illustré par de grands écrivains, qui étaient d'abord des romanciers, des poètes, des autobiographes, des critiques. Mais les chefs d'œuvre ne manquaient pas du côté d'Artaud, de Blanchot, de Bataille, de Sartre, de Camus, de Barthes ou de Simone de Beauvoir. La nouveauté, pour notre période, réside dans le fait qu'on peut s'imposer en litté-

1. *Cf.* Chap. X

rature uniquement par des essais (ou par des pamphlets). Peut-être le développement de l'essai a-t-il correspondu à la progression des sciences humaines : certes, il serait absurde de dire que Claude Lévi-Strauss dans ses *Mythologiques* ou Émile Benveniste dans ses *Problèmes de linguistique* proposent des essais littéraires. Mais beaucoup de sociologues, de psychanalystes, de linguistes, de politologues, cherchent à se donner une écriture et rejoignent ainsi ce qu'on nommait jadis les belles-lettres, lieu d'animation, de stimulation, de communication des idées.

D'abord notre décennie voit la reconnaissance, lente à venir, d'essayistes qui s'inscrivent dans le classicisme du genre. Par la qualité comme par la quantité, Roger Caillois apparaît au tout premier rang : poétique, fantastique, guerre, mythe, religion, sacré, jeux, sports, rêves, pierres, pieuvre, il n'est rien que ne touche avec pertinence cet esprit aussi encyclopédique que rigoureux. Foncièrement rationaliste, malgré son passage par le surréalisme, il s'attache à la transparence et à la cohérence, et exclut tous les mots de plus de quatre syllabes d'un langage d'honnête homme qu'il sait rendre impeccable et intemporel à la fois. Cependant cet esprit, dont l'attention est tout entière tournée vers l'objet, se rapproche dans son dernier ouvrage, *Le Fleuve Alphée* (1978), de l'autobiographie intellectuelle, ou pour mieux dire d'un essai à la première personne. La même évolution se dessine au fil des essais d'Étiemble ou dans les dissertations amères et terrifiantes de Cioran. Marthe **Robert**, dans un style limpide et raffiné, propose simultanément l'exploration d'un genre littéraire et l'exploitation des fantasmes inventoriés par Freud. (*Roman des origines, origines du roman*, 1971) ; sa réflexion se prolonge, en des notes plus discontinues et plus personnelles dans *Livre de lectures* (1977) et *La Vérité littéraire* (1981).

[Le paradoxe du genre]

M. Robert vient de rappeler les deux phases du *roman familial* selon Freud : le phantasme de *l'enfant trouvé*, qui substitue des parents fictifs aux parents réels, puis celui du *bâtard*, qui s'en prend seulement au père. Ces phantasmes seraient propres à la petite enfance et à l'adolescence.

* Une note de l'auteur évoque l'étude de Freud sur Léonard de Vinci.

Le complexe d'Œdipe étant un fait humain universel, il n'y a pas de fiction, pas de représentation, pas d'art de l'image qui n'en soit en quelque manière l'illustration voilée*. En ce sens le roman n'est qu'un genre « œdi-
5 pien » parmi d'autres, à ceci près pourtant — et pour la littérature ce n'est certes pas une différence négligeable — qu'au lieu de reproduire un phantasme brut selon les règles établies par un code artistique précis, il imite *un phantasme d'emblée romancé*, une ébauche de récit qui
10 n'est pas seulement le réservoir inépuisable de ses futures histoires, mais l'unique convention dont il accepte la contrainte. Alors que la tragédie, le drame, la comédie, l'opéra ou la pièce dite de boulevard traitent la situation à trois qui commande toutes leurs intrigues dans un temps
15 et un espace arbitrairement fixés, en montrant leur jeu, c'est-à-dire aussi les *règles* du jeu auquel ils ont choisi de se soumettre, le roman ne reçoit de la littérature elle-même à proprement parler ni prescriptions ni interdits ; qu'il soit populaire ou savant, ancien ou nouveau, classi-
20 que ou moderne, il n'a de loi que par le scénario familial dont il prolonge les désirs inconscients, de sorte que tout en étant absolument déterminé quant au contenu psychique de ses motifs, il jouit d'une liberté non moins absolue quant au nombre et au style de ses variations formelles.
25 Le genre, qui partout ailleurs décide des modalités esthétiques de la transposition, cède ici ses prérogatives au romanesque pur, lequel a pour ainsi dire un *contenu obligé* et une *forme indéterminée*, susceptible d'autant de variations que l'imagination est capable d'en élaborer. Le
30 paradoxe du genre réside entièrement dans cette singulière disposition qui le distingue radicalement de tous les arts codifiés : il n'a d'obligations qu'envers le phantasme dont il accomplit le programme, et, littérairement, pas d'autres bornes que celles de la monarchie absolue où il
35 déploie ses illusions.

Le mythe familial de l'enfance définit donc le roman dans ce qui le rend précisément indéfinissable : son absence de caractères génériques, d'où découlent les propriétés contradictoires si souvent notées par la théorie et, surtout, le désir de faire vrai qu'il semble curieusement prendre pour un gage de vérité. Contrairement à tous les genres constitués en vue d'une figuration, en effet, le roman ne se contente jamais de *représenter*, il entend bien plutôt donner de toutes choses un « rapport complet et véridique », comme s'il ressortissait non pas à la littérature, mais, en vertu d'on ne sait quel privilège ou de quelle magie, directement à la réalité. Ainsi il donne spontanément ses personnages pour des personnes, ses mots pour du temps réel et ses images pour la substance même des faits, ce qui va à l'encontre non seulement d'une doctrine saine de l'art — où la *représentation* se signale elle-même à l'intérieur d'un temps et d'un espace *convenus* : scène et décors d'un théâtre, vers d'un poème, cadre d'un tableau, etc. —, mais de l'invitation au rêve et à l'évasion dont le roman fait d'autre part sa spécialité. Vue du dehors, cette contradiction naïve ou, comme on a cru bon parfois de l'appeler, cette mauvaise foi* n'a aucune espèce de justification, elle n'est compréhensible que par rapport au paradoxe de la fable initiale, qui seule du reste a assez de force communicative pour emporter l'adhésion*. Le roman veut être *cru* exactement comme le récit fabuleux dont l'enfant berçait jadis sa désillusion. Or c'est là précisément le point ambigu, car l'enfant ne fabule que parce qu'un premier contact avec le réel le laisse gravement désabusé ; sans désillusion, il n'aurait pas lieu de rêver, mais si la réalité ne commençait de s'ouvrir à lui, il n'aurait pas non plus lieu d'être déçu, ni par conséquent de rechercher l'évasion.

Marthe Robert, *Roman des origines, origines du roman*, éd. Grasset.

* Sartre, rappelle M. Robert, en a fait grief à Proust.

* M. Robert propose en note ce corollaire : « La nature particulière de la foi que tout homme accorde à son roman familial est la seule explication acceptable de l'illusion romanesque. »

— Une écriture qui, sans presque aucun recours à la terminologie de Freud (1, 7), reste fidèle à son esprit, et s'inscrit dans le registre des Valéry, Sartre, Blanchot, animateurs du débat sur les limites et le pouvoir du roman.
— Œdipe et Roman : pour Deleuze et Guattari, au contraire : « Toute production désirante est *anœdipienne* [...] Dans son auto-analyse (Freud) découvre quelque chose dont il se dit : tiens, ça ressemble à Œdipe ! Et ce quelque chose, il le considère comme une variante du "roman familial", enregistrement paranoïaque par lequel le désir fait précisément éclater les déterminations de la famille. Ce n'est que peu à peu qu'il fait du roman familial, au contraire, une simple dépendance d'Œdipe, et qu'il névrotise tout dans l'inconscient en même temps qu'il œdipianise, qu'il referme le triangle familial sur tout l'inconscient. » *(L'Anti-Œdipe.)*

Il n'est pas question ici de retracer le mouvement des idées dans la décennie, à travers ces maîtres-penseurs que furent, bon gré, mal gré, Lévi-Strauss, Foucault et Lacan, mais de cerner des rapports nouveaux de la recherche à l'écriture. Chez Michel **Foucault,** les effets de style se font plus rares que dans les pages célèbres de ses deux grands livres des années 1960, *L'Histoire de la folie, Les Mots et les Choses,* si allusives ou poétiques. Dans ces enquêtes historiques que sont *Surveiller et punir* (1976) ou *La Volonté de savoir* (1976), s'élabore une prose dense et implacable qui démêle les effets de pouvoir et les effets de savoir, démonte ce qui est sous-jacent aux jeux de l'énonciation, dénonce l'illusion d'un progrès régulier, ou d'une libération continue de la parole et du sexe au cours de l'époque moderne. Chez Jacques Lacan au contraire, aussi bien dans les *Écrits* (1966) que dans les divers volumes publiés du *Séminaire,* un langage s'élabore et s'invente, rompt avec les règles du discours communément admises, mêle le calembour argotique à la prose mallarméenne. La recherche progresse ici par les jeux du signifiant et les hasards de la phrase plus qu'elle ne se transmet dans un discours préconçu. Quoiqu'il en soit de la contribution de Jacques Lacan à la psychanalyse, il aura dominé, plus encore par son enseignement oral que par ses écrits qui en sont la trace, la vie intellectuelle de cette époque. On retrouve le même ébranlement du discours philosophique, la même libération du signifiant, dans les livres crépitants et explosifs de Gilles Deleuze et Félix Guattari : *L'Anti-Œdipe* (1972), *Mille Plateaux* (1980) : dans des textes aussi créatifs et récréatifs, on ne peut plus distinguer la démarche philosophique de la démarche poétique, tant elles se confondent dans une incessante invention verbale. Dans un registre plus détendu, Michel Serres trace des parcours qui sont autant d'un poète ou d'un romancier que d'un épistémologue ou d'un historien (entre autres, *Jouvences sur Jules Verne,* 1974, *Feux et Signaux de brume, Zola,* 1975). De même la recherche sociologique peut passer par la production d'une écriture, raffinée chez Pierre Bourdieu (*La Distinction*), inventive et baroque chez Jean Baudrillard (*Système des objets, La Séduction*).

[L'aveu]

M. Foucault note, du Moyen Age à nos jours, l'irrésistible extension de l'aveu, le développement de « la formidable injonction d'avoir à dire ce qu'on est, ce qu'on a fait ». Loin d'avoir été occulté, le sexe est « placé sous le régime sans défaillance de l'aveu ».

Or, l'aveu est un rituel de discours où le sujet qui parle coïncide avec le sujet de l'énoncé ; c'est aussi un rituel qui se déploie dans un rapport de pouvoir, car on n'avoue pas sans la présence au moins virtuelle d'un
5 partenaire qui n'est pas simplement l'interlocuteur, mais l'instance qui requiert l'aveu, l'impose, l'apprécie et intervient pour juger, punir, pardonner, consoler, réconcilier ; un rituel où la vérité s'authentifie de l'obstacle et des résistances qu'elle a eu à lever pour se formuler ; un rituel
10 enfin où la seule énonciation, indépendamment de ses conséquences externes, produit, chez qui l'articule, des modifications intrinsèques : elle l'innocente, elle le rachète, elle le purifie, elle le décharge de ses fautes, elle le libère, elle lui promet le salut. Pendant des siècles, la
15 vérité du sexe a été prise, au moins pour l'essentiel, dans cette forme discursive. Et, non point dans celle de l'enseignement (l'éducation sexuelle se limitera aux principes

généraux et aux règles de prudence) ; non point dans celle de l'initiation (restée pour l'essentiel une pratique muette, 20 que l'acte de déniaiser ou de déflorer rend seulement risible ou violente). C'est une forme, on le voit bien, qui est au plus loin de celle qui régit « l'art érotique »*. Par la structure de pouvoir qui lui est immanente, le discours de l'aveu ne saurait venir d'en haut, comme dans l'*ars* 25 *erotica,* et par la volonté souveraine du maître, mais d'en bas, comme une parole requise, obligée, faisant sauter par quelque contrainte impérieuse les sceaux de la retenue ou de l'oubli. Ce qu'il suppose de secret n'est pas lié au prix élevé de ce qu'il a à dire et au petit nombre de ceux 30 qui méritent d'en bénéficier ; mais à son obscure familiarité et à sa bassesse générale. Sa vérité n'est pas garantie par l'autorité hautaine du magistère ni par la tradition qu'il transmet, mais par le lien, l'appartenance essentielle dans le discours entre celui qui parle et ce dont il parle. En 35 revanche, l'instance de domination n'est pas du côté de celui qui parle (car c'est lui qui est contraint) mais du côté de celui qui écoute et se tait ; non pas du côté de celui qui sait et fait réponse, mais du côté de celui qui interroge et n'est pas censé savoir. Et ce discours de vérité enfin prend 40 effet, non pas dans celui qui le reçoit, mais dans celui auquel on l'arrache. Nous sommes au plus loin, avec ces vérités avouées, des initiations savantes au plaisir, avec leur technique et leur mystique. Nous appartenons, en revanche, à une société qui a ordonné, non dans la 45 transmission du secret, mais autour de la lente montée de la confidence, le difficile savoir du sexe.

* M. Foucault distingue deux types de discours sur le sexe, l'« ars erotica », transmission des techniques du plaisir (Chine, Japon, Inde), et la « scientia sexualis », propre à l'Occident, soucieuse de dire, d'extorquer la vérité du sexe.

Michel Foucault, *La Volonté de savoir,* éd. Gallimard.

— **Sur le jeu des discours, un discours serré et pressant, procédant par négation du faux (16, 18, 28) suivie de l'affirmation du vrai (21, 25), reprises anaphoriques (2, 7, 9), séries de termes voisins (6, 12) aboutissant à des formules décisives (39, 46).**

— **Jeu complexe de pouvoir et de savoir, à la source des confessions, interrogatoires, récits autobiographiques** (voir l'édition par M. Foucault de *Moi, Pierre Rivière, ayant égorgé ma mère, ma sœur et mon frère*).

— **« Ironie de ce dispositif : il nous fait croire qu'il y a de notre libération »** : conclusion de *La Volonté de savoir.*

On ne peut qu'esquisser ici quelques directions qui témoignent de la fécondité du genre. D'abord à l'exemple des livres de Roland Barthes, sont apparus des essais à la fois érudits et ludiques, plein d'humeur et d'humour, et accédant au plaisir du texte ; comme *Le Célibataire français* de Jean Borie ou *Le Pénis et la Démoralisation de l'Occident* de Roger Kempf et Jean-Paul Aron. Ensuite une tendance parodique, polémique et comique donne lieu à des collages bariolés ou à des fatrasies modernes : le tandem Bruckner-Finkielkraut a donné le chef-d'œuvre du genre avec *Le Nouveau Désordre amoureux* (1976), satire du discours sexologique qui recoupe l'analyse de Michel Foucault. Enfin et surtout, après Soljenitsyne, s'est développé en France un type d'essai véhément, bien proche du pamphlet, et qui recourt aisément à une première personne à la fois subjective et prophétique. Aux accents de Soljenitsyne peut se mêler, ou se substituer, la virulence de la polémique sartrienne. Au-delà des oppositions politiques évidentes, c'est ce même genre qu'exploitent avec ferveur et parfois rage, un Régis Debray (*Le Pouvoir intellectuel en France*), un André Glucksmann (*La Cuisinière et le Mangeur d'hommes*), un Bernard-Henri Lévy (*La Barbarie à visage humain,* 1977, *Le Testament de Dieu,* 1979, *L'Idéologie française,* 1980). Certes, l'essai n'est pas la thèse, et les « spécialistes » s'indignent des ellipses, des raccourcis, et des outrances qui en assurent le fonctionnement. Mais son renouveau actuel témoigne d'une sorte de revanche de la littérature sur les sciences humaines. Et les controverses véhémentes suscitées par Bernard-Henri Lévy découlent sans doute de ses qualités littéraires dans le registre de l'essai. L'avant-propos de *L'Idéologie française* (au demeurant mieux informée qu'on ne l'a prétendu) permettra de situer cette voix et cette parole : « J'habite un pays étrange, extraordinairement mal connu, ceint d'une haute muraille de brumes, de fables et de mirages. J'y suis, nous y sommes tous, comme d'irréels rôdeurs, d'improbables vagabonds, déambulant à l'aveugle dans une mémoire ruinée, semée d'obscurités et de mystérieuses plages de silence. Je parle pourtant, on y parle même à tous vents, mais dans une langue opaque, langue de bois, langue de pierre, langue de bouches closes et d'oublieuses têtes, qu'on dirait occupées à tisser d'épais voiles de bruit et de sonores illusions. Cette langue voilée, c'est celle de notre Culture. Cette mémoire en loques, c'est celle de notre Histoire. Et ce pays étrange, lointain, mal connu, dernier lieu d'exotisme, et tout cerné de brumes, c'est, en un mot, la France. »

La critique

Avant 1968, ce qu'on nomme « la critique littéraire » avait un semblant d'unité, fût-ce celui de la polémique et de l'invective. Mais, depuis, l'activité critique a essaimé dans des directions opposées ; elle a radicalisé sa spécialisation, sacrifié les douceurs de la littérature à la rigueur (ou aux rigueurs) de la science. Le grand public n'a guère suivi ces recherches. Seul un Roland Barthes l'a conquis, lui qui a parcouru les systèmes, toujours prêt, tel Don Juan, à les délaisser dès qu'ils se figeaient en institutions, et à en apprivoiser d'autres pour le plaisir du lecteur. Le fossé entre la critique qui (par voie de soutien, lancée, sélection, réhabilitation, prospection) intervient dans la vie littéraire, et la critique qui veut se conformer aux normes d'une recherche scientifique, n'a fait que se creuser : les passerelles (*Tel quel* en fut une en 1968) sont de plus en plus rares.

La critique des journalistes, considérée avec grand mépris, et quelque envie peut-être, par les princes de la critique universitaire, a vu sa place restreinte, mais s'est heureusement maintenue. On peut constater que les romancier(e)s ont pris en main cette fonction et qu'ils y déploient un brio incontestable : Bertrand Poirot-Delpech, dans *Le Monde,* Angelo Rinaldi dans *L'Express,* François Nourissier dans *Le Point,* Françoise Xenakis dans *Le Matin,* Claude Roy dans *Le Nouvel Observateur,* etc. Nul n'a pu prendre la place qu'occupait jusque vers 1970 Maurice Blanchot, dans ses chroniques de *La Nouvelle Revue française*. Dans les volumes qui les réunissent (*L'Entretien infini*, 1969, *L'Amitié*, 1972), on s'aperçoit que Maurice Blanchot n'avait cessé de décrire par avance la modernité des années soixante-dix.

Après les grandes crises universitaires, méthodologiques, théoriques qui marquent l'année 1968, quelques regroupements se dessinent. L'histoire littéraire diachronique va se faire discrète : elle suscite au moins un chef-d'œuvre de la biographie collective, le livre d'Auguste Anglès, *André Gide et le groupe de la Première Nouvelle Revue française* (1978). Dans les premières années de la décennie, le ralliement se fait autour des sciences du langage. Que l'on se dise structuraliste ou simplement formaliste, on entend utiliser la linguistique contemporaine, Saussure et ses successeurs. Certes, cette référence reste problématique, et elle s'inscrit souvent dans une entreprise plus problématique encore qui vise, par-delà Saussure, à retrouver Freud ou Marx, ou les deux ensemble. Mais à ce moment où l'on traduit enfin les formalistes russes, on tient pour accordée cette formule de Roman Jakobson : « Un spécialiste de la littérature indifférent aux problèmes et ignorant des méthodes linguistiques est, d'ores et déjà, un flagrant anachronisme. »

Les recherches les plus rigoureuses, mais présentées de la manière la plus accessible, se regroupent autour d'une revue, *Poétique,* et d'une collection du même nom. Pour une part, elles portent d'abord sur le récit. C'est à la constitution d'une « poétique de la prose » que se consacrent pleinement Tzvetan **Todorov** (*Grammaire du Décameron*, 1969, *Introduction à la littérature fantastique,* 1970, *Poétique de la prose,* 1971) et Gérard **Genette** (*Figures III,* 1972), avant d'aborder une problématique plus générale du langage, et dans une perspective plus diachronique (le premier dans *Théories du symbole,* 1977 ; le second dans *Mimologi-*

ques, 1976). Todorov demeure fidèle au projet d'une poétique théorique, élaborée à partir de telle ou telle œuvre (*Les Liaisons dangereuses, Le Décameron*), ou de tel ou tel groupe d'œuvres (un échantillonnage de la littérature fantastique, du roman policier). Genette, quant à lui, refuse de choisir entre l'étude abstraite des lois du genre et l'analyse d'une œuvre singulière, et propose à la fois un discours du récit, valable pour tous les récits possibles, et une longue étude sur Proust : « Ce paradoxe est celui de toute poétique, sans doute aussi de toute activité de connaissance, toujours écartelée entre ces deux lieux communs incontournables, qu'il n'est d'objets que singuliers, et de science que du général ; toujours cependant réconfortée, et comme aimantée par cette autre vérité un peu moins répandue, que le général est au cœur du singulier, et donc — contrairement au préjugé commun — le connaissable au cœur du mystère. » Chez Genette, le geste de la classification, qui lui est fondamental, sera mis en scène et interprété dans un texte aussi attrayant que pénétrant, *Introduction à l'architexte*[1] (1980).

Dans le même ordre de recherches, mais orientée plus particulièrement vers le problème des contrats de lectures, décisive est l'étude de Philippe Lejeune sur le genre autobiographique (*Le Pacte autobiographique,* 1976, *Je est un autre,* 1980). L'investigation psychanalytique et l'enquête sociologique accompagnent ici les conquêtes du poéticien. Dans un contexte assez différent, et avec une technicité plus rébarbative, s'est développée la sémiotique narrative, dans le sillage de la *Morphologie du conte* de Vladimir Propp : A.J. Greimas (*Du sens* 1970, *Maupassant : La Sémiotique du texte,* 1976), Claude Brémond (*Logique du récit,* 1973) ont poussé le plus loin les recherches présentées dans un célèbre numéro de la revue *Communications* sur « L'analyse structurale du récit » (*cf. Lit. 45,* p. 831).

---

1. Nous n'avons pu tenir compte, dans le présent travail, de *Paleinpsestes* (1982) qui éclaire les problèmes de la parodie et de la réécriture, dans la littérature classique aussi bien que contemporaine.

[Le surnaturel naît du langage]

Après avoir défini le *genre* fantastique par rapport à la poésie et à l'allégorie, T. Todorov étudie les procédés du *discours* fantastique. Le premier consiste à prendre « le sens figuré à la lettre », le deuxième à « réaliser le sens propre d'une expression figurée ».

Mais c'est un troisième emploi des figures de rhétorique qui nous intéressera le plus : dans les deux cas précédents, la figure était la source, l'origine de l'élément surnaturel ; la relation entre eux était diachronique ; dans le troisième cas, la relation est *synchronique* : la figure et le surnaturel sont présents au même niveau et leur relation est fonctionnelle, non « étymologique ». Ici l'apparition de l'élément fantastique est précédée par une série de comparaisons, d'expressions figurées ou simplement idiomatiques, très courantes dans le langage commun, mais qui désignent, si on les prend à la lettre, un événement surnaturel : celui précisément qui surviendra à la fin de l'histoire. On en a vu des exemples dans *le Nez** ; ils sont d'ailleurs innombrables. Prenons *la Vénus d'Ille* de Mérimée. L'événement surnaturel a lieu quand une statue s'anime et tue dans son étreinte un nouveau marié qui a eu l'imprudence de lui laisser au doigt sa bague de mariage. Voici comment le lecteur est « conditionné » par les expressions figurées qui précèdent l'événement. Un des paysans décrit la statue : « Elle vous fixe avec ses grands yeux blancs... On dirait qu'elle vous dévisage » (p. 145). Dire des yeux d'un portrait qu'ils paraissent vivants est une banalité ; mais ici cette banalité nous prépare à une « animation » réelle. Plus loin, le nouveau marié explique pourquoi il ne veut envoyer personne chercher la bague laissée au doigt de la statue : « D'ailleurs que penserait-on ici de ma distraction ? (...) Ils m'appelleraient le mari de la statue... » (p. 166). A nouveau, simple expression figurée ; mais à la fin de l'histoire, la statue se comportera en effet comme si elle était l'épouse d'Alphonse. Et après l'accident, voici comment le narrateur décrit le corps mort d'Alphonse : « J'écartai sa chemise et vit sur sa poitrine une empreinte livide qui se prolongeait sur les côtes et le dos. On eût dit qu'il étaient étreint dans un cercle de fer » (p. 173) ; « on eût dit » : or c'est précisément ce que l'interprétation surnaturelle nous suggère. De même, encore dans le récit que fait la jeune mariée après la nuit fatale : « Quelqu'un entra (...) Au bout d'un instant, le lit cria comme s'il était chargé d'un poids énorme » (p. 175). A chaque fois, on le voit, l'expression figurée est introduite par une formule modalisante : « on dirait », « ils m'appelleraient », « on eût dit », « comme si ».

[...]*

* Récit de Gogol.

* Ici une coupure : T. Todorov donne d'autres exemples, empruntés à Nodier et Villiers de l'Isle-Adam.

Même procédé chez Maupassant : dans *la Chevelure*,
45 le narrateur découvre une tresse de cheveux dans le tiroir
secret d'un bureau ; bientôt il aura l'impression que cette
chevelure n'est pas coupée mais que la femme à laquelle
elle appartient est également présente. Voici comment se
prépare cette apparition : « Un objet... vous séduit, vous
50 trouble, vous envahit comme ferait un visage de femme. »
Encore : « On le [le bibelot] caresse de l'œil et de la main
comme s'il était de chair ; [...] on va le contempler avec
une tendresse d'amant » (p. 142). Nous sommes préparés
ainsi à l'amour « anormal » que portera le narrateur à cet
55 objet inanimé, la chevelure ; et remarquons encore l'emploi du « comme si ».

Dans *Qui sait* ?* : « Le gros tas d'arbres avait l'air d'un   * Nouvelle de Maupassant.
tombeau où ma maison était ensevelie » (p. 96) : nous
voilà introduits d'emblée dans l'atmosphère sépulcrale de
60 la nouvelle. Ou plus tard : « J'avançais comme un chevalier des époques ténébreuses pénétrait en un séjour de
sortilèges » (p. 104) ; or, c'est précisément dans un
royaume de sortilèges que nous entrons à ce moment. Le
nombre et la variété des exemples montrent clairement
65 qu'il ne s'agit pas d'un trait de style individuel mais d'une
propriété liée à la structure du genre fantastique.

Les différentes relations observées entre fantastique et
discours figuré s'éclairent l'une l'autre. Si le fantastique
se sert sans cesse des figures rhétoriques, c'est qu'il y a
70 trouvé son origine. Le surnaturel naît du langage, il en est
à la fois la conséquence et la preuve : non seulement le
diable et les vampires n'existent que dans les mots, mais
aussi seul le langage permet de concevoir ce qui est
toujours absent : le surnaturel. Celui-ci devient donc un
symbole du langage, au même titre que les figures de
rhétorique, et la figure est, on l'a vu, la forme la plus pure
de la littéralité.

Tzvetan Todorov, *Introduction à la littérature fantastique*,
éd. du Seuil.

— **Une claire démonstration : théorie (1-13), exemples (13-66), conclusion (67-77),
et nouvelle généralisation.**
— **R. Caillois**, dans son « Introduction au fantastique » (*Anthologie du fantastique*) fait naître celui-ci seulement d'une thématique et d'un imaginaire. L'apparente
opposition entre sa conception et celle de Todorov peut se résoudre dans cette
phrase de Freud (à propos d'un rêve où le rêveur croit qu'on lui jette, en guise
d'injures, des singes à la figure) : « Ce rêve a atteint son but par un moyen très
simple : il a pris et figuré littéralement une expression usuelle. » (*L'interprétation
des rêves* .)

Dans son « essai de méthode »,
Gérard Genette considère suc-
cessivement le récit proustien
sous la catégorie du temps (ordre, durée, fréquence), des
modes (formes et degrés de la
« représentation » narrative) et
enfin de la voix (entendue
comme « la façon dont se
trouve impliquée dans le récit la
narration elle-même [...],
c'est-à-dire la situation ou instance narrative, et avec elle ses
deux protagonistes : le narrateur et son destinataire, réel ou
virtuel »).

* Le narrateur figure ou non,
en tant que narrateur, dans
l'histoire racontée.

* Le narrateur figure ou non,
en tant que personnage, dans
l'histoire qu'il raconte.

* Il s'agit de *Jean Santeuil*, roman esquissé par Proust entre
1895 et 1899 et demeuré inédit
jusqu'en 1952.

* Appartenant à l'univers d'un
récit second, autrement dit d'un
récit dans le récit.

[Le statut du narrateur]

Si l'on définit, en tout récit, le statut du narrateur à la fois par son niveau narratif (extra- ou intradiégétique*) et par sa relation à l'histoire (hétéro- ou homodiégétique*), on peut figurer par un tableau à double entrée les quatre types fondamentaux de statut du narrateur : *1° extradiégétique-hétérodiégétique,* paradigme : Homère, narrateur au premier degré qui raconte une histoire d'où il est absent ; 2° *extradiégétique-homodiégétique,* paradigme : Gil Blas, narrateur au premier degré qui raconte sa propre histoire ; 3° *intradiégétique-hétérodiégétique,* paradigme : Schéhérazade, narratrice au second degré qui raconte des histoires d'où elle est généralement absente ; 4° *intradiégétique-homodiégétique,* paradigme : Ulysse, aux chants IX à XII, narrateur au second degré qui raconte sa propre histoire. Dans ce système, le narrateur (second) de la quasi-totalité du récit de *Santeuil*,* le romancier fictif C., se range dans la même case que Schéhérazade comme intra-hétérodiégétique, et le narrateur (unique) de la *Recherche* dans la case diamétralement (diagonalement) opposée (quelle que soit la disposition donnée aux entrées) de Gil Blas, comme extra-homodiégétique :

	Extradiégétique	Intradiégétique
Hétérodiégétique	Homère	Schéhérazade C.
Homodiégétique	Gil Blas Marcel	Ulysse

NIVEAU / RELATION

Il s'agit là d'un renversement absolu, puisque l'on passe d'une situation caractérisée par la dissociation complète des instances (premier narrateur-auteur extradiégétique : « je » — deuxième narrateur, romancier intradiégétique : « C. » — héros métadiégétique* : « Jean ») à la situation inverse, caractérisée par la réunion des trois instances en une seule « personne » : le héros-narrateur-auteur Marcel. La signification la plus manifeste de ce retournement est celle de l'assomption tardive, et délibérée, de la *forme* de l'autobiographie directe, qu'il faut immédiatement rapprocher du fait, apparemment contradictoire, que le

Ph. © Bibl. Nat., Paris — Photeb/T.

Une narratrice intra-hétérodiégétique : Schéhérazade.

Ph. © Bibl. Nat., Paris — Photeb © by SPADEM, 1982/T.

Un narrateur extra-homodiégétique : Marcel (illustration de Madeleine Lemaire pour Les Plaisirs et les Jours *de Marcel Proust).*

contenu narratif de la *Recherche* est moins directement autobiographique que celui de *Santeuil* : comme si Proust
40 avait dû vaincre d'abord une certaine adhérence à soi, se détacher de lui-même pour conquérir le droit de dire « je », ou plus précisément le droit de faire dire « je » à ce héros qui n'est ni tout à fait lui-même ni tout à fait un autre. La conquête du *je* n'est donc pas ici retour et
45 présence à soi, installation dans le confort de la « subjectivité », mais peut-être exactement le contraire : l'expérience difficile d'un rapport à soi vécu comme (légère) distance et décentrement, rapport que symbolise à merveille cette semi-homonymie plus que discrète, et comme accidentelle,
50 du héros-narrateur et du signataire.

Gérard Genette, *Figures III,* éd. du Seuil.

— De la théorie littéraire (1-33) à l'analyse critique (34-50) : continuité ou discontinuité ?

— Deux langages : celui, abstrait, des définitions (2, 3, 30) et des classifications (le tableau), et celui, plus ou moins métaphorique (40, 47-48), de l'interprétation. De l'un à l'autre (34-39), le discours, qui se veut objectif (36), de l'histoire littéraire.

— Sur le problème du narrateur chez Proust, on se reportera, outre l'ouvrage de J.-Y. Tadié *Proust et le roman,* à l'article capital de L. Martin-Chauffier, « Proust et le double "Je" de quatre personnes » (reproduit par J. Bersani dans *Les Critiques de notre temps et Proust,* Garnier).

La poésie, de son côté, n'a pas été moins étudiée que la prose narrative. C'est la « poétique de la poésie », si on peut risquer ce pléonasme, en rappelant que poétique a ici le sens aristotélicien (toute théorie interne de la littérature). Après la réunion des *Questions de poétique* de Roman Jakobson (1973), après surtout son étude canonique sur « Les chats » de Baudelaire, une série d'analyses structurales ont vu le jour : elles retouchent le modèle proposé (c'est le cas de Nicolas Ruwet qui dans *Langage, musique, poésie* tend à privilégier le niveau syntaxique) ou le contestent (comme Michaël Riffaterre dans ses *Essais de stylistique structurale*).

Par rapport à ce type d'enquêtes, Henri Meschonnic occupe une position antithétique, mais à l'intérieur d'un même champ, celui des rapports de la littérature et de la linguistique. Dans les cinq volumes de *Pour la poétique* se poursuit une entreprise matérialiste qui vise « la forme-sens », c'est-à-dire « l'homogénéité du dire et du vivre », telle que l'écriture poétique peut l'accomplir. Études spécifiques des œu-

vres, invention de concepts nouveaux, vision globale de la théorie et de la pratique poétique, sont prodigués avec éloquence par un critique qui estime illusoire la « science de la littérature » si souvent évoquée.

On aurait pu penser que Marx inspirerait un grand essor de la critique après 1968, d'autant plus que les critiques marxistes s'enthousiasmaient alors pour la linguistique saussurienne et l'écriture textuelle (deux recueils de la « Nouvelle critique » : *Littérature et linguistique,* 1969, *Littérature et idéologie,* 1970, témoignent de ce rapprochement). Mais la production proprement marxiste n'a pas l'importance quantitative de la production précédente. Après la mort de Lucien Goldmann, dont les derniers travaux n'étaient peut-être aussi convaincants que ceux de son *Dieu caché,* l'interprétation sociocritique a été poursuivie par les travaux de Jacques Leenhardt (sur Robbe-Grillet) ou de Charles Castella (sur Maupassant). Elle a été redéfinie, avec plus de complexité, dans les études de Claude Duchet. L'enseignement de Louis Althusser anime les enquêtes de Renée Balibar (*Les Français fictifs,* 1974) qui, à partir de sa théorie des « appareils idéologiques d'état », recherche « une explication matérialiste des effets esthétiques littéraires », eux-mêmes inséparables de l'institution scolaire. Enfin la réflexion marxiste anime, à des degrés divers, trois grandes entreprises sur le dix-neuvième siècle, celle de Sartre sur Flaubert, celle de Pierre Barberis sur Balzac, celle de Roger Fayolle sur Sainte-Beuve. C'est sans doute avec le retour à l'Histoire, longtemps suspectée, que le marxisme peut retrouver sa fécondité. *Histoire Littérature* (1977) de Gérard Delfau et Anne Roche esquisse une théorie de la critique dans ce sens.

L'influence de Freud et de la psychanalyse paraissait vers 1968 la plus discrète, elle se révélera au fil des ans la plus tenace, et aussi la plus diversifiée. Dans un texte fondamental, « Freud et la scène de l'écriture » (1967), Jacques Derrida posait une sorte de défi : « Une psychanalyse de la littérature respectueuse de l'originalité du signifiant littéraire n'a pas encore commencé et ce n'est sans doute pas un hasard. On n'a fait jusqu'ici que l'analyse des signifiés littéraires. » En fait, sous l'influence diffuse de Lacan, allait s'opérer à la fois un retour à Freud, une réorientation vers les champs du signifiant, de l'imaginaire et du symbolique. Inversement, la psycho-biographie marquait le pas, tandis que la psycho-critique, après la mort de Charles Mauron, ne survivait guère aux belles réalisations de son initiateur. Les psychanalystes eux-mêmes multiplient les *Clefs pour l'imaginaire* (c'est là le titre du livre d'Octave Mannoni, 1969) ou les *Essais sur le Symbolique* (Guy Rosolato, 1969) ; André Green, interprète de Pouchkine ou de la tragédie grecque, esquisse en 1971, sous le titre « la déliaison », une théorie de l'approche psychanalytique de la littérature, définie comme une « œuvre de fiction, donc gouvernée par le désir » ; Didier Anzieu, après une étude de l'auto-analyse freudienne, réunit des essais sagaces sous le titre : *Le Corps de l'œuvre,* 1981. On constate chez tous ces psychanalystes autant d'attention aux jeux du signifiant que d'effort pour se forger un style ou une écriture propres. Mais si les psychanalystes eux-mêmes se tournent vers la critique littéraire, au point de faire de la *Nouvelle Revue de psychanalyse* presqu'un équivalent de ce que fut naguère la *Nouvelle Revue française,* la réciproque est plus nette encore. Les analyses de Freud sont reprises et restituées par Sarah Kofmann (*L'Enfance de l'art,* 1970, *Quatre romans analytiques,* 1973) ; Jean-Pierre Richard, au lieu de la thématique assez peu freudienne de son *Mallarmé,* s'engage dans une « analyse » critique bien plus précise, et dont l'élégance éblouissante ne doit pas dissimuler la technicité et la compétence (*Proust et le monde sensible,* 1974, *Microlectures,* 1979) ; Serge Doubrovsky sacrifie résolument son projet sartrien antérieur au fantasme freudien (*La Place de la Madeleine,* 1974) ; les poéticiens eux-mêmes glissent parfois du modèle linguistique au modèle analytique : Todorov dans ses *Théories du symbole* accorde plus de place à Freud qu'à Saussure ou Jakobson, Philippe Lejeune consacre à Michel Leiris une étude exemplaire qui implique le lecteur autant que son modèle (*Lire Leiris,* 1975). Il s'agit d'ailleurs ici moins d'une psychanalyse d'un auteur que celle d'un texte, et le fameux séminaire de Jacques Lacan sur *La Lettre volée,* s'il ne joue pas le rôle d'un modèle, a lancé un genre, même chez ceux qui contestent le plus vivement l'enseignement de Lacan. Cette « psychanalyse textuelle » ou « textanalyse » prend sa forme la plus convaincante, tant sur le plan théorique que pratique, dans la démarche de Jean Bellemin-Noël, qui la mène *Vers l'inconscient du texte* (1976), à travers des études sur Proust, Mérimée, Verne. On rapprochera de cette démarche celle de Bernard Pingaud qui, par toutes sortes de textes critiques ou fictifs, a éclairé les liens de l'écriture et de l'analyse freudienne.

Peut-on, au lieu d'approfondir un secteur déterminé, balayer le champ du savoir contemporain, et mobiliser pour un même texte les divers modèles que nous venons de désigner ? Certains intrépides s'y sont risqués. On rappellera l'étude pluridisciplinaire de Marc Soriano sur *Les Contes de Perrault* (1968). Jean Starobinski, qui joint l'expérience du psychanalyste à l'effervescence de l'écrivain, a analysé dans *La Relation critique* (1970) un épisode célèbre des *Confessions,* le « dîner de Turin » : il construit un schéma tour à tour marxiste, linguistique, freudien qui rend compte tout à la fois de l'écriture du livre et de la démarche de l'interprète : à partir d'un texte emblématique, c'est le cercle de l'interprétation qui se dessine. D'une manière plus provocante — détonante et humoristique — Danielle Sallenave s'empare du « Parapluie » de Maupassant, y trouve à l'œuvre *Argent/Sexe/Parole,* et en une dizaine de pages construit une étonnante machine qu'alimentent linguistique, psychanalyse, économie politique, théorie du texte, sémiotique : la machine est aussi belle que le conte de Maupassant. Le parcours de Julia **Kristeva** est beaucoup plus intimidant : la sémiotique qu'elle propose sous le nom de « sémanalyse » (*Semeiotiké,* 1969, *La Révolution du langage poétique,* 1974, *Polylogue,* 1977) convoque à peu près toutes les disciplines connues pour une étude de l'énonciation et de la symbolisation au niveau du texte saisi dans sa *structuration* plus que dans sa *structure,* ou, pour reprendre ses termes, dans le « génotexte » plus que dans le « phénotexte ».

Le ton volontiers totalitaire et oraculaire gêne autant qu'impressionne l'évidente maîtrise des savoirs les plus divers. *Pouvoirs de l'horreur* (1980), sans multiplier les références spécialisées, mais en se plaçant d'emblée dans le langage de la psychanalyse lacanienne, s'interroge sur « l'abjection », telle que la littérature, comme ordre symbolique, peut la révéler, chez Lautréamont, Proust, Artaud, Céline. Ici avec un talent d'écrivain évident, Julia Kristeva retrouve l'esprit des recherches critiques de Bataille, vivifié par la traversée des avant-gardes et des théories radicalisées.

[Un vertige de l'abjection]

La lecture de Céline nous saisit en ce lieu fragile de notre subjectivité où nos défenses écroulées dévoilent, sous les apparences d'un château fort, une peau écorchée : ni dedans ni dehors, l'extérieur blessant se renver-
5 sant en dedans abominable, la guerre côtoyant la pourriture, alors que la rigidité sociale et familiale, ce faux masque, s'écroule dans l'abomination bien-aimée d'un vice innocent. Univers de frontières, de bascules, d'identités fragiles et confondues, errances du sujet et de ses
10 objets, peurs et combats, abjections et lyrismes. A la charnière du social et de l'asocial, du familial et du délinquant, du féminin et du masculin, de la tendresse et du meurtre.

Lieux que nous avons déjà parcourus — avec la *souil-*
15 *lure,* l'*abomination,* le *péché* — sous d'autres cieux, sous d'autres protections. S'ils apparaissent, chez Céline, plus poignants pour le lecteur contemporain que les réminiscences somme toute archéologiques que nous avons évoquées plus haut, c'est sans doute en raison de la fragilité,
20 chez lui, de l'instance jugeante, idéale ou interdictrice,

qui borde, voire fait exister l'abjection, dans d'autres époques et cultures. Ici, avec Céline, cette instance devient ambiguë, se creuse, pourrit et s'effrite : illusion fugace, dérisoire, idiote même, mais maintenue... Ni divinité, ni morale, elle est ce filigrane qui demeure dans l'ombre et l'horreur de la nuit pour que cette nuit, néanmoins, s'écrive. Instance du sens éclaté, foudroyé, et pourtant là, étincelant : une écriture. Ni contestation révolutionnaire : celle-ci supposerait la croyance dans une nouvelle morale, classe, humanité. Ni doute sceptique : celui-ci se recueille toujours, en dernier ressort, dans l'autosatisfaction d'un criticisme qui garde ouvertes les portes du progrès... Mais explosion noire égale à l'implosion ravageante, anarchique si l'on veut, à condition de rectifier tout de suite : il n'y a pas d'anarchie absolue de l'écriture parce que l'écrit ordonne, règle, légifère. Quoi ? Rien ? Quel objet ? L'ab-ject ?

Vice ? Comédie ? Perversion ? Mieux que ça. Une aspiration au Sens, et son absorption, avalement, digestion, rejet. Pouvoir et péché du verbe. Sans Dieu, sans Un autre que celui, sous-jacent au polylogue de la symphonie célinienne : une musique, une trame, une dentelle... Un vertige de l'abjection qui ne se soutient, qui ne s'écrit, qu'à condition de pouvoir *aussi* se donner des *objets* de haine* bien sûr, les plus stables, les plus archaïques, garantissant la jouissance la plus précise, la plus sûre.

Julia Kristeva, *Pouvoirs de l'horreur,* éd. du Seuil.

Moebius, Escale sur ►
Pharagonescia, *détail in*
Métal Hurlant n° 47.

Le nœud boroghmeen
de Lacan. ►►

Avion décoré par
Niki de Saint Phalle,
1981. ►►►

Carolyn Carlson.►►►►

Maurice Roche, Circus,
éd. du Seuil, 1972.
►►►►

* Il s'agit de l'antisémitisme qui s'empare de Céline en 1938, avec *Bagatelles pour un massacre.*

— **Lecture plus phénoménologique que sémiologique, qui tourne à une sorte de** « **voyage au bout de la nuit** ».
— **A partir de Céline (comme l'ont fait J.-P. Richard, ou Ph. Muray, dans des sens différents), J. Kristeva propose une théorie de l'abjection, du sujet, de la littérature :** « **Dans cette expérience** [...] ''**sujet**'' **et** ''**objet**'' **se repoussent, s'affrontent, s'effondrent et repartent, inséparables, contaminés, condamnés, à la limite de l'assimilable, du pensable : abjects. La grande littérature moderne se déploie sur ce terrain-là...** »

Choix bibliographique :

Indications complémentaires (les références principales ont été distribuées dans le corps du chapitre) :

R. Fayolle, *La Critique,* A. Colin (nouvelle édition, 1978).

J. Bellemin-Noël, *Psychanalyse et littérature,* Que sais-je, P.U.F.

L'Arc, « La Crise dans la tête », 1977. (Sur Michel Foucault.)

Esprit, « Lectures I », n°12, 1974 ; « Lectures II », n° 1, 1976.

Littérature, « Littérature et psychanalyse », n° 3, 1971 ; « Histoire/Sujet », n° 13, 1974 ; « Littérature et Révolution », n° 24, 1976.

Nouvelle Revue de Psychanalyse, « Mémoires », n° 15, 1977 ; « Écrire la psychanalyse », n° 16, 1977.

Poétique, « Enseignements », n° 15, 1977.

ONCLE BARTINIFLOR!
IL Y A LE TERRIEN QUI
SE MET À BARGER
AVEC MALMOZ QUI
EST MONTÉ DESSUS!

Ph. © by Les Humanoïdes Associés, 1980.

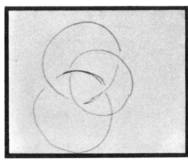

Ph. © Maurice Rougemont — Gamma.

Ph. © Claude Lê-Anh — Photeb.

III
ACTUALITÉS

le sommeil s'évanouit

Ph. © Tony Frank/Sygma — D.R.

et servant de corps de réson
e — les cavités orbitales fai
ant office d' « ouïes » !
lux dents du maxillaire supé.
clavier), accrocher des corde:
es faire passer sur l'épine na
e (chevalet) et les fixer par
lous... être tendu — être t

© by éd. du Seuil, 1972 — D.R.

Chapitre VIII

Écritures féminines

Dans l'après 68, l'explosion des mouvements de femmes constitue, sur bien des plans : politique, culturel, médical, sexuel, professionnel, l'élément déterminant de l'actualité de notre période. Si on considère en général les obsèques de Pierre Overney (février 1972) comme le dernier acte de la période « gauchiste », le Manifeste des 343 (avril 1971) et le Procès de Bobigny (novembre 1972) marquent la venue au grand jour des mouvements de femmes, dont le plus connu, le M.L.F., mouvement de libération des femmes, atteindra à la célébrité et même au mythe.

Le Manifeste des 343 s'en prend à la législation française sur l'avortement, qui datait de 1929, et était beaucoup plus répressive que celle des autres pays européens. Les signataires (la plupart fort connues) déclarent avoir eu recours à l'avortement et en réclament la législation. Le Procès de Bobigny, où étaient accusées les responsables présumées d'un avortement, vit des témoignages spectaculaires. Cependant la cause n'était pas encore entendue, et pendant le mandat de Georges Pompidou la législation ne fut pas modifiée.

Dans un premier temps, les « féministes » s'expriment dans les journaux de gauche, comme Le Nouvel Observateur, dans des revues comme Les Temps modernes qui publient chaque mois la chronique « Le sexisme ordinaire » ; ensuite, dans les maisons d'édition classiques qui presque toutes s'adjoignent une collection consacrée à la femme (on s'aperçoit, un peu tard et un peu hâtivement, qu'« un homme sur deux est une femme »). Dès 1973 se créent, autour du mouvement Psychanalyse et Politique, les « éditions des femmes » qui allaient connaître une grande réussite, des librairies « des femmes », des revues exclusivement féminines : (Sorcières, Femmes en mouvement). Le mouvement se caractérise par sa diversité (M.L.F., Psy et Po, mais aussi M.L.A.C., Choisir, etc.), par une verve polémique qui n'épargne pas le mouvement lui-même, par un humour qui parodie souvent la littérature des hommes pour aboutir à des slogans comme « Viol de nuit, terre des hommes » ou « L'avenir de l'homme n'est plus ce qu'elle était ».

Peu de mouvements auront provoqué davantage de conquêtes, de réformes légales, de changements juridiques, et ce en dehors des partis politiques classiques. Peu de mouvements auront évolué plus vite. À ses origines, en France, Le Deuxième Sexe (1949) de Simone de Beauvoir est la thèse inaugurale et pour ainsi dire la Bible du féminisme. Dans les années soixante, il a été surtout lu et adapté par la génération suivante des féministes américaines (Betty Friedman, La Femme mystifiée, trad. 1966 ; Kate Millett, La Politique du mâle, trad. 1971 ; Shulamith Firestone, La Dialectique du sexe, trad. 1972). Mais S. de Beauvoir elle-même s'est détachée du « socialisme idéaliste » pour rejoindre un féminisme plus radical. Elle accompagne, d'une présence assez silencieuse, le mouvement féministe ; mais les directions ne sont plus les mêmes : le féminisme du Deuxième Sexe était un féminisme de

Devant une sculpture de Niki de Saint Phalle, Beaubourg, 1977.

l'égalité, discours d'une femme libre adressé essentiellement à des interlocuteurs masculins, considérés comme des compagnons fraternels. La spécificité féminine faisait l'objet d'une réduction systématique (« on ne naît pas femme, on le devient »). Le féminisme des années 1970 serait plutôt un féminisme de la différence: le discours s'adresse essentiellement à d'autres femmes, et non plus aux hommes toujours suspects de sexisme. L'édition et l'écriture féminine ont ainsi tendance à créer un ensemble parfaitement organisé, mais clos sur lui-même, qui ne cherche plus à séduire ou convaincre le sexe qui se dit fort. À côté de ce féminisme radical, va se constituer un féminisme de bonne compagnie, modéré et conformiste, qui va devenir, dans certains milieux, la *doxa* des années 1970. On crée en 1974 un secrétariat d'état à la condition féminine, confié à Françoise Giroud, qui avait longtemps dirigé le magazine *Elle,* puis *l'Express.* 1975 est proclamée année de la Femme, comme 1973 avait été l'année du Livre... Et en 1974 l'une des premières réformes du président Giscard d'Estaing est de faire adopter la loi sur l'avortement.

Dès 1949, S. de Beauvoir mettait cette formule en exergue au *Deuxième Sexe* : « Tout ce qui a été écrit par les hommes sur les femmes doit être suspect, car ils sont à la fois juge et partie ». Et Sartre en 1979 remarque que les femmes demandent aux hommes « beaucoup de silence ». Avant de les donner à lire, c'est donc en peu de mots que nous voudrions présenter quelques-unes des écritures féminines qui ont accompagné le développement des mouvements de femmes.

Les quinze dernières années ont vu, en effet, le passage du « roman de femmes » à l'écriture féminine. Après les grands succès de librairie de S. de Beauvoir ou de F. Sagan, un certain nombre de romancières (Françoise Mallet-Joris, Christine de Ryvoire, Edmonde Charles-Roux, Benoîte et Flora Groult, etc.) fournissaient à un public essentiellement féminin une image assez édulcorée de la vie des femmes dans les années soixante, sans mettre le moins du monde en question les formes du roman

traditionnel. Isolons cependant le déjà ancien *Élise ou la vraie vie* (1967) où Claire Etcherelli peignait la dure condition de la femme ouvrière (veine que l'on retrouvera dans *Hosto-blues*, 1974, de Victoria Thérame, très célinien d'écriture, et *La Marie Marraine,* 1978, d'Hortense Dufour) ainsi que *La Maison de papier* (1973), essai autobiographique où F. Mallet-Joris décrit la difficulté des existences parallèles de romancière, de mère de famille, d'épouse et de maîtresse de maison.

Mais plutôt que de l'écriture, il vaut mieux parler d'écritures féminines au pluriel : en effet l'immense production qui, à partir des années 1974-75, va accompagner le mouvement de revendications, ne correspond pas à un mouvement littéraire ni même à une avant-garde, dont les membres partageraient une esthétique commune. Ce qui réunit ces femmes écrivantes est une conception de l'écriture en rapport avec les thèses défendues par ailleurs sur le plan social. Ces thèses qui se répètent et se redisent d'un livre à l'autre, de manière nécessairement obsédante, jusqu'à envahir le monde des best-sellers (tel le *Va voir papa maman travaille*, de Françoise Dorin qui récupère, en 1976, sur le mode plaisant, la vulgate féministe), affirment, contre les valeurs masculines jusqu'alors dominantes, la spécificité d'un univers féminin. Cette spécificité ne pourra se développer que lorsque la femme se sera libérée de l'exploitation dont elle est victime : dans la prostitution bien sûr, et c'est le grand succès de *La Dérobade,* 1976, de Jeanne Cordelier, témoignage sur la condition de la prostituée (livre à propos duquel Benoîte Groult écrit, en faisant référence à un des slogans fameux de mai 68 : « Les hommes sont tous des juifs allemands ? Nous, nous sommes toutes des prostituées comme elle, quelque part. ») — mais aussi, et peut-être surtout, dans le mariage. Spécificité de son corps, de son désir, de son plaisir, de sa souffrance, de ses expériences : et notamment de l'accouchement, qui instaure une différence radicale entre la femme et l'homme. Dans une logique extrémiste, cet univers féminin se voudra parfois un univers sans homme, donnant lieu à une écriture homosexuelle parallèle à l'écriture homosexuelle masculine décrite plus haut.

Les thèmes de chacun des numéros de la revue « Sorcières », par exemple, soulignent les composantes de cet univers au féminin : « La Nourriture », « Les Odeurs », « Le Sang », « Les Poupées », « La Jasette ». Ce n'est pas là réduire l'univers féminin aux limites du gynécée, (il y eut aussi « Écritures », « Espaces et lieux », « La Mort »), c'est insister sur une vision du monde absolument autre, déjà à l'œuvre chez quelques femmes-auteurs que l'on redécouvre : George Sand, Colette, Virginia Woolf. L'on voit se dessiner une violente critique de certaines visions masculines de la femme : celle des surréalistes (Xavière Gauthier *Surréalisme et sexualité*, 1971) et celle de Freud (dans la démonstration très argumentée de Luce Irigaray *Speculum, de l'autre femme*, 1974).

Mais la thèse essentielle, celle qui permet de donner voix à toutes les autres, est la revendication et l'affirmation d'une écriture spécifiquement féminine. S. de Beauvoir a clairement analysé le caractère problématique de ce concept et ouvert un débat qui ne saurait avoir d'issue :

« Parmi les femmes qui choisissent de s'exprimer, certaines estiment que le langage et la logique en usage dans notre monde sont des instruments universellement valables, bien qu'ils aient été forgés par des hommes : le problème c'est de voler l'outil. D'autres au contraire considèrent que la culture même représente une des formes de leur oppression : du fait de cette oppression, par la manière dont elles y ont réagi, les femmes ont créé un univers culturel différent de celui des hommes : c'est à leurs propres valeurs qu'elles veulent se référer en s'inventant une parole où se reflète leur spécificité. Invention parfois difficile, parfois tâtonnante, mais lorsque cet effort aboutit, il nous enrichit d'un apport vraiment neuf. »

La « venue à l'écriture » (c'est aussi le titre d'un livre d'Hélène Cixous, écrit en collaboration avec Catherine Clément et Madeleine Gagnon) prendra des formes aussi variées que le sont les différentes tendances à l'intérieur du mouvement et que le sont les tempéraments et les sensibilités de chacune de ces femmes écrivantes. Pour H. Cixous justement, l'écriture féminine sera forcément une « écriture du corps » (concept commun avec la problématique de l'écriture textuelle) :

« Je ne "commence" pas par "écrire" : je n'écris pas. La vie fait texte à partir de mon corps. Je suis déjà du texte. L'Histoire, l'amour, la violence, le temps, le travail, le désir, l'inscrivent dans mon corps, je me rends où se donne à entendre "la langue fondamentale", la langue corps en laquelle se traduisent toutes les langues des choses, des actes et des êtres, dans mon propre sein, l'ensemble du réel travaillé dans ma chair, capté par mes nerfs, par mes sens, par le labeur de toutes mes cellules, projeté, analysé, recomposé en un livre. »

Cette écriture vise à déconstruire ce qu'il y a de masculin dans l'écriture, les structures du logos, pour donner la parole au corps féminin « corps sans fin, sans "bout", sans "parties" principales... ensemble mouvant et changement illimité, cosmos qu'eros parcourt sans repos. » (*La Jeune Née*).

Pour Marie Cardinal, qui réfléchit sur son rapport au langage dans un dialogue avec Annie Leclerc (*Autrement dit*, 1977) :

« A l'heure actuelle tous les mots ont deux sens, deux sexes, selon qu'ils sont employés par un homme ou par une femme. Quand une femme écrit "table" [...] on lit cette table comme si elle était servie, nettoyée, utile, cirée, fleurie ou poussiéreuse. Quand un homme écrit [...] "table", on lit cette table comme si elle était faite de bois ou d'une autre matière, l'œuvre d'un artisan ou d'un ouvrier, le fruit d'un travail, le lieu où on va s'asseoir pour manger ou pour parler. Ce mot simple vit différemment selon que c'est un homme ou une femme qui l'a écrit. »

Une femme peut-elle trouver d'autres mots que ceux du langage existant, ceux de la langue que l'on dit « maternelle » ? Une attitude radicale, mais provisoire, consiste à s'attaquer au mot, au signifiant lui-même (Monique Wittig, *Le Corps lesbien,* 1973) : tentation logique, mais tentative utopique. Écrire « mersonne » au lieu de « personne », « femmicide » au lieu de « homicide » (mais c'était dans le très humoristique *Mersonne ne m'aime* de Nicole-Lise Bernheim et Mireille Cardot) n'apparaît pas pouvoir fournir une réponse satisfaisante à ce problème capital. Il ne saurait y avoir une langue spécifiquement féminine. Ce sera donc le texte dans sa totalité qui affirmera l'identité et la spécificité féminine.

Certaines femmes, et non des moindres, ont refusé farouchement ce concept d'écriture féminine ; Annie Le Brun, dans le caustique *Lâchez tout* (1977), le réfute au nom du surréalisme : « Comment en effet pourrait-on admettre que les idées, les mots fassent l'amour, quand les êtres, de peur de disparaître dans l'altérité, ne songent plus qu'à faire la guerre ? Peut-on alors imaginer à quel misérable contrôle vont être soumis les mots, les formes, les gestes, avant d'avoir droit de cité dans l'antre de la sensibilité dite féminine ? » Et Marguerite Duras, après avoir traversé et illustré ce mouvement (*Les Parleuses,* 1974, avec Xavière Gauthier), livre en 1980 cette fracassante déclaration : « Moi aussi je suis tombée dans le panneau de l'écriture féminine. Je l'ai écrit dans des livres, des articles. Je me suis efforcée d'y croire par tous les moyens. Y compris celui de faire accroire que je ressortissais à cette écriture. Par exemple qu'*India Song* était un film de femme et *Le Camion* aussi. Tout comme s'il y avait des films de femmes comme il y a des films d'hommes [...] C'est faux pour moi et pour toutes les autres femmes et pour tous les homosexuels et pour tous les écrivains qui se réclament, disons le mot, d'une aliénation originelle [...] Toute écriture qui se réclame d'une appartenance est une écriture transitive. Or l'écriture est jaillissement intransitif, sans adresse, sans but aucun que celui de sa propre finalité, de nature essentiellement inutile. Ou bien elle est pornographique. »

Ces contestations théoriques indivi-

« *La Papesse* », jeu de tarots dessiné par Sylvia Maddonni.

© by éd. Grimaud et Sylvia Maddonni, 1963.

duelles ne sauraient annuler les œuvres produites, au long de ces dix années, au nom d'une idéologie indéniablement féconde. Ces textes féminins, même s'ils prétendent parfois se situer hors de la littérature (institution masculine), savent, dans le meilleur des cas, atteindre à une universalité qui n'était peut-être pas leur visée initiale. Car cette écriture féminine — et par là elle rejoint spontanément les préoccupations les plus vivantes de la littérature actuelle — refuse et abolit les distinctions traditionnelles des genres littéraires. Ces romans sont aussi des essais, ces récits à la première personne mêlent lyrisme, document et analyse, le cri du manifeste enrichit le poème.

Ces voix de femmes, qui font entendre une parole nouvelle, tiennent maintenant une place capitale dans le renouvellement de la littérature. Nous en avons choisi sept afin de constituer une gamme qui dise leur variété, la richesse de l'univers féminin et en même temps qui donne un aperçu des thèmes abordés les plus fréquemment. Textes sans mystère mais, non sans violence, d'Annie **Leclerc** (*Parole de femme*, 1974) ; romans classiques de Marie **Cardinal** (dont *Les Mots pour le dire*, 1975, popularise le sujet combien contemporain de la cure psychanalytique) ; prose concrète et succulente de Chantal **Chawaf** qui dit les grands moments de la vie de la femme (de *Retable-Rêverie*, 1974 à *Maternité*, 1979) ; constat grave et désespéré d'Annie **Ernaux** (*Les Armoires vides*, 1974, *La Femme gelée*, 1981) ; monologues fiévreux, entre mort et folie, de Jeanne **Hyvrard** (*Les Prunes de Cythère*, 1975, *Mère la mort*, 1976) ; ingénieuses inventions de Monique **Wittig**, venue des terres du Nouveau Roman (*L'Opoponax*, 1964, *Les Guérillères*, 1969, *Brouillon pour un dictionnaire des amantes*, 1976) ; textes plus savants d'Hélène **Cixous**, spécialiste de Joyce, qui a traversé toutes les recherches des années soixante avant de trouver, là, son territoire (*Dedans*, 1969, *Neutre*, 1972, *La*, 1976, *Angst*, 1977). Sept voix, puisqu'il fallait choisir entre tant d'autres, célèbres ou presque anonymes, qui se sont lancées dans l'exploration du monde au féminin.

© by éd. Grimaud et Sylvia Maddonni, 1963.

« *L'Étoile* », *jeu de tarots dessiné par Sylvia Maddonni.*

[La vie et non le pouvoir]

« Cesserons-nous jamais d'apprécier toute chose à la lumière du jugement mâle ? »

Franchement, qu'y a-t-il de si bas dans le travail d'une femme à la maison pour susciter aussi unanimement votre répugnance ?

Est-ce le travail lui-même ? Ou plutôt toute autre
5 chose ? Quelque chose comme une prolifération de plaies, une accumulation de vermine sur un corps désavoué, abandonné, répugné, châtié ?

Faire la vaisselle, éplucher les légumes, laver le linge, repasser, épousseter, balayer, nettoyer les carreaux, tor-
10 cher les enfants, leur donner à manger, raccommoder un pantalon usé... Travail mesquin ? sombre ? ingrat ? stérile ? dégradant ? Qu'en dit le travailleur à la chaîne ? Le visseur de boulons ? le trieur de fiches, le tamponneur de timbres ? la couturière à l'usine de confection ? Et tant,
15 tant d'autres ?

Mesquin ? sombre ? ingrat ? dégradant ? Un travail bigarré, multiple, qu'on peut faire en chantant, en rêvassant, un travail qui a le sens même de tout travail heureux, produire de ses mains tout ce qui est nécessaire
20 à la vie, agréable à la vue, au toucher, au bien-être des corps, à leur repos, à leur jouissance...

Ingrat un travail où les résultats sont immédiats, comme portés dans le faire ? La maison se prend d'un air de fête, le repas sent bon, l'enfant gazouille, ses fesses
25 soyeuses à l'air, et pour une heure d'application rêveuse, le pantalon usé fera bien encore une année...

Mais malheur, vous avez voulu que cela fût un service, du sacrifice, du dévouement et de la peine... C'était un rare bonheur, ce travail si près de la jouissance, il avait la
30 valeur la plus haute, celle de la vie elle-même, ce travail si mêlé à la vie...

Vous avez inventé les terribles valeurs du pouvoir pour les tourner contre la vie, contre la femme, contre son ventre fécond, contre ses mains fertiles...
35 De ce travail précieux par excellence, de ce travail plus grand que tous les autres, puisque le sens des autres ne peut être que de servir et préparer, agriculture, métallurgie, industrie, l'accomplissement ultime de celui-là, de ce travail que tous les hommes auraient dû se disputer s'ils
40 avaient aimé la vie et non le pouvoir, on a fait un travail forcé, même plus un travail, un affreux boulet à traîner, une obscure fatalité, une faute jamais commise, et pourtant toujours à expier, celle d'être femme...

Ce n'est pas balayer ou torcher le bébé qui est mes-

45 quin, dégradant, c'est balayer angoissée à l'idée de tout le
linge qu'on a encore à repasser ; repasser en se disant que
ça ne sera jamais prêt pour le repas du soir ; voir sans
cesse différé le moment où l'on pourrait s'occuper des
enfants, aérer l'humus de leur terre, les arroser, les porter
50 à bout de bras, leur mettre des rires dans la voix et des
questions sur les lèvres...

Ce qui est humiliant, c'est de faire un travail qu'aucun
homme ne consentirait à faire, de faire un travail qu'au
moins la moitié de l'humanité regarde de haut, ne regarde
55 même pas.

Ce qui est harassant, si pénible et douloureux, c'est que
ces tâches à force d'être dégradées, déconsidérées, s'accumulent entre les seules mains des femmes, et qu'elles s'y
épuisent, véritablement happées dans un engrenage de
60 nécessités auxquelles elles ne peuvent échapper.

Si ce travail était perçu à sa juste et très haute valeur,
il serait aimé, il serait choisi, convoité autant par les
hommes que par les femmes. Il ne serait plus ce boulet,
cette oppressante, irrespirable nécessité...
65 ... Mais je rêve, j'utopographe, je sais.

Pour cela, il faudrait que soient crevées, ridiculisées,
roulées dans la boue des plus pitoyables bouffonneries,
toutes les valeurs mâles du pouvoir...

Mais il faudrait aussi que tout pouvoir soit arraché,
70 brisé, réduit en cendres, laissant au peuple enfin non pas
le pouvoir, mais sa seule puissance.

Annie Leclerc, *Parole de femme,* éd. Grasset.

— **Tour à tour plaidoyer, accusation, rêve utopique : une écriture généreuse qui se
situe du côté de Michelet (*Le Peuple, La Femme*).**
— **Opposition non de l'homme et de la femme, mais des valeurs mâles (le pouvoir)
et féminines (le travail, la vie). La revendication débouche sur le politique (65-71) :
la femme et l'ouvrier (12-15).**
— **« Les grands penseurs et théoriciens ont, en effet, tous compris que la condition
des femmes et leurs luttes trouvaient leurs racines dans un système fondé sur les
inégalités : le système capitaliste. » (Yvette Roudy, *L'Arc,* « Simone de Beauvoir et
la lutte des femmes », 1975.)**

[Ni pleureuse, ni nourricière]

Obscurément, en ces occasions, je sentais avec malaise
que ma mère n'était pas une vraie mère, c'est-à-dire
comme les autres. Ni pleureuse ni nourricière, encore
moins ménagère, je ne rencontrais pas beaucoup de ses

La narratrice vient d'évoquer
les préparatifs, à l'école, de la
Fête des mères. L'enfant est
persuadée « d'être un monstre »
car sa mère est différente.

5 traits dans le portrait-robot fourni par la maîtresse. Ce dévouement silencieux, ce perpétuel sourire, et cet effacement devant le chef de famille, quel étonnement, quelle incrédulité, pas encore trop de gêne, de ne pas en découvrir trace en ma mère. Et si la maîtresse savait qu'elle dit
10 des gros mots, que les lits ne sont pas faits de la journée quelquefois et qu'elle flanque dehors les clients qui ont trop bu. Tellement agaçante en plus la maîtresse à susurrer « votre mââman », chez moi et dans tout le quartier, on disait « moman ». Grosse différence. Ce mââman-là
15 s'applique à d'autres mères que la mienne. Pas celles que je connais bien de ma famille ou du quartier, toujours à râler dur, se plaindre que ça coûte cher les enfants, distribuer des pêches à droite et à gauche pour avoir le dessus, incroyable ce qu'elles manquent du « rayonne-
20 ment intérieur » attribué par la maîtresse aux mââmans. Mais celles, distinguées, pomponnées, aux gestes mesurés, que je vois à la sortie de l'école quand mon père m'attend près de son vélo. Ou celles qu'on appelle dans l'*Écho de la mode* des « maîtresses de maison », qui
25 mijotent de bons petits plats dans des intérieurs coquets, dont les maris sont dans des bureaux. La vraie mère, c'était lié pour moi à un mode de vie qui n'était pas le mien.

Marie-Jeanne, si peu ma copine, pourquoi m'invite-
30 t-elle ce jour de juin à boire de la limonade chez elle, une villa dans un petit jardin. On devait vendre ensemble des billets de tombola dans sa rue. Le couloir sombre, avec des tableaux, débouchait sur une cuisine miroitante, blanche comme dans les catalogues. Une femme mince,
35 en blouse rose, glissait entre l'évier et la table. Une tarte peut-être. Par la fenêtre ouverte j'apercevais des fleurs. On entendait juste l'eau du robinet s'écouler sur des fraises dans une passoire. Silence, lumière. Propreté. Une espèce de femme à mille lieues de ma mère, une femme à
40 qui on pouvait réciter le compliment de la fête des mères sans avoir l'impression de jouer la comédie. Femme lisse, heureuse je croyais parce qu'autour d'elle tout me paraissait joli. Et le soir, Marie-Jeanne et ses frères mangeraient tranquillement le repas préparé, comme dans la poésie de
45 Sully Prudhomme, ni cris, ni sous comptés aigrement sur un coin de table. L'ordre et la paix. Le paradis. Dix ans plus tard, c'est moi dans une cuisine rutilante et muette, les fraises et la farine, je suis entrée dans l'image et je crève.

Annie Ernaux, *La Femme gelée*, éd. Gallimard.

— La « vraie » mère : le discours de l'école (5, 13), l'image des magazines (24, 34), mais aussi une réalité sociale (11, 16-19). Le trajet de la narratrice (46-49).

— Mélange des temps et des tons : le langage de l'adolescente (12, 17, 29) et l'analyse de l'adulte (3-5, 27). Coupures brutales, changements de rythme (14, 38) pour faire vibrer cette voix.

— Le rapport de la fille à sa mère, l'écart entre l'image sociale et la réalité vécue : c'est aussi le sujet des *Belles Images* de S. de Beauvoir ou des *Petits Enfants du siècle* de C. Rochefort.

[Un chemin plus facile]

C'était tellement simple que c'était à n'y pas croire. Et pourtant la réalité était là : tous mes troubles psychosomatiques avaient disparu : le sang, l'impression de devenir aveugle et sourde. Et les angoisses s'espaçaient, je n'en avais plus que deux ou trois par semaine.

Toutefois, je n'étais pas encore normale. Si j'avais établi dans la ville certains itinéraires que je pouvais parcourir sans trop de craintes les autres déplacements m'étaient encore interdits*. Je vivais toujours dans la peur constante des gens et des choses, je transpirais encore beaucoup, j'étais encore traquée, les poings serrés, la tête dans les épaules, et surtout mon hallucination persistait. Toujours la même, simple, précise, jamais ne s'y ajoutait la moindre variation. Cette perfection même ne la rendait encore plus terrifiante.

Dans les premiers mois du traitement j'y avais fait illusion une fois :

— Vous savez docteur, de temps en temps j'ai un drôle de truc qui me prend : je vois un œil qui me regarde.

— Cet œil, à quoi vous fait-il penser ?

— A mon père... Je ne sais pas pourquoi je dis ça car je n'ai aucun souvenir des yeux de mon père. Je sais qu'ils étaient noirs comme les miens, c'est tout ce que je sais d'eux.

Et puis j'avais parlé d'autre chose. Sans même m'en rendre compte j'avais esquivé le danger par une pirouette. J'avais pris un chemin plus facile, mieux indiqué. Mais je savais toutefois que l'obstacle de l'hallucination était là et qu'il faudrait qu'un jour je le passe pour aller plus loin.

Les angoisses nées de « plaisir défendu », « abandon », étaient désormais faciles à combattre, j'étais devenue capable de les chasser avant qu'elles aient eu le temps de prendre pied. Mais les autres, celles qui me

« Il y avait maintenant longtemps que ma psychanalyse était commencée. »

* La peur de l'extérieur était l'un de ses symptômes.

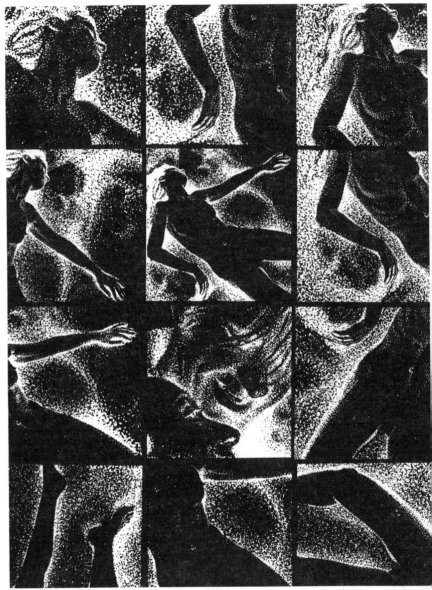

Béatrice Casadesus,
dessin à la plume, 1979.

35 tenaillaient encore, qui faisaient que je ne pouvais tou
jours pas vivre avec les autres, d'où venaient-elles, o
trouver leurs racines ? Je piétinais. Le moment était ven
de parler de l'hallucination.

Marie Cardinal, *Les Mots pour le dire,* éd. Grasse

— La psychanalyse telle qu'elle est vécue par une patiente, loin des théories et des concepts ; racontée dans une langue familière (19), une fiction dramatique : ici un moment de transition entre deux avancées. « Je lui ai répondu que je n'avais pas écrit un livre sur la psychanalyse. J'avais écrit l'histoire d'une femme dans laquelle la psychanalyse a une grande importance. » (M. Cardinal, *Autrement dit*.)

— A la fin de sept années de cure, il y aura, outre la guérison, la découverte de la féminité : « C'est ça être une femme : servir un homme et aimer des enfants jusqu'à la vieillesse. Jusqu'à ce qu'on vous conduise à l'asile. [...] Cette peur qui me paralysait c'était la peur du pouvoir de l'homme. Suffisait de le partager ce pouvoir pour que la peur s'éloigne. »

[Naissance]

Cornue, l'herbe laiteuse éclabousse, étincelle, charrie en son courant vert, poils, plumes, cheveux, graines, ongles, nageoires s'entrelaçant, rayonnés par la membrane, paroi, pâte, laine d'entrailles, fruitière, lunaire, derrière les chênes, derrière les châtaigniers. Les débris, le mucus mouillent l'air, le petit marche, l'enfant comme l'appel hululé d'un adulte malade, comme le grelottement de se coucher, décharné, en position embryonnaire, sous la voûte crânienne, à l'emplacement de la lésion. Les nations s'écrasent entre leurs mâchoires, comme de la viande de bœuf dans leur bouche. Les gestes broient, cassent, choquent, disloquent, coiffent de casque, arment, au-dessus des touffes noires. Émises par le soleil, des rues sans eau, dans la citerne désaffectée, assèchent jusqu'aux cavités dont les organes arrachés vaguent. Les cailloux frappent, fouettent, roulent, cinglent, soleil à clore, balles, heurtent contre les soldats morts. Crevassent, se dessèchent, se disjoignent les branches. Fente de la bouche, orbite, résorbés dans la mare giclée en barbe de jus qui sucre et poisse comme de l'enfance épaisse rendue par les cercueils d'herbe. Une croix d'ossements crispe, craquelle au fond cru des coups sur les nuages. A flots âcres, des deux poumons, l'enfant mort écrémé, replié sur lui-même en nid, en râle, commence de couler. Seiche, pôle de pieuvre, branchies, chenille, nous descendons, carbone sans vertèbres, sans crête, détachés des rochers noirs charnels où se verse la poussée, le cercle de la percée pince, fascine, face à la gelée d'enfant, sans même pouvoir traverser la brassière de céréales et le vent des plantes, l'air, expirés écument, convulsent, aigres, cherchent avec des spirales de poudre, les organes, les déchirer, boire leur chevelure palpitante, engloutir, grondent, s'y perdre, chaque martyr se blottit dans sa peur en tremblant, en résistant, en roulant vers les explosions où croître brise sur le fracas.

Chantal Chawaf, *Retable,* éd. des Femmes.

Une naissance pendant un bombardement. C'est le début de « Naissance », premier volet du retable, avant « Portrait » et « Mausolée ».

> — Une autre syntaxe (*cf.* p. 245) : l'énumération décentre la phrase et transforme les rapports grammaticaux (3, 8, 12, 22). Une prose qui se fait poème : la chair des mots.
> — Que serait donc un langage féminin ? « Pour se référer à la physique, ce serait un langage apparenté aux propriétés des fluides plus qu'à celles des solides. C'est-à-dire un langage coulant, progressant à des rythmes différents, dont la dynamique viendrait d'un quasi-frottement entre les mots, les uns passant dans les autres sans qu'on puisse jamais les séparer. » (L. Irigaray.)

[Paix]

PAIX

Après que l'harmonie a été détruite dans le jardin terrestre, les amazones savaient bien qu'il leur manquerait quelque chose. Pleines de nostalgie elles ont cherché
5 à le remplacer. Et elles ont inventé la paix. Ce faisant, pas une n'a ignoré que la paix n'est qu'un compromis, la tentation pour rétablir un équilibre mais jamais le retour de l'harmonie perdue.

Par exemple après la guerre des Lybiennes et des
10 Gorgones, toutes les amazones se sont désolées, regrettant la guerre. Elles ont bercé leurs mortes dans leurs bras, elles ont pleuré pendant quarante jours et quarante nuits pendant lesquels elles ont pratiqué un jeûne. Elles ont inventé des jeux en l'honneur des mortes. C'est alors
15 qu'elles ont bâti de grands tombeaux dont il est parlé pendant tout l'âge de bronze et l'âge de fer.

PARESSE

État plaisant de loisir pratiqué à outrance et presque systématiquement par presque tous les peuples d'aman-
20 tes. Dans le *Livre de paresse* (Chine, âge de gloire), Sseu Tchouan énumère les places à paresse et les choses à paresse. Il y a les endroits d'herbe douce, de mousse, de sable, d'air, d'eau. Il y a les sacs à arbre, les œufs, les bateaux, les radeaux. Il y a également les rêves à paresse
25 auxquels on accède par hypnose. Les amantes les pratiquent après de longues randonnées quand elles arrivent dans une oasis, dans une communauté, pour ne pas être en discordance avec leurs amies.

PARFUM

30 La plupart des amantes des peuples utilisent des parfums qu'elles obtiennent par macération des plantes ou distillation. Elles traitent le cumin, le cinnamone, l'anis, les amandes, l'iris, la rose, le benjoin, la bergamote, le

vétiver, le thym, la menthe, les écorces de citron et
d'orange, les résines de pin, d'opoponax. Certains de ces
parfums ont des vertus curatives pour la peau. De la
même façon les essences dans l'embaumement des vivantes régénèrent les organes. D'autres parfums sont choisis
seulement pour leurs odeurs. On appelle cette collecte des
parfums butiner.

PATIENCE ET SARAH
Amantes célèbres du Grand pays (Premier continent,
âge de la vapeur). Elles ont vécu dans une ferme qu'elles
ont construite, à l'ouest de la Province verte. Elles
pratiquaient une agriculture de polyculture avec un peu
d'élevage. Sarah était bûcheronne et Patience était peintre. Elle a en particulier peint l'épisode de Gomorrhe.

PATTE
« Montrer patte blanche », expression d'avant l'âge de
gloire qui signifiait, faire la preuve de ce qu'on est. Le
plus simple pour cela a toujours consisté à tremper sa
main dans la farine pour ressembler à la première venue.

PAYS
Depuis l'âge de gloire, seules quelques dénominations
rappellent que les amantes ont été autrefois parquées
dans des zones d'où il était difficile de sortir sans « montrer patte blanche ». Ces dénominations jouent comme
point de repère uniquement. Il semble bien qu'au début
de l'âge de gloire elles aient eu en outre une fonction
poétique.

Monique Wittig et Sande Zeig, *Brouillon pour un
dictionnaire des amantes,* éd. Grasset.

— **Aux confins de la Légende (16-20) et de la Science-Fiction (24, 42), cet « âge de
gloire » féminin d'où l'homme a disparu (et Sseu Tchouan ?) annonce la venue d'un
autre temps (cf. le « J'utopographe » d'Annie Leclerc).**

— **« C'est un choix de mots, une tentative pour récupérer le langage non seulement
par des sens inattendus et féminins mais par des modifications lexicales [...] qui font
plonger dans un monde mythique où le féminin renvoie au féminin, et cela, à
l'infini. Mais la syntaxe n'a pas suivi. Il semble qu'elle résiste à tout, à la révolution
féministe, comme à la révolution romantique. » (Cl. Herrmann, auteur des *Voleuses
de langue*.)**

[Mère la mort]

Tu plâtres les craquelures de mes membres pour que je
marche encore un peu. Jusqu'où ? Vers quand ? Peut-
être, le sais-tu ? Peut-être connais-tu la pièce qui man-

« Je reste assise à regarder la
mort. Ils disent que je suis folle.
Je cherche seulement la pièce
qui manque. »

que ? Depuis combien d'années que tu ne parles pas ?
5 Ton silence abrite les oiseaux-pieuvres que je peins sur le
mur de la chambre. Tu lis leurs noms dans les livres
depuis des années d'insomnies. Tu poses leurs ailes sur les
marches de pierre dans les matins incandescents. J'en
trouve des monceaux sur le seuil de la chambre. Peut-être
10 que j'y arriverai. Tressant bout à bout toutes ces bribes
ramassées dans ton errance. Peut-être que, si je parviens
à les réunir, je trouverai enfin. Quand tu regardes les
oiseaux peints, tu crois qu'ils ont sans doute existé. Tu as
vu des gravures dans les livres. Peut-être que je trouverai
15 enfin la pièce qui manque et qu'ils me laisseront partir.

Mais non. Tous les jours ils me battent. Ils me condui-
sent à l'interrogatoire et me demandent le subjonctif
passé. Mais je ne sais leur répondre que la rivière traversant mes mains transparentes. Ils disent que ce n'est pas
20 vrai. Ils ne me laisseront pas partir et j'en mourrai. Ils
vont me ramener à l'hôpital. Je n'ai rien à leur répondre.
Ils décident pour moi. Ils me nomment. Ils définissent le
problème. Ils parlent à ma place. Mais ils n'ont rien à
dire. Alors ils ont besoin de nous. Ils maintiennent leur
25 pouvoir par le langage. Ils choisissent les formes qui les
avantagent. Ils disent que j'invente des mots. Ce n'est pas
vrai. Je les rétablis. La déportation. Le déportement. La
déporture. La déportance. La déportude. Je ne fais
qu'appliquer leurs règles. Mais ils ne les admettent qu'à
30 leur avantage. Séquestration et non séquestrement. Fra-
cassement et non fracassation. Je n'y parviendrai pas. Ils
ont choisi dans la langue les formes qui les avantagent. Ils
n'ont gardé que les suffixes qui assurent leur pouvoir. Ils
nous interdisent d'utiliser les autres. La déportation. Par
35 quelles ambulances ? Le déportement. De quel corps
ligoté ? Le déportage. De quelle chair terrorisée ? La
déporture. Dans quel compte rendu de surveillant ? La
déportance. Dans quelle souffrance qui ne peut plus
cesser ? La déportude. Dans quel amour dont ils m'ont
40 retranchée ? Mais non. Ils disent seulement la déportation. Et mes chairs mortes tombent dans l'oubli.

Ils disent que j'invente des mots. Ils disent que c'est le
signe de ma maladie. Ils lui donnent même un nom.
Comment déjà ? Ils disent que je suis folle parce que
45 j'invente des mots. Ils nous obligent à conjuguer les
verbes pour enchaîner nos aurores. Mais elles éclatent
quand même au bout de notre nuit. Ils nous imposent des
règles de grammaire pour approprier nos matins. Mais les
oiseaux s'envolent quand même de nos mains en fusion.
50 Ils annotent leurs ailes à l'encre rouge. Mais nous survi-

vons dans ce qu'ils nomment nos fautes. Ils raient ven-
geurs la lumière de nos têtes. Et ils ne voient même pas le
sang qui coule.
　　Mère la mort, je n'ai rien trouvé. Ils vont me ramener
55 à l'hôpital. Ils font de nous des objets pour pouvoir nous
approprier. Ils disent tout le temps, un sujet, un verbe, un
complément. Mais le soleil dans nos yeux ? L'accord du
participe. Mais la rivière dans nos corps ? La concor-
dance des temps. Mais la montagne ouverte sous le ciel ?
60 Ils nous réduisent à des objets pour pouvoir nous approprier.
　　　　　　　Jeanne Hyvrard, *Mère la mort,* éd. de Minuit.

— **Pour se dire, une Voix invente des mots (26-30, 42) et des images (5, 18-19, 59).
Une des lectures possibles : la parole de la femme exclue parce que différente ; la
revendication : la Femme comme Nature contre la Loi et la Grammaire.**
— **« Les acteurs de** *Mère la mort* **ne sont pas nommés, ce ne sont pas des
personnages mais plutôt des figures anonymes et symboliques autour desquelles se
développe un drame, une lutte à mort :** *Ils* **et** *Elle* **(les psychiatres et l'infirmière)
veulent réduire** *Je* **(la narratrice, enfermée dans un hôpital psychiatrique), la
« guérir », la forcer à se conformer à une normalité.** *Je* **résiste à travers une relation
imaginaire à** *Tu,* **Mère la Mort, à la fois mère et amant. » (H. Merlin,** *Sorcières,*
n° 18.)

[Il s'agit de l'affolie]

　　Personne à qui raconter la suite. Ce qui dans cette
histoire n'a jamais pu s'écrire. Il y a quelque chose qui ne
se raconte pas. Pas dans le temps de ce monde, par ici.
Qui ne pourra jamais s'écrire qu'à l'épuisement de mes
5 langues, dans l'infini, là où dieu la vie, la mort, se
parlerait à lui-même dans sa langue. Il s'agit d'une fin
sans fin. D'une mort qui n'a pas fini. Dont il m'arrive
aujourd'hui de jouir. Dans la plus stricte intimité. Il
s'agit de l'affolie, celle qui rend les langues impuissantes.
10 De l'amour sans exemple que dieu la folie m'a porté,
l'amour sans humanité. Et nul ne le comprendrait.
C'était un amour terrifiant, qui arrêtait la vie et stupéfiait
la force de mourir.
　　L'amour affreux que dieu porte contre toi, et qui te
15 pousse à être aimée par lui, à sa folie.
　　— Viens, maintenant, où je t'aime au-delà de toi-
même, comme personne, où je t'aime plus que toi-même,
pour l'amour de toi-même et je te ferai l'autre amour.
Celui qui te fait prier d'angoisse : « Ne fais pas cela, ne

« Dix livres à vouloir en finir
avec la mort. A la fin arriver à
écrire *Angst.* » (En allemand : la
peur, l'angoisse.) « La femme
reçoit la mort au lieu même où elle
pouvait attendre la vie » : dans la
passion, filiale ou, comme ici,
amoureuse qui utilise le langage
mystique (dieu, amour, alliance).

20 m'aime pas plus si tu m'aimais plus encore, j'en perdrais la raison. »

Il te faut la langue unique, tu ne l'as pas, la langue qui ne parle qu'à toi, celle qui m'a parlée, il me disait les choses que personne ne peut comprendre sauf lui ; et
25 personne sauf moi-la folie n'aurait pu l'entendre, sauf celle que je ne peux pas être ici, m'appeler par le même nom que moi. Pour rapporter ce qui est sans rapport avec côté. Pour raconter les choses qui sont arrivées là où la vie s'arrête, entre l'amour et dieu qui dit chaque chose pour
30 la dernière fois, celle que je ne pourrai plus parler ici. Je ne l'ai pas, mais je l'entends encore, une fois pour toutes.

Le soleil ne bougeait pas.

Il faudrait l'écriture qui ouvre la bouche et crie, le papier qui se tord, se tasse, s'agenouille, se replie, ne
35 s'entend pas crier, retient la douleur, enveloppe la peine pour l'amour de dieu la folle, mais tu écris les dents serrées à partir de la mort, qui te fuit : Je la parlais, quand j'étais seule, dans les régions où tu ne peux arriver qu'Après.
40 Sans précédent, sans exprès, sans suite, sans résister.

Il n'est venu qu'auprès de moi. Je suis allée, je suis revenue, je me suis tue. J'ai aimé plus loin que moi, au-delà de l'amour même. Jusqu'à maintenant. Jetzt*.
Maintenant : dans sa langue, le nom du temps commen-
45 çait par son initiale. Il l'avait écrit fermement avec sa main d'alliance. A l'encre rouge ; d'un seul tenant. Les lettres étaient liées à jamais. C'était la fin d'une année. Juste avant l'éternité. *Next time yours*.

* Maintenant, en allemand.

* La prochaine fois je serai à toi, ou bien : la prochaine fois à ton tour, en anglais.

Hélène Cixous, *Angst,* éd. des Femmes.

— Au-delà de l'amour, qui est folie (9), la conquête de soi coïncide avec la conquête d'une langue (2-6, 22, 31, 33). Une phrase « très scandée », où le récit n'est que le prétexte au discours et au poème mêlés.
— « Publier ce texte aux éditions des Femmes était tout aussi nécessaire que de l'avoir écrit. Là, il fait corps avec une lutte et une pratique politiques. » (H. Cixous.)

Choix bibliographique :

C. Clément, H. Cixous, *La Jeune Née,* coll. 10/18.
H. Cixous, A. Leclerc, M. Gagnon, *La Venue à l'écriture,* coll. 10/18.
A. de Pisan et A. Tristan, *Histoires du M.L.F.,* Calmann-Lévy.

La Quinzaine Littéraire, « Les Femmes », août 1974.
Tel Quel, « Lutte de femmes », n° 58, été 1974.
L'Arc, « S. de Beauvoir et la lutte des femmes », 1975.
Sorcières, « Écritures », n° 7, 1977.
Revue des Sciences Humaines, « Écriture, féminité, féminisme », n° 4, 1977.

Chapitre IX

La paralittérature

Utiliser le terme de paralittérature, c'est apparemment, une fois encore, cantonner un certain nombre de textes dans une sorte de ghetto, celui d'une littérature de consommation dont les seuls critères seraient d'ordre quantitatif. Il n'y aurait alors aucune raison de lui faire une place spéciale dans l'actualité : depuis l'époque du roman-feuilleton, la consommation de masse a toujours été à son ordre du jour. S'il nous paraît cependant nécessaire de considérer les développements récents de la paralittérature à cette place, c'est qu'elle définit bien cette actualité et que notre société se reconnaît sans doute davantage dans les miroirs du roman policier et de la science-fiction que dans celui du roman, qu'il soit d'avant-garde ou de tradition. Et pourtant nous nous trouvons là, comme avec l'écriture féminine, devant une production minoritaire. En effet les éditeurs (on n'essaiera pas de décider s'ils suivent ou déterminent les demandes du public) maintenant une ségrégation, dans leurs collections sinon dans les prix de vente, entre littérature générale et paralittérature, celle-ci est toujours appréhendée comme un univers marginal, à la fois fascinant et méprisé. Pour le lecteur « cultivé », le rapport à la paralittérature est toujours de l'ordre du péché ou de la drogue, et rarement de celui de la culture. Que la paralittérature fasse partie de cette dernière est pourtant une évidence, et l'ignorer serait se couper de toute une part de la vie de notre époque.

En effet, le domaine de la paralittérature est l'un de ceux dans lesquels la date de 1968 marque bien un tournant. À la renaissance du roman policier, qui se place à peu près à cette date, correspond une véritable explosion de la science-fiction (et, faudrait-il ajouter, de la bande dessinée, domaine trop vaste maintenant, et trop éloigné de l'activité littéraire, pour être étudié ici spécifiquement ; quelques illustrations permettront de constater la richesse foisonnante de cet univers). Dans ces formes, réputées marginales, les aspirations et les thèmes de mai 68 vont s'exprimer bien mieux que dans les formes classiques. Un public souvent très jeune, et rebuté par la culture admise, y trouve un domaine qu'il croit lui appartenir en propre, la paralittérature constituant la forme littéraire de ce que l'on a parfois appelé la « contre-culture », en rapport étroit avec une presse parallèle, et marginale elle aussi par rapport à la grande presse. C'est dans « Hara-Kiri », né avant 68, et dans « Pilote », « Charlie-Hebdo », « Libération », et d'innombrables magazines (les « fanzines » ou magazines de fans) que s'élabore cette contre-culture et que se révèlent un grand nombre d'artistes (écrivains qui souvent dessinent aussi) qui deviennent les grands noms du policier et de la science-fiction.

Alors que la littérature populaire véhiculait les valeurs les plus traditionnelles dans une forme répétitivement nulle, la paralittérature récente va incarner les traits essentiels de cette contre-culture : contestation et imagination, infirmant par exemple ce jugement de Jean Tortel dans les *Entretiens sur la paralittérature* (Cerisy 1967, publiés en 1970 ; cette mise au point reflète l'attitude de toute une critique sur le phénomène paralittéraire et en même temps un état de celui-ci avant 68) : « Ce qui est paralittéraire ne participe en aucune façon à l'esprit de recherche et de contestation verbale. Il contient à peu près tous les éléments qui constitueraient la littérature sauf l'inquiétude à l'égard de sa propre signification, sauf la mise en cause de son propre langage. » Avec la contestation, les traditions sont critiquées, le terrain est déblayé, bien souvent grâce à la parodie. L'imagination peut alors se donner libre cours pour conquérir de nouveaux espaces, donnant naissance à un « nouveau » roman policier français et à une « nouvelle » science-fiction. Cette étiquette, bien galvaudée, de la nouveauté, a cependant l'intérêt d'indiquer le moment d'une transformation, la confuse prise de conscience d'une mutation dont les éléments ne peuvent clairement se formuler que rétrospectivement, ce que nous tenterons de faire, avant d'indiquer quelques-uns des multiples rapports qu'entretiennent paralittérature et littérature.

Le roman policier

Il paraît inutile de refaire ici le panorama que nous dressions en 1968 *(Lit. 45)* : des héritiers d'Agatha Christie à San Antonio en passant par les sous-Simenon, le spectre de la fiction policière est à peu près toujours le même, avec un accent particulier, dans la production de masse, sur l'espionnage, l'érotisme, et les dessous des affaires à scandale. Mais il convient de s'arrêter sur la « nouvelle série noire » dans la mesure où la plupart des écrivains à propos desquels cette expression a été utilisée sont apparus depuis 1968 : Jean-Pierre Manchette, Jean Vautrin, A.D.G., sans oublier Siniac, Bastid, Raf Vallet et tant d'autres.

À la différence de leurs aînés en Série Noire (Simonin, Dominique, Giovanni, Le Breton) qui voulaient « faire comme » les écrivains anglo-saxons rassemblés dans cette collection par Marcel Duhamel, et aboutissaient à un prétendu naturalisme (argot du milieu, mœurs de la pègre, etc.), les nouveaux auteurs se situent délibérément dans l'univers de la chose écrite, au niveau d'une parodie avouée. L'influence des grands américains, et en particulier de Chandler, joue de texte à texte. La nouvelle Série Noire, profondément parodique, recrée une réalité à travers des modèles d'écriture que le texte n'essaie jamais de dissimuler, bien au contraire. Comme l'écrit J.-P. **Manchette :** « Écrire en 1970, c'était tenir compte d'une nouvelle réalité sociale, mais c'était tenir compte aussi du fait que la forme-polar est dépassée parce que son époque est passée : réutiliser une forme dépassée, c'est l'utiliser référentiellement, c'est l'honorer en la critiquant, en l'exagérant, en la déformant par tous les bouts. »

Cette première veine parodique se double d'une autre qui, dépassant la littérature strictement policière, fait appel à une bibliothèque beaucoup plus fournie ; c'est d'abord, pour faire parler des personnages souvent marginaux (enfants, loubards, gangsters minables, etc.) le recours à ceux qui, de Céline à Christiane Rochefort, ont donné voix à ce type de personnages ; c'est ensuite, comme chez un Chandler ou un San Antonio, la technique constante de l'allusion culturelle ou littéraire, qui établit à la fois une distance du narrateur par rapport à son histoire, et une complicité de l'auteur avec ses lecteurs, ou du moins avec certains de ceux-là, le texte devenant alors l'objet de plusieurs lectures possibles, naïve ou sophistiquée. Deux exemples dans *Notre frère qui êtes odieux* (1974) d'A.D.G. : « Simon mit la radio, entendit qu'on causait de l'influence de Lacan dans l'œuvre de J.-P. Manchette et tourna le bouton jusqu'à ce qu'il trouve de la musiquette qui fait, tout ce qu'on voudra, bien moins mal à la tête [...] Je n'ai pas en excessive part le culte de la famille ; mais pas plus le style "famille je vous hais", ben dis donc la réification, j'imagine simplement que je n'ai rien à voir avec mes frères. »

Cette subjectivité, affichée et frondeuse, de la narration n'aboutit cependant pas, comme chez un San Antonio, à une quasi-disparition de l'intrigue. Elle s'intègre, efficacement dans le meilleur des cas, à un ensemble qui se veut social et politique. Le bouillonnement d'idées de mai 68 a laissé, en retombant, des traces indélébiles : sans bien sûr proposer aucun remède, le nouveau policier dénonce, par la violence des actions autant que par la dérision de l'écriture, les illusions diverses mais aussi les corruptions du monde politique, les inégalités et les injustices sociales. Dès son premier livre *L'Affaire N'Gustro* (1971), qui s'inspire de l'affaire Ben Barka (ce leader marocain enlevé en plein Paris par les polices parallèles), mais aussi dans *Nada* (1972) et *Le Petit Bleu de la côte Ouest* (1976), Manchette s'attaque à des sujets que le roman classique avait en général ignorés : manipulations politiques de tous ordres, polices parallèles, rapports du gangstérisme et du politique, et surtout le terrorisme dont il affirme que c'est là « le grand sujet noir actuel ». L'écrivain de Série Noire donne un témoignage sur son temps que la littérature avait omis de porter. Qu'ils aient, comme Manchette, traversé les différents courants du gauchisme, ou qu'ils viennent, comme A.D.G., de la droite la plus extrême, tous ces auteurs sont imprégnés d'une vision du monde autre, et leurs personnages sont tous, peu ou prou, les exclus d'une société sur laquelle leurs aventures les amènent à porter un regard critique. Comme Eugène Tarpon, le privé des derniers romans de Manchette *(Que d'os !* 1976), le lecteur « finira peut-être par comprendre le monde dans lequel il vit ».

[Et l'on frémit dans les chaumières]

La nouvelle fut annoncée en fin de matinée à la radio où elle donna lieu à un bref bulletin spécial, puis elle fut développée et commentée à l'heure du déjeuner, notamment à la télévision qui donna à voir « la fermete
5 tragique », les éclats de verre sur le carrelage, le sang caillé de l'ambassadeur, l'épave noire de la Jaguar. Des communiqués et des télégrammes se rédigeaient. Condoléances de l'État français à la veuve de l'ambassadeur, à l'État américain. Communiqué du ministère de l'intérieur
10 indiquant que l'ordre avait été restauré et qu'il s'en félicitait, tout en mettant chacun en garde contre le retour de tels excès et non sans s'incliner respectueusement devant la mémoire de Richard Poindexter. Télégramme du Saint-Père au Président de la République. Message de
15 l'archevêque de Paris. Télégramme du premier ministre

Vers la fin du livre : les forces de l'ordre ont donné l'assaut à la ferme, près de Couzy, où les terroristes gardaient prisonnier l'ambassadeur américain Poindexter. Tous ont péri, sauf Diaz. « La tuerie avait duré moins d'une demi-heure. »

à la famille de l'officier de gendarmerie qui luttait contre
la mort sur son lit d'hôpital. Télégramme de félicitations
du ministre des armées au groupement de gendarmerie
mobile engagé à Couzy. Proclamation d'un groupuscule
20 bordighiste accusant les forces de l'ordre d'avoir ouvert le
feu sans sommations sur la ferme, et d'être seules responsables de la mort de l'ambassadeur (cette proclamation
faillit entraîner le dépôt d'une plainte en diffamation par
le ministre des armées). Message confidentiel du com-
25 mandant du groupement de gendarmerie mobile incri-
miné au directeur de la gendarmerie et de la justice
militaire, pour se plaindre nommément du commissaire
Goémond* (à la suite de quoi le ministre des armées
renonçait au dépôt d'une plainte en diffamation et ren-
30 contrait d'urgence le ministre de l'intérieur). Communiqué de l'O.R.L. (Organisation Révolutionnaire Libertaire, clandestine, douze membres, dont quatre policiers
infiltrés) appelant tous les révolutionnaires à tuer « au
moins cinquante flics » pour venger les morts de Couzy.
35 Communiqué du syndicat autonome des oto-rhino-laryn-
gologistes informant le public qu'il n'avait rien de commun avec l'organisation précédente. Etc.

Une équipe de médecins légistes préparait une série de
rapports d'autopsie, mais la marche des événements était
40 déjà claire et simple pour l'opinion. Les terroristes encer-
clés, plutôt que de se rendre, avaient préféré tuer leur

* Commissaire chargé de l'affaire.

© by Dargaud Éd., Paris, 1979, et Bilal et Christin.

P. Christin et E. Bilal,
Les Phalanges de l'ordre
noir, *détail, 1979.*

otage et tirer sur les forces de l'ordre, qui avaient pris la
maison d'assaut. André Épaulard, « étrange figure
d'aventurier international », Nathan Meyer, « serveur de
bar que ses collègues décrivent comme un introverti
agressif et déséquilibré », Véronique Cash, « la pasiona-
ria du groupe », avaient été tués durant l'action, les armes
à la main. Benoît D'Arcy, « fils de famille alcoolique et
dépravé », était abattu un instant plus tard alors qu'il
forçait un barrage au volant d'une coûteuse voiture de
sport, en tirant sur les policiers. Buenaventura Diaz,
« certainement le plus dangereux, anarchiste de longue
date, sans moyens d'existence connus », avait réussi à
s'échapper et était activement recherché. La télévision
diffusa sa photographie, il avait une gueule maigre de
pâle voyou aux cheveux longs, aux yeux qui faisaient
peur, et l'on frémit dans les chaumières.

Jean-Patrick Manchette, *Nada*, éd. Gallimard.

— **Ballet de gestes et de textes qui transforment l'événement en « nouvelle » pour
une opinion publique mystifiée.**
— **Une écriture du cliché, sous forme de citations (4-5, 33-34, 43-53) ou de parodie
qui ne se distingue pas du lieu commun diffusé par les médias (1, 4, 54).**
— **« *Nada* est un fruit du printemps 68 et du gauchisme. Il démolit, parodie,
gesticule [...] Il y a, d'ailleurs, dans *Nada* des pages permettant de belles dictées... »
(Pierre Ysmal, *Le Magazine littéraire*, 1973.)**

La Science-Fiction

Trois faits, parmi bien d'autres, témoignent de la véritable renaissance qui touche le monde de la S.F. française depuis une dizaine d'années, à la fois sur le plan de la quantité et sur celui de la qualité. En 1977, le prix Apollo, qui récompense le meilleur livre de S.F. paru en France pendant l'année, est, pour la première fois, attribué à un roman français : *Cette chère humanité*, de Philippe Curval. En 1978, année du 150e anniversaire de la naissance de Jules Verne, on a publié en France davantage de livres français que de livres anglo-saxons de S.F. En 1980, en France, un livre publié sur douze est un livre de S.F., une B.D. sur 4, et un film sur 6 : trois chiffres qui indiquent d'emblée que la S.F. est devenue un phénomène majeur de la culture en France.

Est-ce le caractère « utopique » de mai 68 qui a provoqué ce changement d'esprit ? Toujours est-il que certaines résistances paraissent s'être affaiblies et que les écrivains français de S.F., s'ils continuent d'être influencés par l'immense production américaine, acquièrent une personnalité bien reconnaissable (n'oublions pas que de Jules Verne à Robert Merle en passant par Rosny il y a toujours eu une école française du roman d'anticipation) qui amène, suprême consécration, certains de leurs romans à être traduits... aux États-Unis. À cette production devenue — ou redevenue — adulte, répond une réflexion critique de qualité : la S.F. ne fait plus question en tant que telle, elle est prise au sérieux, dans l'enseignement (textes de lecture, sujets de cours, de thèses et de colloques), dans les journaux et les revues. En même temps que Jules Verne est salué et étudié comme un écrivain à part entière, la frontière entre S.F. et littérature commence à s'abolir — sauf chez les éditeurs qui persistent à la confiner dans des collections spéciales. Mais pour l'amateur, qui n'est pas nécessairement un amateur de « littérature », cette ségrégation peut se révéler comme un

avantage, celui de faire partie d'un univers « à part », d'être membre d'une société secrète.

Comme la nouvelle Série Noire, la S.F. est devenue le lieu où une société réfléchit sur sa façon d'être, et aussi sur son devenir. Elle aussi est critique et politique. Et l'aspect purement scientifique, inhérent au genre, n'est souvent que le moyen d'une réflexion plus générale, quasi-philosophique, sur l'espace ou le temps (Michel Jeury, *Le Temps incertain*, 1973, *Les Singes du temps,* 1974). Les thèmes classiques s'enrichissent et se dédoublent : la crainte devant l'avenir (Daniel Walther *Krysnak ou le complot,* 1978) accompagne la confiance dans le progrès, les préoccupations écologiques (pollution, surpopulation, etc. : J.-P. Andrevon, *Paysages de mort,* 1978) contrebalancent les délires techniques et les inventions les plus inouïes, l'érotisme et l'humour font leur entrée remarquée dans cet univers de robots, l'anti-utopie fait pièce à l'utopie (Pierre Pelot, *Transit,* 1977). Les initiales S.F. désignant alors aussi bien que la classique science-fiction, la spéculative fiction : une fiction qui pose, et se pose, tous les problèmes qui agitent la société contemporaine à laquelle elle propose un miroir grossissant, déformant et critique.

En prise directe sur le monde extérieur cette nouvelle S.F. est aussi bien traversée par une réflexion sur l'écriture. Loin d'être un genre naïf, elle pratique, avec audace et liberté, le jeu des formes et celui des langages : les problèmes de la temporalité et de la narration sont le pain quotidien d'un genre pour qui l'invention est la seule règle d'or, et Ph. Curval déclare s'être inspiré, pour le roman cité plus haut, des recherches de Raymond Roussel. Joyce et Kafka, Proust et Borgès sont devenus pour la S.F., des références aussi courantes que les théories scientifiques les plus élaborées. Délivrée, par essence, des illusions du réalisme et du vraisemblable, la S.F. est peut-être le plus littéraire de tous les genres, celui où le texte devient le seul vrai fondement de la réalité.

C'est ainsi que, dans leurs meilleures réussites, les Curval, Jeury, Andrevon, Pelot, Walther (mais aussi Brussolo, *Vue en coupe d'une ville malade*, 1980, Demuth, *Les Galaxiales,* Frémion, Goy et bien d'autres qu'on ne peut citer faute de place) qui sont venus grossir les rangs des quelques écrivains déjà reconnus (Klein, Sternberg), savent créer des univers esthétiques aussi aisément reconnaissables et aussi cohérents que ceux de n'importe quel romancier « classique ».

À la limite de la parodie, la S.F. peut même se présenter comme un pur jeu d'inter-textualité, et l'on voit par exemple un **Curval**, dans le très caractéristique recueil *Utopies 75* (où il figure aux côtés de Jeury, Renard et Andrevon), donner un texte extrêmement retors : « Un souvenir de Loti ». Le roman de Pierre Loti, *Madame Chrysanthème* (1887), y sert de trame à une histoire d'anticipation qui met en scène, à côté des androïdes et des centauriens qui forment la faune habituelle de ce genre de textes, des... sartres et des freuds, et qui se termine sur cette phrase : « Il y a un anagramme à l'utopie, c'est Loti pue. » Le texte de S.F. fonctionne comme critique, littéraire et idéologique, du texte originel : « Tout semble ici si simple, si admirablement simple, qu'il faut voir la qualité de cette simplicité en l'attaquant. »

Bizarre tout ça... Ça commence à mal tourner. Il faut que j'entreprenne au plus tôt mes transactions avec les RABATJOIE.

© by éd. Casterman, 1976.

Jacques Tardi, Adèle et la bête, *détail, 1976.*

La (Terre)]

Sevy, le sartre, Névalivoléva, notre nige*, Rhumaargo, le citoyen du Cygne et Létuver de Rige* sont venus nous rejoindre à la fin du jour. Les poches que fait la peau de Létuver sous les yeux et autour des articulations sont gonflées d'un liquide qui les tend ; il paraît moins vieux qu'hier ; ces excroissances lui donnent même une certaine allure : il ressemble à un pied de lampe modern style orné de grosses perles d'apoline. Je demande aussitôt :

— Alanilénivola n'est-elle* pas là ?

Marjorie et Névalivoléva me semblent échanger un clin

Deux Terriens, Loti et Marjorie sa compagne, ont choisi le Nopal pour y finir leur vie. Ils découvrent peu à peu une civilisation différente. Pour se procurer de la nourriture, ils ont obéi au conseil : « Vous pouvez prendre ce que vous voulez. Il n'en coûte qu'un mot pour l'avoir. »

* Indigène de Nopal, et plus spécifiquement : femme s'offrant aux étrangers pour faciliter leur séjour.

* Trois des créatures de la Galaxie, qui leur servent de guides.

* Sœur cadette de la Nige.

d'œil complice. Je crois avoir vu les trois yeux de la Nopalaise se fermer alternativement. Ai-je rêvé ? est-ce l'effet du bouquet de plumes qui dissimule le visage de la
15 nige ? Quand à Marjorie, elle est bien vieille pour ce jeu, ces tics de gamines ne lui vont plus !

Non, je me suis trompé ; une fois encore j'ai dû céder à mon anthropomorphisme. Je compte certainement parmi les plus grands voyageurs de toute la Ligue et je ne
20 parviens pas à me défaire de cette habitude néfaste. Quand oublierai-je que je suis né sur... Que je suis né sur ? Impossible de me souvenir du nom de la planète où je suis né. C'est ridicule ! Il y a comme un blanc dans mon esprit quand j'évoque son nom, je ressens une sorte
25 d'absorption intérieure, comme si j'étais aspiré par un microvide, une minuscule portion de néant installée dans ma pensée. Il faut même que j'évite d'y réfléchir, que je chasse l'idée de retrouver le mot qui manque, sinon je risquerais de me retourner comme une enveloppe. Si
30 l'expression « trou de mémoire » pouvait se matérialiser, cela exprimerait ce que je ressens ; le terme qui me fait défaut pour évoquer ma planète natale correspond exactement à un trou dans mon esprit ; il est préférable que je m'abstienne de retrouver ce morceau de puzzle mysté-
35 rieusement subtilisé, sans quoi, le mouvement occasionné par cette recherche pourrait entraîner l'ensemble de mes souvenirs dans un dangereux maelström. Et mon langage, et ma pensée pourraient s'évacuer par cet orifice.

Marjorie, puis Névalivoléva et Létuver, Rhumabargo,
40 Sevy, le sartre, enfin, me fixent soudain avec inquiétude.

— Qu'y a-t-il, Loti ? tu es blême comme un leucome !

— J'ai, j'ai... oublié le nom de la planète où je suis né.

— La (Terre), ce n'est pas possible, tu es fou !

J'ai vu ses lèvres prononcer un mot, mais je ne l'ai pas
45 entendu, je n'ai même pas pu le deviner grâce au mouvement de sa bouche. Le son, les syllabes qui lui correspondent n'existent non seulement plus dans ma mémoire, ils n'existent plus dans l'univers. Pour moi, uniquement pour moi !

50 — Je n'entends pas, Marjorie, je ne t'entends pas quand tu le prononces ; répète, mais répète-le !

Elle s'approche de moi, me prend par les épaules et articule distinctement le mot :

— (Terre), (Terre), (Terre) !

55 Cela ne fait pas plus d'effet que d'entendre un quart de soupir, un demi-soupir ou même un soupir tout entier au milieu d'une symphonie. Je suis au bord du malaise.

— Arrêtez, s'il vous plaît, Marjorie ; n'insistez pas, cela pourrait être dangereux !

Et les visages de Létuver et de Rhumabargo s'éclairent subitement. Ils viennent vers moi, exprimant par leurs gestes et par leur attitude une immense mansuétude.

— Il a pris, dit Rhumabargo, de sa voix légèrement sifflante, vous avez fait une prise ?

— Nous avons été chercher des vivres et quelques accessoires essentiels, des cubes, des lavomats, un garde-manger ; nous ne savions pas où aller, c'est l'androïde qui nous a conduits.

— C'est votre droit, vous avez été admis ; vous pouvez emporter ce que vous voulez dans un magasin de prise ; en revanche, on peut vous amputer du mot que l'on désire, expliqua Sevy.

— Comment cela, dit Marjorie, amputer d'un mot ! mais c'est un vol, c'est une atteinte scandaleuse à la personnalité !

— Par Mandrake ! il est indispensable que je vous explique maintenant comment fonctionne l'économie et la création sur Nopal. Je vous ai laissé faire la première expérience afin que vous soyez sensibilisés ; maintenant je vais essayer de vous transmettre partiellement notre éthique de vie. Veuillez vous asseoir pour le Dire s'il vous plaît, demande Sevy, le sartre.

Philippe Curval, *Utopies 75,* éd. Robert Laffont.

— Un thème de science-fiction (le trou de mémoire) sur une réécriture du *Madame Chrysanthème* de Pierre Loti. Nopal=Japon, Sinaga=Nagasaki, les niges=les mousmées ; les noms propres du roman imité étaient tout aussi surprenants : M. Sucre, Mme Prune, M. Kangourou, 415, Mme l'Heure, et surtout Mlle la Neige (=Nige) ; le thème de la mémoire (souvenirs d'enfance, d'Istamboul) était au centre du livre de Loti, qui écrivait « nous ne sommes pas les pareils de ces gens là » : Curval est passé de l'ailleurs géographique à un ailleurs temporel.

— En exergue Curval a mis une phrase de M. Tournier : « L'imitation est plus que la chose imitée, car elle est cette chose plus l'effort d'imitation, lequel contient en lui-même la possibilité de se reproduire, et donc d'ajouter la quantité à la qualité. »

Paralittérature et Littérature

Jusqu'ici nous avons surtout indiqué les emprunts que la paralittérature fait à la littérature. Mais, de plus en plus, la circulation se fait dans l'autre sens. Même s'il est difficile de deviner si, parmi les noms que nous avons cités, figure un futur Jules Verne ou un futur Simenon chez qui la distinction perd de sa pertinence, on peut constater que la paralittérature constitue, pour bien des écrivains comme pour des millions de lecteurs, le lieu par excellence de l'imagination et du romanesque, réservoir à la fois de formes et de mythes, aux frontières incertaines du rêve et du fantastique.

Un certain nombre d'écrivains « sérieux » trouvent une part de leur inspiration dans la S.F. : Butor pour certains passages de ses « Matières de rêves », Ricardou pour sa *Prise de Constantinople,* Claude Ollier dans la série commencée avec *La Vie sur Epsilon* ; l'Hyperpolis de Le Clézio (*Les Géants*) rejoint l'Occiville de Jean Cayrol en une vision futuriste de nos grandes métropoles.

La paralittérature peut aussi fournir un terrain d'exercice à l'écrivain débutant, de même qu'au cinéma tout jeune metteur en scène prouve sa maîtrise en réalisant un film policier. Lorsqu'à l'automne 1979 Vladimir **Volkoff** se révèle au grand public avec *Le Retournement,* roman d'espionnage très inspiré de Graham Greene et de John Le Carré, avant de donner les quatres volumes des *Humeurs de la mer,* œuvre beaucoup plus ambitieuse (sinon aussi réussie), combien de lecteurs et de critiques se sont rappelés qu'il avait débuté par trois romans de S.F., dont un *Métro pour l'enfer* (prix Jules Verne 1963) qu'il considère lui-même comme un « exercice de style où j'ai essayé de brocher l'un sur l'autre *L'Enfer* de Dante et le mythe d'Orphée ». Pour Volkoff, passionné de secret et de mystère, « un des moyens pour explorer ce monde différent, plus réel, plus essentiel que le nôtre et en même temps différent, c'est le fantastique avec Shakespeare, Hoffmann, Walter Scott, Alexis Tolstoi, Jean Ray, un autre moyen, c'est la S.F. Je me suis beaucoup intéressé à la S.F., au fantastique, à l'espionnage parce que ce sont trois procédés qui permettent de prendre conscience que le monde n'est pas vraiment ce qu'il paraît, qu'il peut brusquement se transformer... ».

[Un guébiste à la messe !]

A Paris, un service de contre-espionnage a entrepris, un peu par hasard, de « retourner » un espion soviétique du K.G.B., Igor Popov (le guébiste), en utilisant les services d'une Russe blanche, Marina. Elle a conduit Igor dans une église orthodoxe. Il s'y est rendu depuis à plusieurs reprises. Pourquoi ?

* Nom de code de l'opération qui a failli être abandonnée.

* Le supérieur du narrateur dans le service.

A vrai dire, je ne croyais pas le moins du monde à une conversion subite d'Igor Popov, mais je commençais à penser qu'il allait peut-être jouer les convertis pour remettre la main sur Marina : cela indiquerait qu'il était 5 ferré pour de bon ; dans ce cas il n'y aurait aucune raison de ne pas ressusciter *Couleuvrine**. Je remerciai Marina avec effusion et, après quelques supputations psychologiques, j'appelai Rat*. « Bien sûr qu'il est là : où voulez-vous qu'il soit ? » me répondit aimablement Mme Rat, et 10 je l'entendis grommeler : notre conversation allait l'empêcher d'écouter sa pièce à la radio. Rat aussi m'accueillit sans excès de tendresse. Je lui rendis compe des faits les plus sèchement que je pus.

— Qu'est-ce que c'est encore que cette salade que vous 15 me faites ?

Il s'était résigné à l'idée d'abandonner l'opération. Cela le dérangeait de revenir là-dessus : il était vieux. Mais je ne doutais pas qu'avec un peu de temps il ne reprît espoir.

20   — Mon colonel, Marina ne me mentirait pas alors que je peux vérifier auprès d'une église entière. Il suffit d'interpréter : de deux choses l'une : ou l'intéressé s'est converti ou il fait semblant.

Le Boutiquier gloussa :

25   — Converti ? Vous parlez d'un retournement !

— Pourquoi pas ? Des millions d'hommes se sont convertis depuis saint Paul jusqu'à Cavalier seul*. Dans beaucoup de cas, c'étaient justement des ennemis jurés de la religion qui brusquement changeaient de signe.

30   — Il y avait un gars qui s'appelait Polyeucte, marmonna Rat.

— Polyeucte, et saint Vladimir, et Paul Claudel derrière son pilier, et beaucoup d'autres. Cela ne s'est peut-être encore jamais vu pour un major du Guébé :

35 raison de plus, statistiquement, pour que cela vienne un jour.

— Et nous serions tombés dessus ?

— Quelqu'un serait tombé dessus, forcément. Il se trouve que c'est nous. Mon colonel, il faut exploiter.

40 *Exploiter* aussi est un mot clef du vocabulaire militaire, je veux dire qu'il ouvre des portes. Je l'utilisais à dessein.

— Converti ? Ça serait marrant tout de même, ricana Rat. Et bien subit.

45   — C'est presque toujours subit. Un tempérament puissant, engagé dans une direction, sort brusquement de son sillon et repart dans le sens contraire. Plus il filait à hue, plus il fonce à dia. Effet boomerang : c'est connu.

— Vous me voyez rendant compte d'une conversion

50 à Silbert* ? J'aurais l'air malin.

— Mon colonel, comme vous le faisiez observer vous-même, la conversion, c'est le retournement type. Seulement, dans le cas qui nous occupe, il y a une autre possibilité : l'intéressé est un simulateur, sérieusement

55 accroché par notre amie, soit pour des raisons professionnelles — par elle, il espère remonter jusqu'à nous —, soit pour les raisons personnelles sur lesquelles nous comptions depuis le début. Elle se refuse à lui sous prétexte religieux : qu'à cela ne tienne, il se fait moine.

60   — Ouais... D'une manière ou d'une autre, il veut sûrement maquereauter quelqu'un... Un guébiste à la messe ! Ça n'est pas sérieux. Il veut peut-être maquereauter le bon Dieu !

Vladimir Volkoff, *Le Retournement,*
éd. Julliard/L'Age d'homme.

* Héros d'une pièce d'Audiberti ; chevalier parti pour la croisade, il se retrouve chef de l'armée sarrasine.

* Le général qui commande tout le service.

> — **Deux univers qui ne peuvent se comprendre : celui du double jeu, des apparences et de l'intérêt, et celui de la conversion et de la gratuité. Humour des rapprochements. En parodiant Malraux (sur** *Sanctuaire* **de Faulkner) : « C'est l'intrusion de la tragédie cornélienne** *(Polyeucte)* **dans le roman d'espionnage. »**
> — **« Un maître-espion réussi est un romancier rentré. Il était né pour composer des romans : il combine des montages ; pour inventer des noms : il concocte des pseudonymes ; pour faire vivre un langage : il code. Au lieu de créer des êtres, il modifie des individus en glissant dans leur vie des pincées de levure** *ad hoc.* **» (V. Volkoff.)**

Hugo Pratt, Les Éthiopiques, *détail, 1979.*

© bv éd. Casterman. 1978.

Une autre marque de l'interpénétration des deux domaines est la floraison, ces dernières années, d'ouvrages, en général de fiction, qui prolongent et réécrivent les mythes fournis par la paralittérature. Autre forme de la parodie, si l'on veut, que tous ces romans sur, ou à partir de, Jules Verne, Agatha Christie ou Sherlock Holmes, comme il y a régulièrement des romans sur, ou à partir de, Alexandre Dumas. Inépuisable trésor où l'auteur contemporain fait appel à nos souvenirs pour en proposer de nouvelles versions, pour lancer nos héros favoris dans de nouvelles aventures. Parmi cette production où se côtoient fausses biographies, fictions décalées et faux témoignages, on retiendra le très plaisant *Mémoires de Mary Watson* (1980) où Jean Dutourd propose la biographie de la femme de l'adjoint de Sherlock Holmes, toute remplie de bien curieuses révélations. On s'arrêtera plus longuement sur *La Comptine des Height* (1980) de Jean **Lahougue** où celui-ci réécrit à sa façon *le* roman idéal d'Agatha Christie : accumulant clichés et poncifs (lieux, personnages, situations) chers à la créatrice d'Hercule Poirot, il les dépasse et les transcende par un style à la fois neutre et baroque, qui donne une étrange impression d'écriture « traduite », comme à distance. Il démonte les secrets prestiges du roman policier en un texte où le crime prend les couleurs du rêve, au son d'une comptine qui se souvient de celle des *Dix petits nègres.* Avec un livre comme celui-ci, et c'était déjà le cas avec celui de Volkoff, la frontière entre paralittérature et littérature est, une fois pour toutes et pour de bon, abolie.

Feux Saint-Elme

Les jeunes quêteurs de Truston* passèrent peu avant la fin du repas. Je les vis très bien de ma place dans le miroir du vestibule. Ils avaient de la neige jusqu'à mi-mollet et le vent pigmentait leurs visages comme sous
5 le coup d'une émotion violente. L'idée absurde me vint qu'ils n'auraient pas été plus rouges si nous leur avions donné en retour l'image de quelque spectacle graveleux. Je me dis aussi qu'ils venaient de bien loin, par un froid chaque soir plus mordant, avec l'espoir toujours déçu
10 qu'on leur donnerait une petite pièce. Et sans doute aurais-je eu pitié d'eux sans l'animosité manifeste de mes hôtes qui leur prêtaient toute l'impertinence du village.

Ce fut peu de temps après leur départ que j'assistai aux préparatifs d'une cérémonie étrange. A l'heure où d'ordi-
15 naire Robinson* et la fille aux cendres* desservaient la grande table, Lady Height les convoqua dans la chambre sur la Lee par les trois coups de cordon convenus, hors desquels nul n'était habilité à troubler son repos, même sous l'affectueux prétexte de lui souhaiter le bonsoir.
20 Comme je devais l'apprendre bientôt, ordre leur fut donné à cette occasion de rassembler toutes les bougies de ménage, chandeliers et bobèches qui se distribuaient dans tous les coins de la maison où l'on pouvait être surpris par une panne ou un court-circuit — et ce depuis cette
25 dernière tempête où Lady Height avait trébuché sur l'un de ses chatons. Il fallut également aux servantes réunir les cierges en cire d'abeille qu'on réservait aux rares offices de la chapelle, ainsi que ces minuscules bougies, bleues pour les garçons et roses pour les filles, dont on décorait
30 les sapins et les gâteaux d'anniversaire.

Quand elles eurent fébrilement accompli cette mission, ravies d'occuper enfin leurs mains trop libres à porter toutes sortes de cartons dans le grand escalier, la vieille dame leur fit répartir équitablement les luminaires sur le
35 seuil de chacune des chambres condamnées : ce scrupule lui était venu qu'à défaut d'être veillés selon la tradition par leur fille, leur épouse ou leur sœur, les morts pouvaient du moins recevoir l'hommage de ces fanaux. Aussi bien Barbara et la fille aux cendres les avaient-elles fichés
40 dans d'admirables candélabres et dans des bougeoirs de fortune, ou simplement collés avec leurs larmes sur de petits escabeaux faisant ifs d'église. Inutile de vous dire à quel point, lorsque je montai me coucher à la suite de mes compagnons, le spectacle de la galerie palladienne* ainsi illuminée était extravagant.

Au château de Charlen, chez lady Height, une série de crimes mystérieux, en liaison avec une ancienne comptine.

* La ville voisine.

* Le maître d'hôtel.
* Une des domestiques (comme Barbara, infra).

* Le château est construit dans ce style.

Vous auriez dit que les anciennes torchères du temps de la splendeur avaient été alignées sur le sol comme à un étal de brocanteur et allumées pour quelque sinistre parodie de festivité. La soirée allait sans doute se terminer
50 sur une sorte de danse initiatique au cours de laquelle chacun devrait franchir un seuil de flammes pour gagner le droit de dormir et d'oublier. Dans le vacillement de mille feux Saint-Elme* dont l'image se répétait exactement sur le marbre comme sur de l'eau, les murs de dix
55 pieds et les portes de chêne flottaient à la façon des toiles peintes. Nos bouilloires fumaient sans parfum. Il ne manquait plus que l'orgue de Richard* et l'épithalame qui nous décimait...

La vieille dame se tenait assise dans le fauteuil aux
60 volants au beau milieu de la galerie et, à défaut de les chanter, récitait comme une prière les couplets de la chanson de nourrice*. Je me rappelle que la cinquième girouette était emportée dans un nuage et la sixième endormie pour toujours par les gelées. Sérieusement,
65 vous auriez cru à un arbre de Noël, ou plutôt à l'un de ces arbres d'orfèvrerie qu'on appelait autrefois *languiers* et auxquels pendaient des crapaudines, des hématites, des jaspes, des agates et des œils-de-chat, comme autant de pierres d'épreuves qui changeaient de couleur, dit-on,
70 dans les liqueurs empoisonnées.

Sauf cette litanie, l'orante ne nous adressa aucun message ni ne répondit à aucune question. A dix heures, elle se fit reconduire jusqu'à son lit par Robinson et les servantes.

Jean Lahougue, *La Comptine des Height,* éd. Gallimard.

* Étincelles dues à l'électricité atmosphérique.

* Un des fils de la famille Height.

* A chaque couplet correspond un crime (la fin des girouettes).

— **Un répit entre deux crimes : le récit policier bascule dans l'étrange et le macabre (45, 48, 70).**

— **« Je suis de ceux qui ont appris à lire dans les romans d'Agatha Christie [...] Ce roman n'est ni un pastiche — genre que je déteste — ni essai, ni tombeau, ni dérive. Mon souhait le plus cher serait qu'on l'ouvre avec la même naïveté que j'ouvrais autrefois les *Dix petits nègres*. (J. Lahougue, « Avant-propos ».)**

Choix bibliographique :

Entretiens sur la paralittérature, Cerisy, Plon.

J. Sadoul, *Anthologie de la littérature policière,* Ramsay.

Polar, « Dossier J.-P. Manchette », n° 12, 1980.

H. Baudin, *La Science-fiction,* Bordas.

I. et G. Bogdanoff, *Clefs pour la science-fiction,* Seghers.

Magazine Littéraire, « La Nouvelle science-fiction », mai 74.

Depuis 1977 paraît chaque année, sous la direction de J. Goimard, *L'année de la science-fiction et du fantastique,* éd. Julliard, qui constitue un remarquable panorama des œuvres et de la critique.

Chapitre X

L'écriture fragmentaire

A plusieurs reprises, dans les pages qui précèdent, nous avons évoqué les modes d'écriture qui tendent à abolir la distinction des genres établis (roman et autobiographie, poésie et prose, fiction et critique). Dans ce chapitre, nous nous risquons à regrouper différents auteurs qui, venus des horizons et des genres les plus divers, se retrouvent, depuis une décennie, dans un certain type d'écriture : « l'écriture fragmentaire », pour reprendre la formule de Maurice Blanchot dans une étude elle-même fragmentaire (*L'Entretien infini,* 1969), ou la « fragmentation » selon l'expression de Barthes, qui y voit l'opération fondamentale d'une littérature ne s'affirmant que dans la mesure où elle échappe au « discours pris dans la fatalité de son pouvoir ». Certes, il serait absurde de voir dans l'usage du fragment la marque de l'écriture « moderne » par excellence (et d'ailleurs la chance de la littérature est peut-être aujourd'hui d'échapper aux exigences de mode ou de modernité, de retrouver le bénéfice de l'inactualité). Les grands anciens sont là, d'Héraclite à Pascal, de La Rochefoucauld à Rimbaud, pour servir de modèles ou pour constituer une tradition à une écriture fragmentaire qui résultait d'ailleurs pour les uns des hasards de la destruction ou de l'inachèvement, pour les autres, plus rares, d'une esthétique concertée.

Si la tradition de la maxime et de l'aphorisme, liée à une certaine sagesse, a pu revivre tout en se transformant, elle le doit sans doute à la redécouverte, durant la même période, d'un Nietzsche, ce philosophe dont toute l'œuvre, à une exception près, est fragmentaire ou poétique, et que saluent, en tant qu'écrivain, ceux que nous réunissons ici — Blanchot, Cioran, Perros — comme ceux que nous avons été amenés à traiter dans d'autres chapitres — Char, Leiris, Barthes — bien qu'ils relèvent de la même tendance. Loin de nous cependant la volonté de confondre dans un même genre artificiellement recréé des auteurs que presque tout sépare ou oppose. Et dont la pratique du fragment elle-même peut présenter les modalités les plus diverses : entre la forme définitive de la maxime, la forme immédiate et comme inachevée de la note, le raccourci fulgurant de l'éclair, ou l'aphorisme qui, loin de ces extrêmes, cherchera la simple brièveté, le seul point commun est constitué par l'effet produit, celui de la discontinuité du texte. Nous voulons seulement rapprocher ces tentatives dans un espace littéraire où chacun conservera son allure, son rythme, son style.

Et c'est à Nietzsche lui-même que nous emprunterons ces réflexions qui font ressortir la spécificité de ce type d'écriture et du type de lecture qu'il implique : « La forme aphoristique de mes écrits offre une certaine difficulté : mais elle vient de ce qu'aujourd'hui l'on ne prend pas cette forme assez au sérieux. Un aphorisme dont la fonte et la frappe sont ce qu'elles doivent être n'est pas encore "déchiffré" parce qu'on l'a lu ; il s'en faut de beaucoup, car *l'interprétation* ne fait alors que commencer et il y a un art de l'interprétation. Il est vrai que pour élever ainsi la lecture à la hauteur d'un *art,* il faut posséder avant tout une faculté qu'on a précisément le mieux oubliée aujourd'hui [...] une faculté qui exigerait presque que l'on ait la nature d'une vache et non point, en tous les cas, celle d'un "homme moderne" : j'entends la faculté de *ruminer.* »

Un Valéry songeant pour sa part à la publication de ses *Cahiers* comme de « contre-œuvres », soulignait la fécondité du fragment inachevé et provisoire : « Si je prends des fragments dans ces cahiers et que, les mettant à la suite avec ⸫ , je les publie, l'ensemble fera quelque chose. Le lecteur — et même moi-même — en formera une unité. Et cette formation en sera, en fera là — autre chose — imprévue de moi jusque là, dans un autre esprit ou le mien. » Par un curieux retournement, Valéry, qui fut le théoricien de l'œuvre close et achevée, est peut-être aujourd'hui, avant tout, l'auteur de *Tel Quel* et des *Cahiers* et c'est par leur « journal » qu'un Gide, un Jules Renard, un Léautaud restent vraiment nos contemporains. Par contre, en même temps que des « grands écrivains », comme Aragon, Sartre, Malraux se taisent ou disparaissent, c'est la figure même du grand intellectuel sacralisé par l'écriture qui s'éloigne : exclusivement attachés aux œuvres de grande dimension ils ont toujours répugné à l'écriture fragmentaire. Mais ils courent aujourd'hui le risque qu'indique Maurice Blanchot: « L'œuvre toujours déjà en ruine, c'est par la révérence, par ce qui la prolonge, la maintient, la consacre (l'idolâtrie propre à un nom), qu'elle se fige ou s'ajoute aux bonnes œuvres de la culture. » Quant à lui, il se tourne résolument, vers cette écriture fragmentaire, dont il fournit la défense et l'illustration.

Maurice **Blanchot** : Après *L'Entretien infini* (1969), recueil d'essais critiques, c'est un livre écartelé, un livre éclaté, que propose Blanchot : *Le Pas au-delà* (1973). C'est dans le même volume, c'est dans la même page que dialoguent à présent chez Blanchot, en un jeu de miroirs des plus simple et des plus subtil à la fois, l'essai et la fiction. Des fragments en italique où apparaissent, le temps d'une réplique ou d'une notation, des personnages qui ne seront jamais nommés (des personnes, plutôt que des personnages), alternent avec d'autres fragments, mais en romain, où Blanchot tente de penser l'impensable, c'est-à-dire la mort et son rapport fondamental, qui depuis si longtemps l'obsède (cf. *Lit. 45* p. 470), avec l'écriture.

Dans *L'Écriture du désastre* (1980), le processus de la fragmentation se radicalise autour de ce thème du « désastre » que ce dernier fragment évoque comme « solitude qui rayonne, vide du ciel, mort différée », et qui rejoint parfois le désarroi, le désarrangement, « l'aléa destructeur ». Il s'agit d'une négativité plus radicale que la mort elle-même : cette « figure infigurable » ne peut qu'être mimée par une écriture impliquant « la déliaison, la rupture, la fragmentation, mais sans clôture ». Dans cette approche de l'innommable, Blanchot rejoint souvent un René Char ou un Beckett, mais sans la moindre recherche de l'éclat. Il ne pratique le raccourci que pour perdre le chemin qui devrait mener quelque part. A la phrase aphoristique, nécessairement affirmative, Blanchot préfère le plus souvent la phrase allusive « isolée aussi, disant, ne disant pas, effaçant ce qu'elle dit en même temps qu'elle le dit ». De fragment en fragment — marqués d'un losange et séparés par des blancs — s'effectue une étrange errance, faites de ressassements et de révélations. Une voix singulière parle dans un texte qui ne ressemble à rien, et qui participe à la fois de la réflexion métaphysique, du récit autobiographique, de la critique littéraire, de la poésie présocratique, de l'essai linguistique. La fragmentation du texte vient accompagner ou combattre la fragmentation du sujet et de l'énonciation. Le narrateur, au cœur de son livre, en justifie ainsi l'existence et le dispositif : « Pourquoi encore un livre, là où l'ébranlement de la rupture — l'une des formes du désastre — le dévaste ? C'est que l'ordre du livre est nécessaire à ce qui lui manque, à l'absence qui se dérobe à lui [...] De là, l'appel fragmentaire et le recours au désastre, si nous rappelons que le désastre n'est pas seulement le désastreux. »

Yves Loyer, huile sur toile (sans titre), 1976.

[Le silence lacunaire de l'écriture]

♦ Qu'est-ce qui cloche dans le système*, qu'est-ce qui boite ? La question est aussitôt boiteuse et ne fait pas question. Ce qui déborde le système, c'est l'impossibilité de son échec, comme l'impossibilité de la réussite :
5 finalement on n'en peut rien dire, et il y a une manière de se taire (le silence lacunaire de l'écriture) qui arrête le système, le laissant désœuvré, livré au sérieux de l'ironie.

♦ Le Savoir au repos ; quelle que soit l'inconvenance de ces termes, nous ne pouvons laisser écrire l'écriture frag-
10 mentaire que si le langage, ayant épuisé son pouvoir de négation, sa puissance d'affirmation, retient ou porte le Savoir au repos. Écriture hors langage, rien d'autre peut-être que la fin (sans fin) du savoir, fin des mythes, érosion de l'utopie, rigueur de la patience resserrée.

* M. Blanchot vient d'évoquer l'œuvre de Hegel.

Actualités

◆ *Le nom inconnu, hors nomination* :*

L'holocauste, événement absolu de l'histoire, histori-quement daté, cette toute-brûlure où toute l'histoire s'est embrasée, où le mouvement du Sens s'est abîmé, où le don, sans pardon, sans consentement, s'est ruiné sans ₂₀ donner *lieu à rien qui puisse s'affirmer, se nier, don de la passivité même, donc de ce qui ne peut se donner.*

Comment le garder, fût-ce dans la pensée, comment faire la pensée de ce qui garderait l'holocauste où tout s'est perdu, y compris la pensée gardienne ? ₂₅ *Dans l'intensité mortelle, le silence fuyant du cri innombrable.*

◆ Il y aurait dans la mort quelque chose de plus fort que la mort : c'est le mourir même — l'intensité du mourir, la poussée de l'impossible indésirable jusque dans le désiré. ₃₀ La mort est pouvoir et même puissance — donc limi-tée —, elle fixe un terme, elle ajourne, au sens où elle assigne à un jour dit, hasardeux et nécessaire, tout en renvoyant à un jour non désigné. Mais le mourir est non-pouvoir, il arrache au présent, il est toujours fran-₃₅ chissement du seuil, il exclut tout terme, toute fin, il ne libère pas ni n'abrite. Dans la mort, on peut illusoirement se réfugier, la tombe marque l'arrêt de la chute, le mortuaire est l'issue dans l'impasse. Mourir est le fuyant qui entraîne indéfiniment, impossiblement et intensive-₄₀ ment dans la fuite.

◆ *Le désappointement* du désastre : ne répondant pas à l'attente, ne laissant pas se faire le point, l'appoint, hors toute orientation, fût-ce comme désorientation ou simple égarement.

₄₅ ◆ Le désir reste en rapport avec le lointain de l'astre, demandant au ciel, en appelant à l'univers. En ce sens, le désastre détournerait du désir sous l'attrait intense de l'impossible indésirable.

Maurice Blanchot, *L'Écriture du désastre,* éd. Gallimard.

_* Le passage à l'italique semble correspondre à l'évocation d'un fait historique, et non plus de catégories abstraites et générales.

— **Deleuze et Guattari, dans** *L'Anti-Œdipe* **: « Dans les machines désirantes, tout fonctionne en même temps, mais dans les hiatus et les ruptures [...] dans une somme qui ne réunit jamais les parties en un tout. C'est Maurice Blanchot qui a su poser le problème dans toute sa rigueur au niveau d'une machine littéraire : comment produire, et penser, des fragments qui aient entre eux des rapports de différence, en tant que telle, qui aient pour rapport entre eux leur propre différence, sans référence à une totalité originelle même perdue, ni à une totalité résultante même à venir. »**

Cioran : Moderne, Cioran n'entend nullement l'être, lui qui porte sur ses contemporains le regard d'un Job ou d'un Tertullien, et pour qui le monde moderne offre un avant-goût d'Apocalypse. Peu d'essayistes d'un pessimisme plus amer, plus désolé que Cioran, comme le suggèrent suffisamment les titres de ses principaux livres : *Précis de décomposition* (1949), *Syllogismes de l'amertume* (1952), *La Tentation d'exister* (1956), *La Chute dans le temps* (1964), *Le Mauvais Démiurge* (1969), *De l'inconvénient d'être né* (1973), *Écartèlement* (1979).

Le laconisme de ces titres va de pair avec la brièveté des textes, essais courts, narrations elliptiques, aphorismes, qui tous « possèdent cette pointe faute de quoi un raccourci n'est qu'un énoncé, une maxime sans plus ». Cette rage du raccourci lui fait saluer Héraclite comme notre contemporain idéal, et rejoindre Mallarmé dans le jeu insensé d'écrire : « Plus encore que dans le poème, c'est dans l'aphorisme que le mot est Dieu. » Si le fragment évoque parfois l'entreprise poétique d'un Char ou d'un Michaux, il tient souvent lieu de journal intime, mais d'un journal sans date ni intimité, qui formule une vie intellectuelle dans son désordre même : « Comment s'étendre le lendemain sur une idée dont on s'était occupé la veille ? Après n'importe quelle nuit, on n'est plus le même, et c'est tricher que de jouer la farce de la continuité. Le *fragment,* genre décevant, sans doute, bien que seul honnête. »

A ce mélange de sagesse et d'amertume s'ajoute un don de dérision et de sarcasme que cet obsédé de l'Apocalypse, spécialiste du suicide, s'applique en général à lui-même.

Ainsi rêve-t-il de belles carrières littéraires : « Onan, Sade, Masoch, — quels veinards. Leurs noms, comme leurs exploits, ne dateront jamais. » Parfois Cioran cesse de « chuchoter des anathèmes » — « Exister est un plagiat », « L'espoir est la forme *normale* du délire » — de dénoncer l'utopie ou l'histoire, d'interroger les stoïciens ou les pères de l'église ; il décrit alors une vie quotidienne faite de nuits blanches ou d'angoisses : « Paris se réveille. En ce matin de Novembre, il fait encore noir : avenue de l'Observatoire, un oiseau — un seul — s'essaie au chant. Je m'arrête et écoute. Soudain des grognements dans le voisinage. Impossible de savoir d'où ils viennent. J'avise enfin deux clochards qui dorment sous une camionnette : l'un d'eux doit faire quelque mauvais rêve. Je déguerpis. Place Saint-Sulpice, dans la vespasienne, je tombe sur une petite vieille à demi nue... Je pousse un cri d'horreur et me précipite dans l'église, où un prêtre bossu, à l'œil malin, explique à une quinzaine de déshérités de tout âge que la fin du monde est imminente et le châtiment terrible. » *(Écartèlement.)*

Cioran s'est gardé d'écrire des traités : « Quelle déception qu'Épicure, le sage dont j'ai le plus besoin, ait écrit plus de trois cents traités ! Et quel soulagement qu'ils se soient perdus ! » Écrivant comme Nietzsche ou Kierkegaard, il semble se plaire parfois à un jeu proche de la parodie. C'est ainsi qu'il semble produire de nouvelles pensées de Pascal, leur donnant un air de « rengaines inouïes, clichés fulgurants, éclairs ressassés ». L'écrivain qui s'est donné la langue la plus classique et la plus impeccable semble toujours, ironiquement, la dénoncer.

[Ne pas naître]

A Turin, au début de sa crise*, Nietzsche se précipitait sans cesse vers son miroir, s'y regardait, s'en détournait, s'y regardait de nouveau. Dans le train qui le conduisait à Bâle, la seule chose qu'il réclamait avec insistance c'était un miroir encore. Il ne savait plus qui il était, il se cherchait, et lui, si attaché à sauvegarder son identité, si avide de soi, n'avait

Ce sont les dernières pages du livre *De l'inconvénient d'être né.*

* Celle qui va entraîner l'internement définitif de Nietzsche.

plus, pour se retrouver, que le plus grossier, le plus lamentable des recours.

*

Je ne connais personne de plus inutile et de plus inutilisable que moi. C'est là une donnée que je devrais accepter tout simplement, sans en tirer la moindre fierté. Tant qu'il n'en sera pas ainsi, la conscience de mon inutilité ne me servira à rien.

*

Quel que soit le cauchemar qu'on fait, on y joue un rôle, on en est le protagoniste, on y est quelqu'un. C'est pendant la nuit que le déshérité triomphe. Si on supprimait les mauvais rêves, il y aurait des révolutions en série.

*

L'effroi devant l'avenir se greffe toujours sur le *désir* d'éprouver cet effroi.

*

Tout à coup, je me trouvai seul devant... Je sentis, en cet après-midi de mon enfance, qu'un événement très grave venait de se produire. Ce fut mon premier éveil, le premier indice, le signe avant-coureur de la conscience. Jusqu'alors je n'avais été qu'un *être*. A partir de ce moment, j'étais plus et moins que cela. Chaque *moi* commence par une fêlure et une révélation.

*

Naissance et chaîne sont synonymes. Voir le jour, voir des menottes...

*

Dire : « Tout est illusoire », c'est sacrifier à l'illusion, c'est lui reconnaître un haut degré de réalité, le plus haut même alors qu'au contraire on voulait la discréter. Que faire ? Le mieux est de cesser de la proclamer ou de la dénoncer, de s'y asservir en y pensant. Est entrave même l'idée qui disqualifie toutes les idées.

*

Si on pouvait dormir vingt-quatre heures sur vingt-quatre, on rejoindrait vite le marasme primordial, la béatitude de cette torpeur sans faille d'avant la Genèse — rêve de toute conscience excédée d'elle-même.

Ne pas naître est sans contredit la meilleure formule qui soit. Elle n'est malheureusement à la portée de personne.

*

Nul plus que moi n'a aimé ce monde, et cependant me l'aurait-on offert sur un plateau, même enfant je me serais écrié : « Trop tard, trop tard ! »

*

Qu'avez-vous, mais qu'avez-vous donc ? — Je n'ai rien, je n'ai rien, j'ai fait seulement un bond hors de mon sort, et je ne sais plus maintenant vers quoi me tourner, vers quoi courir...

E.M. Cioran, *De l'inconvénient d'être né*, éd. Gallimard.

— **Thèmes et termes de prédilection : crise, inutilité, cauchemar, effroi, fêlure, illusion, marasme.** Mais à l'amertume de l'énoncé, répond, dans chaque fragment, une jubilation dans l'énonciation : tourniquet ingénieux, dialectique sarcastique (1-8, 14-17, 39-40) ; dans la généralité des formulations, l'insistance du Je autobiographique (9, 20-25, 41-43).

— **J.-F. Revel voit en Cioran le plus grand prosateur français d'aujourd'hui :** « Le seul commentaire supportable de ce genre d'écrivains, c'est la citation [...] Acculé au pastiche, s'il sort du silence, le critique peut préférer s'abstenir. Ce qui explique peut-être que l'on ait relativement peu écrit sur Cioran. »

Georges **Perros** : Trois volumes de *Papiers collés,* c'est ce que nous laisse (outre quelques publications posthumes) Georges Perros, mort prématurément en 1977, et dont nous avions signalé les poèmes *(Poèmes bleus, Une vie ordinaire).* Œuvre de peu de volume, et que la notoriété n'a pas encore mise en lumière : « Je me suis fait un non », ironisait ce marginal, qui sut échapper à l'officialisation des marginaux institués, et qui choisit un port breton pour vivre sa vie, et l'écrire.

« J'écris dans les trous », dit l'auteur de ces *Papiers collés* qui juxtaposent la note de journal intime, la note critique de revue, l'instantané, l'aphorisme, la dispersion de la vie quotidienne et les jugements de la vie intellectuelle. L'écriture discontinue et intermittente sert d'abord le besoin de vérité et d'authenticité : « Fragments de vérité : c'est en croyant dire toute la vérité que nous risquons de manifester ce fragment. Si nous pensons "fragment", nous totalisons le néant. » Peu de pages plus authentiques, plus bouleversantes que le dernier texte de Perros, écrit alors qu'opéré du larynx et privé de parole il attendait ironiquement la mort. Son titre « L'ardoise magique » pourrait s'appliquer à toute cette œuvre qui, en rupture avec le discours dominant, fait se rejoindre

prose et poésie, critique et invention, recherche de la solitude et soif de la communication, gouaille et tendresse, inventaire des jours et jeu sur les mots, jamais achevé. La modestie amusée de Perros, son usage exclusif et restrictif du « Je », ne doivent pas faire sous-estimer cette entreprise qui, par d'autres moyens, réunit les vertus contradictoires d'un Sartre et d'un Queneau.

« C'est gai, écrire. On peut écrire gaiement qu'on va se suicider. Écrire ne peut tendre qu'à l'ellipse, au poème ou à l'illusion de l'efficacité. Le langage c'est un océan de mots. Pour ma part, ou je suis presque noyé dedans ou, quand la mer se retire, je regarde, je marche sur ce qui reste. Des trous, des flaques. L'écriture fragmentaire, ce sont des flaques, ces restes marins, ces coquillages, ces témoins humides. Mon attention les sèche. À l'opposé du discours continu, qui est la vie, entre du palpable et du rien. Un Petit Poucet, sauf que j'ai les cailloux devant moi. Comment lire ces déchets ? Il y a un temps, un moment, pour lire le journal, pour lire un roman ou un poème. Mais des notes ? Au-delà de la note, il y a, il n'y a que l'aphorisme solitaire invétéré. Mots en froid. »

[Une autre langue]

C'est vrai qu'il y a du comique dans le tragique, si tant est... N'exagérons rien. Mais me voilà aux premières loges. Ces gens qui me foutaient la migraine à m'arrêter, me raconter une de leurs vies, et qui me plaignent de ne
5 plus pouvoir leur parler...

Page extraite de « L'ardoise magique » (mars 76-77). Atteint d'un cancer à la gorge, Perros a été opéré, et, malgré un essai de rééducation, ne peut plus parler.

Curieux de ne plus avoir la mort — la sienne ! —
devant soi, mais la sensation de l'avoir derrière. De
l'avoir doublée, et de lui faire un pied de nez dans le
rétroviseur. C'est Jabès qui écrit : « Comment pour-
10 rait-on être mort et vivre jusqu'à sa mort ? » Eh bien, on
doit pouvoir.

J'ai dû me traiter comme mes motos. Jusqu'à plus
soif, sans trop les entretenir. Ce trou que j'ai dans le cou,
pourquoi me fait-il penser à celui de la bougie ? Et ces
15 anciens saignements, à quelles fuites d'huile ?

On nous conseille d'avoir un petit sifflet sur soi. Si on
tombe dans un trou.

Qui nous laisse écrire dans la santé ?

L'essentiel : un changement de vitesse. Comme passer
20 d'occident à orient.

On ne guérit pas. On retarde.

Je suis là. On parle de moi à la troisième personne,
comme pour un demeuré : « Il a bonne mine... »

Pourquoi vient-on voir un malade ? Mais il y a aussi
25 ceux qui ne ratent pas un enterrement. Ici, par exemple,
pas mal de vieilles bigotes consultent la nécrologie du
jour, et allez, en avant. On se distrait comme on peut.

Après tout le silence, c'est une autre langue. Et tout le
monde la connaît. Mais on a honte d'utiliser ce qui ne
30 s'apprend pas.

C'est fou, le nombre de gens que j'ai connus, reçus,
qui ne parlaient jamais. A table, en promenade, il fallait
faire les frais de leur manque de conversation. Et n'est-ce
pas un peu leur regard, pendant que je débitais mon texte
35 plus ou moins cohérent, plus ou moins à leur service,
voire à leur portée — on ne comprend rien à ce que disent
les autres quand ils se donnent un peu de peine, ne vous
méprisent pas —, ce regard mat, ou fauve, qui m'a
flanqué, sournoisement, peu à peu, à force, ce mal on ne
40 peut plus sournois lui aussi — aucune souffrance, aucune
alerte —, ce cancer ? Comme si leur mauvais, leur
méchant silence — parfois sous le prétexte sinistre que je
savais, moi, m'exprimer — s'était infiltré, goutte à

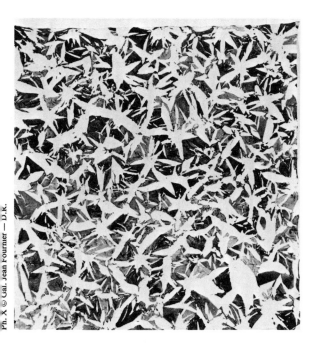

Ph. X © Gal. Jean Fournier — D.R.

*Simon Hantaï, acrylique
(sans titre), 1973.*

goutte, comme poison à travers les parois de ma gorge. Oh je n'invente rien ! Il me semble que je le savais.

Tout le monde est tellement persuadé que tout le monde triche — comme si c'était possible ! —, qu'il suffit d'avoir un cancer pour que tout le monde vous absolve : Enfin un qui ne triche pas.

Bouche. Pièce, grotte, espace où se répercutaient les échos d'un monstrueux bla-bla-bla, orgie de mots. Salle déserte, comme après bal. Je mâche des confettis. Que sont les mots, sinon des masques qui ne cachent qu'eux-mêmes ? A l'infini.

Une des horreurs de ce monde : il n'y a plus de bonheur possible que pour les pauvres qui veulent le rester. Qui se feraient tuer pour le rester.

Avant, j'étais sûr que j'allais mourir. Maintenant je ne sais plus. Un peu laissé pour compte. Moins intéressant.

60 Comme si la mort négligeait un peu de ramasser ce qui est déjà... troué. Mutilé. Je ne fais plus le poids prévu. Elle ne m'aura pas au complet.

Il ne lui manque que la parole.

Le prestige maudit du cancer. Je n'ai pas à faire le 65 malin. C'est un mot que je n'aimais ni prononcer ni écrire. Mais la poésie n'est pas autre chose que cette même crainte, retournée. Tout mot a son danger.

Georges Perros, *Papiers collés III,* éd. Gallimard.

— **Carnet d'un condamné : réflexion sur la mort, la mutilation, le silence et le langage, la solitude et la communication.**

— **Variété des registres : humour noir elliptique (18, 21, 59), effusion mélancolique (31-45), métaphores motocyclistes (6, 15), permanence de la fonction poétique (28-30, 64-67).**

— **« G. Perros écrit entre deux portes, entre deux allées et venues, en marge de ce qui n'est pas dit [...] L'auteur sait, à tout instant, perdre le fil [...] Il s'agit de ne pas se laisser emporter par le discours, de ne pas brouiller le silence (toute parole se fondant sur un manque, comme la vie sur la maladie), mais de le faire percevoir. » (J. Roudaut.)**

Par le fragment, Blanchot souhaitait « l'interruption froide, la rupture du cercle ». Perros, au contraire, jetait ses cailloux devant lui — fragments minéraux ou textuels — jusqu'à s'en faire un cercle. Barthes de son côté dans son *Roland Barthes par Roland Barthes* en vient à une métaphore identique, et à des variations qui donnent sans doute la meilleure esquisse de cette esthétique qui marque si profondément la fin des années 70.

LE CERCLE DES FRAGMENTS

« Écrire par fragments : les fragments sont alors des pierres sur le pourtour du cercle : je m'étale en rond : tout mon petit univers en miettes ; au centre, quoi ?

[...]

Aimant à trouver, à écrire des *débuts*, il tend à multiplier ce plaisir : voilà pourquoi il écrit des fragments : autant de fragments, autant de débuts, autant de plaisirs (mais il n'aime pas les fins : le risque de clausule rhétorique est trop grand : crainte de ne savoir résister au *dernier mot*, à la dernière réplique).

[...]

Le Zen appartient au bouddhisme *torin,* méthode de l'ouverture abrupte, séparée, rompue (le *kien* est, à l'opposé, la méthode d'accès graduel). Le fragment (comme le haïku) est *torin* ; il implique une jouissance immédiate : c'est un fantasme de discours, un bâillement de désir. Sous forme de pensée-phrase, le germe du fragment vous vient n'importe où : au café, dans le train, en parlant avec un ami (cela surgit latéralement à ce qu'il dit ou à ce que je dis) ; on sort alors son carnet, non pour noter une "pensée", mais quelque chose comme une frappe, ce qu'on eût appelé autrefois un "vers"

[...]

Le fragment a son idéal : une haute condensation, non de pensée, ou de sagesse, ou de vérité (comme dans la Maxime), mais de musique : au "développement", s'opposerait le "ton", quelque chose d'articulé et de chanté, une diction : là devrait régner le *timbre. Pièces brèves* de Webern : pas de cadence : quelle souveraineté il met à *tourner court !* »

Choix bibliographique :

F, Collin, *Maurice Blanchot et la question de l'écriture,* Gallimard.

B. Noël, R. Laporte, *Deux lectures de Maurice Blanchot,* Fata Morgana.

Gramma, « Lire Blanchot », 1976.

J. Roudaut, préface à *Faut aimer la vie* de G. Perros, Eibel/Fanlac.

J.-F. Revel : « Cioran l'incommensurable », *L'Express,* 10-11-79.

C. Roy : « Le Dandysme du néant », *Le Nouvel Observateur,* 12-11-79.

Chapitre XI

Deux parcours : Barthes, Duras

Roland Barthes

Un auteur disparu peut-il être un auteur actuel ? L'importance prise par l'œuvre et par la figure de Roland **Barthes** dans les années soixante-dix ne cesse pas avec sa mort en 1980. La reconnaissance comme *écrivain* de celui qui avait, dans les années soixante, incarné la « nouvelle critique » est l'une des marques les plus nettes de la transformation qui affecte le champ littéraire de ces dernières années. De tout temps Barthes avait postulé l'abolition de la séparation des genres : « Passer de la lecture à la critique, c'est changer de désir, c'est désirer non plus l'œuvre, mais son propre langage » écrivait-il en 1966 dans *Critique et vérité* : son propre itinéraire aura été la démarche qui prouve le mouvement.

Déjà avant 1970, il est clair que Barthes n'est pas qu'un critique ; son œuvre, toujours à mi-chemin de la théorie et de la pratique, et qui traite aussi bien de faits sociaux (*Mythologies, Système de la mode*) que de faits littéraires (*Michelet, Sur Racine, Essais critiques*), tend constamment à dépasser et à transformer le genre dans lequel elle fait semblant de s'insérer. Dans le même temps, Barthes échappe à toute obédience trop ʾstricte, et s'il s'intéresse à un système philosophique ou à une doctrine (Sartre, Marx, Freud, Saussure, Lacan) ce n'est jamais pour l'appliquer à la lettre mais, en s'en inspirant très librement, pour mieux relancer sa propre écriture : « Ces attitudes scientistes, positives ou rationalistes doivent être traversées par un sujet.» Il échappe à toute définition, et la seule fidélité de cet infatigable découvreur, qui se veut cependant « à l'arrière-garde de l'avant-garde », sera celle qu'il éprouvera pour un petit nombre de métaphores (le degré zéro, le navire Argos, le masque de la littérature, etc.) qui, autant qu'elles lui servent à cerner l'objet de son désir : le langage, constituent les leitmotive de son langage d'écrivain. Lui-même, lorsqu'il se trouve en position de chef d'école ou de maître à penser (mythologie, analyse structurale, sémiologie), n'a de cesse qu'il ne s'éloigne de ce lieu pour aller en explorer d'autres.

Avec *S/Z* (1970, livre issu du séminaire de l'École Pratique des Hautes Études qu'il anima de 1962 à 1976, date à laquelle il fut nommé professeur au Collège de France), Barthes revient au texte littéraire. Dans cette « lecture » d'une nouvelle peu connue de Balzac « Sarrasine », il affirme la présence et la nécessité d'une écriture : « L'enjeu du travail littéraire (de la littérature comme travail), c'est de faire du lecteur, non plus un consommateur, mais un producteur du texte. » Ce concept de

« texte » (cf. p. 182) explique la structure de S/Z. Alors qu'un récit pouvait être analysé (comme Barthes lui-même l'avait fait dans son fameux texte de 1966 « Introduction à l'analyse structurale des récits ») en termes de structure univoque, le texte, lui, est défini comme pluriel : tissu, tissage, tresse (métaphores que Barthes reprend inlassablement), qui ne peut s'éclairer et se démêler que par une autre critique, une réécriture. Répondant une fois encore à ceux qui affirment qu'une œuvre littéraire a un sens et un seul, Barthes démontre, brillamment, qu'un texte entre, par ses connotations (qu'il ne faut pas réduire aux associations d'idées), dans une multiplicité de rapports avec lui-même, avec d'autres textes, avec le lecteur, que l'auteur en soit ou non conscient (à cette époque, le classique concept d'auteur est, on le sait, battu en brèche par les avant-gardes). Un texte particulier apparaît comme un fragment, un moment d'un texte plus vaste, le texte du littéraire et du social.

Dans S/Z, Barthes choisit de suivre, tout au long de la nouvelle, le travail simultané de cinq codes : herméneutique, sémique, symbolique, proaïrétique (code des actions) et culturel. Appuyé sur une conception lacanienne du sujet et de l'imaginaire, son commentaire au désordre apprêté, où les fantasmes du lecteur rejoignent ceux de l'œuvre, propose, au fil du découpage du texte de Balzac en « lexies » (ou unités de lecture), en même temps qu'une série d'interprétations hardies et séduisantes, une théorie de la littérature régénérée par une série d'aperçus novateurs.

[Le modèle de la peinture]

D'abord une lexie (71) de *Sarrasine* avec son commentaire ; puis un discours récapitulatif.

(71) *Elle s'enhardit alors assez pour examiner pendant un moment cette créature sans nom dans le langage humain, forme sans substance, être sans vie, ou vie sans action.*
♦ Le neutre, genre spécifique du castrat, est signifié à
5 travers la privation d'âme (ou d'animation : l'inanimé est, en indo-européen, la détermination même du neutre) : la copie privative *(sans...)* est la forme diagrammatique de la castrature, apparence de vie à laquelle il manque

* Abréviation pour code symbolique.

la vie (SYM*. Le neutre). ♦ ♦ Le portrait du vieillard,
10 qui suivra et qui est annoncé ici rhétoriquement, prend son origine dans un *cadrage* opéré par la jeune femme

* Disparition progressive.

(« s'enhardir assez pour examiner »), mais par *fading** de la voix originaire, c'est le discours qui continuera la description : le corps du vieillard copie un modèle peint
15 (SYM. Réplique des corps).

XXIII. *Le modèle de la peinture.*

Toute description littéraire est une *vue.* On dirait que l'énonciateur, avant de décrire, se poste à la fenêtre, non tellement pour bien voir, mais
20 pour fonder ce qu'il voit par son cadre même : l'embrasure fait le spectacle. Décrire, c'est donc placer le cadre

vide que l'auteur réaliste transporte toujours avec lui
(plus important que son chevalet), devant une collection
ou un continu d'objets inaccessibles à la parole sans cette
opération maniaque (qui pourrait faire rire à la façon
d'un gag) ; pour pouvoir en parler, il faut que l'écrivain,
par un rite initial, transforme d'abord le « réel » en objet
peint (encadré) ; après quoi il peut décrocher cet objet, le
tirer de sa peinture : en un mot : le dé-peindre (dépeindre,
c'est faire dévaler le tapis des codes, c'est référer, non
d'un langage à un référent, mais d'un code à un autre
code). Ainsi le réalisme (bien mal nommé, en tout cas
souvent mal interprété) consiste, non à copier le réel, mais
à copier une copie (peinte) du réel : ce fameux réel,
comme sous l'effet d'une peur qui interdirait de le toucher directement, est *remis plus loin*, différé, ou du moins
saisi à travers la gangue picturale dont on l'enduit avant
de le soumettre à la parole : code sur code, dit le réalisme.
C'est pourquoi le réalisme ne peut être dit « copieur »
mais plutôt « pasticheur » (par une *mimesis** seconde, il
copie ce qui est déjà copie) ; d'une façon ou naïve ou
éhontée, Joseph Brideau* n'éprouve aucun scrupule à
faire du Raphaël (car il faut que le peintre lui aussi copie
un autre code, un code antérieur), pas plus que Balzac
n'en éprouve à déclarer ce pastiche un chef-d'œuvre. La
circularité infinie des codes une fois posée, le corps
lui-même ne peut y échapper : le corps réel (donné comme
tel par la fiction) est la réplique d'un modèle articulé par
le code des arts, en sorte que le plus « naturel » des corps,
celui de la Rabouilleuse* enfant, n'est jamais que la
promesse du code artistique dont il est par avance issu
*(« Le médecin, assez anatomiste pour reconnaître une
taille délicieuse, comprit tout ce que les arts perdraient si
ce charmant modèle se détruisait au travail des champs »).*
Ainsi, dans le réalisme même, les codes ne s'arrêtent
jamais : la réplique corporelle ne peut s'interrompre qu'en
sortant de la nature : soit vers la Femme superlative (c'est
le « chef-d'œuvre »), soit vers la créature sous-humaine
(c'est le castrat). Tout cela ouvre un double problème.
D'abord, où, quand cette prééminence du code pictural
dans la *mimesis* littéraire a-t-elle commencé ? Pourquoi
a-t-elle disparu ? Pourquoi le rêve de peinture des écrivains est-il mort ? Par quoi a-t-il été remplacé ? Les codes
de représentation éclatent aujourd'hui au profit d'un
espace multiple dont le modèle ne peut plus être la
peinture (le « tableau ») mais serait plutôt le théâtre (la
scène), comme l'avait annoncé, ou du moins désiré,
Mallarmé*. Et puis : si littérature et peinture cessent

* Imitation de la réalité.

* Personnage de peintre chez Balzac.

* Autre personnage de Balzac (suit une citation de *La Rabouil-leuse*).

* La « scène de l'écriture ».

d'être prises dans une réflexion hiérarchique, l'une étant
70 le *rétroviseur* de l'autre, à quoi bon les tenir plus longtemps pour des objets à la fois solidaires et séparés, en un
mot : *classés ?* Pourquoi ne pas annuler leur différence
(purement substantielle) ? Pourquoi ne pas renoncer à la
pluralité des « arts », pour mieux affirmer celle des
« textes » ?

Roland Barthes, *S/Z*, éd. du Seuil.

— **Les codes** : « **Interpréter un texte, ce n'est pas lui donner un sens (plus ou moins fondé, plus ou moins libre), c'est au contraire apprécier de quel pluriel il est fait.** » (Barthes.)

— **Affirmations d'un discours démonstratif (17 à 59) ; puis série d'interrogations (60-75) qui, au-delà de cette réinterprétation du réalisme, suggèrent d'autres directions de recherche (c'est le ton du Séminaire).**

— « **Il n'y a pas d'autre *preuve* d'une lecture que la qualité et l'endurance de sa systématique ; autrement dit, que son fonctionnement.** » (Barthes.)

« Il n'y a pas d'autre *preuve* d'une lecture que la qualité et l'endurance de sa systématique » *(S/Z)* : ce système mis en place, Barthes va l'abandonner pour se faire le héraut d'un autre concept, ou plutôt d'une autre approche : le « plaisir du texte », qu'il définit et illustre dans la préface du *Sade, Fourier, Loyola* (1971), dans les derniers des *Nouveaux Essais critiques* (1972, où l'on assiste en particulier à un surprenant retour à ... Loti) et surtout dans l'ouvrage de 1973 qui prend ce titre *Le Plaisir du texte.* « Rien de plus déprimant que d'imaginer le Texte comme un objet intellectuel (de réflexion, d'analyse, de comparaison, de reflet, etc.). Le Texte est un objet de plaisir. » Il ne peut y avoir donc de théorie du plaisir du texte, mais seulement des approches et des formulations, c'est-à-dire de l'écriture. Barthes organise en un nouvel assemblage les notions qu'il avait mises en circulation dans *Le Degré zéro de l'écriture,* son premier livre : « Sade, Fourier, Loyola, sont autre chose que des philosophes ou des penseurs : des formulateurs (ce qu'on appelle couramment des écrivains). Il faut en effet, pour fonder *jusqu'au bout* une langue nouvelle, une quatrième opération, qui est de *théâtraliser.* Qu'est-ce que théâtraliser ? Ce n'est pas décorer la représentation, c'est illimiter le langage. Bien qu'engagés tous les trois, par leur position historique, dans une idéologie de la représentation et du signe, ce que nos logothètes produisent est tout de même déjà du texte, c'est-à-dire qu'à la platitude du style (telle qu'on peut la trouver chez de « grands » écrivains), ils savent substituer le volume de l'écriture. »

Cette écriture « volumineuse », ce sera celle de Barthes dans *Le Plaisir du texte,* où il revendique désormais la non-systématisation (« *Plaisir/Jouissance* : terminologiquement, cela vacille encore, j'achoppe, j'embrouille. De toute manière, il y aura toujours une marge d'indécision ; la distinction ne sera pas source de classements sûrs, le paradigme grincera, le sens sera précaire, révocable, réversible, le discours sera incomplet »), s'installe dans le fragmentaire (« succession inordonnée de fragments : facettes, touches, bulles, phylactères d'un dessin invisible ») et s'efforce de donner à lire ce qui est alors au centre de la notion de Texte : l'écriture du Corps. La dernière page du livre, justement célèbre et souvent imitée, propose un bon exemple de ce que Barthes « veut dire » par ce concept proprement indéfinissable de plaisir du texte, et dont la vraie force est de faire écrire plutôt que de donner à comprendre : « Il suffit en effet que le cinéma prenne *de très près* le son de la parole (c'est en somme la définition du "grain" de l'écriture) et fasse entendre dans leur matérialité, dans leur sensualité, le souffle, la rocaille, la pulpe des lèvres, toute une présence du museau humain (que la voix, que l'écriture soient fraîches, souples, lubrifiées, finement granuleuses et vibrantes comme le museau d'un animal), pour qu'il réussisse à déporter le signifié très loin et à jeter, pour ainsi dire, le corps anonyme de l'acteur dans mon oreille ; ça granule, ça grésille, ça caresse, ça râpe, ça coupe : ça jouit. »

Si ce « nouveau » Barthes doit beaucoup à la psychanalyse (et en particulier à Lacan et à sa conception du sujet comme être de langage), il doit aussi énormément à son contact avec le Japon, d'où il a rapporté *L'Empire des signes* (1970, coll. Les sentiers de la création). Il pouvait sembler renouer avec la veine des *Mythologies* dans la mesure où le point de départ du livre est constitué par une réalité sociale et non un texte littéraire. Mais alors que

dans *Mythologies* il analysait une réalité, il ne prétend plus, maintenant, comprendre le Japon, mais le prendre comme modèle de sa recherche, y trouver une mise en « situation d'écriture ».

Le Japon le fascine parce qu'il lui propose justement une autre vision du sujet, la « fissure même du symbolique ». Dans cet univers, le neutre, le vide, le mat — notions qui depuis toujours lui sont chères — remplacent, selon lui, les valeurs occidentales de signification. Barthes trouve au Japon un « degré zéro » généralisé, un monde où le signe-roi, privé de sens, ne renvoie qu'à lui-même. La variété des thèmes abordés, du théâtre à la papeterie, de la ville au haïkaî, ramène toujours à une même jubilation, celle d'échapper à la bêtise, aux stéréotypes, à la symbolisation de l'Occident, et de découvrir le « blanc qui efface en nous le règne des codes, la cassure de cette récitation intérieure qui constitue notre personne. » On voit le rapport avec l'analyse menée dans *S/Z* : d'un côté le texte balzacien, « tout bruissant de codes », de l'autre le haïkaî destiné à « arrêter le langage ».

[Le paquet est une pensée]

Ou enfin (et surtout) : sans même tenir pour emblématique le jeu connu des boîtes japonaises, l'une logée dans l'autre jusqu'au vide, on peut déjà voir une véritable méditation sémantique* dans le moindre paquet japo-
5 nais. Géométrique, rigoureusement dessiné et pourtant toujours signé quelque part d'un pli, d'un nœud, asymétriques, par le soin, la technique même de sa confection, le jeu du carton, du bois, du papier, des rubans, il n'est plus l'accessoire passager de l'objet transporté, mais
10 devient lui-même objet : l'enveloppe, en soi, est consacrée comme chose précieuse, quoique gratuite ; le paquet est une pensée ; ainsi, dans une revue vaguement pornographique, l'image d'un jeune Japonais nu, ficelé très régulièrement comme un saucisson ; l'intention sadique (bien
15 plus affichée qu'accomplie) est naïvement — ou ironique-

La seconde moitié d'un passage intitulé « Les paquets ». R. Barthes a évoqué le « rien » qui semble cerner les objets japonais, et la manière dont le bouquet japonais permet de retrouver le « trajet de la main ».

* Qui a trait à la signification.

Coll. Taki Hara, Tokyo.

Nawa-noren, le rideau de
cordons,   extrait   de
L'Empire des Signes.

ment — absorbée dans la pratique, non d'une passivité,
mais d'un art extrême : celui du paquet, du cordage.

   Cependant, par sa perfection même, cette enveloppe,
souvent répétée (on n'en finit pas de défaire le paquet),
20 recule la découverte de l'objet qu'elle renferme — et qui
est souvent insignifiant, car c'est précisément une spécialité du paquet japonais, que la futilité de la chose soit
disproportionnée au luxe de l'enveloppe : une confiserie,
un peu de pâte sucrée de haricots, un « souvenir » vul-
25 gaire (comme le Japon sait malheureusement en produire) sont emballés avec autant de somptuosité qu'un

bijou. On dirait en somme que c'est la boîte qui est l'objet du cadeau, non ce qu'elle contient : des nuées d'écoliers, en excursion d'un jour, ramènent à leurs parents un beau paquet contenant on ne sait quoi, comme s'ils étaient partis très loin et que ce leur fût une occasion de s'adonner par bandes à la volupté du paquet. Ainsi la boîte joue au signe : comme enveloppe, écran, masque, elle *vaut pour* ce qu'elle cache, protège, et cependant désigne : elle *donne le change*, si l'on veut bien prendre cette expression dans son double sens, monétaire et psychologique ; mais cela même qu'elle renferme et signifie, est très longtemps *remis à plus tard*, comme si la fonction du paquet n'était pas de protéger dans l'espace mais de renvoyer dans le temps ; c'est dans l'enveloppe que semble s'investir le travail de la *confection* (du faire), mais par là même l'objet perd de son existence, il devient mirage : d'enveloppe en enveloppe, le signifié fuit, et lorsque enfin on le tient (il y a toujours un petit *quelque chose* dans le paquet), il apparaît insignifiant, dérisoire, vil : le plaisir, champ du signifiant, a été pris : le paquet n'est pas vide, mais vidé : trouver l'objet qui est dans le paquet ou le signifié qui est dans le signe, c'est le jeter : ce que les Japonais transportent, avec une énergie formidante*, ce sont en somme des signes vides. Car il y a au Japon une profusion de ce que l'on pourrait appeler : les instruments de transport ; ils sont de toutes sortes, de toutes formes, de toutes substances : paquets, poches, sacs, valises, linges (le *fujô* : mouchoir ou foulard paysan dont on enveloppe la chose), tout citoyen a dans la rue un baluchon quelconque, un signe vide, énergiquement protégé, prestement transporté, comme si le fini, l'encadrement, le cerne hallucinatoire qui fonde l'objet japonais, le destinait à une translation généralisée. La richesse de la chose et la profondeur du sens ne sont congédiées qu'au prix d'une triple qualité, imposée à tous les objets fabriqués : qu'ils soient précis, mobiles et vides.

* Sinon un néologisme, du moins un détournement de sens (fourmillant, au sens médical).

Roland Barthes, *L'Empire des signes*,
éd. Albert Skira.

— Une autre façon de parler du Signifiant (40) et du Signifié ; d'évacuer celui-ci (43) et d'exalter le Signe vide (3, 48, 50).
— Rapprochements insolites et savoureux (12-14, 28-32) : une autre ethnologie.
— « On ne développe pas pour être plus juste, plus vrai, d'expression en expression, on développe pour exhiber des métaphores, c'est-à-dire des bonheurs d'expression. » (Barthes in *Prétexte Roland Barthes,* Cerisy) : 4, 32, 35, 50, 58, 62.

Cette évocation du Japon ne prétend à aucune exactitude : c'est le livre du voyageur plus que celui du voyage. Barthes déclare que ce livre, comme *Mythologies*, relève du romanesque, du « roman *sans* histoire ». La mort l'empêchera d'écrire ce roman qu'il a si souvent évoqué comme horizon de son écriture. Mais il aura le temps de donner, en deux ouvrages : le *Roland Barthes par Roland Barthes* (1975, coll. Les écrivains de toujours) et *Fragments d'un discours amoureux* (1977), la fiction à quoi l'amenait sa réflexion et sa pratique, le roman du Je. Déjà, dans *L'Empire des signes*, le texte imprimé normalement se doublait, dans les marges, d'un discours personnel (fragments de journal, notes d'agenda) d'autant plus frappant que ces notes étaient reproduites en fac-similé donnant à voir l'écriture manuscrite de l'auteur.

Dans la collection où, en 1954, il avait présenté un *Michelet* qui était celui de ses livres qu'il préférait, Barthes est invité à écrire un « Roland Barthes par lui-même ». Comment relever le défi ? Non pas en commentant son œuvre passée mais en la relisant, c'est-à-dire en la réécrivant. Il se dira dans et par cette réécriture : « Je ne dis pas : "Je vais me décrire", mais "J'écris un texte, et je l'appelle R. B." Je me passe de l'imitation (de la

description) et je me confie à la nomination. Ne sais-je pas que, *dans le champ du sujet, il n'y a pas de référent ?* »

Semblant pourtant sacrifier aux lois du genre, il ouvre son livre par un album de photos de famille, dont les légendes ambiguës, elliptiques, empêchent qu'elles soient celles d'une autobiographie classique. Dès ce début, le problème du sujet est donc posé : sujet de l'énonciation — « Tout ceci doit être considéré comme dit par un personnage de roman » — aussi bien que sujet de l'énoncé (écrit ou photographique) — « Mais je n'ai jamais ressemblé à cela. »

Le fragment devient alors l'instrument de la stratégie d'ensemble du livre : empêcher le portrait de se figer, le sujet de se constituer. Ayant choisi, l'ordre... alphabétique, pour organiser (?) ce patchwork savoureux de souvenirs d'enfance (présentés comme des « dictées »...) et de théories sémantiques, de notes de lecture et de passages d'auto-analyse, Barthes, à chaque instant, surprend et ravit. Usant tantôt du Je, tantôt du Il (celui qu'il est par rapport au Narrateur), il propose un autoportrait qui se lit « comme un roman », celui de l'imaginaire d'un écrivain, et non plus seulement d'un critique, et de son désir d'écriture.

[Méduse, ou l'araignée]

« J. Lacan a tenté de recentrer la théorie psychanalytique autour de la notion de phallus comme "signifiant du désir". Le complexe d'Œdipe [...] consiste en une dialectique dont les alternatives majeures sont : être ou ne pas être le phallus, l'avoir ou ne pas l'avoir. » (Laplanche et Pontalis, *Vocabulaire de la psychanalyse*).

Le mariage

Le rapport au Récit (à la représentation, à la *mimésis*) passe par l'œdipe, c'est connu. Mais il passe aussi, dans nos sociétés de masse, par un rapport au mariage. Plus
5 encore que le nombre des pièces de théâtre et des films dont l'adultère est le sujet, j'en vois le signe dans cette scène (pénible) d'interview (à la TV) : on interroge, on cuisine l'acteur J.D. sur ses rapports avec sa femme (elle-même comédienne) ; l'interviewer *a envie* que ce
10 bon mari soit infidèle ; cela l'excite, il *exige* un mot trouble, un germe de récit. Le mariage donne ainsi de grandes excitations collectives : si l'on supprimait l'œdipe

et le mariage, que nous resterait-il à *raconter* ? Eux
disparus, l'art populaire mutera de fond en comble.
15 (Lien de l'œdipe et du mariage : il s'agit de « l' » avoir
et de « le » transmettre.)

Un souvenir d'enfance

Lorsque j'étais enfant, nous habitions un quartier
appelé Marrac* ; ce quartier était plein de maisons en
20 construction dans les chantiers desquelles les enfants
jouaient ; de grands trous étaient creusés dans la terre
glaise pour servir de fondations aux maisons, et un jour
que nous avions joué dans l'un de ces trous, tous les
gosses remontèrent, sauf moi, qui ne le pus ; du sol, d'en
25 haut, ils me narguaient : perdu ! seul ! regardé ! exclu !
(être exclu, ce n'est pas être dehors, c'est être *seul dans le
trou*, enfermé à ciel ouvert : *forclos)* * ; j'ai vu alors
accourir ma mère ; elle me tira de là et m'emporta loin
des enfants, contre eux.

* Un quartier de Bayonne.

* Autre terme « emprunté » à
Lacan (la forclusion est le rejet
fondamental d'un signifiant
par ex. : le phallus en tant que
signifiant du complexe de castration).

30 Au petit matin

Fantasme du petit matin : toute ma vie, j'ai rêvé de me
lever tôt (désir de classe : se lever pour « penser », pour
écrire, non pour prendre le train de banlieue) ; mais ce
petit matin du fantasme, quand bien même je me lève-
5 rais, je ne le verrais jamais ; car pour qu'il fût conforme
à mon désir, il faudrait qu'à peine levé, sans perdre de
temps, je puisse le voir dans l'éveil, la conscience, l'accumulation de sensibilité qu'on a le soir. Comment être
dispos à volonté ? La limite de mon fantasme, c'est
10 toujours mon *in-disposition*.

Méduse

La Doxa, c'est l'opinion courante, le sens répété,
comme si de rien n'était. C'est Méduse : elle pétrifie ceux
qui la regardent. Cela veut dire qu'elle est *évidente*.
Est-elle vue ? Même pas : c'est une masse gélatineuse qui
colle au fond de la rétine. Le remède ? Adolescent, je me
baignai un jour à Malo-les-Bains, dans une mer froide,
infestée de méduses (par quelle aberration avoir accepté
ce bain ? Nous étions en groupe, ce qui justifie toutes les
lâchetés) ; il était si courant d'en sortir couvert de brûlu-
res et de cloques que la tenancière des cabines vous
tendait flegmatiquement un litre d'eau de Javel au sortir
du bain. De la même façon, on pourrait concevoir de
prendre un plaisir (retors) aux produits endoxaux de la

55 culture de masse, pourvu qu'au sortir d'un bain de cette culture, on vous tendît à chaque fois, comme si de rien n'était, un peu de discours détergent.

Reine et sœur des hideuses Gorgones, Méduse était d'une beauté rare, par l'éclat de sa chevelure. Neptune 60 l'ayant ravie et épousée dans un temple de Minerve, celle-ci la rendit repoussante et transforma ses cheveux en serpents.

(Il est vrai qu'il y a dans le discours de la Doxa d'anciennes beautés endormies, le souvenir d'une sagesse 65 somptueuse et fraîche autrefois ; et c'est bien Athéna, la déité sage, qui se venge en faisant de la Doxa une caricature de sagesse.)

Méduse, ou l'Araignée, c'est la castration. Elle me *sidère*. La sidération est produite par une scène que 70 j'écoute mais ne vois pas : mon écoute est frustrée de sa vision : je reste *derrière la porte*.

La Doxa parle, je l'entends, mais je ne suis pas dans son espace. Homme du paradoxe, comme tout écrivain, je suis *derrière la porte ;* je voudrais bien la passer, je 75 voudrais bien voir ce qui est dit, participer moi aussi à la scène communautaire ; je suis sans cesse *à l'écoute de ce dont je suis exclu ;* je suis en état de sidération, frappé, coupé de la popularité du langage.

La Doxa est oppressive, on le sait. Mais peut-elle être 80 répressive ? Lisons ce mot terrible d'une feuille révolutionnaire (*La Bouche de Fer*, 1790) : « ... il faut mettre au-dessus des trois pouvoirs un pouvoir censorial de surveillance et d'opinion, qui appartiendra à tous, que tous pourront exercer sans représentation. »

Roland Barthes par Roland Barthes, éd. du Seuil.

— **Théorie du récit, mythologies, psychanalyse : un livre d'idées ?** « Quoiqu'il soit fait apparemment d'une suite d'"idées", ce livre n'est pas le livre de ses idées : il est le livre du Moi, le livre de mes résistances à mes propres idées. » (Fragment « Le livre du moi »).
— « La pensée barthésienne [...] est dans le glissement et non pas dans les éléments entre lesquels la pensée glisse. » (Robbe-Grillet, *Prétexte R. Barthes.*)
— « Un souvenir d'enfance » : « Lorsque j'avais envie de raconter un souvenir d'enfance, il prenait malgré moi une certaine forme d'écriture, qui est en gros l'écriture scolaire [...] la forme de la dictée ou de la rédaction [...] Autour de certains de ces fragments, j'ai donc mis implicitement — mais j'espère que ça se verra quand même — des guillemets. » (Barthes.)

Roland Barthes, dessin (sans titre), 1975.

À cet autoportrait manquait, explicitement du moins, la dimension amoureuse, sinon affective. Avec *Fragments d'un discours amoureux* cette lacune est comblée. Reprenant à sa charge le langage « totalement inactuel » du discours amoureux, il en fait le portrait, et le sien par là même, dans une suite de textes qui combinent l'écriture de *S/Z* (puisque le texte de Barthes, montage de multiples citations, vient en paraphrase du *Werther* de Gœthe) et le principe d'organisation alphabétique du livre précédent. Au travers de ces fragments, c'est toute une histoire qui se raconte, celle de l'amour, de la passion toujours malheureuse, et celle de l'écriture comme catharsis de ce malheur.

N'est-ce pas aussi cette même fonction de catharsis qu'il convient d'attribuer à l'entreprise de *La Chambre claire* (1980), son dernier livre ? De cet ouvrage, visiblement de commande (mais Barthes affirmait n'avoir jamais écrit que « sur commande »), où il devait traiter d'un sujet à la mode : la photographie, il fait une

bouleversante méditation sur le Temps et sur la Mort. C'est qu'entre temps Barthes a perdu sa mère, qui tenait tant de place dans le *Roland Barthes par Roland Barthes* comme dans sa vie. La réflexion sur la photographie n'est jamais réflexion générale, mais discours morcelé (même si l'allure du fragment est abandonnée au profit de séquences plus régulières) à partir d'une photographie jamais reproduite dans le livre : celle de sa mère à cinq ans « dans un jardin d'hiver au plafond vitré ». La découverte de cette photo joue pour l'écrivain le même rôle que les sensations de l'Hôtel de Guermantes (le pavé inégal, etc.) pour le narrateur proustien : « Je décidai alors de "sortir" toute la Photographie (sa "nature") de la seule photo qui existât assurément pour moi et de la prendre en quelque sorte pour guide de ma dernière recherche. » C'est bien au sens proustien qu'il convient de considérer la « recherche » de Barthes : recherche non d'un savoir mais d'une écriture, recherche d'une vérité ; mais d'une vérité « pour moi » (et la Bibliographie fait se rejoindre Lacan et Valéry, Sartre et Proust, les « deux côtés » de Barthes) : « J'ai été photographié mille fois ; mais si ces mille photographes ont chacun "raté" mon air (et peut-être, après tout, n'en ai-je pas ?), mon effigie perpétuera (le temps, au reste limité, que dure le papier) mon identité, non ma valeur. Appliqué à qui on aime, ce risque est déchirant : je puis être frustré à vie de l'"image vraie". Puisque ni Nadar ni Avedon n'ont photographié ma mère, la survie de cette image a tenu au hasard d'une vue prise par un photographe de campagne, qui, médiateur indifférent, mort lui-même depuis, ne savait pas que ce qu'il fixait, c'était la vérité — la vérité pour moi. »

Le caractère poignant de ce livre sur la mort se double de ce que nous savons, en le lisant, que c'est le livre de quelqu'un qui va mourir, son testament. Dans le même temps, cet ouvrage marque chez Barthes la conquête d'une essentielle simplicité, celle d'un écrivain parvenu à cette maîtrise du style telle qu'il la définissait dans *Le Degré zéro de l'écriture* : « La langue est donc en deçà de la Littérature. Le style est presque au-delà : des images, un débit, un lexique naissent du corps et du passé de l'écrivain et deviennent peu à peu les automatismes de son art. »

Marguerite Duras

On sait que Marguerite **Duras** fait commencer son existence d'écrivain en 1958 avec *Moderato cantabile*. Une nouvelle étape de cette existence s'accomplit dix ans plus tard avec *Détruire dit-elle* (1969), livre « issu » de la « révolution » de mai 68 — et film, le premier qu'elle réalise seule (puisque *La Musica,* en 1966, avait été co-réalisé avec Paul Seban). Une nouvelle impulsion est alors donnée à une œuvre où la sensibilité de toute une décennie va se reconnaître, œuvre multiforme (romans, pièces, films) pour aboutir en 1973 et 1975 à *India Song* qui couronne toute cette période en même temps qu'il fait de Duras une cinéaste plutôt qu'une romancière (mais cette distinction, nous le verrons, perd de sa pertinence). Plus récemment s'est affirmée une autre Duras, la journaliste qu'elle a toujours été (articles recueillis dans *Outside,* 1981) qui élève le journalisme à la dignité de l'écriture (*L'Été 80* et *Les Yeux verts*).

L'un des personnages de *Détruire dit-elle* déclare : « Je ne vois pas ce que vous pourriez raconter sur elle... C'est vrai que maintenant on ne raconte plus rien dans les romans... » Cette phrase constitue évidemment un clin d'œil au lecteur et une revendication de l'écrivain : les romans de Duras *racontent* de moins en moins. A l'allusion, au sous-entendu, au décalage qui caractérisaient ses romans précédents, succèdent peu à peu le blanc, le silence. Silences dont l'importance est extrême, à la fois parce qu'ils mettent en valeur le mot qu'ils isolent, et parce qu'ils provoquent l'activité du lecteur/spectateur, incité non pas à rétablir la syntaxe traditionnelle mais à laisser son imagination et sa mémoire écrire à son tour le texte : « c'est pareil, le spectateur ou l'auteur ». Mots qui sont aussi bien paroles de personnages que notations de décors ou de mouvements : le texte de Duras s'apparente de plus en plus à un découpage cinématographique, et c'est peut-être là l'une des raisons de son retentissement : texte contemporain, simple et multiple, comme stéréophonique, qui donne à voir et à entendre à partir d'un travail sur les voix.

Le texte devient un tissu jamais vraiment constitué, tissu troué, indéfiniment ouvert. En supprimant de son écriture ceci vaut pour le film aussi bien que pour le livre) tout ce qui relève du « bavardage » (explications, psychologie, réflexions, charnières de tous ordres), en donnant la primauté à « la chose la moins énoncée sur la chose énoncée », Duras atteint à une écriture poétique, quasi-musicale, qui ne se soucie ni de la logique, ni du sens : « Je ne m'occupe jamais du sens, de la signification. S'il y a sens, il se dégage après. » Il s'agit là, notons-le, d'une écriture quasi-automatique : à partir de *Détruire,* chaque livre s'écrit en quelques jours, chaque film se tourne en quelques semaines, dans un état d'angoisse et de crise.

Cette écriture du silence c'est l'écriture de la femme, liée à son désir propre : « La femme, c'est le désir. On n'écrit pas du tout au même endroit que les hommes. Et quand les femmes n'écrivent pas dans le lieu du désir, elles n'écrivent pas, elles sont dans le plagiat. » Ces phrases (extraites des *Parleuses,* entretiens avec Xavière Gauthier, 1975) pourraient faire croire que la parole de Duras est une « parole de femme » ; et s'il est vrai qu'elle s'est retrouvée pour un temps aux côtés des militantes féministes et des tenantes d'une écriture spécifiquement féminine, on ne saurait réduire son œuvre à l'illustration de ce point de vue (qui s'est le plus précisé-ment traduit dans *Nathalie Granger,* livre et film, 1972 et 1973). Elle ne coïncide avec lui que dans la mesure où il incarne la révolution, l'espoir d'une transformation sociale, que Duras, après une expérience malheureuse dans les rangs du parti communiste, croira retrouver en mai 68 : « Je crois à l'utopie politique [...] Il n'y a qu'à tenter des choses, même si elles sont faites pour échouer. Même échouées, ce sont les seules qui font avancer l'esprit révolutionnaire. » (*Le Camion,* suivi de « Entretiens avec Michelle Porte », 1979).

Étant subversif, le désir ne peut réellement s'exprimer que dans une forme nouvelle, il est une forme nouvelle. C'est en ce sens que *Détruire* marque une date importante dans l'histoire de cette écriture. En même temps qu'il raconte la découverte par Élisabeth de ces nouvelles modalités du désir dont est porteur le trio Alissa—Max Thor son mari—Stein son amant, et son accès virtuel à ce nouveau monde qui passe par la destruction de l'ancien (le couple, la fidélité dans l'amour), ce livre est celui où s'impose la déconstruction — logique, chronologique, syntaxique — et où le silence conquiert son espace.

[Détruire, dit-elle]

Stein repasse et adresse un bref salut à Max Thor.
Alissa regarde très attentivement Stein.
— C'est un nommé Stein. Quelquefois nous parlons.
Les premiers couples commencent à sortir. Alissa ne les voit pas.
— Stein, dit Max Thor. Un juif aussi.
— Stein.
— Oui.
Alissa regarde vers les baies.
— C'est vrai que cet hôtel est agréable, dit-elle. A cause de ce parc surtout.
Elle écoute. — Où est le tennis ?
— En bas, il touche presque l'hôtel.
Alissa s'immobilise.
— Il y a la forêt.

Alissa a rejoint son mari Max Thor (qui s'est lié avec Stein) à l'hôtel où se repose également Élisabeth Alione dont le mari et la fille viennent d'arriver.

Elle la regarde, ne regarde que la forêt tout à coup.
— Oui.
— Elle est dangereuse ? demanda-t-elle.
— Oui. Comment le sais-tu ?
20 — Je la regarde, dit-elle, je la vois.
Elle réfléchit, les yeux toujours au-delà du parc, vers la forêt.
— Pourquoi est-elle dangereuse ? demande-t-elle.
— Comme toi, je ne sais pas. Pourquoi ?
25 — Parce qu'ils en ont peur, dit Alissa.
Elle s'adosse à sa chaise, le regarde, le regarde.
— Je n'ai plus faim, dit-elle.
La voix a changé tout à coup. Elle s'est assourdie.
— Je suis profondément heureux que tu sois là.
30 Elle se retourne. Son regard revient. Lentement.
— Détruire, dit-elle.
Il lui sourit.
— Oui. Nous allons monter dans la chambre avant d'aller dans le parc.
35 — Oui.
Élisabeth Alione pleure en silence. Ce n'est pas une scène. L'homme a frappé sur la table légèrement. Personne ne peut voir qu'elle pleure, excepté lui qui ne la regarde pas.
40 — Je n'ai fait la connaissance de personne. Sauf de ce Stein.
— Le mot « heureux » t'a échappé tout à l'heure ?
— Non... je ne crois pas.
— Heureux dans cet hôtel. Heureux, c'est curieux.
45 — Je suis moi-même un peu surpris. Élisabeth Alione pleure d'envie de partir de l'hôtel. Lui ne veut pas. La petite fille s'est levée et elle est allée dans le parc.
— Pourquoi cette femme pleure-t-elle ? demande doucement Alissa. Cette femme derrière moi ?
50 — Comment le sais-tu ? crie Max Thor.
Personne ne se retourne.
Alissa cherche. Et elle lui fait signe qu'elle ne sait pas. Max Thor est de nouveau calme.
— La chose arrive fréquemment lorsqu'il y a des
55 visites, dit-il.
Elle le regarde.
— Tu es fatigué.
Il sourit.
— Je ne dors pas.
60 Elle ne s'étonne pas. La voix s'assourdit encore.
— Quelquefois, le silence peut empêcher de dormir, la forêt, le silence ?

— Peut-être, oui.
— La chambre d'hôtel ?
65 — Aussi, oui.
La voix est maintenant presque imperceptible. Les yeux
d'Alissa sont immenses, profondément bleus.
— C'est une idée, de rester quelques jours, dit-elle.
Elle se lève. Elle titube. Il n'y a plus qu'Élisabeth et son
70 mari dans la salle à manger. Stein est revenu.
— Je vais dans le parc, murmure Alissa
Max Thor se lève. Il rencontre Stein dans l'entrée de
l'hôtel. Il est illuminé de bonheur.
— Vous ne m'aviez pas dit qu'Alissa était folle, dit
75 Stein.
— Je ne le savais pas, dit Max Thor.

Marguerite Duras, *Détruire dit-elle,* éd. de Minuit.

— **Des personnages contradictoires (20-30, 40-45), étrangers à eux-mêmes (45) et
sensibles aux autres (49).** Gestes isolés, questions sans réponse (« je ne sais pas ») ;
la folie comme valeur (72-76).

— Notations de voix et surtout de regards. Langue très simple. Le mystère est
ailleurs (la forêt, les silences, les ruptures).

— « Il faut aimer pour détruire, et celui qui pourrait détruire par un mouvement
d'aimer ne blesserait pas, ne détruirait pas, donnerait seulement. » (Maurice
Blanchot, « Détruire », in *Marguerite Duras.*)

Marguerite Duras, Agatha et les lectures illimitées, *1981 : Y. Andrea, B. Ogier.*

Cette expérience d'écriture se radicalise dans *L'Amour* (1971) : les personnages n'ont plus de nom, les pronoms personnels passent d'une silhouette à l'autre, le lieu devient mythique : la plage, la digue, la prison, la ville. Duras simplifie jusqu'à l'épure une situation issue du *Ravissement de Lol V. Stein* (1964) et du *Vice-Consul* (1966) qui en constituait comme la suite. Là réside sans doute une autre raison du succès de son œuvre : en reprenant non seulement les mêmes thèmes, mais aussi les mêmes personnages, les mêmes lieux, elle développe des cycles (cycle de l'Indochine depuis *Barrage contre le Pacifique*, 1958, jusqu'à *L'Eden cinéma*, 1977 ; cycle de l'Inde : aux trois titres déjà indiqués il faut ajouter *La Femme du Gange*, 1973, *India Song*, *Son nom de Venise dans Calcutta désert*, 1976) dont chaque livre ou film prolonge, détruit, dépasse le livre ou film antérieur. Se crée alors un monde familier où le lecteur, l'initié, se retrouve en retrouvant ces noms devenus d'autant plus magiques que chacun fait résonner les voix de l'auteur et des acteurs (Delphine Seyrig, Michel Lonsdale, etc.) qui les ont si souvent prononcés. Ce système d'échos constitue un puissant adjuvant dans le travail sur les blancs et les silences : le texte est à lui-même sa propre mémoire et chaque mot, déjà prononcé, déjà entendu, est porteur de tout l'univers durassien.

C'est ainsi que s'élabore le texte « modèle » d'*India Song* (œuvre qui lui fait retrouver le public qu'elle avait séduit avec le scénario d'*Hiroshima mon amour*, le film d'Alain Resnais en 1958). *India Song* « texte théâtre film » met en scène précisément la mémoire de l'histoire racontée autrement dans *Le Vice-Consul*, celle du désir impossible du Vice-Consul, chassé de Lahore, pour Anne-Marie Stretter entourée de Michael Richardson (qu'elle avait « ravi » à Lol V. Stein) et d'autres hommes, mais aussi l'histoire parallèle de la mendiante venue à pied à Calcutta depuis la lointaine Indochine, établissant ainsi un lien entre les deux grands cycles. Les événements sont abolis, gommés au profit de leur retentissement dans les consciences et les mémoires de deux voix qui commentent l'action, se la remémorant comme une très ancienne légende, en un texte polyphonique lu-reçu comme un morceau de musique.

[Son nom de Venise dans Calcutta désert]

Le Vice-consul, déplacé de Lahore à Calcutta, est amoureux d'Anne-Marie Stretter. Ils viennent de se regarder en silence. Puis il s'est éloigné. La scène se déroule durant une réception à l'Ambassade.

* Voix 2 : *cf.* plus bas dans l'encadré.

10

* Les trois corps : ceux d'Anne-Marie, de Michael l'amant, et d'un deuxième homme, immobile près d'eux.

Silence.

Immobilité.
Sanglots lointains du Vice-consul.
Silence de nouveau.
5 Dans le jardin la lumière s'obscurcit encore une fois, se plombe.
Aucun vent dans le jardin désert.
VOIX 2* *(peur, très bas)*
LE BRUIT DE VOTRE CŒUR ME FAIT
PEUR...

Silence.

Encore un mouvement dans la masse immobile des trois corps endormis* : c'est la main de Michael Richard-

son qui va vers le corps de la femme, le caresse, et reste là,
15 posée.
Michael Richardson ne dormait pas.
La lumière s'obscurcit encore.
Désir, épouvante de la « voix » 2.
            VOIX 2
20   Votre cœur, si jeune, d'enfant...
                        Pas de réponse.
                        Silence.
        VOIX 2
    Où êtes-vous ?
25   *Pas de réponse.*
                        Silence.
Cris au loin : ceux du Vice-consul. Cris de désespoir.
Déchirants, obscènes.
            VOIX 1 *(lointaine)*
30   Que crie-t-il ?
            VOIX 2
        Son nom de Venise
        dans Calcutta désert.*
                        Silence.
35 Les cris s'éloignent.
Ils disparaissent.
LA VOIX DEUXIÈME, d'une traite, dans la peur, récite le
crime, le crime de Lahore :
            VOIX 2 *(bas)*
40   « Il avait tiré à Lahore. De son bal-
        con,
        une nuit, à Lahore, il avait tiré sur les
        lépreux des jardins de Shalimar. »
                        Silence.
45 Douceur, calme douceur de la VOIX UNE :
            VOIX 1
        Ne supportait pas.
            VOIX 2
        Non.
50   VOIX 1
        Les Indes, ne supportait pas ?
            VOIX 2
        Non.
            VOIX 1
55   Quoi, des Indes ?
            VOIX 2
        L'idée.
                        Silence.
L'obscurité augmente. On distingue de moins en moins
60 les corps sous le ventilateur qui tourne toujours dans le

* Son nom de Venise : elle est
vénitienne par sa mère *(cf. Le
Vice-Consul)* :   Anna-Maria
Guardi. En 1976 Duras donnera
cette phrase comme titre à un film
où elle utilise la même bande-son
sur des images différentes.

lent miroitement de ses ailes.

On ne les distingue plus les uns des autres.

Silence.

Marguerite Duras, *India Song,* éd. Gallimard.

— « Les voix 1 et 2 sont des voix de *femmes.* Ces voix sont jeunes. Elles sont liées entre elles par une histoire d'amour. Quelquefois elles parlent de cet amour, le leur. La plupart du temps elles parlent de l'autre amour, de l'autre histoire [...] La voix 1 se brûle à l'histoire d'Anne-Marie Stretter. Et la voix 2 se brûle à sa passion pour la voix 1 » (Duras.)

— Stéréophonie des voix et des lieux : 3 espaces, celui des Voix, celui des Personnages, celui du Récit. Importance des décalages et du silence. Sans oublier la musique : le tango *India Song,* et, dans cette scène, la 14e variation sur un thème de Diabelli, de Beethoven (*cf.* Butor, p. 177).

— « Comme si l'écriture mettait en scène, sur un fond fascinant d'absence, des semblants de phrases, des restes de langage, des imitations de pensées, des simulations d'être [...] oubli qui ne suppose rien d'oublié et qui est détaché de toute mémoire. » (M. Blanchot.)

Dans l'écriture cinématographique, Duras trouve la justification de sa recherche d'écrivain : « On est toujours débordé par l'écrit, par le langage, quand on traduit en écrit ; ce n'est pas possible de tout rendre, de rendre compte de tout. Alors que dans l'image, vous écrivez tout à fait, tout l'espace filmé est écrit, c'est au centuple l'espace du livre. » Depuis *India Song,* elle s'est consacrée surtout au cinéma, réalisant un ou deux films par an : *Baxter, Vera Baxter* (1976), *Son nom de Venise* (1976), *Des journées entières dans les arbres* (1976), *Le Camion* (1977), *Le Navire Night* (1978), *Césarée* (1979), *Les Mains négatives* (1979), les deux *Aurélia Steiner* (1979) (peut-être le début d'un nouveau cycle, celui du judaisme et de la mémoire des camps de concentration), puis *Agatha* (1981) et *L'Homme atlantique* (1981) qui marque peut-être le terme — provisoire ? — de la production filmique de Duras qui déclare à son propos : « Le cinéma n'est qu'un leurre, seule demeure la chose écrite. » De tous ces films nous isolerons *Le Camion* dans lequel Duras elle-même dit le texte « au conditionnel » à un auditeur-spectateur (Gérard Depardieu) ; ce serait l'histoire d'une femme, une auto-stoppeuse qui « vit un amour d'ordre général [...] Elle ne recherche aucun sens à sa vie. Je découvre en elle une joie d'exister sans recherche de

sens. Une régression véritable, en cours, en progrès, fondamentale. Le seul recours étant ici cette connaissance décisive de l'inexistence du recours ».

La plupart de ces films ont donné lieu à la publication d'un texte correspondant. Très récemment, Duras a renoué cependant avec une forme d'écriture plus immédiate pour deux expériences également passionnantes. La première est la rédaction, à elle seule, d'un numéro spécial des *Cahiers du Cinéma* (Juin 80) intitulé « Les Yeux verts », à l'occasion de la sortie d'*Aurélia Steiner.* C'est un fascinant autoportrait en dérive où se mêlent et se répondent textes sur le cinéma, photos de films, photos de Duras à différents âges, lettres, articles, réflexions, qui font entendre sa voix, voix désespérée, voix chaleureuse.

Voix que l'on retrouve dans *L'Été 80,* série d'articles écrits pour le journal *Libération,* à raison d'une chronique par semaine pendant trois mois. Duras y réussit la fusion du politique et du quotidien avec ses thèmes les plus constants (la folie, le désir, la peur, la solitude). Dans un va-et-vient entre la lecture des journaux et l'observation de la plage et de la mer qu'elle voit de sa fenêtre, elle se dit encore une fois, autrement que dans « Les Yeux verts », plus simplement mais avec une intensité encore plus vibrante.

Ph. © Coll. Gamma.

Marguerite Duras avec sa mère et ses deux frères, Saïgon, vers 1920.

[La clarté de la nuit]

Oui, la chaleur est là, de nuit, de jour, de nuit moins oppressante. Des couples passent sous les réverbères du chemin de planches, la plage est très claire, dans les halos des réverbères, presque blanche, la clarté de la nuit est presque aussi intense que là-bas* où je suis née, et du côté du Havre les quais vides sont encore les chemins de douane des postes-frontières du Siam. Toute la ville est ouverte sur la chaleur. Il n'y a pas du tout de vent, même au bord de la mer. Elle est basse, loin, on devine l'étendue mate des sables, on entend à peine le halètement de la retombée des vagues, dans le silence de loin en loin, son souffle. Je regarde. Et tandis que je regarde voici que la plage me porte vers la lecture brûlante d'un livre passé. Cette lecture se referme, c'est une plaie douloureuse, encore, presque insupportable. Toujours cette ligne droite des pétroliers dans l'axe d'Antifer*. Entre eux et nous c'est la baie de la Seine, il y a beaucoup de bateaux de

Extrait du quatrième article. Il vient d'être question de l'enterrement du Chah d'Iran au Caire...

* L'ancienne Indochine.

* Le nouveau port pétrolier du Havre. Le texte est écrit à Trouville.

pêche, on entend le bruit des moteurs et celui de l'eau remuée, les rires et les appels des pêcheurs du Gange. Les
20 couples passent et repassent, ils regardent tous vers la mer, vers cette zone passante de la baie. Quelquefois ils quittent le chemin de planches, ils vont vers les sables de la marée basse, on les perd de vue, le chemin de planches reste évident sous la lumière. De nouveau, le livre*, cette
25 brûlure de la lecture du livre, je vois les pages et je vois aussi la chambre décrite, le printemps froid, les fenêtres ouvertes sur un parc, une avenue, les ombres glissantes du soir, bleues, qui pénètrent dans la chambre, et je vois qu'ils se regardent à perte de vue sans pouvoir défaire
30 leurs yeux de leurs yeux, sans un geste alors qu'ils ne se sont jamais touchés, sans un mot alors qu'ils ne se sont jamais dit qu'ils s'aimaient, je vois qu'ils sont enfermés dans cette maison de Vienne après la mort du père, depuis des mois, je vois qu'ils sont frère et sœur, que leur
35 marche, leurs yeux sont pareils, leur corps, qu'ils font attention dans la ville pour qu'on ne devine pas, et je vois que rien ne se passera jamais, rien, pour faire que cet amour puisse enfin mourir. Le livre n'est pas terminé. La fin n'a pas été écrite, elle n'a jamais été trouvée. Elle
40 n'aurait jamais été trouvée. La fin mortelle du livre n'existait pas, n'existe pas. Le supplice est sans fin. La fin est à toutes les pages du livre. L'auteur est mort. Le livre est là tout à coup, dans un isolement effrayant, éternisé dans la brutalité de son arrêt. Puis il se referme.

Marguerite Duras, *L'Été 80,* éd. de Minuit.

* Il s'agit sans doute de *L'Homme sans qualités* de Musil (cf. *Lit. 45,* p. 718) dont l'héroïne se nomme Agatha ; ce prénom sera le titre d'un film de Duras sur un frère et une sœur et leur situation, comparable à celle du livre de Musil.

— **Unité thématique du vu et du lu : chaleur/brûlure (1, 25) ; du présent, du passé (7) et de l'imaginaire (20-29).**
— **Écriture incantatoire : la répétition (2-4, 1-8, 18-19), « je vois », (25-36). Une parole pleine, en contraste avec celle des livres précédents.**
— **« Le caractère même de *L'Été 80,* à savoir, m'a-t-il semblé, celui d'un égarement dans le réel. » (M. Duras.)**

Choix bibliographique :

Roland Barthes, *Le Grain de la voix,* Entretiens 1962-1980, Seuil.
Roland Barthes, « Tel Quel », numéro spécial 1971.
Prétexte : Roland Barthes, Cerisy, 1977, coll. 10/18.
L.-J. Calvet, *Roland Barthes, un regard politique sur le signe,* Payot.

Roland Barthes, « Poétique », septembre 1981.
Marguerite Duras (ouvrage collectif sur Duras et *India Song*), éd. Albatros.
A. Vircondelet, *Marguerite Duras,* « Écrivains d'hier et d'aujourd'hui », Seghers.
M. Marini, *Territoires du féminin, avec Marguerite Duras,* éd. de Minuit.

Chapitre XII

Trois romanciers actuels

Pour clore ce panorama des actualités, Modiano, Le Clézio, Perec. Trois romanciers à succès, à prix littéraires, et qui pourtant représentent, chacun à sa manière, une littérature inquiète et différente, une littérature qui se cherche. Tous trois peuvent passer, passent, pour des romanciers réalistes : on peut lire Modiano pour le charme nostalgique de l'évocation des années 40, Le Clézio parce qu'il chante la beauté naturelle des civilisations primitives, Perec pour la vie multiple et foisonnante de son univers.

Cette approche, qui n'est pas fausse, serait incomplète, comme celle qui, voyant en *Madame Bovary* l'histoire pathétique d'une petite bourgeoise de province, manquerait toute la dimension critique du roman. Il ne faudrait pas que la parfaite lisibilité de ces trois écrivains obscurcisse l'aspect problématique de leurs œuvres. S'ils n'ont pas appartenu à ce qu'il était convenu d'appeler les avant-gardes, ils n'ignorent rien des remous et des recherches qui ont traversé le champ de la littérature dans les quinze dernières années. Simplement, ce sont là des écrivains solitaires (c'est moins vrai de Perec, qui appartient au groupe de l'*Oulipo*[1], dont l'influence, longtemps souterraine, révèle peu à peu de son importance) dont la démarche originale mérite qu'on s'y arrête. Dans leurs œuvres, s'accomplit, par des médiations parfois difficiles à repérer, le renouvellement d'une littérature vivante.

Patrick Modiano

Peu d'auteurs plus fêtés du public, plus couronnés des jurys que Patrick **Modiano**. De 1968 à 1978, cinq romans : *La Place de l'Étoile* (1968), prix Roger Nimier, *La Ronde de nuit* (1969), *Les Boulevards de ceinture* (1972), grand prix du roman de l'Académie française, *Villa triste* (1975), enfin *Rue des boutiques obscures* (1978), prix Goncourt. A cet ensemble vient s'adjoindre le texte de *La-* *combe Lucien* (1975) qui, réalisé par Louis Malle, devient l'un des films emblématiques de la décennie. Cette constance dans le succès procède pour une part d'un malentendu lié à la mode « rétro », mais elle s'inscrit aussi dans un projet littéraire qui concilie le souci de lisibilité avec les recherches d'écriture. Raphaël Schlemilovitch, l'insaisissable narrateur de *La Place de l'Étoile*, ne déclarait-il pas : « Pour ma

---

1. Oulipo : Ouvroir de Littérature Potentielle : rencontre d'écrivains (Queneau, Roubaud, Perec, etc.) qui explorent les possibilités qu'offre à la création littéraire l'obéissance à des principes formels (cf. *Lit.45, p. 395*).

part, j'ai décidé d'être le plus grand écrivain juif français, après Montaigne, Marcel Proust et Louis-Ferdinand Céline.» La bouffonnerie du propos n'exclut pas quelque sincérité : Patrick Modiano, à visage découvert dans l'autobiographique *Livret de famille* (1977), se souvient de son côté : « J'avais dix-sept ans et il ne me restait qu'à devenir un écrivain français.» De fait, après un premier roman qui faisait du pastiche un usage explosif, Modiano semblerait s'être conformé à l'idéal classique de « l'écrivain français». Il en a toutes les vertus : simplicité de l'intrigue, sobriété et tenue de l'écriture, linéarité et briéveté du récit.

Si l'on met à part *Villa triste*, indirecte évocation de la Guerre d'Algérie vue des rives pacifiques d'un lac (Evian ou Annecy ?), les cinq premiers romans de Modiano s'attachent à recréer le climat des années de l'Occupation : n'étant pas alors seulement né, il ne les a pas connues, mais elles constituent pour lui une sorte de préhistoire. Dans *La Ronde de nuit* un jeune français, doublement traître et littéralement dédoublé, s'introduit à la fois dans la Gestapo et dans un réseau de Résistance. Dans *Les Boulevards de ceinture,* un fils, parti à la recherche de son père disparu, le retrouve vers 1942, au milieu des trafiquants de marché noir, collaborateurs-escrocs, déclassés offrant leurs services à l'occupant. Dans *Lacombe Lucien,* un jeune paysan assez fruste va travailler tranquillement dans la police allemande avant de sauver par amour une jeune juive, ce qui ne l'empêchera pas d'être fusillé à la Libération. Enfin, dans *Rue des boutiques obscures,* un amnésique enquête sur un disparu qui pourrait bien être lui-même et auquel il finira par s'identifier : interrogeant émigrés russes et réfugiés apatrides sans état civil bien net, il croit retrouver le souvenir d'un passage manqué de la frontière, près de Mégève en 1940. De ces romans, toujours racontés à la première personne du singulier selon le mode rétrospectif du retour en arrière, on peut certes faire une lecture réaliste et, si l'on ne s'inquiète pas de la récurrence obsessionnelle des thèmes, s'émerveiller du

pouvoir qu'a Modiano de faire resurgir le temps passé, de la virtuosité qu'il déploie dans les jeux de la mémoire et les effets de la nostalgie.

Histoires des années 40, qualité d'écriture des années 30, Modiano serait-il donc lui-même un auteur « rétro », anachronique en ces années 70 ? N'est-il pas plutôt, comme la plupart de ses héros, un « agent double» qui trahit la tradition avec la modernité, et la modernité avec la tradition ? La lecture réaliste de ces romans ne résiste guère à l'accumulation des contradictions et des erreurs apparentes. Une chronologie d'abord rassurante se voit peu à peu perturbée, et le narrateur, dans ses jeux de remémoration, se retrouve dans l'étrange situation de Schlemilovitch qui, né en 1940, est aussi à cette même date un jeune homme de vingt ans. La mémoire hésite et fabule. L'identité, toujours poursuivie, se dérobe toujours dans les méandres du dédoublement, de l'amnésie, de l'exil et de la trahison. Dans une dérive sournoise, les personnages glissent vers l'inconsistance et l'évanescence, condamnés à se volatiliser ou à n'être plus que « cette buée qui recouvrait les vitres, cette buée tenace qu'on ne parvenait pas à effacer de la main ». Cette dérive atteint aussi bien le « Je » de l'énonciation que le temps du récit, et ces romans voient se mimer et se miner ces deux grandes catégories du roman proustien.

Romans d'un piège ou d'une poursuite, impliquant toujours un chasseur, son gibier et la mort, ces romans sont des romans piégés. Comme on l'a dit avec esprit, « le deux fois double jeu : Morand réécrivant *Dans le labyrinthe* de Robbe-Grillet ». En effet le jeu de la parodie et du pastiche, ostentatoire dans *La Place de l'Étoile,* est devenu implicite et sous-jacent dans les autres récits : il n'en est que plus efficace en conférant à l'énonciation un subtil décalage qui fait trembler ou se troubler tous les « clichés », qu'il s'agisse paraphrases de Drieu, Morand, Maurois, ou des romans de série noire, ou de magazines démodés. *Rue des boutiques obscures,* puzzle de fragments qui ne s'emboîtent pas et dont le titre désigne l'élément manquant, sera lu, selon les lecteurs, « à travers » le *Siegfried* de Giraudoux, ou « à travers » les romans de Hammett ou de Chandler qui mettent en scène des « privés » aussi tenaces que le détective amnésique, nouvel Œdipe inventé par Modiano. Il est difficile de ne pas voir dans *La Ronde de nuit* une référence insistante à la littérature de la Collaboration comme à la littérature de la Résistance, à Maurice Sachs comme à Roger Vailland, et aussi une sorte de défi adressé, par-delà la mort, à Drieu La Rochelle, dont la nouvelle « L'Agent double » est sans doute à l'origine de ce roman.

[Agent double ? ou triple ?]

« A quoi pensez-vous, Lamballe ? — Aux mouches, mon lieutenant.* » Quelquefois, il me retenait dans son bureau pour que nous ayons un « petit tête-à-tête ». « Vous commettrez cet attentat. J'ai confiance en vous,
5 Lamballe.» Il prenait un ton autoritaire et me fixait de ses yeux bleu-noir. Lui dire la vérité ? Laquelle au juste ? Agent double ? ou triple ? Je ne savais plus qui j'étais. Mon lieutenant, JE N'EXISTE PAS. Je n'ai jamais eu de carte d'identité. Il jugerait cette distraction inadmissible
10 à une époque où l'on devait se raidir et montrer un caractère exceptionnel. Un soir, je me trouvais seul avec lui. Ma fatigue rongeait, comme un rat, tout ce qui m'entourait. Les murs me semblèrent brusquement tendus de velours sombre, une brume envahissait la pièce,
15 estompant le contour des meubles : le bureau, les chaises, l'armoire normande. Il demanda : « Quoi de neuf, Lamballe ? » d'une voix lointaine qui me surprit. Le lieutenant me fixait comme d'habitude mais ses yeux avaient perdu leur éclat métallique. Il se tenait derrière le bureau,
20 la tête inclinée du côté droit, sa joue touchant presque son épaule dans une attitude pensive et découragée que j'avais vue à certains anges florentins. Il répéta : « Quoi de neuf, Lamballe ? » du ton avec lequel il aurait dit : « Vraiment, cela n'a pas d'importance », et son regard s'appesantit
25 sur moi. Un regard chargé d'une telle douceur, d'une telle tristesse que j'eus l'impression que le lieutenant Dominique avait tout compris et me pardonnait : mon rôle d'agent double (ou triple), mon désarroi de me sentir aussi fragile, dans la tempête, qu'un fétu de paille, et le
30 mal que je commettais par lâcheté ou inadvertance. Pour la première fois, on s'intéressait à mon cas. Cette mansuétude me bouleversait. Je cherchais en vain quelques

Le narrateur fait la navette en métro entre Passy (groupe de trafiquants et de police parallèle collaborant avec les allemands) et Sèvres-Lecourbe (réseau de résistants). Il se nomme Swing Troubadour pour les collaborateurs, Lamballe pour les résistants. Il est chargé par les uns d'infiltrer les autres, et réciproquement.

* Le lieutenant Dominique, saint-cyrien, chef du réseau des chevaliers de l'ombre.

mots de remerciement. Les yeux du lieutenant étaient de plus en plus tendres, les aspérités de son visage avaient
35 disparu. Son buste s'affaissait. Bientôt il ne resta de tant de morgue et d'énergie qu'une très vieille maman indulgente et lasse. Le tumulte du monde extérieur venait se briser contre les murs de velours. Nous glissions au travers d'une pénombre ouatée jusqu'à des profondeurs
40 où personne ne troublerait notre sommeil. Paris sombrait avec nous. De la cabine, je voyais le faisceau lumineux de la tour Eiffel : un phare qui indiquait que nous étions à proximité de la côte. Nous n'y aborderions jamais. Aucune importance. « Il faut dormir, mon petit, me
45 murmurait le lieutenant. DORMIR. » Ses yeux jetaient une dernière lueur dans les ténèbres. DORMIR. « A quoi pensez-vous, Lamballe ? » Il me secoue par les épaules. D'un ton martial : « Tenez-vous prêt pour cet attentat.* Le sort du réseau est entre vos mains. Ne fléchissez pas. » Il
50 arpente la pièce nerveusement. Les choses ont repris leur dureté coutumière. « Du cran, Lamballe. Je compte sur vous. » Le métro s'ébranle. Cambronne - La Motte-Picquet — Dupleix - Grenelle - Passy. Neuf heures du soir., Je retrouvais, à l'angle des rues Franklin et Vineuse,
55 la Bentley blanche, que le Khédive* me prêtait en récompense de mes services.

Patrick Modiano, *La Ronde de nuit,* éd. Gallimard

* Tuer les deux chefs du service de police parallèle, le Khédive et M. Philibert.

* Henri Normand, dit le Khédive (marque de cigarettes égyptiennes) est un ancien repris de justice.

— **Narration rétrospective au régime variable : de l'itératif (2) au singulatif (11) ; de la scène réaliste (1-19) à la dérive onirique (25-47) raccordée à la reprise de la scène (47-56). Narrateur au statut incertain : est-il mort ou vivant ? Récit contemporain des événements ou récit autobiographique ?**
— **Parodie discrète de la littérature héroïque (4, 7, 47-52) ; vision grotesque (36) ; emphase ironique (22, 32) ; clair-obscur de cette « ronde de nuit ».**
— **L'Agent double : cf. Drieu, Nimier, G. Greene, Le Carré, Volkoff. « Pourquoi m'étais-je identifié aux objets mêmes de mon horreur et de ma compassion ? » Scott Fitzgerald, cité en exergue à *La Ronde de nuit.***

Livret de famille (1977), par son titre même, semble se conformer au pacte autobiographique le plus honnête : Patrick Modiano n'en est-il pas l'auteur, le narrateur, le protagoniste, et ne s'appuie-t-il pas sur son état-civil, sur celui de sa petite fille ou de ses parents ? Comme on peut s'y attendre, ce pacte va être déjoué par de subtiles trahisons et de fécondes transgressions. Le narrateur, au rebours de l'amnésique de *Rue des boutiques obscures,* est pourvu d'une mémoire prénatale qui le fait vivre simultanément sur deux générations, celle des années soixante et celle des années quarante. L'identité des personnes, la chronologie des événements, la distinction du réel et de l'imaginaire, se dissolvent dans l'incertitude ou l'étrangeté. Le classique récit des origines, sage collection des portraits de famille, devient la plus mystérieuse et la plus troublante des fictions de son auteur.

[L'odeur vénéneuse de l'Occupation]

Et comme les couches successives de papiers peints et de tissus qui recouvrent les murs, cet appartement m'évoquait des souvenirs plus lointains : les quelques années qui comptent tant pour moi, bien qu'elles aient précédé ma naissance. A la fin d'une journée de juin 1942, par un crépuscule aussi doux que celui d'aujourd'hui, un vélo-taxi s'arrête, en bas, dans le renfoncement du quai Conti, entre la Monnaie et l'Institut. Une jeune fille descend du vélo-taxi. C'est ma mère. Elle vient d'arriver à Paris par le train de Belgique.

Je me suis souvenu qu'entre les deux fenêtres, à proximité des étagères de livres, il y avait un secrétaire dont j'explorais les tiroirs lorsque j'habitais cette chambre. Parmi les vieux briquets, les colliers de pacotille et les clés qui n'ouvrent plus aucune porte — mais quelles portes ouvraient-elles ? — j'avais découvert de petits agendas des années 1942, 1943 et 1944, qui appartinrent à ma mère et que j'ai perdus depuis. A force de les feuilleter, je connaissais par cœur toutes les indications brèves qu'elle y avait consignées. Ainsi, un jour de l'automne 1942, elle avait noté : « Chez Toddie Werner — rue Scheffer. »

L'appartement du quai Conti où le narrateur a passé son enfance. Il le visite quinze ans après avec un agent immobilier (qui vient de s'absenter). Il se souvient, dans les pièces vides, de la vie avec son père.

Lacombe Lucien, *film de Louis Malle sur un scénario de P. Modiano, 1974.*

C'est là qu'elle a rencontré mon père pour la première fois. Une amie l'avait entraînée dans cet appartement de la rue Scheffer qu'habitaient deux jeunes femmes, une
25 juive allemande qui vivait sous une fausse identité et son amie, une certaine Liselotte, une Allemande, mariée à un Anglais qu'elle essayait de faire libérer du camp de Saint-Denis. Ce soir-là, un dizaine de personnes étaient réunies rue Scheffer. On bavardait, on écoutait des
30 disques et les rideaux tirés de la Défense passive rendaient l'atmosphère encore plus intime. Ma mère et mon père parlaient ensemble. Tous ceux qui étaient là, avec eux, et qui auraient témoigné de leur première rencontre et de cette soirée, ont disparu.
35   En quittant la rue Scheffer, mon père et Géza Pelle-

* Personnage sur lequel *Livret de famille* ne donne aucun renseignement, malgré l'étrangeté de ce nom.

* Le narrateur a retrouvé par hasard cet ami de son père, le jour même de la naissance de sa fille (chap. 1).

* Elle avait d'abord été présentée comme appartenant au père du narrateur.

* Homme politique français, assassiné effectivement par la Milice (organisation française pro-allemande) en 1944.

mont* voulurent aller chez Koromindé*, rue de la Pompe. Ils invitèrent ma mère à les accompagner. Ils montèrent dans la Ford* de Pellemont. Celui-ci était citoyen suisse et il avait obtenu un permis de circuler. Mon père m'a
40 souvent dit que lorsqu'il s'asseyait sur la banquette de la Ford de Pellemont, il avait l'impression illusoire de se trouver hors d'atteinte de la Gestapo et des inspecteurs de la rue Greffulhe, parce que cette voiture était, en quelque sorte, un morceau du territoire helvétique. Mais les
45 miliciens la réquisitionnèrent un peu plus tard et ce fut dans cette Ford qu'ils assassinèrent Georges Mandel*.
    Chez Koromindé, ils laissèrent passer l'heure du couvre-feu, et ils restèrent là, à bavarder, jusqu'à l'aube.
    Les semaines suivantes, mon père et ma mère firent
50 plus ample connaissance. Ils se retrouvaient souvent dans un petit restaurant russe, rue Faustin-Hélie. Au début, il n'osait pas dire à ma mère qu'il était juif. Depuis son arrivée à Paris, elle travaillait au service « synchronisation » de la Continental, une firme de cinéma alle-
55 mande, installée sur les Champs-Élysées. Lui se cachait dans un manège du bois de Boulogne dont l'écuyer était l'un de ses amis d'enfance.
    Hier, nous nous promenions, ma petite fille et moi, au jardin d'Acclimatation et nous arrivâmes, par hasard, en
60 bordure de ce manège. Trente-trois ans avaient passé. Les bâtiments en brique des écuries où se réfugiait mon père n'avaient certainement pas changé depuis, ni les obstacles, les barrières blanches, le sable noir de la piste. Pourquoi ici plus que dans n'importe quel autre endroit,
65 ai-je senti l'odeur vénéneuse de l'Occupation, ce terreau d'où je suis issu ?

Patrick Modiano, *Livret de famille,* éd. Gallimard.

— Jeux de la mémoire (1-3, 11-13, 64-66), de la fiction (5-10), de la reconstitution historique, aboutissant à la disparition de l'événement ; complexité d'une perspective temporelle à trois niveaux (5, 61) ; parallèle des deux naissances. Notons à ce sujet qu'à partir de *Livret de famille*, la date de naissance de Modiano, indiquée sur les couvertures de ses livres, change : 1945 au lieu de 1947 : enfant né de la guerre par « auto-genèse »?

— Inventaire du matériel de l'Occupation (9, 30, 41) ; situations troubles, jusque dans le couple parental (49-57) ; usage décalé des clichés et des stéréotypes (5-10, 14-17, 61-63).

— « J'étais sûr par exemple d'avoir vécu dans le Paris de l'Occupation puisque je me souvenais de certains personnages de cette époque et de détails infimes et troublants, de ceux qu'aucun livre d'histoire ne mentionne. Pourtant, j'essayais de lutter contre la pesanteur qui me tirait en arrière, et rêvais de me délivrer d'une mémoire empoisonnée. J'aurais donné tout au monde pour devenir amnésique. » (Modiano.)

Avec *Une jeunesse* (1981) (et aussi avec le récit séduisant qui en est la variation plus que la suite, *Mémory Lane,* 1981), la matière et la manière de Modiano se renouvellent. Disparaissent la référence obsédante aux années d'Occupation, la quête et la crise de l'identité, les pièges d'une narration traîtresse, et jusqu'à cette énonciation à la première personne qui semblait liée à la voix même de l'auteur. Demeure, par contre, et se perfectionne, l'art de la rétrospective : dans ces deux récits, un personnage se remémore, quinze ans après, ses débuts hésitants dans la vie, ses premiers pas dans la ville. Des enfants perdus, innocents et parfois cyniques, côtoient des affairistes retors dont les secrets se laissent malaisément dévoiler : l'histoire, comme l'univers représenté, rappellent, sans qu'il y ait parodie, les grands romans de Simenon. Par sa transparence et sa feinte banalité, l'écriture elle-même évoque l'auteur d'*Une vie comme neuve* plus que Drieu, Morand, Fitzgerald, constellation régnant sur les cinq premiers romans. L'effet Modiano, ce tremblement du temps qui passe et

abolit tout ce que l'on a vécu, resurgit intact dans ce roman d'éducation : les années de grisaille et de pluie sont prises, elles aussi, dans l'alchimie de la mémoire et de l'oubli. Ainsi Modiano semble-t-il être passé du modernisme miroitant à un classicisme aux teintes passées, peut-être plus actuel qu'il n'y paraît, à force d'inactualité. A travers ces variations, le projet — ou le fantasme — fondamental reste inchangé. Le jeune narrateur des *Boulevards de ceinture* disait : « Je me penche sur ces déclassés, ces marginaux, pour retrouver à travers eux l'image fuyante de mon père. Je ne sais presque rien de lui. Mais j'inventerai. » L'anti-héros orphelin d'*Une jeunesse* erre dans le Paris des années soixante ; il ne retrouve plus la trace du vélodrome d'hiver et du music-hall Tabarin, engloutis par l'immobilier : « Ainsi, les deux endroits qui avaient été comme les centres de gravité de la vie de ses parents n'existaient plus. Une angoisse le cloua au sol. Des pans de mur s'écroulaient lentement sur sa mère et son père, et leur chute interminable soulevait des nuages de poussière qui l'étouffaient. »

J.M.G. Le Clézio

Étrange itinéraire que celui de Le Clézio : un premier roman, *Le Procès Verbal* (1963), couronné par le prix Fémina, et dont le héros, Adam Pollo, devient le représentant d'une génération inquiète ; puis une dizaine de livres accueillis avec une relative indifférence ; et soudain, avec *Désert* en 1980, de nouveau la rencontre avec un très large public. Celui-ci s'est-il identifié à Lalla, cette jeune Marocaine qui fuit son pays pour venir à Marseille avant de retourner vers le désert ? Faut-il croire que Le Clézio a enfin réussi ce livre qu'il annonçait dans l'orgueilleuse préface du *Procès Verbal* : « Je ne désespère pas de parfaire plus tard un roman vraiment effectif : quelque chose dans le génie de Conan Doyle, qui s'adresserait non pas au goût vériste du public — dans les grandes lignes de l'analyse psychologique et de l'illustration, mais à sa sentimentalité ? » N'y-a-t-il pas, dans le succès de *Désert,* un malentendu qu'il conviendrait d'éclairer en situant ce livre dans l'évolution de son auteur ?

Jusqu'aux *Géants* (1973), il avait dit la ville, la société industrielle, ses merveilles, sa fascination cruelle. Mais on sentait qu'il lui était de plus en plus difficile, au sein de ce monde superficiel, agressif, d'atteindre à « l'extase matérielle » (c'est le titre d'un de ses livres précédents) qui constitue son projet profond. Les miracles et les merveilles de la ville ont pour contre-partie le secret, la destruction, la séparation, la violence, la solitude, tout ce qu'il nomme « la guerre » dans le livre qui porte ce titre (1970) : « Ici est le règne de la quantité. Pas de pensées individuelles, plus de désirs. Il n'est plus question de quoi que ce soit. Le règne de la pluralité des choses détruit sans arrêt la solitude. » Dans un premier temps l'homme peut croire qu'il est plus fort que sa civilisation, mais finalement la ville triomphe et son discours l'emporte : « Les Maîtres du langage n'aiment pas les hommes. Ils écrivent leurs mots, des mots grands comme des immeubles, leurs terribles silencieux mots qui écrasent le monde. Ils inventent les syllabes qui endorment l'esprit, ils créent les phrases magiques qui persécutent. Derrière chacun de ces mots, il y a le pouvoir, la force, la violence. » L'écrivain a beau tenter de fixer ces mots, ceux-ci lui échappent, et *La Guerre* se termine sur une série de photographies dont on ne sait pas très bien si elles sont censées dire la beauté ou l'horreur des villes.

[Tant de beauté hermétique]

En exergue à ce chapitre qui s'ouvre sur « les terribles bruits de la guerre » (les marteaux piqueurs) Le Clézio a placé une citation d'Empédocle : « De nombreux feux brûlent sous la terre profonde. »

C'est un cône d'anéantissement qui s'est posé sur la ville, l'a rendue friable. Le bruit, la grande machine à faire du sable. Partout sont les moteurs tonitruants qui rongent les parois, détruisent les remparts. Ils ouvrent
5 des brèches à l'invasion de la mer. Un jour, les murailles céderont, et le terrible flot entrera d'un seul bond, il recouvrira le monde en quelques fractions de seconde.

Il n'y a plus tellement d'actions réelles. Dans les couloirs des rues, les voitures avancent, les hommes
10 avancent, mais par soubresauts, avec des écarts soudains

qui veulent dire qu'on est malade. C'est vrai, tout bouge ;
rien ne reste en place. Mais les mouvements entrent les
uns dans les autres. Ils s'annulent. C'est un dessin qui se
fait et se défait sans cesse. Jamais on ne change. Jamais
15 on n'est plus loin, ou ailleurs. Les lourdes machines
bougent d'avant en arrière, piétinant, écrasant, fouillant.
Les plaies s'ouvrent sur la chaussée. Les pneus tracent des
séries de lettres, les gomment, les écrivent à nouveau. On
lit

20   XXXXXXXXXXXXXXXXXXXXXXXX
iiiiiiiiiiiiiiiiiiiiiiiiiiiiiiiiiiiiiiiiiiiiiiiiiiiiiiiiiiiiiiii
zzzzzzzzzzzzzzzzzzzzzzzzzzzzzzzzzzzzzzzzzzzzzzzzz

Les vagues de visages passent le long du trottoir, puis
s'effacent, et d'autres vagues apparaissent. A travers la
25 brume nagent des yeux, des bouches, des narines. Ils
viennent par milliers, ils sortent de l'inconnu et vont vers
l'entonnoir inconnu. Les yeux brillants, boules noires et
vertes au centre de leur gangue de paupières, entourées de
cils et de rides, qui roulent, se ferment, clignotent, s'em-
30 buent de larmes. Les yeux voient. Mais le bruit les chasse
vers l'infini, et ils doivent disparaître. Ils emportent avec
eux leur cargaison d'images fugitives. Les bouches avancent également, les unes fermées, les autres ouvertes. Elles
respirent. Elles parlent. On entend à peine ce qu'elles
35 disent. Des mots qui vacillent dans l'air, et que le tumulte
fait fondre aussitôt.
    « Moi je dis »
        « C'est bien vrai ça Monsieur Russo »
    « Cale »   « A Baden Baden »
40   Des narines en train de respirer, deux par deux.
Quelquefois elles sont bouchées, et on entend un drôle de
bruit de clapet. Elles palpitent. Elles puisent avidement
dans le réservoir de l'air, qui entre bruyamment jusqu'aux
poumons.
45   Les visages avancent régulièrement, à travers l'air
épais. On ne les connaît pas. On ne les connaîtra sans
doute jamais. On est prisonnier de la coque de plexiglas,
et on ne peut rien toucher. Des milliers de visages ainsi,
qui portent la parole, la pensée. Toutes ces choses et tous
50 ces gens qu'on traverse, qu'on oublie. Impossible de faire
halte. Impossible de retenir. Ce sont les armées de la
guerre du mouvement et du bruit. Ils passent, ils s'en
vont. Le temps d'un dixième de seconde, ils brillent avec
deux yeux clairs, innocents. Ou bien le visage fripé d'une
55 vieille femme qui avance en mâchonnant. Un autre
visage, brun, dur, avec des rides de douleur autour de la

bouche, et de colère entre les sourcils. Encore un, un autre, un autre. Une jeune fille aux traits à peine formés, et l'éclair de son regard s'allume, s'éteint. Encore un
60 autre visage, très blanc, un masque de femme où les paupières sont soulignées d'un trait au charbon, les lèvres d'un trait rouge, les cheveux recourbés mèche par mèche sur le front. Il y a tant de beauté hermétique, qui passe dans la rue, tandis que le bruit se déchaîne. Les mécani-
65 ques sont parfaites, elles ont des rouages secrets, des fils, des bobines, des muscles qui s'actionnent souplement. Les corps sont des carapaces de métal sur lesquelles glisse le vacarme. Tout est fermé. Il faudrait des ouvre-boîtes pour comprendre. Le bruit éclate sur les peaux polies et se
70 répand en milliers de gouttelettes phosphorescentes. Mais peut-être est-ce le bruit qui fait avancer toutes les femmes et tous les hommes. Les grondements des moteurs poussent les silhouettes sur leurs ondes, en avant, comme au sommet de la lame, et elles vont déferler à l'autre bout du monde.

J.M.G. Le Clézio, *La Guerre,* éd. Gallimard.

— **Une beauté de fin du monde (7, 27, 31, 74).** La ville comme texte à déchiffrer (11, 19-22, 46, 63).

— Écriture descriptive, énumérative, très simple, portée par quelques métaphores (la mer : 5, 23, 74) : un procès-verbal (le verbe être, les répétitions).

— « On ne peut ignorer l'univers citadin. Je crois seulement qu'il serait utile de regarder avec un maximum d'innocence toutes les choses de la vie urbaine. Car tout ce qui m'a fasciné ou m'a fait peur peut finalement être dompté ou maîtrisé assez facilement par le regard [...] J'ai souvent l'impression que les enfants regardant les choses les arrêtent, les clarifient ou les simplifient. » (Le Clézio, en 1978.)

Le Clézio va donc s'éloigner des villes. Aux déambulations hallucinées succèdent les *Voyages de l'autre côté* (1975) dont le titre fait évidemment penser à Michaux. Mais Naja Naja, l'adolescente merveilleuse, n'a pas besoin de drogue pour abolir les frontières entre sujet et objet, et pour se métamorphoser en l'objet de sa contemplation : caillou, étoile ou soleil.

Ce nouveau regard, Le Clézio l'a en partie découvert au cours de séjours au Mexique et au Panama, d'où il a rapporté un essai *Haï* (1971, coll. Les Sentiers de la création) dans lequel il déclare : « Je ne sais pas trop comment cela est possible, mais c'est ainsi : Je suis un Indien » ; puis sa version des *Prophéties de Chilam Balam* (1976), ces livres du Prêtre-Jaguar maya, le « prophète qui révèle les choses secrètes ». Fasciné par les Mayas, dont « la seule passion fut la connaissance de l'éternité », Le Clézio, à leur image, entreprend une quête qui le conduit vers un autre univers, celui de l'enfance et de la simplicité. La première étape en est *Mondo et autres histoires* (1978) : recueil de contes mettant en scène des enfants, d'une telle limpidité d'écriture qu'on les dirait écrits par eux. La communion avec les éléments ne rencontre guère d'obstacles dans ces histoires de rêve et d'évasion.

L'enfant est aussi le protagoniste de *L'Inconnu sur la terre* (1978), un enfant qui rappelle le Petit Prince de Saint-Exupéry : « Au bord des nuages, comme sur une dune de sable, un petit garçon inconnu est assis, et regarde à travers l'espace. » Mais ce livre, présenté comme un « essai », ne raconte pas les aventures de ce petit garçon. C'est une suite de textes sur la beauté du monde, illustrés par Le Clézio de dessins d'une désarmante simplicité, et l'on pourrait parler de célébrations ou de béatitudes en se rappelant que l'héroïne de *La Guerre* se nomme Bea B. et qu'elle est, à la fin, engloutie par les entrailles de la ville. Ici rien de tel, la ville a presque complètement disparu, sinon sous forme de lumières nocturnes, immatérielles, car ce livre se veut consacré tout entier à la beauté du monde : « Écrire seulement sur les choses qu'on aime. Écrire pour lier ensemble, pour rassembler les morceaux de la beauté, et ensuite recomposer, reconstruire cette beauté. » Livre d'amour et de sagesse, qui exalte la vie (« C'est une fermentation lente, un effort de tous les jours, l'humble volonté d'être soi, de résister, d'exister »), les simples, les Indiens « que seul un point de nature sépare de l'univers qui les a façonnés », le savoir des sens qui s'oppose à l'intelligence, le poids des mots qui n'a que faire de la parabole et de la métaphore : « Je vou-drais faire seulement ceci ; de la musique avec les mots [...] pour embellir mon langage et lui permettre de rejoindre les autres langages du vent, des insectes, des oiseaux, de l'eau qui coule, du feu qui crisse, des roches et des cailloux de la mer. »

Tel est l'horizon sur lequel vient s'inscrire *Désert*. Le Clézio donne à sa quête une forme romanesque : Lalla, l'enfant qui devient femme, l'opprimée qui fait revivre le peuple Touareg vaincu par l'armée coloniale, est en accord total avec la nature ; son voyage dans la grande ville (et Le Clézio publie au même moment *Trois Villes saintes* qui proposent un cruel contraste) sera la découverte du froid, de la saleté, de la séparation ; sa rencontre avec Radicz, un autre « simple », finira par la mort de celui-ci, écrasé par un autobus ; Lalla reviendra vers son désert, portant l'enfant de Radicz, dont elle accouchera parmi les éléments, l'eau, le sable, l'arbre. Avec ce livre, Le Clézio a peut-être trahi son ambition, celle de dire le monde sans recourir à la parabole, mais il a su, avec les mots les plus banals, les plus dépouillés, dire une histoire dont les implications multiples (le retour à la nature, le sort des travailleurs immigrés, la condition féminine, etc.) ont touché la sensibilité — ou peut-être la sentimentalité ? — d'un très vaste public pour qui la fiction demeure la voie d'accès à un univers qu'elle risque cependant de priver de ses dimensions les plus secrètes.

[Le grand figuier]

Lentement, avec peine, elle tire le fardeau trop lourd, en geignant quand la douleur devient trop forte. Elle ne quitte pas des yeux la silhouette de l'arbre, le grand figuier au tronc noir, aux feuilles claires qui luisent à la
5 lueur du jour. A mesure qu'elle s'en approche, le figuier grandit encore, devient immense, semble occuper le ciel tout entier. Son ombre s'étend autour de lui comme un lac sombre où s'accrochent encore les dernières couleurs de la nuit. Lentement, en traînant son corps, Lalla entre
10 à l'intérieur de cette ombre, sous les hautes branches

Lalla est revenue pour accoucher dans son village natal, au Maroc, au bord de la mer.

puissantes comme des bras de géant. C'est cela qu'elle veut, elle sait qu'il n'y a que lui qui puisse l'aider, à présent. L'odeur puissante de l'arbre la pénètre, l'environne, et cela apaise son corps meurtri, se mêle à l'odeur
15 de la mer et des algues. Au pied du grand arbre, le sable laisse à nu les rochers rouillés par l'air marin, polis, usés par le vent et par la pluie. Entre les rochers, il y a les racines puissantes, pareilles à des bras de métal.
En serrant les dents pour ne pas se plaindre, Lalla
20 entoure le tronc du figuier de ses bras, et lentement elle se hisse, elle se met debout sur ses genoux tremblants. La douleur à l'intérieur de son corps est maintenant comme une blessure, qui s'ouvre peu à peu et se déchire. Lalla ne peut plus penser à rien d'autre qu'à ce qu'elle voit, ce
25 qu'elle entend, ce qu'elle sent. Le vieux Naman, le Hartani, Aamma, et même le photographe*, qui sont-ils, que sont-ils devenus ? La douleur qui jaillit du ventre de la jeune femme et se répand sur toute l'étendue de la mer, sur toute l'étendue des dunes, jusque dans le ciel pâle, est
30 plus forte que tout, elle efface tout, elle vide tout. La douleur emplit son corps, comme un bruit puissant, elle fait son corps grand comme une montagne, qui repose couchée sur la terre.

* Personnages du roman.

J.M.G. Le Clézio, *Désert,* éd. Gallimard.

— **Une naissance cosmique : les éléments (6, 15, 29). Parole d'homme, classique, sur l'accouchement : cf. les textes au féminin de M. Yourcenar et Ch. Chawaf sur le même sujet (p. 68 et 243).**

— **« Nous sommes à cent lieues du réalisme ordinaire et cependant toute la chair du livre est faite de sensations concrètes, de gestes quotidiens, d'une attention aiguë aux choses primordiales de la vie qui nous entourent et que nous ne voyons plus. » (J. Piatier.)**

Georges Perec

Perec a composé, en collaboration avec J. Roubaud et P. Lusson, un *Petit traité invitant à la découverte de l'art subtil du go :* c'est une formule qui caractériserait parfaitement sa conception de la littérature. Avec **Perec** les « choses » (c'est, faut-il le rappeler, le titre de son premier roman) sont toujours plus subtiles qu'elles ne le paraissent, et le critique passe sûrement à côté de maints aspects de ces livres fascinants. Le meilleur critique de cette œuvre sera alors Perec lui-même, même si, comme c'est probable, sa critique aussi nous tend d'autres pièges.
Avec *Les Choses* (1965), Perec donnait le tableau le plus juste de la société fran-

© by Le Monde, 1982, et Cagnat.

Georges Perec, dessin de Cagnat in « Le Monde », mars 1982.

çaise découvrant — nouvelle éducation sentimentale — les joies et les affres de la société de consommation. Mais dans le même temps ce livre, hommage à Flaubert en forme de discrète parodie, manifestait qu'écrire, c'est forcément écrire à partir d'autres textes, lus, aimés, réécrits : « Chacun de mes livres est pour moi l'élément d'un ensemble ; je ne peux pas définir l'ensemble, puisqu'il est par définition projet inachevable [...], je sais seulement qu'il s'inscrit lui-même dans un ensemble beaucoup plus vaste qui serait l'ensemble des livres dont la lecture a déclenché et nourri mon désir d'écrire. Mon ambition d'écrivain est donc de balayer, ou en tout cas de baliser, les champs de l'écriture dans tous les domaines où cette écriture m'a permis d'écrire à mon tour. Cela implique un travail sur les genres, les codes et sur les "modèles" dont mon écriture procède : un certain nombre d'auteurs (de Joyce à Hergé, de Kafka à Price, de Scève à Pierre Dac, de Si Shôno-

gun à Gotlib) définissent, circonscrivent le lieu d'où j'écris. » (Entretien dans *L'Arc.*) Ajoutons à cette première liste celle qu'il donne dans *W* : « Je lis peu, mais je relis sans cesse, Flaubert et Jules Verne, Roussel et Kafka, Leiris et Queneau. », et qui correspond sans doute mieux à l'activité littéraire telle que la conçoit Perec, celle d'un jeu pris absolument au sérieux.

Des mots croisés qu'il fabrique chaque semaine pour un grand hebdomadaire aux dix-sept poèmes hétérogrammatiques de « La Clôture », repris dans *La Clôture et autres poèmes* (1980), il n'y a pas de véritable solution de continuité : Perec écrit en suivant un certain nombre de règles. Que la contrainte soit externe ou choisie, elle est un cadre qui fournit une forme. Dans la lignée de Roussel et de Queneau, Perec est un expérimentateur, un explorateur et un bâtisseur qui pourrait passer pour un « fou littéraire » si l'objet de son maniaque travail n'était la réalité, notre réalité quotidienne, historique, à laquelle il confère le poids de la vérité et de l'évidence.

À la perfection unique des *Choses* (et Perec revendique de ne « réécrire jamais deux fois le même livre ») succède une série de livres où la synthèse des choses et des mots est peut-être un peu moins étroite : *Quel petit vélo à guidon chromé au fond de la cour ?* (1966), *Un homme qui dort* (1967) dont il fera un film, *La Disparition* (1969) et *Les Revenentes* (1972). Dans ces deux derniers livres le goût de l'expérimentation s'applique aux mots : au-delà de l'intrigue apparente de ces deux récits bien distrayants, la véritable aventure est celle de la disparition de... la lettre E dans le premier et de son retour dans le second, et même de son utilisation exclusive comme voyelle, au prix — qu'on relise le titre — de quelques coups de pouce pleins d'humour. Pour faire bonne mesure Perec publie en 1973, dans un volume consacré aux travaux de l'*Oulipo*, un article sur *La Disparition* qui renouvelle le tour de force verbal accompli dans le roman et constitue en même temps une satire très réussie de la critique alors à la mode.

Un roman lipogrammatique*

* Le lipogramme serait une œuvre dans laquelle on s'astreint à ne pas faire entrer une ou plusieurs lettres de l'alphabet.
La première moitié d'un texte paru dans *Oulipo*.

* Allusion aux *Choses*.

Sur l'ambition qui, tout au long du fatigant roman[1] qu'on a, souhaitons-nous, lu sans trop d'omissions, sur l'ambition, donc, qui guida la main du scrivain.

5 L'ambition du « Scriptor », son propos, disons son souci, son souci constant, fut d'abord d'aboutir à un produit aussi original qu'instructif, à un produit qui aurait, qui pourrait avoir un pouvoir stimulant sur la construction, la narration, l'affabulation, l'action, disons
10 d'un mot, sur la façon du roman d'aujourd'hui.

Alors qu'il avait surtout, jusqu'alors, discouru sur sa situation, son moi, son autour social, son adaptation ou son inadaptation, son goût pour la consommation allant, avait-on dit, jusqu'à la chosification*, il voulut, s'inspi-
15 rant d'un support doctrinal au goût du jour qui affirmait l'absolu primat du signifiant, approfondir l'outil qu'il avait à sa disposition, outil qu'il utilisait jusqu'alors sans trop souffrir, non pas tant qu'il voulût amoindrir la contradiction frappant la scription, ni qu'il l'ignorât tout
20 à fait, mais plutôt qu'il croyait pouvoir s'accomplir au mitan d'un acquis normatif admis par la plupart, acquis qui, pour lui, constituait alors, non un poids mort, non un carcan inhibant, mais, grosso modo, un support stimulant.

25 D'où vint l'obligation d'approfondir ? Plus d'un fait, à coup sûr, la motiva, mais signalons surtout qu'il s'agit d'un hasard, car, au fait, tout partit, tout sortit d'un pari, d'un a priori dont on doutait fort qu'il pût un jour s'ouvrir sur un travail positif.

---

1. *La Disparition.*

30 Puis son propos lui parut amusant, sans plus ; il
continua. Il y trouva alors tant d'abords fascinants qu'il
s'y absorba jusqu'au fond, abandonnant tout à fait
moult travaux parfois pas loin d'aboutir.

Ainsi naquit, mot à mot, *noir sur blanc,* surgissant
35 d'un canon d'autant plus ardu qu'il apparaît d'abord
insignifiant pour qui lit sans savoir la solution, un roman
qui, pour biscornu qu'il fût, illico lui parut plutôt satis-
faisant : D'abord, lui qui n'avait pas pour un carat
d'inspiration (il n'y croyait pas, par surcroît, à l'inspira-
40 tion !) il s'y montrait au moins aussi imaginatif qu'un
Ponson ou qu'un Paulhan ; puis, surtout, il y assouvis-
sait, jusqu'à plus soif, un instinct aussi constant qu'in-
fantin (ou qu'infantil) : son goût, son amour, sa passion
pour l'accumulation, pour la saturation, pour l'imita-
45 tion, pour la citation, pour la traduction, pour l'automa-
tisation.

Puis, plus tard, s'assurant dans son propos, il donna à
sa narration un tour symbolisant qui, suivant d'abord pas
à pas la filiation du roman puis pour finir la constituant,
50 divulguait, sans jamais la trahir tout à fait, la Loi qui
l'inspirait, Loi dont il tirait, parfois non sans friction,
parfois non sans mauvais goût, mais parfois aussi non
sans humour, non sans brio, un filon fort productif,
stimulant au plus haut point l'innovation.

Georges Perec, in *Oulipo, la littérature potentielle,*
éd. Gallimard/idées

— **L'humour est à la fois dans le jeu avec le tabou (3, 28, 35), plein de virtuosité,
dans les rapprochements (40-41) et dans la parodie (entre autres : Barthes 14,
l'écriture textuelle 16, Ricardou, 48-51.**

— **Toutes les contraintes sont fécondes ; Perec en propose d'autres dans *Oulipo
Atlas de littérature potentielle* : la contrainte du prisonnier (les lettres qui ne
« dépassent pas »), les monovocalismes, l'asphyxie, l'aération, etc. : l'écriture est un
jeu.**

Explorateur, il l'est aussi de ses rêves
(*La Boutique obscure,* 1973), du monde
matériel (*Espèces d'espaces,* 1974), et surtout de sa mémoire, dans deux livres : *W
ou le souvenir d'enfance* (1975) et *Je me
souviens* (1978). Ces deux fragments d'autobiographie, qui sont aussi des autobiographies fragmentées, proposent deux
solutions originales aux problèmes qui se
posent à toute entreprise autobiographique. Dans *Je me souviens,* il inverse et

parodie le jeu traditionnel, puisque, au lieu
de chercher dans ses souvenirs l'essence la
plus singulière, la plus intime du Moi, il
énumère le plus banal, le plus stéréotypé.
Il incite par là son lecteur, tout au moins
son contemporain, « Parisien de son âge »
(Perec est extraordinairement sensible à la
contingence, aux dates, aux repères), à
compléter et enrichir ce répertoire des lieux
communs et des clichés d'une culture
vraiment contemporaine (politique, spec-

tacle, mode, faits-divers, sports), celle qui vient des journaux et de la radio, l'air du temps. Peu de livres suscitent mieux la collaboration du lecteur et l'éveil d'une mémoire quasi collective :

134

« Je me souviens que deux des Frères Jacques sont vraiment frères et qu'ils s'appellent Bellec, comme un de mes anciens camarades de classe.

135

Je me souviens qu'Henri Salvador a enregistré quelque chose comme les premiers disques français de Rock and Roll sous le nom de Henry Cording.

136

Je me souviens quand on revenait de vacances, le 1er septembre, et qu'il y avait encore un mois entier sans école.

137

Je me souviens de l'enlèvement du petit Peugeot.

138

Je me souviens que Jean Bobet — le frère de Louison — était licencié d'anglais. »

Si le propos de *W* peut sembler plus classique dans sa recherche d'un passé individuel, la formulation en est tout aussi surprenante. Le livre juxtapose en effet, avec le renfort d'une typographie double, deux textes : celui du travail de la mémoire, et celui d'un roman (écrit par Perec durant son adolescence) qui commence comme un roman d'aventures et se poursuit, dans la deuxième partie, comme la description, à mi-chemin de *L'Équipe* et

de Sade, d'une société tout entière consacrée au sport et à l'organisation de compétitions athlétiques dans lesquelles l'idéal olympique est peu à peu miné par le hasard, l'injustice et la violence. Le lecteur, d'abord surpris, voit peu à peu s'établir des rapports entre les deux moitiés du livre et entre les deux textes ; il comprend que Perec, à travers ce roman enfantin sans doute remanié par l'adulte (à moins qu'il ne soit entièrement de sa main ?), est à la recherche de sa double origine, d'homme et d'écrivain. L'enfant juif dont les parents sont morts en déportation, ballotté entre des oncles, des tantes et des pensions multiples, est fasciné par l'univers bien réglementé du sport ; jusqu'au jour où il lit dans *L'Univers concentrationnaire* de David Rousset : « La structure des camps de répression est commandée par deux orientations fondamentales : pas de travail, du "sport", une dérision de nourriture. » Le caractère obsessionnel de l'art de Perec s'enracine dans le besoin qu'avait l'enfant d'un monde en ordre : « pour être, besoin d'étai ». Les « jeux » littéraires de l'écrivain sont alors la seule réponse possible aux questions que lui pose son existence et l'on voit mieux la continuité secrète qui relie les différents moments de cette œuvre insolite.

[Une alternative sans fin]

Conclusion du chap. 8 dans lequel Perec, à partir de photos, évoque ses parents. Son père est mort dans les combats de 1940, sa mère, emprisonnée par les Allemands, à Drancy en 1943.

* Les pages écrites 15 ans avant à partir des photos (*W* est daté 1970-1974).

Je dispose d'autres renseignements concernant mes parents ; je sais qu'ils ne me seront d'aucun secours pour dire ce que je voudrais en dire.

Quinze ans après la rédaction de ces deux textes*, il 5 me semble toujours que je ne pourrais que les répéter : quelle que soit la précision des détails vrais ou faux que je pourrais y ajouter, l'ironie, l'émotion, la sécheresse ou la passion dont je pourrais les enrober, les fantasmes auxquels je pourrais donner libre cours, les fabulations que je 10 pourrais développer, quels que soient, aussi, les progrès que j'ai pu faire depuis quinze ans dans l'exercice de l'écriture, il me semble que je ne parviendrai qu'à un ressassement sans issue. Un texte sur mon père, écrit en

1970, et plutôt pire que le premier, m'en persuade assez
15 pour me décourager de recommencer aujourd'hui.

Ce n'est pas, comme je l'ai longtemps avancé, l'effet
d'une alternative sans fin entre la sincérité d'une parole à
trouver et l'artifice d'une écriture exclusivement préoccu-
pée de dresser ses remparts : c'est lié à la chose écrite
20 elle-même, au projet de l'écriture comme au projet du
souvenir.

Je ne sais pas si je n'ai rien à dire, je sais que je ne dis
rien ; je ne sais pas si ce que j'aurais à dire n'est pas dit
parce qu'il est l'indicible (l'indicible n'est pas tapi dans
25 l'écriture, il est ce qui l'a bien avant déclenché), je sais que
ce que je dis est blanc, est neutre, est signe une fois pour
toutes d'un anéantissement une fois pour toutes.

C'est cela que je dis, c'est cela que j'écris et c'est cela
seulement qui se trouve dans les mots que je trace, et dans
30 les lignes que ces mots dessinent, et dans les blancs que
laisse apparaître l'intervalle entre ces lignes : j'aurai beau
traquer mes lapsus (par exemple, j'avais écrit « j'ai com-
mis », au lieu de « j'ai fait », à propos des fautes de
transcription dans le nom de ma mère*), ou rêvasser
35 pendant deux heures sur la longueur de la capote de mon
papa*, ou chercher dans mes phrases, pour évidemment
les trouver aussitôt, les résonances mignonnes de l'Œdipe
ou de la castration, je ne retrouverai jamais, dans mon
ressassement même, que l'ultime reflet d'une parole
40 absente à l'écriture, le scandale de leur silence et de mon
silence : je n'écris pas pour dire que je ne dirai rien, je
n'écris pas pour dire que je n'ai rien à dire. J'écris : j'écris
parce que nous avons vécu ensemble, parce que j'ai été un
parmi eux, ombre au milieu de leurs ombres, corps près
45 de leur corps ; j'écris parce qu'ils ont laissé en moi leur
marque indélébile et que la trace en est l'écriture : leur
souvenir est mort à l'écriture ; l'écriture est le souvenir de
leur mort et l'affirmation de ma vie.

Georges Perec, *W ou le souvenir d'enfance,*
Denoël/LN éd.

* Il avait écrit Schulevitz au lieu de Szulewicz.

* « Il a la tête nue, il tient son calot à la main. Sa capote descend très bas. »

— **Deux conceptions de l'autobiographie : l'exactitude des faits (33, 35) ou la sincérité (9, 17), et l'écriture de soi (8-10, 37), infinie, interminable : une autre vérité. Perec retrouve la problématique de Blanchot : « L'œuvre et l'espace de la mort.» (cf. *Lit. 45,* p. 470)**

— **« Quand tout travail de deuil est rendu impossible parce que rien ne marque la présence des morts, alors surgit la défense, le refuge, la nécessité : écrire, lire, boucher ou édifier la tombe qui n'existera jamais. A Auschwitz, on fleurit les crématoires, les murs, les pierres, comme ailleurs on dépose des fleurs sur des plaques où sont gravés des noms.» (C. Clément, *L'Arc,* « Georges Perec ».)**

Dans son dernier[1] livre *La Vie mode d'emploi* (1978), sous-titré « Romans », Perec donne les dimensions du chef d'œuvre aux rapports du jeu et de la réalité.

Sur un schéma apparemment banal — la description d'un immeuble parisien et de ses occupants (on songe au Butor de *Passage de Milan* mais aussi à... Jules Romains et à l'unanimisme) — il construit une énorme machine de récit, mettant en scène des dizaines de personnages et des centaines d'anecdotes, dont il se délecte d'ailleurs à donner la liste en Appendice. Mais ce schéma n'est simple qu'en apparence, puisque l'organisation du texte répond au sujet principal, le fabuleux projet d'un amateur de puzzles. Perec a révélé quelques-uns des secrets de fabrication de son livre : « Ce sont 21 fois 2 séries de 10 éléments qui sont permutés et qui déterminent les éléments constitutifs de chaque chapitre. » Chacune des pièces de ce récit-puzzle se creuse à l'infini par la

représentation minutieuse des objets, tableaux, photos, qui encombrent les lieux décrits. Très vite, au vif plaisir éprouvé à lire ces histoires bizarres, ces biographies insolites, se mêle une inquiétude : le lecteur pressent des pièges, le terrain se dérobe sous ses pas. L'allusion, la citation, l'auto-citation ouvrent des perspectives sans fin. Livre en mouvement où Roussel fait écho à Queneau, Jules Verne à James Joyce, et Borges à Perec lui-même qui reprend dans ce livre personnages et passages de ses livres antérieurs. Cette Somme, cette Encyclopédie représentent à la fois un Temps et une Littérature dans ce jeu perpétuel qu'est l'écriture, dont Perec nous fait sentir la gratuité et la nécessité semblables à celles qui hantent le personnage central de Bartlebooth (on aura reconnu là le mariage du Bartleby de Melville et du Barnabooth de Larbaud), l'amateur de puzzles qui se fait « une certaine idée de la perfection ».

[Une certaine idée de la perfectio

Imaginons un homme dont la fortune n'aurait d'égale que l'indifférence à ce que la fortune permet généralement, et dont le désir serait, beaucoup plus orgueilleusement, de saisir, de décrire, d'épuiser, non la totalité du
5 monde — projet que son énoncé seul suffit à ruiner — mais un fragment constitué de celui-ci : face à l'inextricable incohérence du monde, il s'agira alors d'accomplir jusqu'au bout un programme, restreint sans doute, mais entier, intact, irréductible.
10 Bartlebooth, en d'autres termes, décida un jour que sa vie tout entière serait organisée autour d'un projet unique dont la nécessité arbitraire n'aurait d'autre fin qu'elle-même.

Cette idée lui vint alors qu'il avait vingt ans. Ce fut
15 d'abord une idée vague, une question qui se posait — *que faire ?* —, une réponse qui s'esquissait : *rien*. L'argent, le

1. La mort de Perec, début 1982, donne malheureusement à cet adjectif le sens d'*ultime*, et non plus celui de *plus récent* qu'il avait dans notre rédaction. Outre *La Clôture* recueil de poèmes, *Un cabinet d'amateur* (1979), bref et inquiétant récit et un téléfilm à caractère autobiographique, il laisse un roman inachevé *Cinquante-trois jours.*

Ph. © C.N.A.C. Centre G. Pompidou — D.R.

Peter Stämpfli, Diagonal, *1977.*

pouvoir, l'art, les femmes, n'intéressaient pas Bartlebooth. Ni la science, ni même le jeu. Tout au plus les cravates et les chevaux ou, si l'on préfère, imprécise mais
20 palpitante sous ces illustrations futiles (encore que des milliers de personnes ordonnent efficacement leur vie autour de leurs cravates et un nombre bien plus grand encore autour de leurs chevaux du dimanche), une certaine idée de la perfection.
25 Elle se développa dans les mois, dans les années qui suivirent, s'articulant autour de trois principes directeurs :

Le premier fut d'ordre moral : il ne s'agirait pas d'un exploit ou d'un record, ni d'un pic à gravir, ni d'un fond
30 à atteindre. Ce que ferait Bartlebooth ne serait ni spectaculaire ni héroïque ; ce serait simplement, discrètement, un projet, difficile certes, mais non irréalisable, maîtrisé d'un bout à l'autre et qui, en retour, gouvernerait, dans tous ses détails, la vie de celui qui s'y consacrerait.
35 Le second fut d'ordre logique : excluant tout recours au hasard, l'entreprise ferait fonctionner le temps et l'espace comme des coordonnées abstraites où viendraient s'inscrire avec une récurrence inéluctable des événements identiques se produisant inexorablement dans
40 leur lieu, à leur date.

Le troisième, enfin, fut d'ordre esthétique : inutile, sa gratuité étant l'unique garantie de sa rigueur, le projet se détruirait lui-même au fur et à mesure qu'il s'accomplirait ; sa perfection serait circulaire : une succession d'évé-
45 nements qui, en s'enchaînant, s'annuleraient : parti de rien, Bartlebooth reviendrait au rien, à travers des transformations précises d'objets finis.

Ainsi s'organisa complètement un programme que l'on peut énoncer succinctement ainsi :
50 Pendant dix ans, de 1925 à 1935, Bartlebooth s'initierait à l'art de l'aquarelle.

Pendant vingt ans, de 1935 à 1955, il parcourrait le monde, peignant, à raison d'une aquarelle tous les quinze jours, cinq cents marines de même format (65 × 50, ou
55 raisin) représentant des ports de mer. Chaque fois qu'une de ces marines serait achevée, elle serait envoyée à un artisan spécialisé (Gaspard Winckler) qui la collerait sur une mince plaque de bois et la découperait en un puzzle de sept cent cinquante pièces.
60 Pendant vingt ans, de 1955 à 1975, Bartlebooth, revenu en France, reconstituerait, dans l'ordre, les puzzles ainsi préparés, à raison, de nouveau, d'un puzzle tous les quinze jours. A mesure que les puzzles seraient réassem-

blés, les marines seraient « retexturées » de manière à ce
65 qu'on puisse les décoller de leur support, transportées à
l'endroit même où — vingt ans auparavant — elles
avaient été peintes, et plongées dans une solution déter-
sive d'où ne ressortirait qu'une feuille de papier What-
man, intacte et vierge.
70 Aucune trace, ainsi, ne resterait de cette opération qui
aurait, pendant cinquante ans, entièrement mobilisé son
auteur.

Georges Perec, *La Vie mode d'emploi,* éd. Hachette.

— **Un récit qui est une démonstration mathématique (1, 25, 48, 70).** Ce programme
« **règle du jeu** » **est une mise en abyme du projet de Perec (7-9) et de toute entreprise
littéraire (11-13) conçue comme activité et non comme inspiration.**

— **Lecture critique de Melville et de Larbaud (1-3, 16-18) mais aussi de notre société
(20-23, 28-30).**

— « **La "leçon" de** *La Vie mode d'emploi* **ne consiste-t-elle pas à pressentir qu'il
n'existe, pour nous, aujourd'hui, ni morale, ni passion, ni même, peut-être, de
liberté, mais seulement une sorte de** *ruse* **qui s'attacherait à tourner les règles pour
tenter de vivre... »** (J. Duvignaud.)

Choix bibliographique :

J. Bersani, « Patrick Modiano, agent
double », *N.R.F.,* nov. 1977.

P. Lhoste, *Conversations avec Le Clézio,*
Mercure de France.

Oulipo, la littérature potentielle, Idées/
Gallimard.

Oulipo, atlas de littérature potentielle,
Idées/Gallimard.

L'Arc, « Georges Perec », 1979.

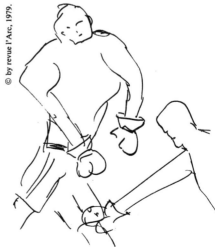

© by revue l'Arc, 1979.

« *Un des dessins de 1949 — l'époque où je
me racontais à moi-même* W. » *(G. Perec).*

Sam Szafran, dessin, 1969.

N.B. — Les chiffres en caractères gras renvoient aux textes des écrivains et aux études qui les accompagnent. Nous ne donnons de repères chronologiques que pour les auteurs décédés et dont un texte au moins figure dans l'ouvrage.

Q

QUENEAU, Raymond : 18, 81-83, 87, 127, 184, 269, 305, 310.

R

RÉDA, Jacques : 200, **210-212**.
REGNAULT, Maurice : 199.
RÉMY, Pierre-Jean : 118, 119.
RENARD, Christine : 255.
RENARD, Jean-Claude : 199.
RESNAIS, Alain : 108, 109.
REZVANI : 127.
RICARDOU, Jean : 182, 258.
RICHARD, Jean-Pierre : 227.
RIFFATERRE, Michaël : 226.
RINALDI, Angelo : **132-134**, 220.
ROBBE-GRILLET, Alain : 127, 167, **171-174**, 294.
ROBERT, Marthe : **216-217**.
ROCHE, Anne : 227.
ROCHE, Denis : 199, 200.
ROCHE, Maurice : 184.
ROCHEFORT, Christiane : 18, 135, 250.
ROSOLATO, Guy : 227.
ROUBAUD, Jacques : 200, **201-202**, 304.
ROUSSELOT, Jean : 199.
ROY, Claude : **139-141**, 220.
ROY, Jules : 119.
RUWET, Nicolas : 226.
RYVOIRE, Christine de : 234.

S

SACRÉ, James : 200, **212-213**.
SAGAN, Françoise : 36, 234.
SAINT-JOHN PERSE (1887-1975) : 63, 70, 156, **191-193**.
SALLENAVE, Danièle : 189, 228.
SAN ANTONIO (Frédéric DARD) : 18, 250, 251.
SARRAUTE, Nathalie : 167, **168-171**.
SARTRE, Jean-Paul (1905-1980) : 11, 12, 18, 23, 35-37, 70, 97, 105, 106, 122, 134, 137, 215, 227, 264, 269, 273, 284.
SAUSSURE, Ferdinand de : 221, 227, 273.
SAUTET, Claude : 108.
SAUTREAU, Serge : 191.
SEMPRUN, Jorge : 14, 108, 140.
SENGHOR, Léopold-Sédar : 191, **194-195**.
SERGUINE, Jacques : 185.
SERREAU, Geneviève : 110, 127.
SERRES, Michel : 218.

SIMENON, Georges : 105, 138, 257, 299.
SIMON, Claude : 132, 167, **174-176**.
SINGER, Christiane : 119.
SINIAC, Pierre : 250.
SOLJENITSYNE, Alexandre : 13, 14, 220.
SOLLERS, Philippe : 18, 83, 181, **182-184**.
SORIANO, Marc : 228.
STAROBINSKI, Jean : 228.
STERNBERG, Jacques : 255.

T

TARDIEU, Jean : 199, **207**.
THÉRAME, Victoria : 18, 234.
THIBAUDEAU, Jean : 182.
THIEULOY, Jack : 147.
TODD, Olivier : 37, 130, 144.
TODOROV, Tzvetan : 221, **222-223**, 227.
TORREILLES, Pierre : 199.
TORTEL, Jean : 199, 250.
TOURNIER, Michel : 16, 19, 59, **69-79**, 119.
TRASSARD, Jean-Loup : **112-113**.
TROYAT, Henri : 118.
TRUFFAUT, François : 107, 108, 122.
TYNIANOV, J. : 18, 119.

V

VALÉRY, Paul : 66, 215, 264, 284.
VALLET, Raf : 250.
VAUTRIN, Jean : 250.
VELTER, André : 191.
VENAILLE, Franck : 198, 200.
VERHEGGEN, Jean-Pierre : 199.
VIAN, Boris : 184.
VOLKOFF, Vladimir : **258-259**.

W

WALTHER, Daniel : 254, 255.
WITTIG, Monique : 236, 237, **244-245**.

Y

YOURCENAR, Marguerite : 6, 19, **58-69**, 77, 105, 119.

Z

ZEIG, Sande : **244-245**.

TABLE DES MATIÈRES

888327

Iconographie :
Nicole Bonnetain.

Mise en pages :
Françoise Borin.

Couverture :
Samuel Buri,
« Le Paysagiste », 1978.

Musée National d'Art
moderne, Centre Georges
Pompidou, Paris,
© Ph. Spadem, Paris, 1982.

Atelier de l'Alphabet.

Achevé d'imprimer par Berger-Levrault, Nancy.
778071-3-83 – Dépôt légal : mars 1983.
Dépôt légal 1re édition cartonnée : 4e trimestre 1982.